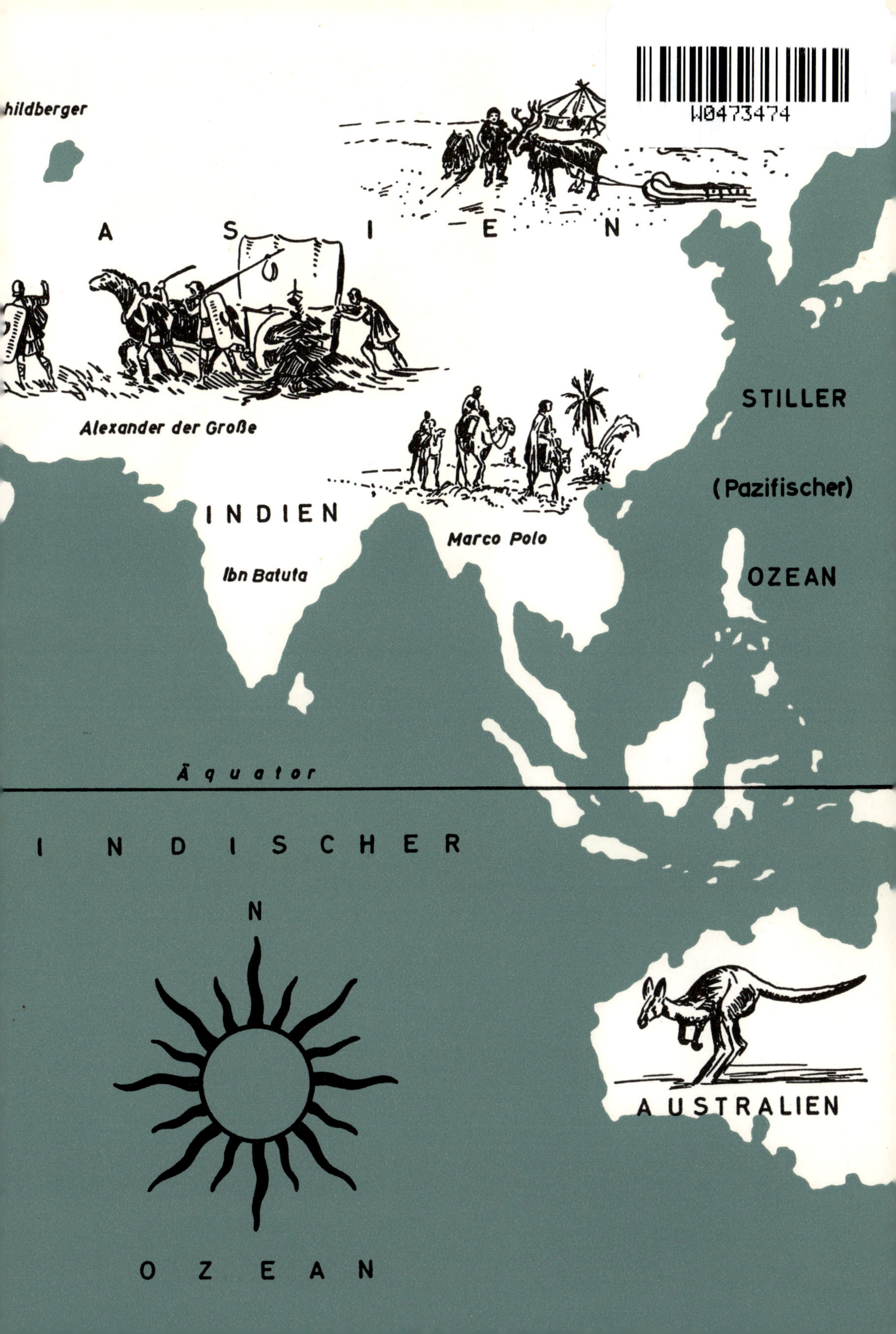
hildberger
A S I E N
Alexander der Große
INDIEN
Ibn Batuta
Marco Polo
STILLER
(Pazifischer)
OZEAN
Äquator
I N D I S C H E R
N
O Z E A N
AUSTRALIEN

PAUL HERRMANN

Das große Buch der Entdeckungen

WAGEMUT UND ABENTEUER

AUS 3 JAHRTAUSENDEN

ENSSLIN & LAIBLIN VERLAG

REUTLINGEN

Schutzumschlag: Die hier verwendete Karte mit dem Titel „Nova totius terrarum orbis geographica ac hydrographica tabula" wurde dem Werk „Le Theatre du monde ou nouvel atlas. Par Guillaume et Jean Blaeu", Band 1 Amsterdam 1645, entnommen, das die Württembergische Landesbibliothek Stuttgart freundlichst zur Verfügung stellte.

Vignette auf dem Einband „Europäisches Schiff" nach einer farbigen Malerei im Innern eines Steinhauses auf der Osterinsel (nach einer Zeichnung von I. Weißer, Zahlmeister des Kanonenbootes „Hyäne").

Karten auf dem Vorsatz und die Innenkarten Seite 5, 14, 18, 29, 39, 54, 64, 77, 101, 113, 118, 129, 149, 156, 168, 176, 195, 207, 219, 227, 234, 239, 250, 267, 272, 301, 310, 319, 333 zeichnete Gottfried Wustmann.

Nachweis der Fotos: Institut für Auslandsbeziehungen, Stuttgart Nr. 1, 17 (Dr. K. Schmid), 18 (K. W. Emmermacher) – dpa-Bilderdienst, Stuttgart Nr. 2, 3, 8, 10, 14, 26, 31, 42, 49, 50 – Süddeutscher Verlag, München Nr. 4, 5, 7, 9, 11, 24, 33, 40 – Popper-Foto, London Nr. 6, 21, 22, 27, 35, 47, 48 – Ullstein Bilderdienst, Berlin Nr. 12, 13, 16, 19, 20, 23, 29, 30, 32, 34, 39, 43, 44, 45, 46 – Historisches Bildarchiv Handke, Berneck Nr. 15, 25, 28, 36, 37, 38, 41.

Nachweis der Innenzeichnungen: Archiv Dr. Paul Herrmann Nr. 1, 2, 3, 4, 5, 6, 7, 8, 9, 10, 11, 12, 13, 15, 16, 17, 18, 20, 26, 27, 29, 30, 31, 32, 33, 34, 35, 36, 37, 38, 39, 41, 42, 43, 44, 45, 46, 47, 48, 49, 53, 54, 55, 56, 57, 75, 76, 77, 78, 79, 82 – Archiv des Ensslin & Laiblin Verlages Nr. 21, 24, 25, 58, 59, 61, 68, 69, 70, 71, 72, 73, 74, 80, 81, 83, 84, 85 – Bayerische Staatsbibliothek, München Nr. 50, 51, 52 – Historisches Bildarchiv Handke, Berneck Nr. 19, 23, 28, 40, 62, 63, 64, 65, 66, 67 – Popper-Foto, London Nr. 22 – Ullstein-Bilderdienst, Berlin Nr. 60 – dpa-Bilderdienst, Stuttgart Nr. 86 – Roland Körber Nr. 14.

155. – 164. Tausend

 Schrift: Garamond-Antiqua. Druck: W. Kohlhammer GmbH, Stgt-Obertürkheim. Bindearbeiten: Karl Müller & Sohn, Stgt-Möhringen. Printed in Germany.
ISBN 3-77090-063-4

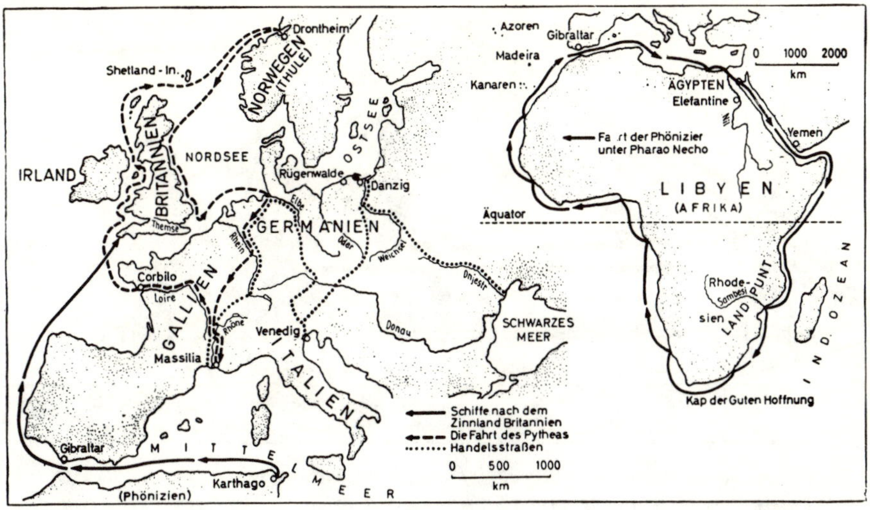

FRÜHE FAHRT

Die Menschen der Frühzeit waren, zumal in unseren Breiten der strengen Winter, gezwungen, dem Wild und den Früchten nachzuziehen, wenn sie nicht verhungern wollten: Sie waren Nomaden. Sie unternahmen ihre Wanderungen lediglich zu dem Zweck, ein Gebiet zu finden, das ihnen ausreichend Nahrung bot. Im Lauf langer Zeiten lernten sie allmählich, Vieh zu züchten und Felder zu bestellen. Die einstigen Jäger und Sammler wurden seßhafte Bauern, die sich mit dem begnügten, was ihnen auf ihren Feldern und in ihren Ställen zuwuchs, und die keinerlei Neugier verspürten, den engen Kreis ihres Daseins zu überschreiten und sich draußen umzusehen – wie auch heute noch der Primitive kaum mehr als seine nächste Umgebung kennt.

Erst als der Wunsch nach Dingen erwachte, die bei ihnen nicht vorhanden oder nicht herzustellen waren – Waffen aus Feuerstein zum Beispiel, Geräte, späterhin Nahrungs- und Genußmittel, endlich Schmuck und Zierat –, machten sie sich auf, um aus oft ganz entlegenen Gebieten die begehrten Schätze heranzuholen. Feuerstein, Salz, Gewürze, Bernstein: Diese Kostbarkeiten veranlaßten die Menschen der Vorgeschichte, ihre nähere und weitere Umgebung zu erforschen.

Oft unternahmen sie dabei ausgedehnte Reisen. Das geschah nicht nur zu Lande, sondern ebenso auch über das Meer hinweg: Im Mesopotamien des vierten vorchristlichen Jahrtausends z. B. war hinterindisches Teakholz wohlbekannt. Die reichen Kaufleute der alten Weihrauch-Handelsstadt Yemen, nahe dem heutigen

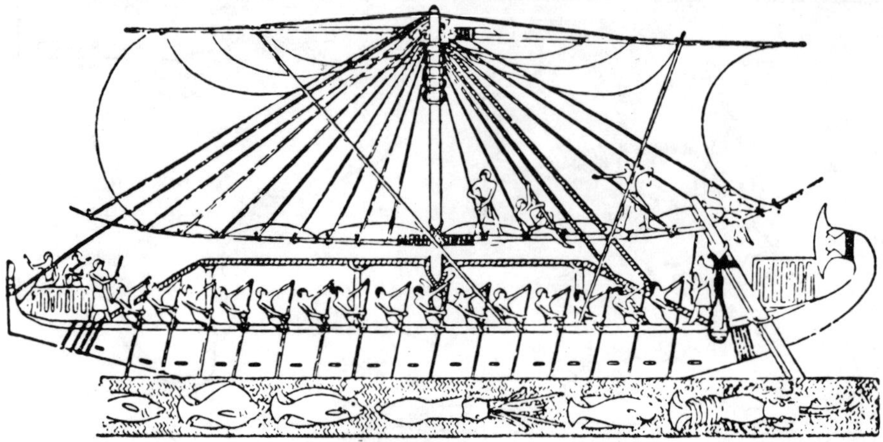

1 Expedition der Königin Hatschepsut auf der Fahrt nach dem Goldland Punt. Um 1493 v. Chr. unternahmen die Ägypter eine Entdeckungsreise in das heilige Land Punt (nach einem Relief am Tempel von Der-el-Bahri)

Aden, bevorzugten das unverwüstliche fremdländische Holz für die Türpfosten und Schwellen ihrer Villen und Kontore. Dieses Teakholz konnte aber nur auf dem Seeweg nach Mesopotamien gelangen; Karawanen wären nicht imstande gewesen, es durch die unwirtlichen Wüsten von Belutschistan zu transportieren. Ebenso fanden sich an der ostafrikanischen Küste schon um 1500 v. Chr. zahlreiche indische Handelsartikel, die gleichfalls nur über die offene See dorthin gekommen sein konnten.

Im Anfang also war es sicherlich das Handelsinteresse, das die Menschen antrieb, sich auf die Wanderschaft zu machen. Schon um 4000 v. Chr. fuhren ägyptische Lastschiffe quer über das Mittelmeer, um im Libanon das Zedernholz zu holen, auf das die Ägypter bei der Errichtung ihrer Bauten angewiesen waren, denn in dem Sandland am Nil gab es ja keine Wälder. Und um 3000 v. Chr. wurde die erste Expedition zum heiligen Lande Punt unternommen: Dort wuchs der Weihrauch, den die Priester des Pharaonenlandes in so riesigen Mengen für ihre Gottesdienste brauchten. Außerdem fand sich dort auch Gold. Der Bau der prunkvollen Pyramiden hatte Unsummen verschlungen, die oberägyptischen Goldvorkommen waren dafür restlos ausgebeutet worden. Und als Königin Hatschepsut um 1500 v. Chr. zu Ehren ihres Vaters Thutmosis I. einen kostbar ausgestatteten Tempel errichten wollte, besann sie sich auf die Unternehmungen ihrer Vorfahren. Sie rüstete eine große Expedition nach Punt aus, um von dort neben Weihrauch vor allem das so dringend benötigte Gold herbeizuschaffen.

Wo das geheimnisvolle Land Punt nun eigentlich gelegen hat, das blieb lange

Zeit rätselhaft. Aus den alten Überlieferungen war nichts darüber zu entnehmen. Ein Zufall brachte die Wissenschaft vor noch gar nicht langer Zeit auf die richtige Spur: Bei Ausgrabungen in Ägypten fand man eine Schminkdose, die etwa um 2300 v. Chr. einer Prinzessin ins Grab mitgegeben worden war. Ein deutscher Professor untersuchte ihren Inhalt und stellte fest, daß die Schminke Antimon enthielt. Antimon? Woher hatten das die Ägypter? Die Lager in Persien und Nordafrika waren doch erst sehr viel später aufgefunden worden! Und sonst gab es in Afrika Antimon nur tief im Süden, am Unterlauf des Sambesi nämlich, im heutigen Rhodesien, wo die berühmten Ruinen von Zimbabwe stehen. Sollten die Ägypter tatsächlich so weit südlich vorgedrungen sein? Eine Grabinschrift in Elefantine, einem kleinen Städtchen am Nil, half der Wissenschaft weiter. Sie besagte, daß der hier um 2300 v. Chr. beigesetzte Steuermann Knemhotep elfmal die Fahrt nach Punt gemacht habe und jedesmal glücklich wieder heimgekehrt sei. Knemhotep, gestorben um 2300, die Prinzessin mit der Schminkdose etwa um die gleiche Zeit bestattet – das war des Rätsels Lösung: Nur am Sambesi konnte das geheimnisvolle Land Punt gelegen haben! *(Bild Nr. 1)*

Die Ägypter fuhren auf ihrer Suche nach Gold und Weihrauch also ganz offenbar Tausende von Kilometern über die See und erreichten die Gegend um den Sambesi. Aber so erstaunlich das auch klingen mag: Dies war keineswegs ihre weiteste Fahrt! Sie vollbrachten nämlich eine der größten Entdeckertaten der Frühgeschichte: die Umfahrung Afrikas. Pharao Necho (609-594 v. Chr.) veranlaßte diese Reise; Phönizier, ein besonders seetüchtiges Volk des Altertums, führten sie aus. Wahrscheinlich wurde dieses Unternehmen nicht aus Handelsinteresse in Gang gesetzt, sondern sozusagen aus Forscherdrang – man wollte wissen, welche Gestalt das Land hatte, dessen Ostküste bis zum Sambesi hinab schon bekannt war, wie weit es sich nach Süden erstreckte und ob es, wie man annahm, rings vom Meer umflossen würde. Herodot, ein berühmter griechischer Geschichtsschreiber († 425 v. Chr.), berichtet von dieser Fahrt:
„Libyens (Afrikas) Gestalt zeigt schon, daß es, abgesehen von dem an Asien angrenzenden Teil, auf allen Seiten vom Meer umströmt wird. Den Beweis dafür hat als erster,

2 Empfang des ägyptischen Gesandten (rechts) durch den König und die Königin von Punt (Nach einem Relief am Tempel von Der-el-Bahri)

soviel ich weiß, der Pharao Necho von Ägypten erbracht... Er rüstete eine Expedition aus und befahl ihr, um Libyen herum durch die Säulen des Herakles (Meerenge von Gibraltar) zurück bis in das Mittelmeer zu fahren und so wieder nach Ägypten zu gelangen. Die Phönizier brachen also auf und segelten aus dem Indischen Ozean in das südliche Meer. Als es Herbst wurde, gingen sie an Land, bestellten die Felder und warteten die Ernte ab, wo auch immer sie sich gerade in Libyen befanden. Wenn das Korn abgeerntet war, fuhren sie weiter, bis sie nach zwei Jahren durch die Säulen des Herakles gelangten und so im dritten Jahr wieder nach Ägypten zurückkehrten. Sie erzählten, was ich allerdings nicht glauben kann, vielleicht glaubt es aber ein anderer, daß sie bei der Umschiffung Libyens die Sonne zur Rechten gehabt hätten."

Herodot also wußte – im 5. Jahrhundert v. Chr.! – sehr wohl über die Geographie Afrikas Bescheid. Aber schon 150 n. Chr. war diese Kenntnis wieder vergessen: Ptolemäus, einer der größten Geographen des Altertums, lehrte, Afrikas Südspitze biege nach Osten um und sei mit Indien sozusagen zusammengewachsen, der Indische Ozean sei also ein Binnenmeer. Erst als die Portugiesen 1487 das Kap der Guten Hoffnung umrundeten, lieferten sie den Beweis für die Richtigkeit der Aussage Herodots, der als gewissenhafter Berichterstatter auch die Dinge getreulich aufgezeichnet hatte, die er selbst nicht glaubte, wie das der letzte Satz seiner Erzählung über Nechos Fahrt beweist. Die Sonne zur Rechten? Welch ein Unsinn! Das konnte es ja gar nicht geben! Freilich, wer nördlich des Äquators lebt, vermag sich das nicht vorzustellen. Aber gerade dieser „Unsinn" ist die Bestätigung dafür, daß die Phönizier Afrika tatsächlich umschifft haben. Da sie von Ost nach West der Küste entlangsegelten, stand die Sonne südlich des Äquators, für sie ja wirklich rechter Hand, im Norden nämlich!

Die Phönizier waren von eh und je hervorragende Seeleute, aber ebenso gute Kaufleute und Händler. Deshalb galten ihre Fahrten stets der Ausbreitung des Handels und der Gründung von Niederlassungen und Kolonien, wie z. B. von Karthago am Nordrand Afrikas an der Mittelmeerküste, das um 814 v. Chr. entstand und von dem aus 300 Jahre später die ersten Schiffe nach dem Zinnland Britannien abgingen. Die Phönizier waren es auch, die Madeira, die Kanarischen Inseln und wohl auch die Azoren entdeckten. Sie erforschten den ganzen Mittelmeerraum und die angrenzenden Länder, ebenso wie die Griechen, die in diesen Gebieten gleichfalls zahlreiche Kolonien gründeten.

Der erste Grieche, der die entfernten, drohenden Meere und die nebligen Länder des Nordens aufsuchte, war der Gelehrte Pytheas aus Massilia, dem heutigen Marseille. Er tat das einmal aus Handelsinteresse, des Zinns und Bernsteins wegen, vorwiegend aber der Forschung halber, wie aus den wenigen erhalten gebliebenen Berichten über seine Reise deutlich hervorgeht. An einem Frühlingstage, etwa um 325 vor Beginn unserer Zeitrechnung, verließ er als Führer

3 Kriegsschiff der Phönizier aus dem 11. - 8. Jahrhundert v. Chr. Die Abmessungen dieses für damalige Verhältnisse sehr beträchtlichen Schiffes sind etwa: Länge 33 m, Breite 10 m, Tiefgang 2,5 m, Wasserverdrängung 400 t, Segelfläche 300 qm, Besatzung 30 Mann

einer wohlausgerüsteten Reisegesellschaft das Nordtor der alten Handelsstadt Massilia, die einstmals von Griechen gegründet worden war. Pytheas war ein bekannter Mann: Er hatte verschiedene Fahrten zum Atlantischen Ozean unternommen und zahlreiche astronomische Arbeiten verfaßt. Nun beabsichtigte er, Britannien zu erkunden, von dem man noch kaum etwas wußte. Es lieferte den Handelsherren von Massilia das Zinn, das man zur Bronzeherstellung brauchte. Von Britannien aus sollte es weiter nach dem ebenfalls noch nicht näher erforschten geheimnisvollen Bernsteinland am Meerbusen von Metuonis gehen, der heutigen Deutschen Bucht.

Die Bewohner der Küstenstadt Massilia waren natürlich erprobte Seeleute. Es wäre Pytheas also viel lieber gewesen, wenn er zu Schiff um Spanien herum hätte nach Britannien reisen können. Aber die Karthager hatten die Durchfahrt durch die Meerenge von Gibraltar für alle fremden Schiffe gesperrt, und so mußte er sich dazu entschließen, den Landweg quer durch Gallien zu wählen. Dieser Weg war leidlich bequem; seit langem benutzten ihn die Zinntransporte massiliotischer Handelshäuser. Er führte zuerst entlang der Rhône, dann weiter durch das Tal der Loire bis zu der schon seit Caesars Zeiten verschollenen Hafenstadt Corbilo, die vermutlich an der Stelle des heutigen St. Nazaire gelegen hat. Dort schiffte man sich nach Britannien ein.

Schon in grauer Vorzeit zogen sich mehrere solcher Handelsstraßen quer durch Europa und Asien. Eine dieser Straßen, die ungefähr seit 2500 v. Chr. benutzt wurde, lief etwa von Venedig nach Hamburg, eine andere vom Mittelmeer über Rhône und Rhein nach Norden. Weiterhin bestand eine Handelsverbindung, die das Samland über Weichsel und Oder, quer durch die Urwälder Ostgermaniens und über den Semmering mit Italien verband; ein anderer Weg führte seit ungefähr 2000 v. Chr. etwa vom heutigen Danzig zum Schwarzen Meer. Und ebenso gab es solche Handelsstraßen auch in Asien.

Die Wissenschaft der Vorgeschichte hat den Lauf all dieser Wege ziemlich genau feststellen können. Sie begann zu graben und fand dabei die verschiedensten Dinge: Bronzestücke aus Kreta, Bernstein von der Ostsee, Elfenbeinschnitzereien vom Mittelmeer, Glasscherben aus Phönizien. Ganze Warenlager grub man aus, woraus zu schließen ist, daß auch die Kaufleute der Frühzeit schon sozusagen Handelsniederlassungen gründeten, von denen aus sie dann die Umgebung beliefern konnten. Die größte Sensation bei diesen Ausgrabungen waren Kaurimuscheln, die in Gräbern bei Rügenwalde in Ostpommern gefunden wurden – damals wie heute galten sie in der Südsee als Zahlungsmittel –, und Schmuckstücke aus Mittelmeerschnecken, die in süddeutschen Gräbern ans Tageslicht geholt wurden. Diese merkwürdigen Funde bewiesen, daß bereits in grauer Vorzeit wahrhaft weltweite Handelsbeziehungen bestanden. Nun wird man allerdings nicht annehmen dürfen, daß die damaligen Bewohner Pommerns schon bis zum Indischen Ozean reisten, um dort Kaurimuscheln einzukaufen. Alle die fremden Dinge, die man in unseren Breiten fand, gelangten vielmehr auf dem Weg des Tauschhandels dahin, wo sie jetzt ausgegraben wurden.

Aus zahlreichen sehr alten Bekundungen wissen wir, daß die großen Handelsstraßen „heilig" waren, daß die Reisenden auf ihnen unter dem Schutz der Götter standen, und daß ein allgemeiner Völkerfriede auf ihnen herrschte, so daß die reisenden Kaufleute ihre Waren ungehindert und ungefährdet transportieren konnten. Die Völkerschaften, durch deren Gebiet solche Straßen führten, hatten so viel Nutzen von diesem Handel und brauchten die Waren oft so dringend, daß sie alles daransetzten, den Händlern kein Leid geschehen zu lassen.

Auf einer solchen „heiligen" Straße also reiste Pytheas. Er legte die dreißig Marschtage bis Corbilo unangefochten zurück und erreichte ganz planmäßig den Hafen, in dem er sich nach Britannien einschiffte.

Und nun begann seine große Aufgabe. Einmal wollte er feststellen, ob Britan-

4 *Griechischer Eilwagen für kurze Fahrten (nach einem altgriechischen Vasenbild)*

nien ein nördlich vorspringender Teil des Festlandes war oder tatsächlich eine Insel, wie manche Leute behaupteten. Außerdem plante er, das Land selbst zu erkunden. Man wußte nur, daß das vielbegehrte Zinn dort gefunden wurde, aber Näheres hatte noch niemand berichten können. Zum zweiten hatte Pytheas die Absicht, herauszufinden, was es eigentlich mit dem Bernstein auf sich habe, der aus dem Land Metuonis stammen solle. Dieses wohlriechende, glasklare oder milchige Harz, das sich leicht zu allerhand Schmuckstücken verarbeiten ließ, war nämlich so in Mode gekommen, daß die Handelsherren von Massilia ihren „Professor" vermutlich damit beauftragt hatten, zu ergründen, woher diese einträgliche Ware eigentlich käme. Nebenher wollte Pytheas dann die Naturerscheinung der Gezeiten studieren; damit hatte er sich nämlich schon mehrfach an Spaniens Küsten beschäftigt.

Zunächst also machte er sich an die Erkundung Britanniens. Er umfuhr es entlang den Küsten und stellte damit fest, daß es wirklich eine Insel war. Nun galt es, das Innere des Landes zu erforschen. Leider ist von Pytheas' eigenen Aufzeichnungen so gut wie nichts erhalten. Aber der griechische Geograph Strabon (63 v. Chr. bis 19 n. Chr.) erzählte 300 Jahre später, sein großer griechischer Kollege aus Massilia hätte die Insel zu Fuß durchwandert. Das traf sicherlich zu; denn die gesamte Kenntnis Britanniens bis zu Caesars Zeiten ging auf Pytheas zurück: sowohl die Namen Britannien, Albion und Irland wie auch vor allem das, was man über seine Natur und seine Menschen wußte. Pytheas sah die großen Straßen, die der Zinnhandel benutzte, er lernte die gastliche Bevölkerung kennen und erzählte vor allem von dem Klima des nördlichen Landes: Regen und Nebel, Sturm und Kälte – so ganz anders, als man es am Mittelmeer gewohnt war.

Als Pytheas alles erkundet hatte, was seine massiliotischen Landsleute über Natur und Bevölkerung Britanniens wissen wollten, machte er sich an die Arbeit, die ihn als Wissenschaftler am meisten reizte: Er studierte an den englischen Küsten das Problem von Ebbe und Flut, das im Mittelmeer ja unbekannt ist. In den tiefen Mündungen der Themse und noch anderer Flüsse war diese Naturerscheinung besonders deutlich: Im Bristolkanal, den Pytheas sicher durchfuhr, betrug der Unterschied zwischen Ebbe und Flut ziemlich regelmäßig sechzehn Meter. Das mußte ihn natürlich höchlichst interessieren. Bisher hatte er seine Forschungen nur an der Westküste Spaniens betreiben können, und dort waren die Gezeiten wesentlich schwächer. Schon Pytheas kam übrigens auf den Gedanken, Ebbe und Flut mit dem Mond in Verbindung zu bringen. Jedenfalls berichtet der um 100 n. Chr. lebende griechische Historiker und Philosoph Aetius von Antiochia: „Pytheas, der Massiliot, behauptet, daß die Flut des Meeres durch den zunehmenden, die Ebbe durch den abnehmenden Mond verursacht wird.“

Wahrscheinlich hat unser berühmter Professor das Gezeitenproblem auch auf den Shetlandinseln erforscht. Und vermutlich ist es hier gewesen, wo er in seine ohnehin glänzende Unternehmung nun eine ganz besonders großartige Leistung einschaltet: eine sechstägige Fahrt über das offene nordische Meer nach dem Land Thule, das den Alten seit jeher als nördlichstes Ende der Welt galt. Es hat viel Mut dazu gehört, diese Reise über ein völlig fremdes Meer zu unternehmen, noch dazu in dem harten nördlichen Klima und zu einem gänzlich unbekannten Land. Aber die Fahrt ist glücklich vonstatten gegangen, und Pytheas erzählt sehr interessant von vielerlei merkwürdigen Dingen, die er dort erlebt und erfahren hat. Offenbar ist er etwa zur Zeit der Sommersonnenwende nach Thule gelangt, denn er berichtet:

„Die Fremden zeigten uns auf Thule den Ort, an dem die Sonne untergeht. Es traf sich nämlich, daß die Nacht in diesen Breiten ganz kurz war, hier nur zwei, dort drei Stunden lang, so daß man die Sonne kurze Zeit nach ihrem Untergang wieder aufgehen sah.“

Da sonst kaum Angaben von Pytheas erhalten geblieben sind, läßt sich nicht mit Gewißheit sagen, wo er nun eigentlich gewesen ist und welches unserer heutigen Länder er mit Thule bezeichnet. Frithjof Nansen, der große norwegische Polarforscher, hat sich eingehend mit dieser Frage beschäftigt und ist zu dem Schluß gekommen, daß Pytheas in Norwegen gewesen sein müsse, und zwar etwa in der Gegend von Drontheim. Daß der griechische Gelehrte Thule für eine Insel hält, spricht nicht gegen diese Annahme, denn noch viele Jahrhunderte nach Beginn unserer Zeitrechnung ist Skandinavien als Insel angesehen worden. Wie lange

5 Griechischer Fünfzigruderer um 500 v. Chr. Das in seiner Formgebung an Wikingerschiffe erinnernde Fahrzeug stellt den in dieser Zeit gebräuchlichsten Typ des Hochseeschiffes dar. Gesteuert wurden diese Schiffe mittels eines Ruders auf der rechten Seite des Fahrzeuges. Seit 2500 Jahren bedeutet Steuerbord soviel wie rechts, während jeder Fahrensmann links mit Backbord bezeichnet

Pytheas sich in Thule aufgehalten hat, ist ganz unbekannt. Vermutlich ist er von dort aus wieder nach England zurückgekehrt und dann nach Osten zu den Bernsteinländern vorgestoßen; auch diese Aufgabe hatte er sich ja gestellt.

Pytheas ist der erste Südländer gewesen, der zur See nach Germanien gelangte, und zugleich auch der erste, der über diese Fahrt ausführlich berichtete. Wir haben schon davon gesprochen, daß der Bernstein lange Zeit zu den begehrtesten Einfuhrgegenständen aus den nördlichen Ländern gehört hat. Über die Frage, wie er entstanden sein möge, haben sich nun aber die Alten die absonderlichsten Vorstellungen gemacht. Wahrscheinlich hat Pytheas beabsichtigt, deren Richtigkeit nachzuprüfen. Er ist offenbar wirklich bis zu den Bernsteinländern gekommen: den Ostfriesischen Inseln und der Westküste Schleswig-Holsteins. Denn er berichtet überaus interessant vom Wattenmeer, das ihm als Südländer natürlich ganz unbekannt gewesen ist, und vergleicht es mit einer atmenden Lunge.

Und nun der Bernstein! Die Griechen hielten seine Perlen für jene Tränen, die die Schwestern Phaethons weinten, als ihr Bruder, der Sohn des Sonnengottes Helios, von Zeus zerschmettert, mit dem Sonnenwagen tot zu Boden stürzte. Und der alte griechische Wissenschaftler Nikias hatte gemeint, der Bernstein sei eine Art Saft der Sonnenstrahlen, ein Schweiß der Sonne. Übrigens war man sich auch sehr viel später noch, zu Beginn der Neuzeit nämlich, über die Natur des Bernsteins durchaus nicht klar: Man glaubte, er sei eine Art mit viel Salz zusammengebackener, an der Luft getrockneter Wasserschaum. Kein Wunder also, daß die Zeitgenossen des Pytheas sich nicht erklären konnten, was der vielbegehrte gelbe Stein nun eigentlich war und woher er stammte. Es ist sehr bemerkenswert, daß die Berichte des Pytheas viel richtiger waren als die späterer Zeiten. Er erzählte nämlich, der Bernstein sei das Harz von Nadelbäumen, die auf den Inseln des nördlichen Meeres wüchsen, und würde vom Meer an die Küsten des Festlandes angespült. Auch von den manchmal darin eingeschlossenen Insekten wußte Pytheas schon und nahm das als Beweis dafür, daß Bernstein ursprünglich frisches Harz war, an dem die Tiere kleben blieben.

Auf welchem Weg Pytheas von den Bernsteinländern nach Massilia zurückgekehrt ist, steht nicht genau fest. Vermutlich hat er aber wieder den Landweg eingeschlagen, und zwar vielleicht auf der großen Straße, die von Hamburg über Rhein und Mosel ins Rhônetal gegangen ist. Überaus erfolgreich hat der gelehrte Grieche alle ihm gestellten Aufgaben gelöst. Höchst bedauerlich, daß sein umfangreiches Werk „Über den Okeanos" verloren ist! Denn für die Erweiterung der Erdkenntnis seiner Zeit hat seine Reise größte Bedeutung gehabt: Nie vor ihm sind Südländer so weit nach Norden vorgestoßen.

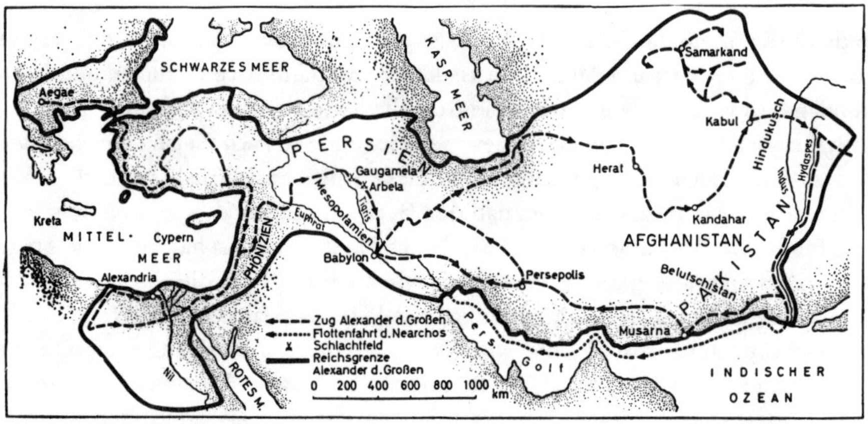

Etwa zur gleichen Zeit, in der Pytheas im Westen und Norden Europas unterwegs war, wandte ein anderer Grieche sich dem beinahe ebenso unbekannten Osten zu: Alexander der Große (356-323 v. Chr.). Ihn trieb der Machtanspruch hinaus, der Wunsch, die Weltherrschaft zu erringen, indem er sich Asien untertan machte. Dazu mußte er zunächst das Perserreich mit der Hauptstadt Persepolis zerschlagen: Bei Arbela und Gaugamela trug er im Oktober 331 den entscheidenden Sieg über diesen mächtigen Staat davon. Bis hierher war er durch Gegenden gezogen, über die seine Zeit sehr wohl Bescheid wußte; es waren altbekannte, vielbesungene Gebiete. Aber schon von dem Augenblick an, als der Einmarsch in das Hochland von Iran begann, hatten weder Alexander selbst noch einer der Wissenschaftler, die im Generalstab an seinen Feldzügen teilnahmen, auch nur die geringste Ahnung von der Beschaffenheit des Landes, das sie nun queren würden. Man wußte nicht einmal, wie sich in diesen unbekannten östlichen Gegenden Land und Meer verteilte – vielleicht langte man unversehens am

Rande der Welt an, die man sich ja als rings von Wasser umgebene Scheibe vorstellte! *(Bild Nr. 2)*

330 stand Alexander südlich des Kaspisees, und von dort aus ging es nun unaufhaltsam nach Osten. Durch Südafghanistan führte er seinen Heerbann, über Kandahar nach Kabul und von dort in tollkühnem Anstieg über einen mehr als 3000 Meter hohen Paß des Hindukusch bis in die Gegend von Samarkand und Buchara. Unterwegs hatte er mehrfach an Knotenpunkten alter Karawanenstraßen Städte gegründet; Herat und Kandahar bestehen noch heute. Im Jahr 327 verließ der junge König Buchara, wandte sich südwärts und zog dann in östlicher Richtung durch das Kabultal zum Indus hinab.

Begeistert warfen die Makedonen sich nach der Hitze des Marsches in die klaren, kühlen Fluten des großen Stromes. Voller Entsetzen aber flohen sie zurück ans rettende Ufer, als sie plötzlich grelle Todesschreie hörten: Furchtbare Dämonen zogen ihre Kameraden unter Wasser, Blut rötete die Strömung, in scheußlich schnappenden Kinnladen splitterten Knochen. Das Grauen schüttelte die tapferen Griechen: Was war das? Konnten es etwa Krokodile sein, die da so furchtbar unter ihren unglücklichen Kameraden wüteten? Die gab es aber doch nur in Ägypten, im Nil! Schaudernd blickten die Männer zum Fluß zurück – da, wie tote Baumstämme sah das aus, grün und gelblich schimmernd, bewegungslos – tatsächlich, das waren Krokodile! Und weil diese Untiere doch bloß im Nil vorkamen, stand es für Alexander und seine Armee fest: Dieser Fluß, der Indus, das mußte einer der Quellflüsse des Nils sein! Bestärkt wurden sie in dieser Ansicht noch, als sie wenig später in den Nebenflüssen des Indus, im Hydaspes vor allem, wiederum Krokodile antrafen. Indus und Hydaspes, das waren sicherlich die geheimnisvollen Nilquellen, die bisher noch niemand aufgefunden hatte! Die Schneeschmelze in den riesigen Gebirgen, von denen beide Ströme herabkamen, war natürlich die Ursache der regelmäßigen Überschwemmungen des Nillandes. Wenn man also den Hydaspes und den Indus hinunterfuhr, dann mußte man in den Nil gelangen – wie bequem würde man auf diesem Wege in die Heimat zurückreisen können! Sogleich befahl Alexander seinem Admiral Nearchos, schleunigst mit dem Bau einer Flotte zu beginnen, während er selbst mit seinem Heer zunächst noch weiter nach Osten vorstoßen wollte.

Schon wenig später freilich sah der König ein, daß er sich gewaltig geirrt hatte. Aus den Aussagen der Eingeborenen, die er allenthalben befragte, ging ganz eindeutig hervor, daß die indischen Ströme nicht das geringste mit dem Nil zu tun hatten, sondern weit südlich in ein großes Meer mündeten.

Den Befehl, eine Flotte zu bauen, widerrief Alexander trotzdem nicht, zu seinem großen Glück, wie sich bald herausstellen sollte. Wenige Wochen später nämlich, als er schon jenseits des Hydaspes stand, meuterten die Truppen und weigerten sich, ihrem vergötterten König weiter nach Osten und Süden zu folgen. Sie taten das nicht nur, weil die Strapazen des Marsches immer schlimmer wurden: Der Tropenregen hatte eingesetzt, in den morastigen Dschungeln wurde es unmöglich, Feuer anzuzünden, um die Kleider zu trocknen und Essen zu kochen. So anstrengend und mühselig das Unternehmen auch war: Viel schwerer wog die Angst, immer näher an den Rand der Welt zu gelangen. Schrecklich und unheimlich erschien das den braven Makedonen. Und dazu kam noch, daß die Eingeborenen berichtet hatten, das Volk weit jenseits des Stromes habe ungewöhnlich viele Elefanten. Elefanten–bei Arbela hatten sie diese gefährlichen Untiere kennengelernt, der Feind setzte sie dort als Waffe ein, ihre Kameraden waren auf Hauern aufgespießt oder zermalmt worden! Nein – keinen Schritt weiter nach Osten!

Alexander, tief getroffen, daß seine treuen Soldaten ihm hier die Gefolgschaft versagten, befahl die Umkehr. Nach acht Jahren ging es nun zum erstenmal wieder westwärts – der Heimat entgegen! Die Freude darüber spornte die Griechen so an, daß das ganze Heer schon nach kurzer Zeit wieder am Hydaspes anlangte. Und da lag nun die Flotte fix und fertig – Nearchos hatte großartig gearbeitet! Schnell wurde die gesamte Mannschaft verladen, und schon ging es mit rauschender Bugwelle und prallen Segeln den Fluß hinab. In einem noch unmittelbar auf die heute längst verschollenen Quellen zurückgehenden Bericht, den der römische Geschichtsschreiber Flavius Arrianus (95-175 n. Chr.) über die Alexanderzüge gegeben hat, heißt es:
„Als der Indus erreicht war, setzte Alexander seine Fahrt mit noch größerer Beschleunigung fort. Er beschloß, bis zur Mündung dieses Stromes in das Meer hinabzufahren, und bestimmte hierzu seine schnellsten Schiffe ... Als sie nun an eine Stelle gelangten, wo sich der Indus zu einer Breite von 200 Stadien ausdehnt, kam plötzlich heftiger Seewind auf. Das Wasser wurde so unruhig, daß sich die unteren Ruder kaum noch aus den Wellen heben ließen. Daher gingen die Griechen in einem ruhigen Nebenarm des Indus vor Anker. Während sie hier auf eine Besserung des Wetters warteten, trat Ebbe ein, so daß alle Schiffe aufs Trockene gerieten. Das war Alexanders Begleitern noch nie begegnet und erfüllte sie mit Entsetzen, das sich naturgemäß noch steigerte, als der Fluß mit der Flut anstieg und die Flotte wieder ins Wasser setzte. Tags darauf fuhr Alexander durch die Mündung des Indus auf die hohe See hinaus ...“

An der Mündung des Indus erteilte Alexander dem Nearchos den Befehl, den Seeweg zum Persischen Golf zu erkunden, während er selbst mit seinem Heer den Landweg einschlagen wollte. Der Admiral notierte mit größter Genauigkeit die tagsüber zurückgelegten Entfernungen, die Ankerplätze, Küstenformen und Häfen. Über das Zusammentreffen mit einer Herde Wale, die den Griechen bis dahin unbekannt waren, berichtete er, wie gleichfalls von Flavius Arrianus überliefert worden ist:

1 Innenansicht der Anlagen in Zimbabwe im sagenhaften Goldland Punt im heutigen Rhodesien

2 Die großartigen Ruinen von Persepolis, der von König Darius erbauten und von Alexander dem Großen zerstörten Hauptstadt des Persischen Reiches nordöstlich vom heutigen Schiras

3 Isländische Küste in Drangaland, wo Erich der Rote siedelte

4 Fjord im nördlichen Grönland;
das Inlandeis erstreckt sich bis zum Meer und entsendet zahllose Eisberge

„Als wir abfuhren, sahen wir, daß in der See ostwärts von uns Wasser in die Höhe geblasen wurde, so wie es bei einem starken Wirbelwind zu geschehen pflegt. Wir erschraken und fragten unsere Lotsen, was das sei und woher das käme. Sie antworteten, das seien Walfische, die in diesem Meere lebten. Unsere Matrosen entsetzten sich dermaßen, daß ihnen die Ruder aus den Händen fielen. Ich ging zu ihnen, redete ihnen zu und machte ihnen Mut. Dann fuhr ich um die Flotte herum und befahl allen Steuerleuten, zu denen ich kam, sie sollten gerade auf die Walfische losfahren, genau so, als gingen sie in eine Seeschlacht. Sie sollten alle zusammen und mit möglichst viel Lärm, auch mit lautem Geschrei, losrudern ... Als wir uns den Tieren genähert hatten, schrien alle, so laut sie konnten. Dazu wurden Trompeten geblasen, und das Geräusch der Ruder hallte über das Meer. Die Walfische, die man schon dicht vor den Schiffen sah, stürzten sich darauf erschrocken in die Tiefe ... Die Seeleute klatschten in die Hände, frohlockten über ihre Rettung und priesen den Nearchos seiner Tapferkeit und Klugheit wegen ...“

Indessen zog Alexander mit seinem Heerbann entlang der Küste der Heimat entgegen. In einem furchtbaren Durstmarsch, der das Heer grausam mitnahm und zahlreiche Opfer kostete, wurde die Wüste von Belutschistan gequert. Einen militärischen Sinn hatte diese Unternehmung ebensowenig wie die Fahrt des Nearchos, die rein aus Gründen der Forschung durchgeführt wurde. Vielmehr handelte es sich auch bei diesem Zug über Land um eine aus Wissensdurst unternommene Entdeckungsreise.

In einem späteren Bericht heißt es nämlich:

„Die Geschichtsschreiber Alexanders versichern, daß alle Mühsale, die sein Heer sonst ertragen mußte, denen nicht entfernt gleichkamen, die es hier erlitt. Es sei auch keineswegs unbekannt gewesen, welche Gefahren auf dem von Alexander gewählten Weg warteten, er habe den Zug aber trotzdem unternommen, weil bis jetzt noch niemand aus dieser Hölle lebend wieder herausgekommen sei ...“

Die Weltherrschaft, die zu erringen der junge König einst ausgezogen war, hat er nicht gewonnen. Bald nach seiner Rückkehr ist er im Jahre 323 v. Chr. als Dreiunddreißigjähriger in Babylon an der Malaria gestorben. Aber Alexanders fast zehnjährige Züge kreuz und quer durch Persien, Afghanistan, bis ins heutige Pakistan und die auf seinen Befehl erfolgte Erkundung des Seeweges von der Indusmündung zum Persischen Golf haben dazu geführt, daß das geographische Wissen seiner Zeit gewaltig vermehrt worden ist.

Viele Jahrhunderte lang wird aus dem Raum des Mittelmeeres heraus das Bild der Welt kaum noch erweitert. Aber bald unternehmen andere Völker über andere Meere neue Vorstöße.

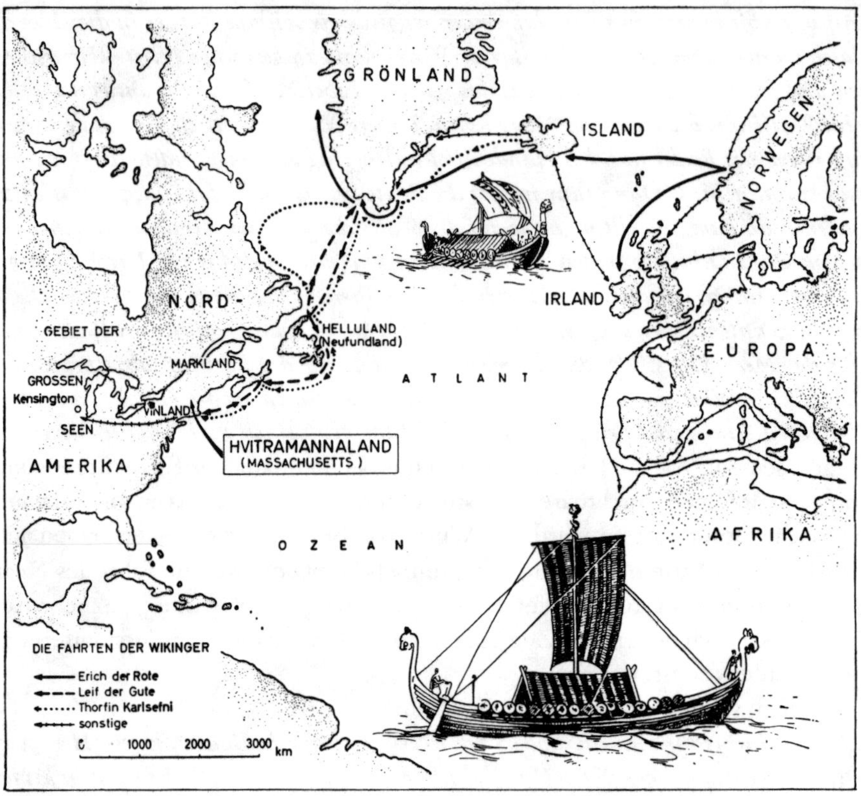

LEIF DER GUTE UND THORFIN KARLSEFNI ENTDECKEN AMERIKA

Gegen Ende des 9. Jahrhunderts versuchte der mächtige norwegische Gaukönig Harald Blondhaar das ganze Land in seine Gewalt zu bringen. Mit harten Steuern und rücksichtslosen Enteignungen ging er gegen alle vor, die sich ihm nicht unterwerfen wollten. Daher entschlossen sich viele seiner Gegner, die Heimat zu verlassen und auszuwandern. Sie wandten sich nach Island und siedelten an den Küsten der Eis- und Feuerinsel. Dort lebten sie als Bauern und Fischer, und bald kam auch der Handel in Gang, vor allem mit Irland. *(Bild Nr. 3)*

Eines Tages, im Jahr 1029, ist der Isländer Gudleif Gudlaugson mit seinem Schiff auf der Rückfahrt von Irland nach Island unterwegs. Der Himmel ist grau, seit einer Woche weht der Wind unverändert aus Nordost. Weit außerhalb des gewöhnlichen Kurses treiben sie irgendwo im Meer. Wo mögen sie stehen?

Da schreit einer plötzlich: „Land! Land!" Und tatsächlich: Der feine dunkle Strich da vorn kann nur Land sein. Aber Island ist das nicht! Da ist keine Steilküste, da sind auch keine Gletscherberge, die man schon lange sieht, ehe die Küste auftaucht. Stille, dunkle Wälder stehen da, ein Kap schiebt sich weit in die See vor. Und über den Wäldern erhebt sich ein Rauchzeichen; also sind Menschen dort, die irgendwem melden, daß ein Segel kommt, ein fremdes Segel.

6 *Die Abbildung entstammt dem berühmten Teppich von Bayeux und zeigt das Drachenschiff Wilhelms des Eroberers, der 1066 in England einfällt. In Fahrzeugen dieser Art dürften die Wikinger auch ihre Vinlandreisen durchgeführt haben*

Das Schiff ankert in der Bucht hinter dem Kap. Gudleif geht mit seiner Mannschaft an Land. Aber bereits als er den Strand betritt, spürt er, daß es hier nicht geheuer ist. Er zieht blank, er befiehlt seinen Leuten, in kleinen Trupps zusammenzubleiben – doch schon ist der Teufel los! Rechts und links bricht es mit Geheul aus den Büschen, mit bösartigem Zischen fegt eine Wolke von Pfeilen über die Isländer hinweg, und im nächsten Augenblick sehen sie sich einigen hundert feindlichen Kriegern gegenüber. Im Nu sind sie gefesselt und werden auf schmalen Pfaden durch den Wald vorwärtsgetrieben bis zu einer Lichtung, in der ein Dorf liegt. Man bindet sie an einzelne, im Halbrund stehende Pfähle, und die Sieger kauern sich zur Beratung auf die Erde. Da plötzlich teilen sich die Büsche, und auf starkknochigem Pferd reitet ein riesiger Recke, von grauem Haar und Bart umwallt, in die Rodung ein. Ein scharfer Blick fliegt über die Gefangenen, dann steigt der Alte ab und läßt sich berichten. Gudleif Gudlaugson staunt: Das ist ja eine Art Irisch, was da gesprochen wird! Er kennt das genau, denn er ist oft genug in Dublin gewesen.

Jetzt kommt der Alte näher. Er zieht einen Dolch – Gudleif und seine Leute glauben, ihre letzte Stunde sei gekommen –, da bückt sich der Recke, und ehe sie es sich versehen, sind ihre Fesseln durchschnitten; sie sind frei. Und nun redet sie der Alte in reinstem Isländisch an.

In diesem Augenblick weiß Gudleif Gudlaugson, wo sie sich befinden und wer der riesige alte Häuptling ist: Sie sind in Hvitramannaland, dem „Weißmännerland", und der Alte ist Björn Asbrandson, der 999 als Geächteter Island verlassen mußte, bei Nordostwind auf sein Schiff ging und seitdem verschollen war.

Dies alles berichten alte Chroniken und Sagas. Hvitramannaland, wohl im Bereich des heutigen Massachusetts gelegen, dürfte die Stelle sein, an der Europäer lange vor Kolumbus zum erstenmal den Boden des amerikanischen Kontinents betreten haben. Zunächst freilich ist es immer nur ein einzelnes Schiff gewesen, das an die fremde Küste gelangt ist. Aber es dauert nicht lange, da werden ganze Expeditionen ausgerüstet, um das neue Land zu erkunden.

Inzwischen hatten die Wikinger nämlich von Island aus auch Grönland besiedelt. Erich der Rote war der erste, der dort Land nahm. Es war ihm nicht an der Wiege gesungen worden, daß er einstmals im ewig gefrorenen Boden Grönlands die letzte Ruhe finden würde. Nur daß er nicht eher Ruhe haben würde als im Tode, das stand schon in frühen Jahren fest. Denn bereits sein Großvater war in mancherlei hitzige Händel verwickelt gewesen, und seinem Vater Thorwald ging es ähnlich. Er mußte eines Totschlags wegen seinen Hof in Norwegen verlassen und nach Island auswandern. Auch sein Sohn Erich geriet bald in schlimmen Streit, und als zweimal hintereinander seine Gegner auf dem Platze ihrer Auseinandersetzung mit dem wilden Norweger tot liegenblieben, wurde Erich durch das Thing im Jahr 982 für drei Jahre aus Island verbannt.

Im Mai oder Juni verließ Erich der Rote Island mit westlichem Kurs. Etwa achtzig Jahre früher hatte ein isländischer Fischer weit draußen im Meer die felsigen Klippen eines unbekannten Landes gesichtet. Dieses Land, von dem man nichts Näheres wußte, wollte Erich nun suchen. Mit günstigem Wind fuhr er los und landete nach einigen Wochen an der Südwestküste von Grönland. Die drei Sommer seiner Verbannung benutzte er dazu, sich sehr gründlich in der neuen Gegend umzusehen; er stellte bald fest, daß man hier gut siedeln konnte. Nach seiner Rückkehr hielt er sich daher nicht lange in Island auf, sondern kehrte schon im Sommer darauf wieder nach Grönland zurück. Seine Berichte über das neu aufgefundene Land hatten zu Hause so viel Aufsehen erregt, daß sich zahlreiche Isländer entschlossen, mit nach Grönland zu gehen. Wie das „Landnamabok", eine alte isländische Chronik, erzählt, fuhren fünfundzwanzig Schiffe mit ihm. *(Bild Nr. 4)*

Die Isländer siedelten sich in den geschützten Fjorden Südwestgrönlands an. Dort hatten sie alles, was sie für sich und ihr Vieh zum Leben brauchten. Allmählich aber erkannten sie, daß eines in Grönland fehlte: Holz nämlich, Holz zum Bau von Häusern und Schiffen. Da kehrte eines Tages Bjarni, der Sohn eines mit Erich dem Roten ausgewanderten Isländers, heim, und erzählte von einem Land im Westen, an dessen Küsten er auf einer seiner Fahrten verschlagen worden war; es wäre reich an Wald, doch hätte er es nicht näher erkundet. Daraufhin beschlossen die Grönländer, sich nach diesem neuen Lande umzutun, um sich dort das fehlende Holz zu beschaffen, und die Sippe Erichs des Roten, der ja eine Art ungekrönter König auf Grönland war, griff diesen Plan am eifrigsten auf. Erichs ältester Sohn Leif stellte sich selbst an die Spitze einer großangelegten Expedition. Er bat seinen Vater, die Fahrt mitzumachen und wie früher der Führer des

Unternehmens zu sein. Erich wehrte ab: Er sei zu alt und den Anstrengungen einer solchen Reise nicht mehr gewachsen. Schließlich gab er den Bitten seines Sohnes aber doch nach, und die „Grönlandsaga“ berichtet darüber:

„... Erich ... ritt von daheim weg, sobald sie fahrtbereit waren. Kurz bevor sie das Schiff erreichten, strauchelte indessen sein Pferd, so daß er herabstürzte und sich den Fuß verletzte. Da sagte Erich: ‚Nicht mehr wird es mir vergönnt sein, weitere Länder zu finden als das, in dem wir jetzt wohnen. Wir werden nun nicht länger zusammen auf Fahrt gehen können.‘ “

So machte Leif, den man den „Guten“ nannte, also mit seinen Leuten, zu denen auch der aus dem Rheinland stammende Deutsche Tyrkir gehörte, das Schiff klar und segelte ohne den Vater ab. Bald sichteten sie Land, warfen Anker, setzten ein Boot aus und fuhren zur Küste. Sie fanden weder Gras noch Wald dort, sondern nur lauter Gletscher, die sich bis ans Wasser erstreckten, so daß das ganze Land wie ein großer flacher Stein aussah. Daher nannten sie es Helluland, d. h. Flachsteinland.

Darauf gingen sie wieder an Bord und segelten weiter. Bald sichteten sie abermals Land: eine flache Küste mit breitem Sandstrand und dahinter dichte Wälder. Dieses Land nannten sie Markland, d. h. Waldland. Hier hätten sie bleiben können, denn hier stand ja das Holz, das sie so nötig brauchten. Aber nun war ihre Neugier geweckt, und sie beschlossen weiterzufahren.

Es dauerte zwei Tage, bis sie wieder Land entdeckten. Ein Kap sprang weit in die See vor, und davor lag eine Insel. Zwischen Kap und Insel segelten sie in einen flachen Sund hinein, und da gerade Ebbe war, gerieten sie auf Grund. In den Sund mündete ein Fluß, der aus einem See kam. Als das Wasser wieder gestiegen war, schleppten sie ihr Schiff den Fluß hinauf bis in den See und ankerten dort. Dann schlugen sie am Land Zelte auf und beschlossen, hier zu überwintern und Häuser zu bauen.

Als sie damit fertig waren, teilte Leif seine Mannschaft: Die eine Hälfte blieb bei den Häusern, die andere wurde ausgeschickt, das Land zu erkunden. Sie sollten zusammenbleiben und immer nur so weit gehen, daß sie am Abend wieder im Lager zurück sein konnten. Als eines Abends ein Mann aus der Schar fehlte, machte Leif sich große Sorgen, es könne ihm etwas zugestoßen sein. Der Deutsche Tyrkir war nicht zurückgekommen, und Leif brach mit einigen seiner Leute auf, ihn zu suchen. Sie waren noch nicht weit vom Lager entfernt, da trafen sie ihn. Er war so aufgeregt, daß er deutsch sprach und Leif kein Wort verstehen konnte, rollte die Augen und schnitt Grimassen. Endlich beruhigte er sich und erzählte auf nordisch, er habe etwas ganz Seltsames gefunden: Weinstöcke und Reben! Leif wollte das gar nicht glauben, aber Tyrkir sagte: „Gewiß ist das wahr. Denn ich bin ja am Rhein groß geworden, wo es weder an Trauben noch an Weinstöcken fehlt!“

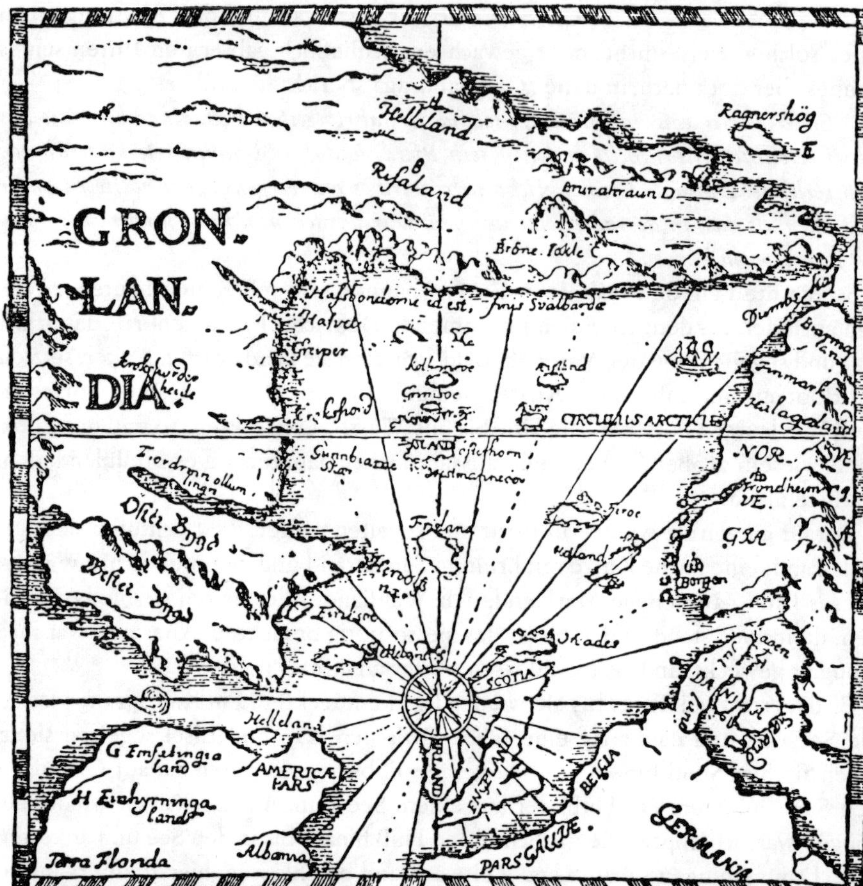

7 *Karte von Grönland aus dem Jahre 1600. So stellte sich Jon Gudamundsson aus Island, der diese Karte zeichnete, Grönland vor. Die Eystribyggd, die wikingische Ostsiedlung, wird nach Ostgrönland verlegt, die Vestribyggd, die Westsiedlung, nach Südwestgrönland*

Am nächsten Morgen befahl Leif seinen Leuten, Weintrauben zu sammeln und als Ladung für das Schiff Bäume zu fällen. Und das Land nannte Leif Vinland, d. h. Weinland. Im Frühjahr segelten die Grönländer dann, schwer mit Holz beladen, in die Heimat zurück.

Leifs Vinland-Expedition machte in Grönland natürlich großes Aufsehen. Nach seinen Erzählungen mußte das neue Land mit seinen Wäldern und Weinstöcken sehr verlockend sein. Zwei Jahre später unternahm daher Leifs Bruder Thorwald eine neue Expedition, erreichte Vinland auch, wurde aber in Kämpfen mit Indianern getötet; sein Steuermann brachte das Schiff nach Grönland zurück. Auch der jüngste Sohn Erichs, Thorstein, machte sich auf den Weg nach Vinland, gelangte aber gar nicht bis dahin, sondern trieb wochenlang auf hoher See, bis er endlich wieder in Grönland anlangte.

Das alles war nicht gerade ermutigend, aber trotz dieser Mißerfolge fand sich bald ein Mann, der Vinland nicht nur aufsuchen, sondern auch besiedeln wollte. Es war der Isländer Thorfin Karlsefni, ein Kaufmann, der von den märchenhaften Ländern im Westen gehört hatte und sogleich beschloß, dort eine große Siedlung zu gründen.

Er segelte mit zwei Schiffen voller Waren und mit je vierzig Mann Besatzung nach Grönland zu Erich dem Roten, und bald kam ein lebhafter Handel mit den Grönländern in Gang. Erich lud Thorfin und seine Leute ein, den Winter auf seinem Hof zu verbringen, was dieser mit Dank annahm. Es gab mancherlei Unterhaltung in diesem Winter, Spiele und Sagaerzählungen, und vor allem sprach man viel von der Vinlandfahrt, die Thorfin vorhatte.

Nach dem Julfest hielt Thorfin Karlsefni um die Hand Gudrids an, der Tochter von Erich dem Roten; sie verlobten sich, und dann wurde Hochzeit gefeiert. Bald danach heiratete Erichs zweite Tochter Freydis den Thorward, einen der Begleiter Thorfins.

Die Abreise nach Vinland wurde auf den Sommer 1003 festgesetzt. Inzwischen hatten sich viele Grönländer dazu entschlossen, die Fahrt mitzumachen, so daß schließlich einhundertvierzig Mann auf mehreren Schiffen mit Thorfins Expedition aufbrachen. Sie segelten zuerst nach Helluland, kamen zwei Tage später nach Markland und gelangten nach wiederum zwei Tagen an eine sandige Küste, an der es keinen Hafen gab und die ganz öde war. Endlich fanden sie eine Bucht, vor der eine Insel lag, auf der so viele Eiderenten nisteten, daß man kaum seinen Fuß zwischen den Eiern niedersetzen konnte. Sie fuhren tiefer in die Bucht hinein und beschlossen, dort zu überwintern.

Aber der Winter wurde hart, die Lebensmittel waren fast aufgebraucht, Jagdbeute gab es kaum, sie hatten wenig zu essen – alle waren glücklich, als der Frühling kam und sie wieder Eier auf der Insel und jagdbare Tiere auf dem Lande fanden. Nun berieten sie über die Weiterfahrt. Einer, Thorhall, schlug vor, nach Norden zu fahren, in der Hoffnung, Vinland dort zu finden. Aber Karlsefni wollte es weiter südlich versuchen, weil er glaubte, daß das Land nach Süden zu immer besser und fruchtbarer werden würde. Man beschloß also, sich zu trennen, und Thorfin Karlsefni war mit der Teilung der Expedition ganz einverstanden, weil er es für richtig hielt, das Land sowohl nördlich wie südlich zu erkunden.

Schließlich blieb der größte Teil der Mannschaft bei Karlsefni, und mit Thorhall gingen nur neun Mann nordwärts. Den Sagaberichten nach hat keiner von ihnen Grönland wiedergesehen. Sie wurden nach Irland verschlagen, gerieten in Gefangenschaft oder wurden getötet.

Thorfin Karlsefni segelte mit seinen Leuten eine lange Zeit südwärts, bis sie an eine Flußmündung kamen, in die sie hineinfuhren. Da fanden sie Felder von wildem Weizen und auf den Anhöhen und in den Wäldern Weinstöcke. Jeder Bach wimmelte von Fischen. An der höchsten Stelle, an der die Flut das Land bespülte, legten sie Gruben an: Die Flut trug die Fische hinein, und wenn Ebbe kam, waren die Fanglöcher voller Heilbutte. In den Wäldern gab es Wild aller Art und für das Vieh saftige Weiden in Hülle und Fülle.

Zwei Wochen lebte Thorfin Karlsefni mit seinen Leuten in diesem gesegneten Land, ohne daß etwas Besonderes geschah. Da bemerkten sie eines Morgens neun Fellboote, deren Insassen Stangen schwenkten. „Was mag das bedeuten?" fragte Karlsefni. Sein Freund Snorri meinte, das sei vielleicht ein Friedenszeichen: „Wir wollen einen weißen Schild nehmen und ihnen entgegentragen!"

Als sie das taten, ruderten die Fremden näher; es waren kleine, häßliche Leute mit strähnigem Haar und breiten Gesichtern, Skraelinger, d. h. Eskimos. Sie trauten sich offenbar nicht an Land, denn sie fuhren bald wieder weg.

Von den seltsamen Fremden sahen die Wikinger den ganzen Winter über nichts mehr. Sie hatten sich inzwischen oberhalb des Sees feste Häuser gebaut. Es war ein angenehmes Leben, das sie hier führten, denn das Wetter blieb mild, es gab keinen Schnee, und das Vieh konnte die ganze Zeit über draußen bleiben und für sich selbst sorgen.

Eines Morgens, im Frühjahr, kam von Süden her eine solche Menge von Fellbooten angerudert, daß die See ganz schwarz aussah. Wieder wurden auf den Booten Stangen geschwenkt, und wieder hoben Karlsefnis Leute weiße Schilde hoch. Diesmal kamen die häßlichen kleinen Leute an Land, und es begann ein lebhafter Tauschhandel. Die Fremden wollten am liebsten rotes Tuch und boten dafür Pelze zum Tausch. Sie hätten auch gern Schwerter gehabt, aber das verbot Karlsefni. Das rote Tuch banden die kleinen Fremdlinge sich um den Kopf. Da plötzlich kam ein Stier, der Karlsefni gehörte, aus dem Wald gelaufen und brüllte – im Nu waren die Fremden in ihren Booten und ruderten davon, offenbar zu Tode erschrocken vor diesem ihnen unbekannten Tier.

Wochen vergingen, die Fremden ließen sich nicht wieder sehen. Da erschien eines Tages eine noch viel größere Menge Fellboote als das letztemal, und plötzlich heulten alle Insassen laut und feindlich. Den Nordmännern war sofort klar, daß es diesmal nicht friedlich zugehen würde, sie hielten den Fremden also rote Schilde entgegen, zum Zeichen, daß sie zur Gegenwehr bereit seien. Die Skraelinger stürzten an Land, und der Kampf begann. Sie besaßen Schleudern und als furchtbarste Waffe einen großen dunkelblauen Ball, den sie an einer Stange befestigten und auf ihre Feinde schleuderten. Was das gewesen sein kann, weiß man nicht. Die Nordmänner fürchteten, es sei ein schlimmer Zauber, und flohen eilends. Sie glaubten sich von den Eskimos schon fast umzingelt und machten auf ihrer Flucht nicht eher halt, als bis sie zu einer felsigen Schlucht kamen, wo sie harten Widerstand leisteten.

Als Freydis, Erichs des Roten Tochter und Gattin des Thorward, sah, wie Karlsefni und seine Leute flüchteten, rief sie verächtlich: „Warum lauft ihr großen Kerle vor solch kleinem Gesindel weg? Ihr könntet sie doch totschlagen wie Schlachtvieh, scheint mir. Hätte ich Waffen, so würde ich besser kämpfen als ihr!" Sie ging ihren Leuten nach und stieß auf einen Gefallenen, neben dem sein Schwert lag. Da war ja die Waffe, die sie brauchte! Freydis ergriff das Schwert, stellte sich damit den Skraelingern entgegen – und der Anblick dieser mutigen Frau jagte den Eskimos einen solchen Schrecken ein, daß sie schleunigst nun ihrerseits die Flucht ergriffen, in ihre Boote stürzten und davonfuhren.

Karlsefni lobte Freydis sehr, deren Mut ihnen den Sieg verschafft hatte. Nach den bösen Erfahrungen mit den Skraelingern verlor er nun aber die Lust, länger in diesem Lande zu bleiben. Es war zwar so fruchtbar, daß man hier gut hätte siedeln können; aber es würde wohl immer wieder Streit und Unfrieden mit den Eingeborenen geben, man würde hier nie in Frieden leben können. Deshalb wurde alles zur Abfahrt vorbereitet, und die Nordmänner verließen das

8 Karte von Vinland, gezeichnet um 1570 von Sigurd Steffansson, Rektor der lateinischen Schule zu Skalholt im südlichen Island. Man sieht, daß Steffansson nach dem zu seiner Zeit herrschenden Anschauungen Norwegen, Bjarmaland (Küste des Weißen Meeres), Jotunheimar (Nowaja Semlja), Grönland und Vinland als einen großen, zusammenhängenden Landkomplex aufgefaßt hat. Das Skrälingerland gegenüber dem „Promontorium Winlandia", dem Vorgebirge Vinland, wird in die Gegend des heutigen Massachusetts verlegt

Land, um wieder nach Grönland zurückzukehren. Sie wandten sich nordwärts und überwinterten noch einmal an der Stelle ihres ersten Lagers. Diesmal hatten sie Glück: Der Winter wurde nicht so hart, es gab genügend Nahrung, und sie verbrachten die Zeit bis zum Frühjahr ruhig und unangefochten.

Dann machten sie sich auf die Heimreise, und es gelang Thorfin Karlsefni, seine Schiffe unter manchen Gefahren und Abenteuern glücklich nach Grönland zurückzubringen. Seine und Leifs Expeditionen waren Taten, auf die die Nordmänner stolz sein konnten. Freilich wußten sie nicht, daß sie einen neuen Erdteil entdeckt hatten; noch fünfhundert Jahre später wurden auf den Karten Vinland, Markland und Helluland – die Ostküste Nordamerikas etwa von Massachusetts bis Neufundland – meist als mit Grönland zusammenhängend dargestellt. Aber daß sie etwas Großes geleistet hatten, etwas, das sich würdig den Saga-Heldentaten ihrer Ahnen an die Seite stellen ließ, das wußten sie, und darauf waren sie mit Recht stolz.

Thorfin Karlsefnis Plan, in den Westländern eine große Siedlung zu gründen, ist zwar an der feindseligen Haltung der Eingeborenen gescheitert, und die Sagas und Chroniken der nächsten dreihundert Jahre berichten auch kaum noch von Fahrten der Nordmänner nach Markland und Vinland. Trotzdem müssen aber in diesen Jahrhunderten immer wieder Grönländer für längere Zeit im Westen Nordamerikas geweilt haben. Und sie sind vermutlich sogar von der Küste aus etwa 1500 Kilometer nach Westen, bis in das Gebiet der Großen Seen, vorgedrungen; denn in der zweiten Hälfte des vorigen Jahrhunderts haben skandinavische Siedler immer wieder Spuren jener einstigen ersten Entdecker der Neuen Welt gefunden: Waffen, Werkzeuge und vor allem Inschriften, Runen, wie man sie aus Norwegen und Schweden kennt. Auch ein alter Turm, der lange für den Rest einer Windmühle gegolten hat, ist schließlich als Ruine einer vermutlich von den Wikingern gebauten Kirche erkannt worden.

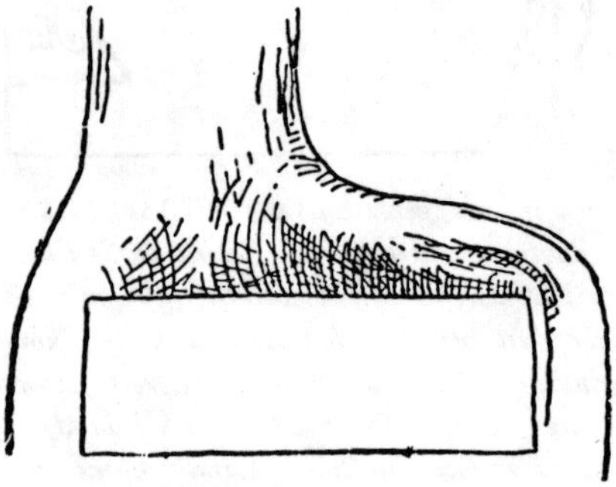

9 Die Lage des Runensteins von Kensington zwischen den Wurzeln der Espe. (Nach Hjalmar R. Holand)

Das meiste Aufsehen unter allen Funden rief der Runenstein von Kensington hervor, den Olaf Ohman, ein schwedischer Siedler, 1898 in seinem Garten entdeckte. Als er eine Espe fällen wollte, schlug die Spitzhacke funkensprühend aus dem Boden zurück; sie hatte einen Stein getroffen. Ärgerlich wischte sich der Mann die schweißnasse Stirn. Das konnte eine schöne Schinderei werden, wenn da unten wirklich ein großer Brocken lag! Aber der Baum mußte weg, denn hierher sollten Gemüsebeete kommen, und die brauchten Sonne. Vorsichtig tastete er mit dem Spaten den Block ab, der da unten zwischen den Wurzeln des Baumes zu stecken schien. Es blieb nichts übrig, als ihn auszugraben. Nach Stunden hatte der Schwede es geschafft: Ein etwa achtzig Zentimeter langer, vierzig Zentimeter breiter und fünfzehn Zentimeter dicker, merkwürdig regelmäßiger Stein lag am Rande des Grabloches. Lange mochte er da unten gesteckt haben, der Klotz! Rechts und links umgaben ihn die Wurzeln des alten Baumes. Der Stein mußte schon da gelegen haben, als das Samenkorn der Espe sich vor vielen, vielen Jahren in den Boden gesenkt hatte.

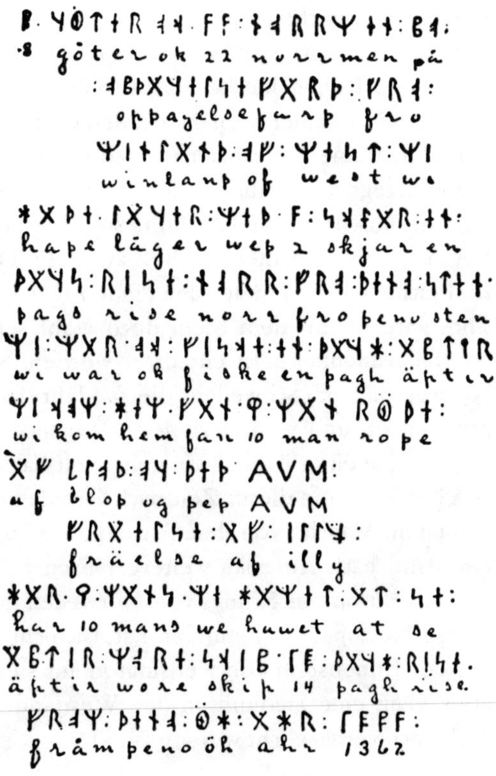

10 Die Inschrift des Runensteins von Kensington (nach Hjalmar R. Holand: „The Kensington stone. A study in pre-columbian history. Ephraim, Wisconsin 1922). Der Text dieser Inschrift lautet: „(Wir sind) 8 Goten (Schweden) und 22 Norweger auf Entdeckungsreise von Vinland nach Westen. Wir hatten ein Lager bei zwei Schären, einige Tagereisen nördlich von diesem Stein. Wir waren (draußen) und fischten einen Tag. Danach kamen wir heim, fanden 10 (unserer) Leute rot von Blut und tot. A(ve) V(irgo) M(aria), erlöse (uns) vom Übel.“ Neben diesem Text auf der Breitseite des Steines befindet sich auf der einen Kantenseite folgende dreizeilige Runenritzung: „(Wir) haben 10 von unserer Mannschaft an der See, zu achten auf unsere Schiffe, 14 Tagreisen von dieser Insel. Jahr 1362“

Der Sand, der den Block überzog, trocknete und fiel ab. Olaf Ohman wälzte den Stein beiseite – nanu, was war denn das? Das sah ja aus wie Schriftzeichen, Schrift, in den Stein gemeißelt – mein Gott, das waren ja Runen!

Runen kannte Ohman aus Schweden, wo er als Kind zur Schule gegangen war, ehe der Vater nach Nordamerika auswanderte. Im Museum hatte der Lehrer ihm einmal einen Runenstein gezeigt, und im Kalender des Großvaters waren auch noch Runen gewesen – diesen Stein hier mußte sein Junge sehen, der ja nichts mehr wußte von der alten Heimat drüben. Auch die Nachbarn holte er herbei, meist Schweden wie er – sie wunderten sich sehr: Wie kamen diese Runen hierher, 1500 Kilometer vom Atlantischen Ozean entfernt, mitten in Nordamerika, nahe bei den Großen Seen?

Der seltsame Fund hat natürlich das Interesse der Wissenschaft in höchstem Maße erregt. Jahrelang ist der Streit hin und her gegangen, ob der Stein echt oder die Inschrift eine Fälschung sei. Und auch heute noch gibt es immer wieder Stimmen, die an seiner Echtheit zweifeln. Da in der gleichen Gegend aber noch zahlreiche andere Funde ganz eindeutig wikingischer Herkunft gemacht worden sind, wird es mit dem Stein doch wohl seine Richtigkeit haben. Die Inschrift ist von Runenkennern entziffert worden. Sie berichtet von einer Gruppe von Norwegern und Schweden, die im Jahr 1362 bis zu den Großen Seen vorgedrungen ist, und es darf vielleicht angenommen werden, daß es sich dabei um Angehörige einer Expedition gehandelt hat, die – wie man weiß – König Magnus von Norwegen in dieser Zeit nach Grönland geschickt hat, um den Siedlern dort zu helfen. Manche von ihnen scheinen infolge einer Klimaverschlechterung von Grönland nach Amerika weitergefahren zu sein, und möglicherweise ist ihnen die Expedition des Königs von Norwegen dorthin gefolgt. Ob sie die ausgewanderten Nordmänner gefunden hat, ist nicht bekannt. Aber man muß vermuten, daß der Runenstein von Kensington auf sie zurückgeht und daß Thorfin Karlsefnis Plan, eine Siedlung in den Westländern zu gründen, schließlich offenbar doch noch verwirklicht worden ist.

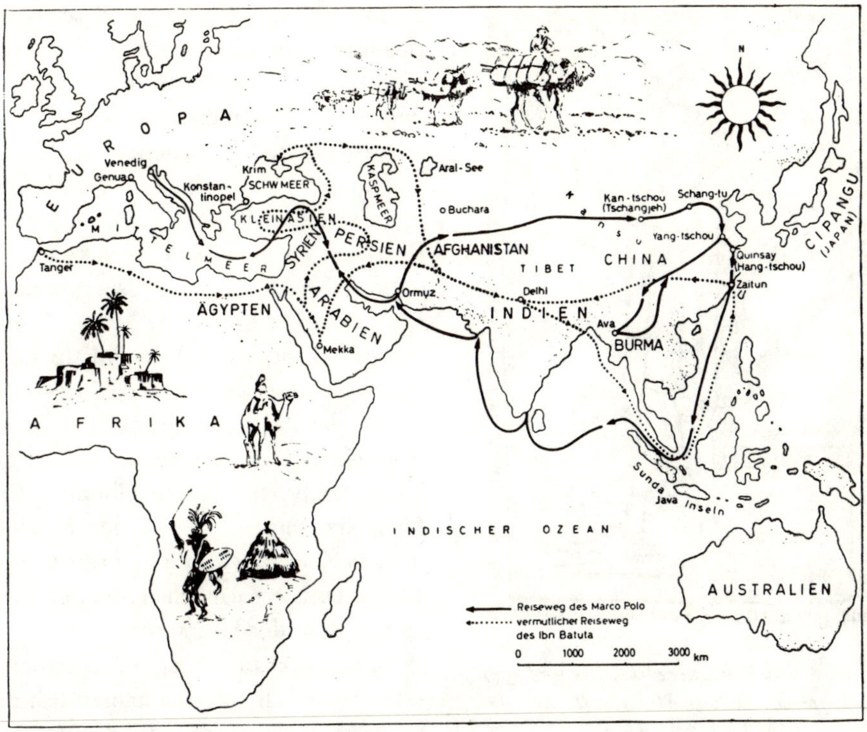

WELTREISEN IM MITTELALTER

Marco Polo

Der erste Abendländer, der einen zuverlässigen Bericht von den Verhältnissen in Innerasien überliefert hat, ist ein Mönch gewesen: Giovanni de Plano Carpini. Zu Anfang des Jahres 1245 erhält er einen merkwürdigen Auftrag: Er soll dem mongolischen Großkhan eine Botschaft des Papstes überbringen. Während der zwei Jahre, die er zur Erledigung dieses Auftrages braucht, lernt er den riesigen, für Europa damals völlig fremden Kontinent recht gründlich kennen. Später werden noch verschiedentlich Mönche und Priester nach Asien entsandt; alle seine Vorgänger übertrifft aber der Venezianer Marco Polo, der seine Reise zum Großkhan freilich nicht aus christlichen, sondern aus rein kaufmännischen Interessen unternimmt.

Schon um 1260 waren der Vater und der Onkel Marco Polos, ebenfalls venezianische Kaufleute, nach Konstantinopel und weiter ins Morgenland gereist. Sie

11 Marco Polo, „der edel Ritter und großt landtfarer" (Ulmer Holzschnitt aus dem 14. Jahrhundert)

kamen bis nach Buchara und schlossen sich hier einer Gesandtschaft an, die von Persien zum Großkhan Kublai Khan, dem Enkel Dschingiskhans, ging. So gelangten die beiden Italiener nach China und an den Hof des Kaisers der Mongolen, der sie sechs Jahre später mit einer Botschaft an den Papst zurückschickte.

Im Jahre 1271 zogen sie abermals nach Osten, diesmal von dem 17jährigen Marco begleitet. Dreieinhalb Jahre waren sie unterwegs; erst 1274 erreichten sie das Reich des Großkhans. In der Stadt Kantschou, dem heutigen Tschangjeh in der Provinz Kansu, einem uralten Rastplatz, wurden sie von den Sendboten des Kaisers erwartet und reisten nun als Staatsgäste nach Schang-tu, der Sommerresidenz des Herrschers.

Der Großkhan nahm die drei Italiener sehr freundlich auf, und namentlich der junge Marco Polo fand bald das Vertrauen und die Freundschaft des Kaisers. Er wurde dessen Geheimsekretär und später Statthalter in Yang-tschou, der Hauptstadt des südlichen Landes Manzi. Es kam ihm sehr zustatten, daß er mehrere asiatische Sprachen beherrschte: Er konnte Persisch, Arabisch und Mongolisch. Während Carpini und alle anderen, die vor ihm nach Asien gereist waren, niemals bis nach China gelangten, hatte Marco Polo als Freund des Kaisers und Gouverneur seiner südlichsten Provinz nun als erster alle Möglichkeiten, es gründlich kennenzulernen, und er sah sich mit offenen Augen um. *(Bild Nr. 5)*

Zunächst interessiert ihn natürlich Kaiser Kublai selbst und dessen Umgebung. Von dem Khan spricht er mit großer Hochachtung und betont lebhaft, daß er zur Herrschaft gekommen sei vermöge seiner hervorragenden Tapferkeit, Klugheit und Tüchtigkeit. Und dann wendet er sich der Residenz seines kaiserlichen Freundes zu. Von ihr hat Marco Polo besonders eingehend berichtet. Nicht nur vom Palast erzählt er, sondern auch von dem Park des Schlosses mit seinen weiten Rasenflächen, den künstlich geschnittenen Hecken und Baumgruppen, den Damhirschen, Rehen und Böcken, die sich in weiten Gehegen tummeln, den Sperbern, Falken, Fasanen und Pfauen. Auch über den Marstall mit seinen 10000 schneeweißen Hengsten und Stuten gibt er eingehende Nachrichten. Sehr verwundert erfährt Marco Polo, daß der Khan diese vielen Pferde allein dazu hält, um Pferdemilch trinken zu können, ein Vorrecht, das nur der kaiserlichen Familie zusteht. Außerdem werden am 28. August jedes Jahr den Göttern Trankopfer mit Pferdemilch dargebracht, um den Segen des Himmels für Vieh und Ernte zu erflehen.

Bei den Festen, die man aus diesem Anlaß feiert, erlebt Marco Polo die erstaunlichsten Dinge. Er erzählt:

„Bei solchen Gelegenheiten haben die Sterndeuter und Zauberer reichlich Anlaß, ihre Künste zu zeigen. Wenn z. B. am Himmel Wolken heraufkommen, so steigen sie auf das Dach des Schlosses und beschwören das Gewitter und erreichen wirklich, daß es dem Palast selbst fernbleibt. Ringsum tobt der Sturm, prasselt der Wolkenbruch hernieder, blitzt und donnert es; nur das Haus des Khans bleibt davon unberührt. In ihrer teuflischen Kunst sind die Hofzauberer des Khans so erfahren, daß sie Dinge vollbringen, die unsere Fassungskraft weit übersteigen. So z. B., wenn Seine Majestät sich zum Mahle niedergelassen hat. In einiger Entfernung von der Tafel pflegt dann ein Tisch zu stehen, auf dem die Trinkgefäße und Behälter ihren Platz haben. Durch ihr Zaubervermögen bewirken es nun die Magier, daß Flaschen und Behälter die Becher von selbst füllen, ohne daß es dabei der Diener bedarf. Ja. die Becher fliegen frei durch die Luft in die Hand des Khans, wenn er trinken will ... Ist der Becher geleert, so kehrt er durch die Luft wieder zum Tisch mit den Getränken zurück, und das alles, ohne daß ihn die Hand eines Sklaven berührt. Und das geschieht im Beisein aller Gäste, die ausdrücklich eingeladen sind, Zeugen dieser zauberischen Kunstfertigkeit zu sein."

Sehr ähnlich geht es auch in der Winterresidenz des Khans zu, von der Marco Polo ebenfalls ausführlich berichtet. Aber nicht nur von Zauberei erzählt er, sondern sehr eingehend auch von dem hervorragend organisierten Staatswesen und von den Staatsstraßen. Hier fällt ihm etwas auf, was man damals in Europa noch nicht kennt und was er für sehr praktisch und nützlich hält: An den Rändern der Wege stehen Bäume, die im Sommer den Reisenden Schatten geben, im Winter aber, wenn alles weit und breit verschneit ist, den Weg markieren. Im Abstand von einer Tagereise befinden sich an diesen Straßen gut eingerichtete Rasthäuser mit Fremdenzimmern, in denen die Reisenden übernachten können. Außerdem hält jedes solches Gasthaus 400 Pferde für Kuriere und eilige Gesandtschaften bereit, so daß die Boten des Kaisers nicht nur in aller Behaglichkeit, sondern auch mit unglaublicher Schnelligkeit reisen können.

Vor allem aber interessiert Marco Polo, den Sohn der reichen Handelsstadt Venedig, das Geldwesen. Kublai Khan habe damit den Stein der Weisen gefunden, meint er dazu:

„Er macht sich sein Geld nämlich auf folgende einfache Weise: Der Bast von Maulbeerbäumen wird in einem Tiegel fein zermahlen und zu einem Brei aufgeweicht. Daraus

wird ein Papier gewonnen, von schwarzer Färbung. Je nach dem Wert, den es haben soll, wird dieses Papier nun in rechteckige Streifen von unterschiedlicher Größe zerschnitten ... Auf jedes Stück schreiben einige hierzu besonders angestellte Beamte der kaiserlichen Münzverwaltung ihren Namen und bekräftigen diesen mit ihrem Siegel. Dann wandert dieses Geld zum Oberaufseher der Münze, der alle Papiere außerdem noch mit seinem zinnoberroten Siegel versieht ... Jeder nimmt dieses Geld bedenkenlos an, weil er damit anstandslos jegliche Ware ... kaufen kann."

Unter den vielen wunderbaren und fremden Dingen, die Marco Polo in Asien kennenlernt, befindet sich auch
„ein schwarzes Gestein, das man aus den Bergen gräbt, wo es in Adern läuft. Wenn dieser Stein angezündet wird, brennt er wie Holzkohle, hält aber die Wärme weit besser als Holz, so daß sich am Morgen noch Glut findet. Diese Steine brennen ohne helle Flamme, nur beim Anzünden lodern sie ein wenig auf, strömen aber beim Brennen eine starke Hitze aus."

Wie gut er beobachtete! Dieses schwarze Gestein fand sich ja auch in Europa, doch baute man es nur in England und erst seit dem 13. Jahrhundert bergmännisch ab: die Steinkohle nämlich. Als Marco Polos Reisebericht in Europa bekannt wurde, machten gerade diese Stellen das größte Aufsehen: Die ersten Anregungen zur Bepflanzung der Straßen, zur Verwendung von Papierscheinen als Zahlungsmittel und zur Aufnahme des Steinkohlenbergbaus im Abendland gingen sicher zum großen Teil auf seinen Bericht zurück.

Im Auftrag Kublai Khans kam Marco Polo weit in China herum. Eine seiner ersten größeren Reisen führte ihn nach Tibet und Burma, eine andere nach Quinsay, der heutigen südchinesischen Stadt Hang-tschou, der einstigen Residenz des südchinesischen Herrscherhauses. Das war eine Stadt! Tausende und Abertausende von Masten reckten sich im Hafen zum Himmel. Neben den großen Überseefrachtern nach Indien, Persien und dem Inselmeer um Java lagen unzählige Dschunken der südchinesischen Küstenfahrer; Matrosen aller Nationen und aller Hautfarben schlenderten durch die Straßen. Fünf Millionen Einwohner hatte die Stadt, als Marco Polo sie besuchte, und da sie Salz erzeugte, war sie unermeßlich reich, denn Salz stellte einen besonders wertvollen und begehrten Handelsartikel dar. Allein aus der Salzerzeugung zog der Kaiser jährlich sechs Millionen venezianischer Dukaten Steuereinnahmen, dazu kamen noch die Steuern auf Handel und Gewerbe, also wirklich unvorstellbare Summen!

Die Verwaltung dieser menschenwimmelnden, reichen Stadt interessierte den Venezianer lebhaft. Wie in allen Hafenstädten der Welt war natürlich auch in Quinsay das Verbrechertum stark verbreitet. Die unübersichtlichen Hafenviertel boten allen Arten von Gangstern Unterschlupf. Aber dafür griff die Polizei besonders scharf durch. Laut polizeilicher Anweisung mußte nämlich jeder Haus-

5 Chinesische Landschaft nördlich von Peking mit Denkmal bei den Gräbern der Ming-Kaiser
die die Mongolen-Kaiser 1368 ablösten

6 Die Kaaba in Mekka, das größte Heiligtum des Islams;
im Vordergrund Pilger beim heiligen Rundgang wie einst Ibn Batuta

7 Christoph Kolumbus (Columbus), 1447 oder 1451 in Genua geboren, gestorben am 21. Mai 1506 in Valladolid

8 Nachbildung eines Kolumbusschiffes im Hafen von Barcelona

besitzer am Tor ein Täfelchen befestigen, auf dem alle Hausbewohner verzeichnet standen. Wenn jemand starb oder fortzog, wurde sein Name gestrichen. Neugeborene Kinder mußte man sofort eintragen – eine richtige polizeiliche Meldepflicht also, der auch die Herbergen unterlagen. Das Hauptübel chinesischer Städte aber waren schon damals Feuersbrünste: Die aus Holz und Schilfmatten errichteten Gebäude standen so dicht beieinander, daß sich ein Feuer mit rasender Schnelligkeit ausbreitete und ganze Stadtteile ergriff. In Quinsay gab es daher in jedem Viertel Häuser aus Stein, in die die Einwohner bei Feuersgefahr ihre Habseligkeiten retten konnten. Ständig gingen Brandwachen durch die Stadt, die auch darauf zu achten hatten, daß abends zu einer bestimmten Zeit das Licht in den Häusern gelöscht war. Sobald sie Alarm gaben, kam die Feuerwehr, die bei großen Bränden oft 1000–2000 Mann einsetzte.

12 *Kublai Khan, der Mongolenkaiser. (Nach einer altchinesischen Zeichnung)*

In Quinsay hört Marco Polo zum ersten Mal von einer großen, reichen Insel, die weit östlich im riesigen Weltmeer liege: das Land Cipangu, unser heutiges Japan. Es scheint in der Vorstellung der Chinesen eine Art Märcheninsel gewesen zu sein: unendlich reich, mit einem Königspalast, dessen Dach aus Ziegeln von reinem Gold bestehe und in dessen Sälen Täfelung, Tische, ja selbst die Fensterrahmen aus purem Gold verfertigt seien. Ebenso gäbe es massenhaft Perlen und Edelsteine dort, alle Kostbarkeiten der Erde fänden sich in großen Mengen.

Natürlich war Marco Polo sehr beeindruckt von diesen Erzählungen, und sicher hätte er, gerade als Kaufmann, gern versucht, in das offenbar unermeßlich reiche Land zu gelangen. Es ging aber ein Gerücht, daß der Kaiser von Japan jeden köpfen ließe, der in Cipangu landete. Und als Freund und Vertrauter Kublai Khans konnte der Venezianer das schon gar nicht wagen; denn es war noch nicht lange her, daß einer vom Großkhan entsandten Flotte der Versuch, Cipangu zu erreichen, übel bekommen war. Also begnügte sich Marco Polo damit, getreulich alles aufzuzeichnen, was er über das Wunderland im Osten in Erfahrung bringen konnte. Diese Nachrichten erregten natürlich im höchsten Maß die Aufmerksamkeit und das Interesse des Abendlandes, und Seefahrer aller Nationen brachen späterhin auf, das verlockende Land voller Schätze zu suchen.

13 Japanischer Bogenschütze aus dem dreizehnten Jahrhundert. (Nach einem altjapanischen Holzschnitt)

Im Jahre 1295 kehrte Marco Polo in die Heimat zurück. Vielleicht wüßten wir gar nicht soviel von seinen Erlebnissen, wenn nicht 1298 ein Krieg zwischen Genua und Venedig ausgebrochen wäre. Marco Polo nahm als treuer Sohn seiner Heimatstadt daran teil und fiel bei einer Seeschlacht in die Hand der Genuesen. Runde zehn Monate hielt man ihn fest, und diese Zeit der unfreiwilligen Muße benutzte er dazu, seine Erlebnisse niederzuschreiben. Die großen Zahlen, die er für viele Dinge angab und die seinen Landsleuten ganz unglaubhaft erschienen, trugen ihm den Spitznamen „Messer Marco Millione" ein, „Herr Marco, der mit den Millionen nur so um sich wirft".

Freilich – er mochte sich manchmal geirrt haben, aber im großen ganzen entsprechen seine Angaben sicher doch der Wahrheit. Und eine alte italienische Chronik erzählt, der Venezianer habe sich noch auf dem Totenbett beharrlich und standhaft geweigert, irgend etwas zurückzunehmen. Er habe ja noch nicht einmal die Hälfte seiner wunderbaren Erlebnisse mitgeteilt.

Seine Berichte gehören mit zu den ersten, die gedruckt herausgebracht wurden. Und da sie so voller Merkwürdigkeiten steckten, wurden sie natürlich von allen des Lesens Kundigen mit größtem Interesse aufgenommen und wahrscheinlich ebenso verschlungen wie heute ein guter Abenteuerroman.

Ibn Batuta

Dreißig Jahre nach Marco Polos Rückkehr machte sich wiederum ein junger Mann auf die Reise nach dem Osten, und auch er verfaßte später einen Reisebericht. 1325 brach er von Tanger in Nordafrika auf, eigentlich nur, um eine Pilgerfahrt nach Mekka zu unternehmen. Es war Abu Abdullah Mohammed, Ibn Abdallah, Ibn Mohammed, Ibn Ibrahim, uns seit rund sechshundert Jahren bekannt unter dem Namen Ibn Batuta und als der ausdauerndste Globetrotter aller Zeiten – er kehrte nämlich erst vierundzwanzig Jahre später nach Hause zurück!

Er war der Sohn eines angesehenen Handelsherrn in Tanger und studierte Rechtswissenschaft. Als gläubiger Mohammedaner hatte er die Pflicht, wenigstens einmal im Leben nach Mekka zu pilgern. Wenn er erst im Beruf stand, würde er kaum die Zeit dafür haben; also beschloß er, sein Studium zu unterbrechen, um zunächst diese Pilgerfahrt hinter sich zu bringen. Und daß er sich nun auf den Weg machte, das ist der Grund dafür, daß aus Ibn Batuta kein Jurist, sondern ein Reisejournalist wurde, wie wir heute sagen würden. *(Bild Nr. 6)*

Einige Monate brauchte er für den Weg nach Mekka. Er stand am Grabe des Propheten in der Mesdschid el Haran, der „Heiligen Moschee", er machte die sieben vorgeschriebenen Rundgänge um die Ka-aba und küßte den schwarzen, silbergefaßten Meteorstein, der darin eingemauert ist – und nun hätte er eigentlich nach Haus zurückkehren und sein Jurastudium fortsetzen können. Aber die Pilgerfahrt hatte dem jungen Mann gar zu gut gefallen; Reisen war ja viel schöner, als hinter den Büchern zu hocken und zu studieren! Als eine Karawane nach Südostafrika aufbrach, konnte er nicht widerstehen: Er schloß sich ihr an – und von nun an reiste er ein halbes Menschenalter durch die Welt, nach Ägypten, Syrien und Persien, über Kleinasien und das Schwarze Meer zur Krim, am Kaspischen Meer und Aralsee vorbei auf einer uralten Karawanenstraße nach Afghanistan, Indien und China.

Alle diese Fahrten unternahm er aber nicht etwa als reicher Tourist, sondern er verdiente sich während der ganzen Zeit seinen Lebensunterhalt selbst, teils als Kaufmann, Reisebegleiter oder Kadi, teils als Verwaltungsbeamter oder Diplomat. Auf diese Weise sah und hörte er sehr viel mehr von Land und Leuten, als wenn er nur sozusagen als Ferienreisender von Gasthaus zu Gasthaus gezogen wäre. Der junge Mann, der durch Steppen und Wüsten, über Sümpfe und durch unendliche Wälder, durch menschenwimmelnde Städte und über vereiste Gebirgspässe marschierte, machte Augen und Ohren auf, ließ sich erzählen und hörte kritisch zu. Und deshalb schrieb er dann später, als er endlich wieder zu Haus war, keine Märchensammlung im Stil Sindbads des Seefahrers, sondern richtige, ernsthafte und ernst zu nehmende Reiseerinnerungen.

Als Ibn Batuta in Indien eintraf, war das Land schon seit hundert Jahren mohammedanisch beherrscht, und er fühlte sich dort deshalb fast wie zu Hause, zumal er allenthalben Bekannte traf. Fünf Jahre blieb er dort, genügend Zeit also, um sich in dem Lande gründlich umzusehen, von dem man im Abendland kaum etwas wußte. Großen Eindruck machten ihm die niedrigen Preise: Drei Mark für eine Milchkuh, fünfzehn junge Tauben für fünfunddreißig Pfennige! Vor allem aber erkundigte er sich genau nach den Gewürzen, die zu Hause so begehrt und kostbar waren und an denen so viel verdient wurde, von denen man aber weder wußte, woher sie kamen, noch wie sie wuchsen: Pfeffer, Zimt und Kokosnuß. Er beschrieb eingehend, von welchen Pflanzen sie stammten, wie sie geerntet und zubereitet wurden – alles für das Abendland hochinteressante Nachrichten!

Für uns ist das Merkwürdigste die Schilderung des berühmten Seiltricks indischer Fakire, von dem Ibn Batuta als erster berichtet. Königin Victoria von England hat zu Ende des vorigen Jahrhunderts eine Belohnung von zweitausend Pfund ausgesetzt für den, der diesen seltsamen Vorgang aufzuklären vermag. Diese Belohnung ist später sogar auf zehntausend Pfund erhöht worden – aber sie liegt noch immer auf der Bank von England, keiner hat sie abholen können, weil auch die Leute, die den Seiltrick selbst gesehen haben, wie z. B. Graf Luckner, der „Seeteufel", nicht in der Lage gewesen sind, ihn zu erklären. Ibn Batuta beschreibt dieses Wunder indischer Zauberei genau:

„... In dieser Nacht trat ein Zauberer auf... Der Emir sprach zu ihm: ‚Laß uns eines deiner Zauberstücke sehen!' Darauf ergriff dieser eine Holzkugel, in welcher sich mehrere Löcher befanden, durch die lange Riemen liefen. Er warf die Kugel in die Luft, und diese stieg empor, bis sie unseren Blicken entschwand. Dabei befanden wir uns inmitten der Residenz, und es war zur Zeit der großen Hitze. Als sich in seiner Hand nur mehr ein kurzes Ende des Riemens befand, gab er einem seiner Lehrlinge einen Befehl; dieser klammerte sich an den Riemen und stieg in die Luft hinauf, bis er unseren Augen entschwand. Nun rief ihn der Zauberer dreimal, aber jener gab keine Antwort. Da erfaßte er ein Messer, als ob er im höchsten Zorn wäre, und hängte sich an den Riemen, bis auch er unsichtbar wurde. Dann warf er eine Kinderhand auf die Erde, hierauf einen Fuß, dann die zweite Hand, den zweiten Fuß, den Rumpf und schließlich den Kopf. Nun stieg er keuchend herab, und seine Kleider waren mit Blut bespritzt. Er küßte die Erde vor dem Emir und sprach zu ihm in chinesischer Sprache. Der Emir gab ihm irgendeinen Befehl; daraufhin nahm er die Glieder des Knaben, befestigte sie aneinander, gab dem Ganzen einen Fußtritt – und siehe – der Knabe stand unverletzt da. Ich war aufs höchste erstaunt, und ein Herzklopfen befiel mich, gerade so, wie es mir bei dem König von Indien ergangen war, als ich etwas Ähnliches gesehen. Man flößte mir eine Arznei ein, die mein Übel vertrieb. Der Richter Afhar-ed-Din stand an meiner Seite und sprach zu mir: ‚Bei Gott, hier gab es kein Hinauf- noch Hinabsteigen, noch ein Gliederabschneiden. Das ist alles nur Taschenspielerei.' "

Fünf Jahre nach seiner Ankunft in Indien reiste Ibn Batuta in das Reich der Mitte als führendes Mitglied einer Gesandtschaft des Sultans von Delhi an den Kaiser von China. Er benutzte das Chinaboot, ein großes Passagierschiff, das auf der Route Indien-China lief, und erzählte höchlichst empört, daß er sich mit einer einfachen Kabine hätte begnügen sollen – die Kabinen I. Klasse mit Bad

Von mancherlay gestaltnus der menschen schreibē
Plinius: Augustinus vnd ysidorus die hernachge
meltē ding. In dem land india sind menschē myt hunds
köpffen vnd reden pellēde. nern sich mit fogelgefeng vñ
klaiden sich mit thierhewtten. Item ettlich haben allain
ein aug an der stirñ ob der nasen vnnd essen allain thier
fleisch. Item in dem land libia werden ettlich on hawbt
geporn vnd haben mund vnd augen. Ettlich sind beder
lay geslechts. die recht prust ist in manlich vnd die lingk
weibisch vnd vermischen sich vndereinandˀ vñ gepern.
Item gegen dem paradis bey dem fluss Ganges sind et-
lich menschen die essen nichts. dann sie haben so klainen
mund das sie das getranck mit einē halm einflössen vnd
leben vom gesmack der öpffel vnd plumen. vnd sterben
pald von bößem gesmack. Daselbst sind auch lewt an
nasen eins ebnen angesichts. Ettlich haben vnden so
groß lebffzen das sie das gantz angesicht damit bedeckē
Item ettlich an zungen. die deüdten einander ir maynūg
mit wincken als die closterlewt. Item in dem land Sici-
lia haben ettlich so große orñ das sie den gantzen leib da
mit bedecken. Item in dem land ethiopia wandern etlich
nidergebogen als das vih. vnd ettlich lebē vierhundert
iar. Item ettlich haben hörner. lang nasen vnd gayßfüss
das findest du in sand Anthonius gantzer legēd. Itez in
ethiopia gein dem nidergang sind lewt mit einem pray
ten füss. vnd so schnell das sie die wilden thier erfolgen
Item in dem land Scithia haben sie menschē gestalt vñ
pferds füess. Item alda sind auch lewt fünff elnpogen
langk vnd werden nicht kranck bis zum tod. Item in dē
geschichtē des grossen Alexanders liset man das in india
menschen seyen mit sechs henden. Item ettlich nacket vñ
rawh in den flüßen wonend. ettlich die an henden vnd
füßen sechs finger haben. ettlich in den wassern wonēde
halb menschen vnd halbs pferds gestalt habende. Itez
weiber mit perten bis auff die prust auff dē hawbt eben
vnd an har. Item in ethiopia gegen dem nidergang ha-
ben ettlich vier awgē. So sind in Eripia schön lewt mit
kranchßhelsen vnnd snebeln. Doch ist als Augustinus
schreibt nit zuglawben das ettliche menschē an dem ort
der erden gegen vns da die sunn auff geet. so sie wider ni
der geet die versen gegent vnsern füßen kerē. Doch ist ein
grosser streyt in der schrifft wider den wone des gemay-
nen volcks. das geringßumb allenthalben menschē auff
der erden seyen. vnd die füß gegen einander kerende dar
auff steen. vnnd doch alle menschen ir schayttel gen hi-
mel keren. in verwunderūg warumb doch wir oder die
die ir fersen gegen vnns wennden nit fallen. Aber das
kömbt auß der natur. dann gleicherweis als der stul des
feürs nynndert ist denn in den feüern. der wasser nyndert
denn in den wassern. vnnd des gaysts nynndert denn in
dem gayst. also auch der stul der erden nynndert anderß
wo denn in irselbs.

14 Blatt XII der „Schedelschen Chronik" von 1493. Die hier wiedergegebenen Abbildungen menschlicher Ungeheuer entsprechen den phantastischen Vorstellungen, die man sich in Europa von der Wunderwelt Indiens machte

und Toilette seien ausverkauft gewesen! Tatsächlich: Solchen Komfort gab es schon im 14. Jahrhundert auf den riesigen chinesischen Schiffen, die außer den Passagieren eintausend Mann Besatzung hatten und bis zu zwölf Segel setzten. Die Reise dauerte viele Monate und führte über die Sundainseln. Das war das größte Anbaugebiet der Gewürznelken, die man in Europa als Zusatz zu Wein und Dünnbier verwendete und die den Kaufleuten einen besonders hohen Gewinn einbrachten. Von der Herkunft dieses Gewürzes wußte man aber gar nichts. Also tat Ibn Batuta sich gründlich um und gab folgenden, für das Abendland natürlich hochinteressanten Bericht:

„Die Gewürznelkenbäume sind von langer Lebensdauer und sehr umfangreich ... Das, was wir ‚Gewürznelken' nennen, ist ein Teil der Blüte, der abfällt und ähnlich wie die Blüte der Orange aussieht. Die Frucht des Gewürznelkenbaumes ist die Muskatnuß... Die Blüte dieser Bäume ist die Muskatblüte. Ich habe das alles mit eigenen Augen gesehen."

Viele Monate später und nach mancherlei gefährlichen Abenteuern ging Ibn Batuta in China von Bord, in Zaitun, dem zu seiner Zeit größten Hafen der Welt. Viele der riesigen Schiffe, wie er eben eines verlassen hatte, lagen am Kai, und dazu eine Unzahl kleinerer Boote; Menschen aller Rassen und Farben drängten sich in den Straßen – ähnlich wie Marco Polo in Quinsay, so geriet Ibn Batuta über Zaitun in helle Begeisterung. Eines fiel ihm besonders auf: Alle Leute waren in Seide gekleidet. Und die Seide hatte einen so geringen Preis, daß sie sogar „zur Bekleidung der Armen und Elenden des Landes diente". Ihm erschien das deshalb so erstaunlich, weil Seide im Abendland und in seiner Heimat ja immer noch ein teuer bezahlter Luxus war. Da in China aber schon seit Jahrtausenden Seidenraupen gezüchtet wurden, galt dieser Stoff dort als ebenso gewöhnlich wie in Europa Leinen oder Wolle.

Fünf Jahre blieb Ibn Batuta in China, dann wandte er sich heimwärts: über Indien, Persien und Ägypten kehrte er nach Mekka zurück und 1349, vierundzwanzig Jahre nach seiner Abreise, traf er wieder in Tanger ein. Hier verfaßte er im Auftrag des Sultans von Marokko seinen Reisebericht – und damit ging es ihm dann ähnlich wie seinerzeit Marco Polo: Da seine Landsleute nie über die Grenzen ihrer Heimat hinaus oder allenfalls bis Mekka gekommen waren, hielten sie Ibn Batutas erstaunliche Berichte für maßlos übertrieben und glaubten ihm nur die Hälfte.

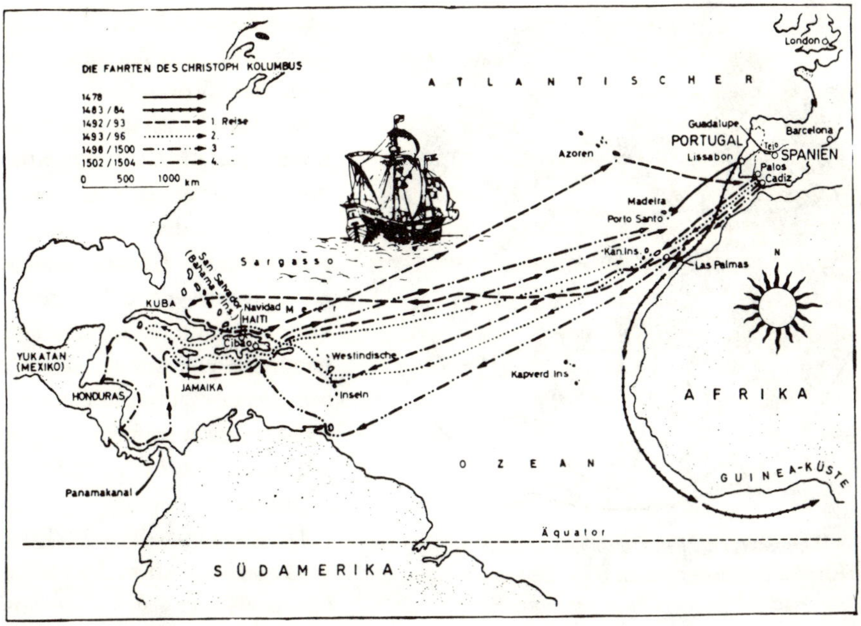

DER ADMIRAL DES OZEANS

Aus den Berichten Marco Polos, Ibn Batutas und anderer Asienreisender hatte das Abendland so viel Verlockendes über den sagenhaft reichen Fernen Osten gehört, daß man sich mehr und mehr mit dem Gedanken beschäftigte, Schiffe dorthin zu schicken, um all die Kostbarkeiten, die in Europa so teuer bezahlt werden mußten, aber doch nicht mehr zu entbehren waren, an Ort und Stelle selbst einzuhandeln.

Die Meinungen über den Weg nach Indien und Cipangu gingen sehr auseinander. Die Überzeugung von der Kugelgestalt der Erde, die schon Ptolemäus, der große griechische Astronom und Mathematiker, um 150 n. Chr. vertreten hatte, war zwar noch nicht allgemein, aber weit verbreitet. Also müßten doch, so meinten die Gelehrten, Indien und das geheimnisvoll lockende Cipangu auf beiden Wegen zu erreichen sein: auf dem nach Osten ebenso wie auf dem nach Westen. In jedem Falle würde man allerdings lange Zeit ohne Landsicht fahren müssen, und davor waren Altertum und Mittelalter zurückgescheut. Wagen konnte man das höchstens im Mittelmeer, und die Wikinger hatte es auch in den nördlichen Meeren riskiert. Seit dem Ende des 12. Jahrhunderts wurde nun aber allmählich die Magnetnadel bekannt, der Kompaß, den die Chinesen auf ihren

15 *Der kurz vor der Entdeckung Amerikas von 1490-92 geschaffene Erdglobus des Martin Behaim. (Germanisches National-Museum, Nürnberg)*

Meeren schon lange benutzten. Auch das Astrolabium, einen einfachen Vorläufer des Spiegelsextanten, mit dem man auf hoher See durch Beobachtung der Gestirne, ganz besonders der Sonne, den Standort des Schiffes nach Breite und Länge ziemlich genau bestimmen konnte, lernte man kennen und handhaben – warum sollte es mit diesen beiden Hilfsmitteln nicht möglich sein, Schiffe über die hohe See in ferne Länder zu steuern?

Und so geschah es. Während Portugal versuchte, die reichen Gewürzländer auf dem östlichen Wege um Afrika herum aufzufinden, entschloß sich Spanien, die entgegengesetzte Route zu wählen. Allerdings war es kein Spanier, der als erster wagte, den neuen Weg zu erkunden, sondern ein Italiener: der 1451 geborene Sohn eines armen Wollwebers aus Genua, Christoph Kolumbus. Lesen und Schreiben lernte er erst spät, und da er nicht Latein konnte, hatte er keinen Zugang zu Bildung und Wissen, weil damals alle Gelehrten nur Lateinisch schrieben. Aber trotzdem muß er geschickt, tüchtig und vertrauenerweckend gewesen sein, denn schon mit zwanzig Jahren wurde er Angestellter des berühmten Genueser Bankhauses der Centurione.

Damals freilich ahnte er noch nicht, daß er, ohne sich je darüber klarzuwerden, eines Tages einen neuen Erdteil entdecken würde. Er machte mehrere kleine Handelsfahrten im Auftrag seiner Firma, und als er im Frühsommer 1476 mit einem größeren Konvoi von Genua nach Lissabon ging, da wurde der Geleitzug an der Südküste Portugals von einer französisch-portugiesischen Flotte angegriffen und vernichtet. Leichtverwundet, an ein Wrackstück geklammert, erreichte Kolumbus die Küste – so erzählen alte Berichte. Ob sie stimmen, ist schwer zu sagen; möglicherweise kam Kolumbus auch ganz ohne so dramatische Erlebnisse einfach als Handlungsreisender nach Lissabon. Jedenfalls erreichte er die schöne Stadt am Tejo, den interessantesten Platz der Welt für alle Kaufleute und Seefahrer jener Zeit. Jahr um Jahr trafen hier die königlichen Kauffahrteiflotten aus dem fernen Afrika ein, vollgestopft mit Kostbarkeiten und den merkwürdigsten Dingen: schweren Kisten mit Gold, dicken Säcken voll scharfen Pfeffers, riesigen Bündeln von Elefantenzähnen und mit immer neuen Trupps ängstlich grinsender schwarzer Sklaven. Neben den schlanken portugiesischen Karavellen lagen bauchige Koggen aus Hamburg, London und Amsterdam im Hafen, in den engen Straßen und Gassen drängte sich eine unübersehbare Menschenmenge; weißblonde Isländer, funkeläugige Mauren, bewegliche Griechen, blauschwarze Negerfürsten, wohlbeleibte flandrische Tuchmacher und elegante Franzosen.

Obwohl er zunächst kein Wort Portugiesisch verstand, fühlte Kolumbus sich in Lissabon bald wie zu Hause: Seit alters gab es hier eine starke italienische Kolonie von Bankleuten, Kapitänen, Astronomen und Kartographen, unter denen der Genuese manchen Bekannten hatte, der ihm weiterhalf. Nach kurzer Zeit verdiente er genug, um sich die Muße zu gönnen, Portugiesisch, Spanisch und Latein zu lernen. Außerdem warf er sich mit Feuereifer auf des Studium des Kartenzeichnens, das er bald völlig beherrschte. Er hätte Kartograph werden können – aber dazu hatte er ein viel zu unruhiges Temperament. Den lieben langen Tag am Zeichentisch zu hocken, das war nichts für ihn. Er mußte wieder hinaus, etwas erleben, die Welt sehen! Deshalb nahm er 1478 mit Freuden das Angebot seiner alten Firma an, nach Madeira zu gehen, um dort Zucker einzukaufen. Er schien dem Centurione der richtige Mann dafür zu sein, da er über besonders gute Beziehungen zu den reichen, fruchtbaren Inseln verfügte. Kolumbus hatte nämlich inzwischen Doña Felipa, die Tochter des einstigen Gouverneurs der kleinen Madeirainsel Porto Santo, geheiratet, deren Bruder ebenfalls dort lebte.

So fuhr der Genuese also mit seiner jungen Frau nach Madeira. Es war ein starker Eindruck für ihn, diese erste größere Seereise mit langen Strecken ohne Landsicht. Als sie in Porto Santo ankamen, blies seit einigen Tagen der heiße Wüstenwind von Afrika herüber. Das bedeute Wetterumschwung, meinte Doña Felipas Bruder; und er behielt recht: Westwind kam auf, als brüllender, tosender Sturm. Von den steilen Klippen über dem Hafen blickte Kolumbus schaudernd und ergriffen auf das schäumende, tobende Meer – gnade Gott den armen Seelen, die jetzt draußen waren!

Zwei Tage später war alles wieder ruhig, und Kolumbus streifte schon im Morgengrauen den Strand entlang, um das zu finden, wovon ihm seine junge Frau als Kindheitserinnerung erzählt hatte: leichte, gelbe, unten geschlossene Hölzer, wie Schilf, aber stark und groß wie junge Bäume. Von diesem fremden Rohr, das wußte Kolumbus, hatte schon Ptolemäus berichtet: Er nannte es Bambus und erklärte dazu, es gäbe ihn nicht in Afrika, sondern nur in Asien, besonders aber in Indien. Und noch etwas fand der Genuese am Strand, auch davon hatte

Doña Felipa gesprochen: Seebohnen, braunglänzend wie Kastanien, aber etwas größer, Samen einer Schlingpflanze, die im tropischen Amerika vorkommt, wie wir heute wissen. Davon war zwar bei Ptolemäus nichts zu lesen; aber daß auch die Seebohnen von weither kommen mußten, von einem Land jenseits des Ozeans, das lag auf der Hand. Denn sie fanden sich nur nach Sturm und hohem Seegang am Ufer.

Als Kolumbus dann bei seinem Schwager auch noch ein Stück Treibholz sah, das kunstvoll geschnitzt, jedoch offenbar nicht mit Eisen, sondern mit irgendeinem anderen Werkstoff geritzt und geschabt worden war – da mag ihm, angesichts dieser Dinge aus einem fernen fremden Land, zum ersten Mal der Gedanke gekommen sein, Indien auf dem Weg über den Atlantik zu suchen. Bestärkt wurde er in dieser Idee, als er bei seiner Rückkehr nach Portugal einen an den Hof von Lissabon gerichteten Brief des italienischen Arztes Toscanelli las, der auf Grund seiner geographischen Studien und vieler Befragungen verschiedener Asienreisender dem König von Portugal vorschlug, Indien auf dem Weg nach Westen anzusteuern. Toscanelli machte in diesem Brief sogar genaue Angaben über die Entfernung dorthin. Aber König Alfons neigte nicht zu Abenteuern, und so wurde der an sich so verlockende Plan zunächst beiseite gelegt.

Kolumbus, der sich von Toscanellis Brief eine Abschrift gemacht hatte, begann nun, alle ihm erreichbare historische und geographische Literatur sorgsam zu studieren, um die Segelkurse von Europa nach Indien zu berechnen. Sechs Jahre nahm diese Arbeit in Anspruch. Dann kam er zu dem – freilich falschen – Ergebnis, daß er von Madeira aus nur etwa drei Wochen brauchen würde, um die Küsten Indiens zu erreichen. Als er 1483/84 eine Reise zur Guinea-Küste in Afrika unternahm und dabei den Passat, den beständigen Nordostwind, kennenlernte, der ihn vermutlich bis an das Gegenufer des Atlantiks begleiten würde – da stand es für ihn endgültig fest: Er mußte westwärts segeln, um Indien auf diesem Wege aufzufinden.

Leider waren nun weder der König von Portugal noch seine Sachverständigen ebenso begeistert von dem Plan des Kolumbus wie dieser selbst. Da der Genuese noch dazu keineswegs bescheiden auftrat, sondern gleich eine ganze Flotte für sein Unternehmen forderte, brach man die Verhandlungen mit ihm höflich, aber entschieden ab. Tief enttäuscht ging Kolumbus im Sommer 1485 außer Landes: nach Spanien.

Hier überreichte er einem der reichsten Würdenträger eine Denkschrift über sein Vorhaben, und da man in Spanien sehr wohl wußte, daß Portugal gerade im Begriff war, den Seeweg nach Indien um Afrika herum zu erkunden, fand diese Denkschrift lebhaftes Interesse, vor allem bei Königin Isabella. Sie beschloß, das Unternehmen selbst durchzuführen, nachdem sie sich von Kolum-

16 Die Unterschrift des Kolumbus. Sie hat viele Rätsel aufgegeben. Der amerikanische Kolumbus-Forscher Samuel E. Morison glaubt, sie folgendermaßen entschlüsseln zu können:
Servus
Sum Altissimi Salvatoris.
(Ich bin der Diener unseres höchsten Retters.)
Christus Maria Joseph.
(Hier hat Kolumbus irrtümlich Y für J im Namen Joseph geschrieben.)
Die letzte Zeile wäre zu lesen:
Christoferens (der Christusträger)

bus persönlich über seine Pläne hatte berichten lassen. Sogleich setzte sie ihm ein Gehalt aus; ihre Räte würden die Angelegenheit prüfen, er brauche nur noch ein wenig zu warten, dann könne er sich nach Indien aufmachen.

Das war ein großer Erfolg und eine Entschädigung für die in Portugal erlebte Enttäuschung. Freilich dauerte es noch einmal sechs für den ungeduldigen Kolumbus qualvolle Jahre, viel zu lange für den von seinem Plan überzeugten und geradezu besessenen Genuesen, bis es nach mancherlei Widrigkeiten und vielem Hin und Her endlich doch tatsächlich soweit war: Im Sommer 1492 schloß die Krone von Spanien mit Kolumbus den entscheidenden Vertrag. Der kleine Wollwebersohn aus Genua erhielt den erblichen Adel, wurde zum „Admiral des Ozeans" ernannt, wurde Vizekönig und Gouverneur aller von ihm aufgefundenen Inseln und Ländereien und bekam eine Beteiligung an allen Schätzen, die von „drüben" nach Spanien kommen würden. *(Bild Nr. 7)*

Und nun ging alles erstaunlich rasch voran. Zehn Tage nach Abschluß dieses Vertrages traf der „Admiral des Ozeans" in Palos ein, einer kleinen spanischen Hafenstadt, die eine Flotte hochseefähiger Karavellen besaß. Zwei davon wurden ihm auf Anordnung des Königs zur Verfügung gestellt, die „Niña" und die „Pinta", beide etwa zwanzig Meter lang und sieben Meter breit. Als Flaggschiff charterte der Genuese die „Santa Maria", ein etwas größeres und seiner Bauart nach besonders seetüchtiges Schiff. Dann warb er die nötige Mannschaft an, alles Seeleute aus der Gegend von Palos, verproviantierte seine Flotte für eine etwa einjährige Abwesenheit und nahm geeignete Tauschartikel für die Eingeborenen an Bord. Anfang August wurden dem Admiral die Schiffe seeklar gemeldet, und am 3. August 1492, gegen 5.45 Uhr früh, gingen auf der „Santa Maria", der „Niña" und der „Pinta" die Anker hoch. *(Bild Nr. 8)*

Zunächst führte die Reise nach den Kanaren. Dort wurden Wasser, Brennholz und Frischproviant an Bord genommen; am 5. September hörte Kolumbus in der Himmelfahrtskirche in Las Palmas noch einmal die Messe, dann ging es segelauf, und drei Tage später versank das Land hinter den Schiffen unter dem Horizont.

Der Admiral war sich von Anfang an klar darüber, daß er seinen Leuten die richtige tagsüber zurückgelegte Entfernung nicht mitteilen durfte. Er hatte be-

17 Die „Santa Maria" des Kolumbus (Basler Holzschnitt von 1494 aus dem ältesten deutschen Bericht über die Entdeckung Amerikas). Diesem Bild darf kein allzu großer historischer Wert beigemessen werden. Es sind keine authentischen Abbildungen von der Flotte des großen Entdeckers erhalten geblieben

kanntgegeben, man würde nach etwa 750 Seemeilen Land sichten – ob seine Berechnungen wirklich stimmten, wußte er aber selbst nicht; und wenn die Besatzung merkte, daß ihr Admiral sich geirrt hatte, dann würde es unweigerlich eine Meuterei geben. Damit mußte in jenen Zeiten sowieso jeder Kapitän rechnen, denn der Dienst auf den Schiffen war hart, und Verpflegung wie Unterbringung der Mannschaft waren dürftig und unbequem. Zudem waren die einfachen Seeleute aus Palos bereits mehr und mehr beunruhigt, weil die Flotte unter prallen Segeln mit dauernd achterlichem Wind nach Westen rauschte – sie fürchteten, es gäbe in diesen Breiten überhaupt keine andere Windrichtung, und sie würden daher niemals mehr nach Spanien zurückkehren können. Als es am 22. September dann endlich einmal Gegenwind gab, war Kolumbus trotz des Zeitverlustes, den das bedeuten würde, froh, denn seine Leute waren alle erleichtert, daß es offenbar doch auch Winde gab, die sie wieder nach Hause bringen würden.

Zu dieser Zeit segelte das Geschwader seit rund acht Tagen durch das berüchtigte Sargassomeer, von dem es hieß, seine klebrigen Tangmassen ließen kein Schiff wieder frei, das einmal hineingeraten sei. Unendliche Algenwiesen breiteten sich nach allen Seiten aus, nachts leuchtete die unermeßliche Fläche blau, grün und gelb phosphoreszierend von Fischen, Krebsen und anderen Lebewesen. Den Spaniern war das im höchsten Maße unheimlich; um seine Mannschaft zu beruhigen, ließ Kolumbus häufiger als gewöhnlich loten. Stets ergab sich eine Wassertiefe, die den Schiffen nicht gefährlich werden konnte. Als dann eines Tages große Schwärme von Vögeln über die Flotte hinzogen, da faßten die Matrosen wieder neuen Mut, denn sie glaubten, nun müsse Land ganz nahe sein. Kolumbus freilich wußte es besser: er hatte gesehen, daß es Meeresvögel waren und keine Landbewohner; aber das verschwieg er seinen Leuten natürlich, um die gute Stimmung an Deck nicht zu zerstören.

Als nun Tag um Tag verging, ohne daß eine Küste gesichtet wurde, schlug der Steuermann der „Pinta" dem Admiral vor, er solle sich auf die Suche nach den Inseln machen, die auf den Seekarten in dieser Gegend eingezeichnet waren. Anscheinend traute Kolumbus den Kartenzeichnern aber nicht recht, er hatte wenig Neigung, mit der Suche nach Inseln, die vielleicht gar nicht existierten, Zeit zu verlieren. Als man noch hin und her redete, hallte plötzlich von der „Pinta" ein Freudenruf herüber: „Tierra! Tierra! Land, Land!" Und wirklich: Im Südwesten schien am Horizont ein dunkler Streifen über dem Meer aufzudämmern. Alle sahen ihn, auch Kolumbus. Da war es endlich, das ersehnte Land! Und als der Admiral niederkniete und das „Gloria in excelsis" anstimmte, fiel die Mannschaft seiner drei Schiffe freudigen Herzens in diese Dankeshymne ein. Am nächsten Morgen würde man an Land gehen können!

Die Nacht senkte sich über den Ozean, die Dämmerung kam, der Morgen blitzte und funkelte über der See – aber nirgendwo eine Insel, eine Küste; so weit das Auge reichte, nur das unendliche Meer! Alle waren tief enttäuscht und entmutigt – sie waren ihrer Sache doch so sicher gewesen, sogar ihr Admiral. Ein veränderlicher, unruhiger Wind trieb die Schiffe langsam weiter nach Westen. An Bord gab es nicht viel zu tun, die Mannschaft hatte Zeit, ihren Gedanken nachzuhängen, und begann zu murren. Drei Wochen segelten sie nun schon über das Meer – hatte der Admiral nicht gesagt, in drei Wochen würden sie in Indien sein? Und nirgendwo Land! Das Murren der Leute schwoll zum Grollen an, heftige Worte fielen – was geschähe wohl, wenn man den Genuesen nachts über Bord würfe? Ein Ausländer war er – sollte der mit spanischen Seeleuten treiben dürfen, was ihm beliebte? Hatten sie es nötig, sich von einem Fremden schinden und womöglich ins Unglück stürzen zu lassen?

Kolumbus spürte, daß die offene Meuterei jeden Augenblick ausbrechen konnte. Alles kam jetzt darauf an, die Mannschaft wieder in die Hand zu bekommen, wenn nicht das ganze Unternehmen scheitern sollte. Und er tat das Richtige im rechten Augenblick: Als einige Offiziere ihn im Namen der Mannschaft aufforderten umzukehren, herrschte er sie drohend an, er dächte nicht daran, unverrichteterdinge heimzufahren! Natürlich könnten sie ihn umbringen, aber dann wäre ihnen allen der Galgen gewiß. Und darauf sprach er ihnen Mut zu: Indien sei nicht mehr weit, sie brauchten nur noch ein paar Tage durchzuhalten, dann hätten sie es geschafft!

Für diesmal war es dem Admiral gelungen, seine Leute zu zügeln. Würde es beim nächsten Aufstand wieder glücken? Es mußte jetzt etwas geschehen, er mußte Land finden, und zwar bald! Er ließ alle Segel setzen, der Wind blies wieder stetig aus Ost und trieb die Schiffe in brausender Fahrt voran. Am 6. Oktober zogen erneut große Vogelschwärme über die Flotte hin in südwestlicher Richtung – und diesmal waren es keine Meeresvögel, sondern wirklich Landvögel! Also mußte die ersehnte Küste nun tatsächlich ganz nahe sein. Kolumbus änderte den Kurs in südwestlicher Richtung und segelte den Vögeln nach. Und wenig später sichtete man an Bord der „Niña" einen im Wasser treibenden Gegenstand: einen grünen Busch mit einer Blüte ähnlich der der Heckenrose! Der konnte nur am nicht mehr fernen Land gewachsen sein! Auch die „Pinta" tat einen guten Fang; ein Brett, ein Rohr, eine grüne Küstenpflanze und ein Stück Holz, das ganz zweifellos von Menschenhand bearbeitet worden war. Sogleich schlug die Stimmung an Bord der drei Schiffe um: Jede Gefahr einer Meuterei war gebannt, denn nun wurde es auch dem dümmsten Schiffsjungen klar, daß irgendwo ganz dicht voraus Land liegen mußte.

Am Abend des 11. Oktober hielt Kolumbus seinen Leuten eine kurze Ansprache und ermahnte die Wachen zu besonderer Aufmerksamkeit. Keiner mochte in dieser Nacht schlafen gehen, fast alle blieben an Deck, Dutzende von Augenpaaren starrten gespannt nach Westen. Wie ein elektrischer Schlag wirkte es in der gereizten, nervösen Stimmung, die überall an Bord herrschte, als ein Matrose plötzlich losbrüllte: „Lumbre! Tierra! Ein Licht! Land!" Auch Kolumbus hatte einen Augenblick lang das Licht gesehen, aber als es nicht wieder erschien, meinte er, er hätte sich doch wohl geirrt. Die Schiffe rauschten weiter durch die See, der Mond stand strahlend klar am Himmel. Da tauchte plötzlich weit voraus hellgleißend eine weißschimmernde Fläche auf: wie eine Sanddüne im Mondschein sah sie aus. Der Matrose im Ausguck der „Pinta", der sie zuerst entdeckte, hätte sich für sein Leben gern das Seidenwams verdient, das Kolumbus als Preis für die erste Landsichtung ausgesetzt hatte. Aber noch war er seiner Sache nicht sicher; schon einmal hatte man sich ja geirrt, und die Enttäuschung danach schreckte ihn noch immer – das durfte nicht wieder passieren. Und natürlich wollte er sich auch vor seinen Kameraden nicht blamieren! Angestrengt starrte er deshalb ins Dunkle. Aber es stimmte tatsächlich! „Tierra! Tierra!" schrie er; auch sein Kapitän sah die weißleuchtende Küste und brüllte: „Feuer!" Ein langer roter Strahl zuckte aus der geladenen Lombarde, der Donner des Schusses verkündete dem weiter zurückliegenden Flaggschiff die frohe Botschaft. Kolumbus holte auf, und als er neben der „Pinta" lag, da sah auch er: Wirklich, etwa sechs Seemeilen voraus lag Land! Diesmal war jeder Irrtum ausgeschlossen: Das war ein heller Sandstrand! Er ließ die Segel streichen, um nicht etwa in der Dunkelheit auf die fremde Küste aufzulaufen. Kaum konnten die Spanier den Morgen erwarten; die Nacht schien gar kein Ende nehmen zu wollen. Als es endlich hell wurde, sahen sie vor sich eine bewaldete Insel, deren sandige Küste in der Morgensonne leuchtete; eine heftige Brandung stand davor. Gottlob, nun hatten sie es geschafft! Um nichts zu riskieren, beschloß der Admiral, das Eiland zu runden und an der windgeschützten Seite nach einer Ankermöglichkeit zu suchen.

Das große Ziel war erreicht. Genau so hatte man Kolumbus die Riffe geschildert, die vor der Küste Indiens lagen; er hatte also doch recht gehabt, das ersehnte Land auf diesem Wege anzusteuern.

Bis an sein Lebensende hat der Genuese geglaubt, er habe Indien gefunden, und alle Zweifel, die ihm manchmal doch gekommen sind, unterdrückt. Was er wirklich entdeckt hat, ist aber nicht Indien gewesen, sondern die Bahama-Inseln, die dem Golf von Mexiko vorgelagert sind.

Am 12. Oktober 1492 nahm Kolumbus die fremde Küste in aller Feierlichkeit für Spanien in Besitz. Er ging als erster an Land, kniete nieder, küßte den Boden, lobte Gott „unter reichlichen Tränen", wie es in einem alten Bericht heißt, und taufte die Insel San Salvador. Die eingeborenen Indianer, die den Feierlichkeiten neugierig zugesehen hatten, näherten sich schüchtern den Fremden. Als Kolumbus ihnen rote Mützen und ein paar Glasperlen schenkte, gerieten sie außer sich vor Freude. Es waren gutgewachsene Leute mit freundlichen Gesichtern und grobem Haar „wie das Schwanzhaar der Pferde". Sie kannten Werkzeuge und Waffen aus Eisen oder einem anderen Metall überhaupt nicht und waren darüber sehr erstaunt. All diese Dinge teilte Kolumbus dem König von Spanien mit. Das mochte nun ja für das Abendland ganz interessant sein, aber leider ging aus diesem Bericht eines ganz klar hervor: Schätze irgendwelcher Art, wie sie doch in Indien und Cipangu in Mengen zu finden sein sollten, gab es in diesem neu entdeckten Lande nicht. „Es schien uns, daß sie in allen Dingen sehr arm wären", stand in dem Brief des Kolumbus. Aber südlich der Insel sollte ein reicher König leben, der ganze Gefäße voll Gold besaß. So machte sich denn die Flotte sehr bald auf den Weg dorthin auf.

Es war eine wunderbare Fahrt durch die tropische Inselwelt Mittelamerikas. Ab und zu schickte der Admiral Boten an Land, die ihm über Natur und Beschaffenheit der Eilande Bericht erstatten und nach dem Großkhan fragen sollten, für den er ein Sendschreiben des Königs von Spanien bei sich trug. Aber niemand wußte etwas von diesem unermeßlich reichen Herrscher, und auch Gold oder sonstige Kostbarkeiten waren nirgends zu finden. Nur etwas Interessantes berichteten seine Leute dem Admiral: Die Wilden hätten als Betten oder Lagerstätten eine Art Netze aus Baumwolle, die an zwei Pfosten frei über dem Erdboden aufgehängt würden und in denen man gut schlafen könne – Hängematten also. Die Spanier waren denn auch die ersten, die sich diese praktische Einrichtung zunutze machten; sie führten alsbald auf ihren Schiffen Hängematten ein und boten ihren Leuten damit besseren Schlaf und größere Bequemlichkeit.

Als die Flotte vor der Küste von Kuba eintraf, war die Regenzeit gerade zu Ende, und der Admiral schrieb in sein Tagebuch:
„Der Duft der Blumen und Bäume ist über alle Beschreibung köstlich. Die ganze Nacht hört man den Gesang der Vögel und das Zirpen der Grillen. Die Luft ist lau und balsamisch und weder heiß noch kalt. Hier möchte ich ewig leben!“

Kein Zweifel, das war Cipangu! Oder vielleicht schon Indien! Endlich hatte er sein großes Ziel erreicht! Aber das Gold, von dem er träumte, die pfundschweren Barren, die großen Klumpen, die überall herumlagen, die Schmuckstücke, die für die Eingeborenen schon kaum noch Wert hatten, weil es so viel davon gab – das alles ließ sich nirgends finden. Also segelte er weiter, und wieder wurden Boten ausgeschickt, eine Insel zu erkunden. Sie berichteten, die Einwohner hätten sie hoch geehrt, mit großem Pomp gefeiert und für Götter gehalten. Sie hätten Kolben aus trockenen Kräutern vorn angezündet und am anderen Ende den Rauch eingesaugt; tabacos hätten sie diese Kolben genannt – aber auch hier nichts von Cipangu, nichts vom Großkhan, nichts von Schätzen und Gold!

Anfang Dezember ankerte die Flotte vor Haiti. Dort erlitt die „Santa Maria“ durch die Unachtsamkeit des Rudergängers Schiffbruch: Sie geriet auf eine Sandbank und war nicht mehr flottzumachen. Aus ihren Trümmern legte die Besatzung an Land ein Fort an und häufte darin Nahrungsmittel und Vorräte aller Art für einen vollen Jahresbedarf an. Navidad wurde diese Festung ge-

18 Die Nordküste von Haiti (Eigenhändige Zeichnung von Kolumbus). Links der Hafen San Nicolas, in dem Kolumbus Anker warf, im Norden die Schildkröteninsel (Tortuga), ostwärts Natividad (Navidad), die Stelle der Strandung der „Santa Maria“, und das Vorgebirge Monte Christie, ganz rechts die Landschaft Civao (Chibao)

nannt, und Kolumbus ließ einen Teil der Mannschaft der „Santa Maria“ dort mit dem Auftrag zurück, das Land genau zu erkunden und Gold anzusammeln, bis er sie wieder abholen würde. Denn Haiti schien goldreicher zu sein als alle anderen bisher angelaufenen Inseln. Schon während man an dem Bau des Forts arbeitete, kam nämlich durch Tausch mit den Eingeborenen ein ganz hübscher Goldschatz zusammen, immerhin so viel, daß die gesamten Kosten des Unternehmens damit gedeckt werden konnten; das war wenigstens eine gewisse Entschädigung für den Verlust des besten Schiffes.

Hier in Navidad tauchte auch die „Pinta“ wieder auf, die sich einige Zeit zuvor auf eigene Faust und ohne Erlaubnis des Admirals auf die Suche nach dem Goldland gemacht hatte. Und nun entschloß Kolumbus sich zur Rückkehr nach Spanien. Denn ihm ließ der Gedanke keine Ruhe, daß der Kapitän der „Pinta“ vielleicht eine günstige Gelegenheit benutzen würde, sich wiederum von der Flotte zu trennen, um als erster in der Heimat zu landen. Nachdem der Genuese so lange Jahre hatte warten müssen, bis er das Ziel seiner Träume erreichte, wollte er nun natürlich keinesfalls riskieren, daß ein anderer ihm zuvorkam, um den Ruhm der neuen Entdeckungen einzuheimsen.

Mitte Januar 1493 brachen „Pinta“ und „Niña“ also gemeinsam nach Spanien auf. Die Fahrt war bei weitem schwieriger und anstrengender als die Reise nach Westen. Denn statt des gleichmäßigen Passats blies jetzt der böige, stürmische Winterwind mit Orkanen und eisigen Regenschauern. Und da geschah es, daß die „Pinta“ in einer stürmischen Nacht außer Sicht kam. Die „Niña“ mit dem Admiral an Bord kämpfte sich allein mühselig nach Osten weiter. Die tobende See machte dem kleinen Schiff derartig zu schaffen, daß stundenweise selbst Kolumbus den Mut verlor und nicht mehr wagte, an eine glückliche Heimkehr zu glauben. Er warf deshalb ein festverspundetes Fäßchen über Bord, das den Bericht über seine Reise enthielt, in der Hoffnung, daß diese Flaschenpost irgendwann einmal aufgefunden und die Welt auf diese Weise von seinen Entdeckungen erfahren würde, falls er selbst die Heimat nicht mehr erreichen sollte. Dann versammelte er seine Mannschaft um sich und legte ein Gelübde ab: Er wolle eine Wallfahrt zur Heiligen Mutter Gottes von Guadalupe unternehmen, wenn er mit seinen Leuten unversehrt nach Spanien zurückkehre.

Gegen Abend dieses Tages flaute endlich der Sturm ab, und nach einer ruhigen Nacht wurde am nächsten Morgen Land gesichtet: eine der Azoreninseln. Damit war das Schwerste überstanden. Zwar wurde Kolumbus auf der den Portugiesen gehörenden Insel einige Wochen unter nicht sehr angenehmen Umständen festgehalten, aber schließlich ließ man ihn dann doch weitersegeln; am 14. März 1493, siebeneinhalb Monate nach der Ausfahrt, traf er wieder in Palos ein. Am gleichen Abend landete dort auch die „Pinta“, die vom Sturm nördlich ver-

19 Die von Kolumbus San Salvador genannte Insel Guanahani, die er am 12. Oktober 1492 betrat (Holzschnitt in dem Abdruck seines am 14. Februar 1493 an den Kronschatzmeister von Spanien geschriebenen Reiseberichts)

schlagen worden war. Ihr Kapitän Martin Pinzon hatte bereits von Nordspanien aus dem König seine glückliche Heimkehr und Entdeckung der neuen Länder gemeldet und wollte sich auf dem Landweg an den königlichen Hof begeben, um seinem Herrscher als erster Bericht zu erstatten. Aber König Ferdinand und Königin Isabella verstanden nur zu gut, was diese Eile bedeutete: daß nämlich der Kapitän der „Pinta“ Kolumbus ausstechen und seinen Ruhm für sich beanspruchen wollte! Sie befahlen ihm daher, an Bord zu bleiben, sie hätten nicht die Absicht, ihn zur Berichterstattung zu empfangen. Schwer gekränkt durch die königliche Ungnade und bitter enttäuscht segelte Martin Pinzon weiter, und kaum, daß er in Palos gelandet war, fiel er in eine tödliche Krankheit, der er bald darauf erlag.

Kolumbus' Rückkehr wurde der Anlaß zu einem rauschenden Empfang und unzähligen Festen und Banketten. Begleitet von mehreren Indios, fand sich der kühne Entdecker am Hofe in Barcelona ein und pries die Schönheit, die Fruchtbarkeit und den Reichtum der aufgefundenen Länder. Seine Erzählungen machten einen so tiefen Eindruck, daß der König daraufhin beschloß, eine große Armada unter Führung des Admirals zur Landnahme nach Westen zu entsenden.

Während dieses neue Unternehmen vorbereitet wurde, erfüllte Kolumbus sein Gelübde: Er brach zur Wallfahrt nach Guadalupe auf. In einem glanzvollen Pilgerzug ritt er durchs Land, begleitet von den sechs inzwischen getauften Indianern und einer Anzahl Hofbeamten, die ausersehen waren, in den neuen Ländern jenseits des Ozeans hohe Ämter zu bekleiden. Es war gleichzeitig ein Siegeszug für den Genuesen: Ganz Spanien feierte den Admiral, den der König mit seiner Gnade ausgezeichnet hatte.

Am 25. September 1493 war es dann soweit: 17 Schiffe, festlich über die Toppen geflaggt, gingen mit 1200 Spaniern an Bord in See. Kolumbus nahm diesmal alles das mit, was er brauchen würde, um die neuen Länder zu besiedeln: Rinder, Schafe, Schweine, Pferde und den Samen europäischer Getreidearten. Am 10. Oktober verließ die Flotte die Kanarischen Inseln, am 4. November erreichte sie, vor dem Nordostpassat segelnd, nach glatter Fahrt die Westindischen Inseln. Aber in Haiti erwartete den Admiral eine böse Überraschung: Das Fort Navidad, der vor Jahresfrist so sorgsam angelegte Stützpunkt, war zerstört und die ganze Mannschaft von den Eingeborenen, die sich gegen die Grausamkeiten und Gewalttaten der weißen Unterdrücker zur Wehr gesetzt hatten, erschlagen worden. Damit sanken auch die Hoffnungen auf den Goldschatz dahin, den die Besatzung des Forts inzwischen hatte sammeln sollen. Bitter enttäuscht, aber nicht entmutigt ließ Kolumbus nun an anderer Stelle eine Siedlung errichten und stark befestigen. Zu Ehren seiner Königin nannte er sie Isabella. Noch immer war er des Glaubens, er hätte Asien erreicht. Er machte sich daher auf, das Land zu erkunden. Je weiter er vordrang, desto stutziger wurde er allerdings und mußte sich schließlich eingestehen, daß hier etwas nicht stimme: Offenbar gehörten weder Haiti noch Kuba zu Indien. Denn nichts von dem, was Marco Polo und andere Reisende über diese gelobten Länder berichtet hatten, traf zu. Es gab weder Gold noch andere Kostbarkeiten, weder menschenwimmelnde Städte noch einen unvorstellbar reichen Großkhan. Enttäuscht machte sich Kolumbus auf den Heimweg und traf nach beinahe dreijähriger Abwesenheit am 10. Juni 1496 wieder in Cadiz ein.

Diesmal wurde der Admiral wesentlich kühler empfangen als bei der Rückkehr von seiner ersten Reise. Denn zum zweiten Male kam er ohne das, was man von ihm erwartet hatte: nämlich ungezählte Tonnen Goldes. Trotzdem konnte er die Krone noch einmal davon überzeugen, daß es ihm schließlich doch gelingen würde, die reichen Länder des Großkhans aufzufinden, und der König willigte ein, ihn zum dritten Mal mit einer Flotte nach Westen auszuschicken.

Auch diese dritte Reise (1498-1500) brachte den ersehnten Erfolg nicht. Aber Kolumbus gelang es wenigstens diesmal, in Cibao auf Haiti die Goldfelder zu entdecken, von denen ihm die Eingeborenen schon bei seiner ersten Fahrt erzählt hatten. In Mengen fand man Goldklumpen, groß wie Hühnereier! Das war allerdings der einzige Erfolg dieser dritten Reise, zugleich aber auch eine Entschädigung für die hohen Verluste, die durch ein neues Unglück entstanden waren: den Zusammenbruch der Siedlung Isabella. Dort hatten nämlich Fieber, die aus den nahegelegenen Sümpfen aufstiegen, ein Massensterben hervorge-

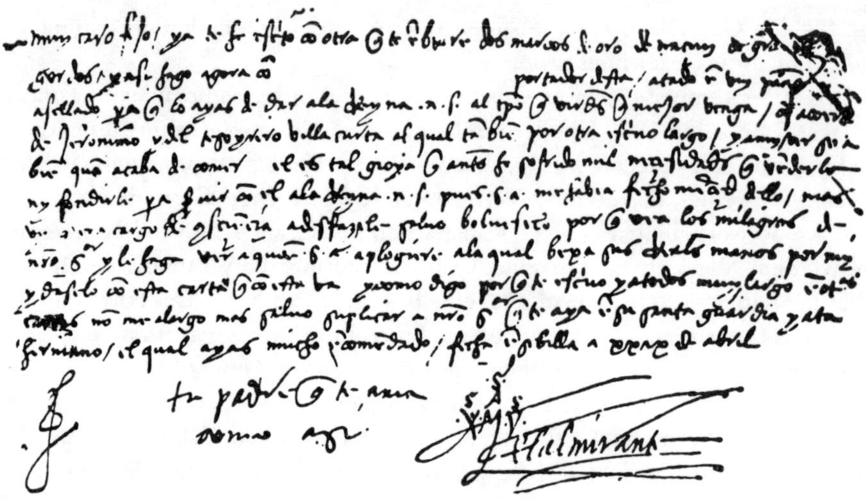

20 Handschriftlicher Brief des Kolumbus an seinen Sohn Diego, kurz vor der Abfahrt zur dritten Reise im Jahre 1498

rufen. Kolumbus fand die Stadt in wildem Durcheinander vor; die panische Angst der Bewohner vor der furchtbaren Krankheit, deren sie nicht Herr wurden, hatte jede Ordnung aufgelöst. Diese Lage machten sich verbrecherische Elemente zunutze, um zu plündern und zu rauben. Hier half nichts als scharfes Durchgreifen: Kolumbus schlug die aufflammende Rebellion mit harter Hand nieder und schonte dabei auch die Angehörigen des spanischen Adels nicht, sofern sie sich schuldig gemacht hatten. Aber gerade daß er ohne Ansehen der Person wieder Ordnung zu schaffen versuchte, sollte ihm schlecht bekommen. Die Adligen beklagten sich bitter über die Behandlung, die der Genuese ihnen zuteil werden ließ, und bald darauf war er in der Heimat als Menschenschinder, hochmütiger Tyrann und grausamer Bluthund verschrien. Es endete damit, daß eines Tages in Haiti ein Befehl des Königs anlangte: Kolumbus habe sich vor den Majestäten wegen seiner Verbrechen zu verantworten.

In Ketten gelegt, verbittert und tief getroffen von der königlichen Ungnade, die ihm ganz zu Unrecht widerfuhr, trat der Admiral des Ozeans die Heimfahrt an. Freilich wurde er in Spanien bald wieder freigelassen, nachdem er dem König die Sachlage geschildert und sich gerechtfertigt hatte, aber das gute Verhältnis zur spanischen Krone war endgültig dahin. Wohl mehr, um den unbequemen und von seinem Plan trotz aller bisherigen Mißerfolge noch immer überzeugten Entdecker loszuwerden, als weil er selbst noch an einen Erfolg glaubte, willigte der

König ein, nochmals eine Reise auszurüsten, auf der der Seeweg nach Indien nun wirklich gefunden werden sollte.

Im Jahr 1502 unternahm Kolumbus seine vierte Fahrt, begleitet von seinem Sohn Fernando. Diesmal gelangte er viel weiter westlich als je zuvor; er segelte die Küsten von Honduras entlang und kam bis in die Gegend des heutigen Panamakanals. Dort hörte er von Yukatan mit seiner uralten Kultur und von einem Goldland im Nordwesten, wo Männer und Frauen in prächtigem Goldschmuck einhergingen, dem heutigen Mexiko wahrscheinlich. Dies mußte nun endlich Marco Polos Wunderland sein! Und jetzt hätte Kolumbus sich eigentlich aufmachen müssen, es zu erkunden. Aber da begann das Unglück ihn zu verfolgen: Der König hatte seinem Admiral, der so viel mehr versprach, als er halten konnte, nicht gerade die besten Schiffe auf diese vierte Reise mitgegeben, und mittlerweile war ihr Zustand so schlecht geworden, daß Kolumbus seine Fahrt abbrechen und sich auf den Heimweg machen mußte. Aber schon in Jamaika leckten die Schiffe so sehr, daß er nicht daran denken konnte, weiterzusegeln. Der spanische Gouverneur der Insel wußte natürlich, daß sein König dem Genuesen längst nicht mehr so gnädig gesinnt war wie einst, und hatte es deshalb durchaus nicht eilig, den Admiral zu unterstützen. Ein volles Jahr mußte Kolumbus hier zubringen, ehe der Spanier sich dazu bequemte, ihm zu helfen. Erst im Herbst 1504 traf die Flotte wieder in der Heimat ein.

Zwei Jahre lang versuchte der Admiral, die Gnade des Königs wiederzuerlangen und zu erreichen, daß der einst mit ihm geschlossene Vertrag erfüllt wurde. Aber die zähe Widerstandskraft des Genuesen war durch die vielen Schwierigkeiten und Demütigungen gebrochen: Am Himmelfahrtstag 1506 schloß er die Augen für immer.

Mit ihm war einer der größten Männer dahingegangen, die je für Spanien gewirkt hatten. Denn wenn es ihm auch nicht gelungen war, Indien und Cipangu auf dem Westweg zu erreichen, so hatte er für seine Wahlheimat doch eine große Zahl neuer Länder gewonnen. Ihm dankte es der König von Spanien, wenn er später sagen konnte, daß in seinem Reich die Sonne nicht untergehe. Daß es nicht Indien war, was Kolumbus angesteuert hatte, wurde im Abendland bald erkannt. Spätere Fahrten erwiesen, daß der Genuese nicht auf neuen Wegen ein bekanntes Land, sondern einen bis dahin unbekannten Erdteil aufgefunden hatte.

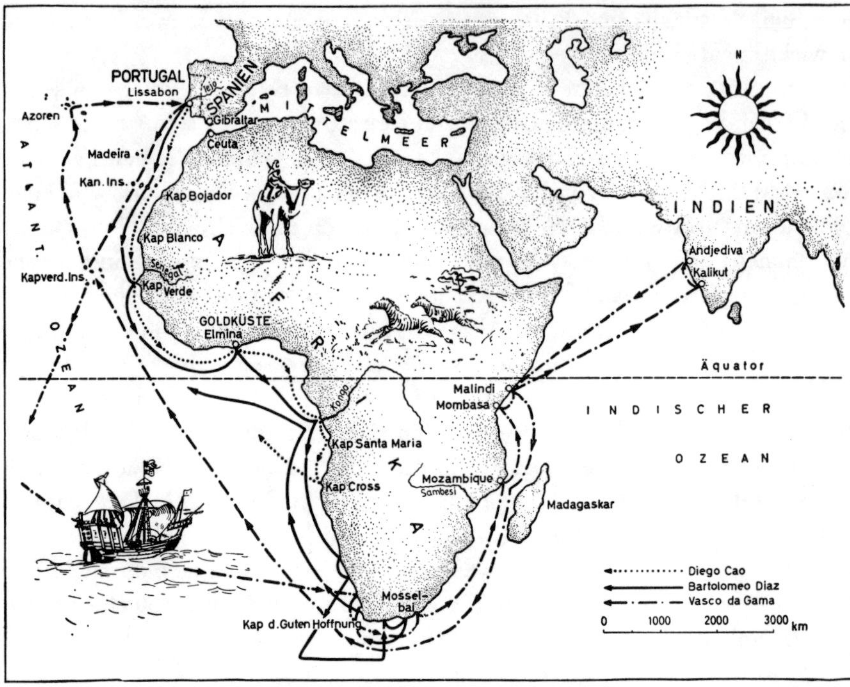

DER SEEWEG NACH OSTINDIEN

Im Jahr 1415 nahm an der Eroberung von Ceuta gegenüber Gibraltar ein Mann teil, dem die Geschichte später den ehrenvollen Beinamen „der Seefahrer" verlieh: der Infant Prinz Heinrich von Portugal. Er war es, der die Portugiesen zu dem kühnen Seefahrervolk erzog, das bald darauf einen Bartolomeo Diaz und einen Vasco da Gama auf ihre Entdeckungsfahrten schickte: zwei Männer, die das Bild, das man sich im Abendland von der Welt machte, von Grund auf veränderten und berichtigten.

Er gründete zuerst eine Seefahrerschule, um die Männer auszubilden, die er für die Durchführung seiner Pläne brauchte. In den folgenden Jahren sandte er dann Schiff um Schiff aus, die Küsten Afrikas zu erkunden. Zunächst entdeckten seine Karavellen um 1432 die Azoren; wir wissen zwar aus alten Quellen, daß diese Inseln bereits um 320 v. Chr. von karthagischen Schiffen angelaufen worden waren, aber das hatte man inzwischen längst wieder vergessen. Zwei Jahre später umsegelten die Portugiesen das berüchtigte Kap Bojador in Westafrika. Die schwere Brandung, die sich dort in riesigen Wellen über vorgelagerte Bänke und Riffe ergoß, und die antike Legende, hier sei das Ende der Welt, an dem das „Dunkelmeer" beginne, hatten bis dahin allen Seeleuten den Mut genommen, so weit vorzudringen. Nachdem das aber einmal gelungen war und man sich davon überzeugt hatte, daß die Welt hier keineswegs endete, wagte man sich weiter vor: Sieben Jahre später, 1441, standen die Portugiesen bereits am Kap Blanco. Von dieser Fahrt brachte die Expedition die ersten Neger mit nach Europa. Das war eine Sensation! Man wußte zwar, daß es im Süden Menschen mit ganz schwarzer Haut gab – wobei noch nicht einmal völlige Klarheit darüber bestand, ob es sich bei diesen schwarzhäutigen Wesen wirklich um Menschen handelte oder etwa um eine unbekannte Tiergattung –, aber wenn es schon tatsächlich Menschen waren, dann hatte sie sicherlich nur die sengende afrikanische Sonne so schwarz gebrannt. Und nun kamen diese Leute also auf portugiesischen Schiffen nach Europa – und siehe da, sie blieben schwarz!

Vier Jahre später wurde der Senegal entdeckt, 1446 das Kap Verde, das „grüne Kap". Und hier gab es eine neue Sensation: Man fand dort Landstriche voller Bäume und köstlicher fremder Früchte. Die antiken Geographen hatten gelehrt, daß die Zone am Äquator wegen der großen Hitze unfruchtbar und unbewohnbar sei und daß es dort weder Pflanzen noch Menschen gäbe. Die öden, sandigen Küsten, an denen die Portugiesen bisher entlanggefahren waren, schienen das zu bestätigen. Aber hier, am Kap Verde, stellten sie nun fest, daß die Alten sich geirrt hatten. Denn zu ihrem Erstaunen fanden sie dort nicht nur fruchtbare Landstriche, sondern auch zahlreiche Negervölker.

1460 starb Prinz Heinrich der Seefahrer, und damit hörten die portugiesischen Entdeckungsfahrten zunächst auf. Erst 1481 ging wieder eine Flotte unter Führung von Diego Cao nach Afrika in See. Er legte das Fort und die Stadt Elmina (da Mina) an der Goldküste an und fuhr dann weiter nach Süden bis zum Kap Santa Maria auf fast 14° Süd. Auf einer zweiten Reise, die Diego Cao 1485 antrat, erreichte er sogar 22° Süd, das Kap Cross im späteren Deutsch-Südwestafrika.

21 Setzung eines Steinkreuzes durch Bartolomeo Diaz auf der Insel Santa Cruz, östlich vom Kap der Guten Hoffnung

Sein Weg läßt sich so genau verfolgen, weil er im Auftrag des Königs überall da, wo er landete, aus Marmor gehauene Steinkreuze setzte, die mit dem Wappen des Königs von Portugal geschmückt waren und Inschriften trugen. Drei dieser Kreuze sind im Lauf des 19. Jahrhunderts aufgefunden worden; eines befand sich unmittelbar südlich der Kongomündung, eines am Kap Santa Maria und das dritte am Kap Cross. Die Inschriften waren natürlich stark verwittert, aber die des Steines von Kap Cross konnte entziffert werden. Sie lautet:
„Von der Schöpfung der Welt sind verflossen 6685 Jahre, seit der Geburt Christi 1485 Jahre, als der sehr erhabene allerdurchlauchtigste König Johann II. von Portugal durch seinen Ritter Diego Cao die Säule hier zu setzen befahl."

Am Kap Cross kehrte Diego Cao um, obwohl seine Flotte für eine dreijährige Fahrt ausgerüstet war. Warum das geschah, wissen wir nicht. Man nimmt an, daß er erkrankte oder sogar verstarb, denn sein Name wird in keinem späteren Bericht mehr erwähnt.

Nachdem Diego Cao so weit südlich an Afrikas Küsten vorgestoßen war, wurde am portugiesischen Hof beschlossen, endgültig zu erkunden, wie es sich mit der Gestalt des Schwarzen Erdteils verhielte: ob er wirklich mit Indien zusammenhinge, wie die alten Geographen lehrten, oder ob man um die Südspitze von Afrika herum in die Ursprungsländer der Gewürze und aller jener Kostbarkeiten der Erde segeln könnte, von denen man aus den Berichten Marco Polos und anderer Reisender wußte. Eine Flotte unter der Führung von Bartolomeo Diaz lichtete im August 1487 die Anker, im Februar 1488 war die große Tat gelungen: Diaz hatte Afrika umschifft, der Seeweg nach Indien, der so lang ersehnte und gesuchte, lag vor ihm! Als er das Kap passierte, wütete ein solcher Sturm, daß Diaz es „cabo tormentoso", Sturmkap, taufte. Aber dem König von Portugal gefiel das wenig. Er gab ihm den Namen „Kap der Guten Hoffnung" – weil man nämlich nun hoffen durfte, Indien wirklich zur See zu erreichen. *(Bild 9)*

Bartolomeo Diaz konnte den von ihm erschlossenen Weg nicht selbst befahren, da sein Schiff für eine so lange Reise nicht ausgerüstet war. Dazu kam, daß seine von der anstrengenden Fahrt stark mitgenommene Mannschaft meuterte und ihn zur Rückkehr in die Heimat zwang.

Sobald wie möglich ging man in Portugal an den Bau einer Flotte, die auf dem von Diaz erkundeten Weg nun wirklich bis nach Indien fahren sollte. Es wurde höchste Zeit, denn eben war Kolumbus zu seiner dritten Reise aufgebrochen. Zwar hatte er das Gold, das er suchte, bisher nicht gefunden, aber diesmal könnte es ihm vielleicht glücken – und dann würde das spanische Nachbarland unermeßlich reich werden. Ebenso reich mußte aber Portugal sein, wenn es sich neben Spanien behaupten wollte. Der direkte Handel mit den Gewürzländern würde ihm dazu verhelfen. Die Konkurrenz Spaniens in diesem Teil der Welt brauchte man ja nicht zu fürchten. Die portugiesischen Kapitäne waren sich längst klar darüber, daß es nicht Indien war, was Kolumbus entdeckt hatte.

Das erste Indiengeschwader unterstellte der König dem Befehl des zwar noch sehr jungen, aber bereits in mehreren Reisen erprobten Vasco da Gama. Es wurde mit allem Nötigen für eine lange Fahrt ausgerüstet und hatte etwa 150 Mann Besatzung, alles erfahrene portugiesische Seeleute. Für besonders gefahrvolle Einsätze gab man dem Admiral zwölf zum Tode verurteilte Schwerverbrecher mit, die begnadigt werden würden, wenn es ihnen gelungen war, einen außergewöhnlich schwierigen Auftrag auszuführen.

22 Bildnis von Vasco da Gama

Am 8. Juli 1497 liefen die vier Schiffe den Tejo abwärts. Monatelang würden sie unterwegs sein, länger ohne Landsicht als je Menschen vor ihnen. Trotz aller früheren Erkundungen war es ja doch eine Fahrt ins Ungewisse. – Wie würde das Unternehmen ausgehen?

Zunächst ließ sich alles gut an. Nach drei Wochen waren die Kapverdischen Inseln erreicht. Das Geschwader nahm Wasser und Brennholz, frisches Fleisch, Obst und Gemüse an Bord und ging aufs neue in See. Vasco da Gama hielt sich nach den Erfahrungen seiner Vorgänger weit von der gefährlichen Küste Afrikas entfernt. Da geschah etwas Aufregendes: Vogelschwärme zogen in südwestlicher Richtung über das Schiff! Die erfahrenen Seeleute wußten, was das zu bedeuten hatte: Gar nicht weit entfernt, südwestlich von ihnen, mußte Land liegen! Um keine Zeit zu verlieren, segelte Vasco aber nicht den Vögeln nach, sondern ging auf Ostkurs, um wieder in die Nähe der afrikanischen Küste zu gelangen. Heute wissen wir, daß das Indiengeschwader dicht unter der Küste Südamerikas gestanden hat. Es war ein reiner Zufall, daß nicht damals schon Brasilien entdeckt wurde.

Nach langen, schwierigen Segeltagen kam Anfang November die Küste Afrikas wieder in Sicht in der Gegend nördlich des Kaps der Guten Hoffnung. Inzwischen war es empfindlich kalt geworden, es gab Schnee, Hagel und eisigen Regen. Und da die drei Monate seit der Abfahrt von den Kapverden für die Mannschaft recht anstrengend gewesen waren, beschloß Vasco, an Land zu gehen. Hier traf man zum ersten Mal auf Eingeborene, aber diese Begegnung wurde eine Enttäuschung: Als der Admiral ihnen Edelsteine, Gold, Gewürznelken und Zimt zeigte, um festzustellen, ob es diese Dinge bei ihnen gäbe, da verstanden sie rein gar nichts und benahmen sich wie Menschen, die dergleichen noch nie gesehen hatten. Handel konnte man hier also nicht treiben.

Inzwischen hatte Vasco da Gama die Sonnenhöhe berechnet und voll Freude festgestellt, daß es bis zum Kap der Guten Hoffnung gar nicht mehr weit war. Am 22. November brachte die Flotte denn auch die gefährliche Südspitze Afrikas glücklich hinter sich und warf bald darauf in der Mosselbai Anker. Hier sollte der Admiral im Auftrag des Königs ein Kreuz errichten zum Zeichen, daß dieses Land von nun an Portugal gehöre. Aber es gab noch einen zweiten Grund für die Landung, und der war sehr viel ernsthafter: Ein ungebetener, gefürchteter Gast hatte sich auf den Schiffen eingestellt – der Skorbut. Die Mannschaft litt unter Müdigkeit und Schwäche, die Gesichtsfarbe der braungebrannten, wettergegerbten Teerjacken wurde grünlichgelb, dunkle Schatten lagen um die Augen, manche klagten über Gliederschmerzen, das Zahnfleisch verfärbte sich bläulich und schwoll schmerzhaft an. Man wußte damals nichts über die Natur dieses Leidens, das allen Seeleuten bekannt war, hatte aber die Erfahrung gemacht, daß frische Kost, besonders frisches Gemüse, Wunder wirkten. Vasco da Gama tat in der Mosselbai, was in seinen Kräften stand, um seinen Leuten zu helfen. Er bemühte sich, von den Hottentotten frische Nahrungsmittel zu erhalten, auch Robben wurden geschossen, um frisches Fleisch zu beschaffen. Aber das alles reichte für die hochgradig von Skorbut befallene Mannschaft nicht aus. Der Admiral beschloß also, die Reise fortzusetzen und dann für einige Zeit vor Anker zu gehen. Er machte nach einer Fahrt von mehreren Wochen in Mozambique für einen vollen Monat halt.

In diesem Hafen sahen die Portugiesen zum ersten Male Dauen, arabische Frachter, die aus Indien zurückgekommen waren. Und wie staunten sie: Diese Boote, die die weite Fahrt über den ihnen selbst noch unbekannten Ozean glücklich hinter sich gebracht hatten, waren – „genäht"! Nicht ein einziger Nagel fand sich an ihnen, man hatte die Planken mit Bastschnüren aneinandergebunden! Die Portugiesen frohlockten: Wenn diese gebrechlichen Fahrzeuge es geschafft hatten, dann konnte es ja mit den guten, festen portugiesischen Karavellen gar nicht so schwer sein, nach Indien zu gelangen!

In Mozambique traf man mohammedanische Mekkapilger, die aus Indien gekommen waren, hier gab es auch die ersten Feindseligkeiten von seiten der Araber; beides bestärkte die Portugiesen in der Hoffnung, nun bald am ersehnten Ziel zu sein. Sie erkannten nämlich schnell, daß die Söhne des Propheten, in deren Händen der gewinnbringende Handel mit den Gewürzländern lag, ihnen aus Konkurrenzneid feindlich gesinnt waren – so feindlich, daß sie versuchten, die portugiesische Flotte durch bestochene Lotsen auf Riffe steuern und damit vernichten zu lassen! Das mißlang zwar, aber Vasco da Gama hielt es nun doch für geraten, diesen ungastlichen Ort zu verlassen. In Mombasa, dem nächsten Hafen, war es nicht besser; man mußte sich entschließen weiterzusegeln. Viel lieber hätte der Admiral seinen Leuten Ruhe gegönnt, denn die Mannschaft litt noch immer heftig unter Skorbut; nur wenige waren voll leistungsfähig, und deshalb mußte selbst er in diesen Tagen auf dem Schiff Dienst tun wie der einfachste Matrose, mußte überall mit Hand anlegen und war häufig zwei Wachen hintereinander an Deck. Und das unmöglich Scheinende wurde geschafft: Trotz der zu drei Vierteln kranken Besatzung konnten die Portugiesen sich den Arabern entziehen; unangefochten erreichten sie die hohe See. Weiter nördlich, im Hafen von Malindi, wurden sie sehr viel freundlicher aufgenommen, und Vasco konnte nun eine Ruhepause einlegen. Hier gelang es schließlich auch, einen Lotsen für die Überfahrt nach Indien anzuwerben, und am 24. April 1498 begann der letzte und angenehmste Teil der Reise.

Die Skorbutkranken waren durch die frischen Lebensmittel und die Ruhe inzwischen völlig gesundet, und ein gleichmäßiger, lauer Wind blies die Schiffe überraschend schnell vor sich her. Die Wetterverhältnisse erschienen den portugiesischen Seeleuten höchst ungewöhnlich; der indische Lotse erzählte ihnen aber, daß während der ganzen Reise dieser stete, milde Südwestwind wehen würde, während im Herbst ein ebenso gleichmäßiger Nordostwind herrsche. Man reise daher von Afrika nach Indien im Frühjahr, im Herbst von Indien nach Afrika und könne auf diese Art immer gewiß sein, daß die Überfahrt glücklich vonstatten gehe.

Schon nach drei Wochen gab es ein untrügliches Zeichen dafür, daß man dicht vor der Küste Indiens stand. Ein im Jahr 1503 nach Indien reisender italienischer Kaufmann hat in seinem Tagebuch über das berichtet, was die Portugiesen bereits auf ihrer ersten Fahrt nach Indien erlebten:

„Dann sahen wir die See voll Schlangen, so massenhaft, daß es keinen Ausdruck dafür gibt. Sie sind schlank und verhältnismäßig lang und schwimmen mit dem Kopf über Wasser. Das letzte Zeichen sind rote Krebse, nicht sehr groß. Wenn alle diese Zeichen auftreten, wissen wir, daß wir in Küstennähe . . . sind."

Wie es der „Mohallen", der Lotse, vorhergesagt hatte, war die Reise in der Tat schnell und glatt; am Abend des 20. Mai, einen Monat nach der Abfahrt aus Malindi, lag das Geschwader auf der Reede von Kalikut an der Westküste Ostindiens – das große Ziel war erreicht!

Vasco landete nicht sogleich, sondern ließ einen der ihm mitgegebenen Verbrecher in einem Dingi zum Hafen paddeln. Dort traf dieser sehr bald auf zwei maurische Seeleute, die ihn sogleich auf Kastilisch grimmig anfuhren und erklärten, die Portugiesen sollten sich schnellstens zum Teufel scheren, sie hätten hier gar nichts zu suchen, sie wollten ihnen, den Arabern, nur die Geschäfte verderben!

Der Bericht seines Abgesandten war für Vasco von größter Wichtigkeit. Er hatte von vornherein damit gerechnet, daß die arabischen Kaufleute über das Erscheinen eines bewaffneten portugiesischen Geschwaders nicht gerade begeistert sein würden. Denn der Handel mit all den Kostbarkeiten, die sich in den Bazaren von Kalikut fanden, wurde seit Jahrhunderten allein von ihnen besorgt, und sie hatten keinerlei Lust, auf ihren großen Gewinn beim Kauf und Verkauf von Perlen, Edelsteinen und Gewürzen zu verzichten, bloß weil die Portugiesen diese schönen Dinge nun auf eigene Faust einhandeln wollten. Zunächst ließ sich freilich alles ganz leidlich an. Der sehr geschickte und diplomatische Vasco da Gama teilte dem Radscha von Kalikut, dem „Herrscher der See", wie er sich nennen ließ, mit, er komme als Beauftragter des Königs von Portugal und beabsichtige, ihn aufzusuchen. Die Audienz wurde von Seiner braunen Majestät gnädigst bewilligt, und unter großer Prachtentfaltung erfolgte am 28. Mai 1498 der Einzug der Weißen in die Residenz. Die Volksmenge empfing sie nicht unfreundlich, und da die Portugiesen glaubten, Indien sei ein christliches Land, kam ihnen anfangs kein Argwohn. Wie groß war aber ihr Erstaunen, als sie eine „Kirche" betraten (einen Buddhatempel nämlich!) und die merkwürdigen Heiligenbilder an den Wänden besahen! Die „Heiligen" hatten zwar eine Art von Heiligenschein wie zu Hause in Portugal, aber riesige Zähne und vier oder fünf Arme. Da konnte doch etwas nicht stimmen! Und als die Weißen dann weiter durch die Stadt zogen, gewahrten sie mit Befremden, daß der Weg, den sie nahmen, von Bewaffneten mit blankgezogenen Schwertern gesäumt war – das sah wahrhaftig nicht nach christlicher Nächstenliebe und Gastfreundschaft aus! Aber es geschah nichts Böses, sie kamen unangefochten zum Palast des Radschas. Über die Audienz gibt es einen anschaulichen Bericht eines Begleiters von Vasco da Gama. Der dunkelbraune Herrscher, halbnackt, nur vom Gürtel bis zu den Knien in weiße Tücher gehüllt, war über und über mit den kostbarsten Schmuckstücken behängt, mit vielen Armreifen, einer doppelten Perlenkette um den Hals und um den Haarschopf und mit goldenen, perlenbesetzten Ohrringen. Dazu kaute er ununterbrochen Betel und spuckte in einen goldenen Napf, den ein Diener bereithielt.

Für den nächsten Tag sagte sich der Haushofmeister des Radschas bei Vasco an, um die Geschenke des Königs von Portugal für seinen Herrn in Empfang zu nehmen. Vasco da Gama hatte der braunen Majestät in seiner Begrüßungsansprache mitgeteilt, er sei nicht etwa auf der Suche nach Gold – davon hätten sie

23 *Empfang Vasco da Gamas durch den Radscha in Kalikut im Jahre 1498*

zu Hause genug; er wolle nur Verbindung mit den indischen Christen aufnehmen. Der König hörte sich das zwar verwundert, aber gutgläubig an. Als nun der Haushofmeister am nächsten Morgen auf dem Schiff des Admirals erschien, merkten die Portugiesen sofort, daß sich über Nacht die gestern noch freundliche Meinung des Hofes offenbar gewandelt hatte. Denn als sie ihre Geschenke ausbreiteten: Scharlachkapuzen, Öl, Zucker, Honig, gestreiften Baumwollstoff, Korallen und Hüte, da brach der Abgesandte des Radschas von Kalikut in höhnisches Gelächter aus über die armseligen Dinge, die der angeblich so reiche König von Portugal seinem Herrn zu senden wagte. Der ärmste Mekkapilger spende ja mehr! Und zornig ging er von dannen.

Bei einer neuerlichen Audienz am nächsten Tage geschah es: Die Portugiesen mit ihrem Admiral an der Spitze fanden sich plötzlich als Gefangene wieder! Vasco wandte alle diplomatischen Künste an, um seine Leute und sich aus dieser bösen Lage zu befreien, und tatsächlich gelang das. Er durfte mit seinen Begleitern zu den Schiffen zurückkehren, ja, es glückte ihm sogar, einige vornehme indische Höflinge in ritterlichen Geiselgewahrsam zu nehmen – und diese List ermöglichte es ihm, seine Schiffe schnell noch bis an das Bord mit Gewürzen zu füllen. Er war sich nun aber ganz klar darüber, daß man in Indien keinen gedeihlichen Handel würde treiben können, solange der Einfluß der Araber dort so mächtig war, und beschloß deshalb, nach Portugal heimzufahren. Am 29. August 1498 gingen auf den Schiffen der Portugiesen die Segel hoch. Noch in letzter Minute versuchte eine Reihe schwerbewaffneter Boote, die Fremden zu überrumpeln und an der Abfahrt zu hindern; da kam diesen ein plötzlich einsetzender Landwind zu Hilfe, jagte ihre Schiffe auf die hohe See hinaus und befreite sie so von ihren Verfolgern.

Die Rückfahrt über Andjediva, wo der Herrscher sie freundlich empfing, ging überaus langsam vor sich. Es war noch zu früh im Jahr, man hätte später fahren müssen, denn der Nordostmonsun hatte noch nicht eingesetzt. Drei Monate lang trieben die Schiffe daher kreuz und quer über den Indischen Ozean, während sie auf der Herfahrt für die gleiche Strecke nur drei Wochen gebraucht hatten. Wieder brach Skorbut aus, wieder begann ein schauriges Dahinsiechen und Sterben. Die Disziplin war bald völlig dahin, die Mannschaft wurde aufsässig und es kam fast zu einer Meuterei. Trotzdem

24 Der Herrscher von Andjediva reitet Vasco da Gama entgegen

gelang es, einen Angriff arabischer Piraten kurz vor der Küste Afrikas abzuwehren – und endlich landete das Geschwader dann in Malindi, wo man auf der Hinfahrt so freundlich aufgenommen worden war.

25 Der Turm von Belem vor der Einfahrt in den Tejo

Obwohl alle von der anstrengenden Fahrt erschöpft und vom Skorbut stark mitgenommen waren, hielten sie es nur fünf Tage dort aus. Vascos Leute sträubten sich gegen die so notwendige Ruhepause; fast krank vor Heimweh wollten sie nur noch eins: nach Haus! Vorher freilich galt es noch, traurig Abschied zu nehmen: eines der Schiffe, die „Raphael", mußte versenkt werden, denn nach den zahlreichen Todesfällen an Skorbut reichte die Mannschaft nicht mehr aus, die ganze Flotte über die schwierige Strecke um das Kap der Guten Hoffnung zu segeln. Nur die besonders schöne Gallionsfigur der „Raphael" behielt Vasco da Gama, und von ihr trennte er sich bis zu seinem Tode nicht mehr. Als Talisman hat sie ihn späterhin auf allen seinen Reisen begleitet.

Dieser Talisman tat seine Schuldigkeit schon auf der Rückreise: Nach rascher, glücklicher Fahrt landete das Geschwader am 10. Juli 1499 im heimatlichen Hafen.

Der König von Portugal bereitete Vasco da Gama einen glänzenden Empfang und ernannte ihn zum „Admiral des Indischen Ozeans". Außerdem erhielt Vasco die Lehnshoheit über seine Heimatstädte Sines und Cercal. Und diese Ehrungen erfolgten durchaus zu Recht. Denn ihm gebührt der Ruhm, den Seeweg nach Indien als erster bis ans ersehnte Ziel befahren zu haben.

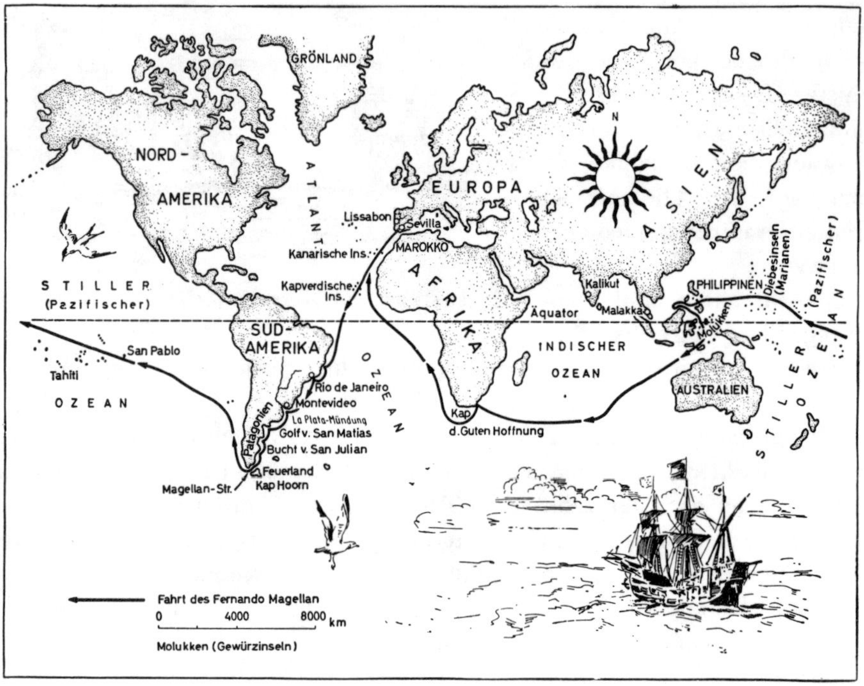

DIE ERDE IST RUND

Im März 1505 lagen in der Mündung des Tejo 22 Karavellen vor Anker, schwer bestückt und mit 1500 Mann an Bord: das größte Indiengeschwader, das je ausgesandt worden war und das unter dem Oberbefehl von Francisco d'Almeida in See gehen sollte. Es handelte sich um keine Erkundungs- oder Handelsfahrt, wie Vasco da Gama sie unternommen hatte, sondern um eine regelrechte Flottenexpedition mit dem Zweck, die afrikanische Küste zu sichern und die indische unter die Oberhoheit Portugals zu bringen. Ein kriegerisches Unternehmen also, und danach war das Geschwader auch ausgerüstet: mit zahlreichen Geschützen und einer gut gedrillten Mannschaft. Unter den 1500 Mann befand sich ein unbekannter kleiner Freiwilliger, aus Porto stammend und ehemals Page der Königin – und dieser eine sollte später in die Geschichte eingehen als erster, der die Erde umfahren und damit den endgültigen Beweis für ihre Kugelgestalt erbracht hatte – Fernando Magellan. *(Bild Nr. 10)*

Daran dachte er freilich noch mit keinem Gedanken, als er am 25. März 1505 mit Almeidas Flotte auslief. Er war Soldat, sonst nichts. Diese Reise nahm jedoch

9 Kap der Guten Hoffnung, von Bartolomeo Diaz im Februar 1488 erstmals umschifft; unzählige Schiffe aller Nationen sind später an diesen schrecklichen Klippen gescheitert

10 Fernando Magellan (auch Fernando de Magalhaes), 1480–1521

11 Die Magellanstraße mit Gletschern und Schneefeldern; sie gehört auch heute noch zu den schwierigsten Gewässern der Welt

ein schnelles Ende, denn gleich im ersten Gefecht mit den Arabern, nördlich von Kalikut, erhielt er eine so ernste Verwundung, daß er in die Heimat zurückgeschickt wurde, um sich dort auskurieren zu lassen.

Im Jahre 1508 bekam er ein neues Kommando auf einer Flotte, die einen Erkundungsvorstoß nach Malakka, jenem reichen Hafen in Malaya, unternehmen sollte, der das Zentrum des Gewürzhandels war und von dem die Portugiesen schon viel gehört hatten. Im September 1509 lag das Geschwader in dem riesigen Hafen mit seinen unzähligen großen und kleineren Schiffen vor Anker. Ein lebhafter Tauschhandel mit allen Kostbarkeiten des Orients blühte hier – aber Magellan warnte seinen Admiral: Nach den Erfahrungen seiner ersten Indienfahrt war er den Eingeborenen gegenüber höchst mißtrauisch. Ihm war es klar: Sie wußten genau, daß die Portugiesen nicht mit friedlichen Handelsabsichten kamen, und würden sich zur Wehr setzen. Und wie recht er hatte! Vom Kastell des Flaggschiffs aus mußte er mit ansehen, wie seine an Land entsandten Kameraden plötzlich niedergemetzelt wurden! Kurzentschlossen sprang er in ein Dingi, paddelte an den Kai und hieb den letzten Überlebenden, seinen Freund Francisco Serrao, heraus.

Es war eine schwere Niederlage für die Portugiesen; sie hatten ein Drittel ihrer Mannschaft und alle Boote verloren, und es blieb ihnen nichts übrig, als geschlagen in die Heimat zurückzukehren. Magellan wurde wegen seiner Tapferkeit zum Offizier befördert; 1511 stand er an Deck eines der Schiffe, denen es diesmal gelang, Malakka einzunehmen. Auch hier hatte Magellan sich wieder ausgezeichnet und rühmlich hervorgetan. Wie gern wäre er nun zusammen mit seinem Freund Francisco Serrao weitergesegelt zu den Gewürzinseln, wohin mehrere Schiffe des Geschwaders abgeordnet wurden – aber er bekam, sehr zu seinem Leidwesen, den Befehl, in die Heimat zurückzukehren.

Ein Jahr später wurde er zwar nach Marokko abkommandiert, jedoch zur Infanterie. Aber das war ganz und gar nicht nach seinem Sinn; als Seeoffizier fand er sich bei den Landtruppen nur schwer zurecht. Bald hatte er sich allenthalben unbeliebt gemacht, und als er dann bei einem Gefecht noch einen Knieschuß erhielt, der ihn frontuntauglich werden ließ, wurde er endgültig aus dem Heer entlassen.

Da er kein Vermögen besaß, blieb ihm nichts anderes übrig, als sich mit seiner knappen Pension recht und schlecht durchzuschlagen. Nach wenigen Monaten hatte er das tatenlose Leben satt. Sein Bein war zwar nach der letzten Verwundung lahm geblieben, aber an Bord eines Schiffes würde das nichts ausmachen. Er beschloß also, sich an den König zu wenden mit der Bitte um ein Kommando bei der Marine. Hinkend stelzte er eines Tages im Audienzsaal des königlichen Schlosses von Lissabon auf seinen Herrscher zu und bat um eine neue Verwen-

26 Bildnis und Unterschrift Kaiser Karls V.

dung. Brüsk lehnte König Manuel seine Bitte ab und verweigerte sogar eine geringfügige Erhöhung der Pension. Schließlich fragte Magellan den König, ob es ihm erlaubt sei, in einem anderen Lande Dienst zu tun, da man ihn in Portugal ja offenbar nicht brauche.

Das sei ihm ganz gleichgültig, entgegnete König Manuel unwirsch und beendete die Audienz.

Aber nun war auch für Magellan die Entscheidung gefallen. Wenn man in Portugal so wenig Interesse an einem verdienten Offizier hatte, dann mußte er eben selbst einen Weg suchen: 1517 überschritt er, wie einst Kolumbus, die Grenze nach Spanien, auch er mit einem großen Plan in der Tasche.

Und welches war nun dieser große Plan? Magellan wollte nichts weniger, als die ganze Erde umsegeln! Seine Gründe waren so logisch und zwingend, daß sie selbst dem geizigen, mißtrauischen und oft enttäuschten Karl V. einleuchteten. Daß Kolumbus nicht Indien erreicht, sondern einen neuen Erdteil entdeckt hatte, galt inzwischen als sicher. Denn 1513 hatte der spanische Konquistador Nunez de Balboa nach einem wochenlangen, entsetzlichen Marsch durch die Dschungel Mittelamerikas den Pazifischen Ozean aufgefunden. Jenseits des neuen Kontinents – den man übrigens nach dem italienischen Entdecker Amerigo Vespucci „Amerika" nannte – lag wiederum ein Meer. Es war undenkbar, daß Amerika sich als fugenloser Querriegel vom Nord- zum Südpol erstrecken sollte; irgendwo mußte es eine Durchfahrt in den Pazifik geben. Wer sie fand, den konnte nichts hindern, rings um die Erde zu fahren. Eifrig hatte Magellan Karten und Berichte studiert und glaubte zu wissen, wo sich das neue Land nach Westen öffnete: nämlich etwa auf 40 Grad südlicher Breite. Und wenn eine solche Durchfahrt entdeckt wurde, dann würde der Weg zu den Gewürzinseln viel kürzer sein als der um das Kap der Guten Hoffnung.

Diese Aussicht stellte eine so große Lockung dar, daß Karl V. bald für den Plan des abgedankten portugiesischen Offiziers, der ihn völlig besessen von seiner Idee um Hilfe anging, gewonnen war und sich sogar, entgegen seiner sonstigen Gewohnheit, selbst an der Ausrüstung der Flotte beteiligte. Fünf Schiffe stellte er Magellan zur Verfügung und allen Proviant für zwei Jahre. 1518 wurde darüber ein Vertrag geschlossen, in dem der Kaiser den Portugiesen zum Admiral und Generalkapitän ernannte und ihm außer einem hohen Sold auch Gewinnanteile an den Entdeckungen zusicherte, die er machen würde. Magellan übernahm dagegen nur die Verpflichtung, „Inseln, Festlande und reiche Spezereien" aufzufinden, wie es in dem Vertrag hieß.

Freilich dauerte es noch ein volles Jahr, bis der Admiral seine große Fahrt antreten konnte. Die Krone fing nun doch an zu knausern: Die fünf Segler, die sie zu stellen sich verpflichtet hatte, waren uralte, kaum noch seetüchtige Fahrzeuge, die völlig überholt werden mußten. Auch die sonstige Ausrüstung war mehr als dürftig, und ganz schlimm stand es um die Mannschaft: 265 Mann, vor allem Spanier, dazu 37 Portugiesen, einige 30 Italiener, 19 Franzosen, der Rest Flamen, Basken, Deutsche, Engländer, Griechen, Neger und Malaien. Viele von ihnen waren Verbrecher, die durch die Beteiligung an der Expedition ihre Freiheit wiederzuerhalten hofften, außerdem hatten die meisten die See noch nie gesehen. Schon vor der Abfahrt gab es böse Zwischenfälle, vor allem mit den vier spanischen Kapitänen, die sich nur höchst ungern dem Kommando eines Portugiesen unterstellen ließen. Der Admiral sah sich gezwungen, scharf durchzugreifen, um eine beginnende Meuterei im Keime zu ersticken; er legte mit eigener Hand einen der aufsässigen Kapitäne in Eisen, damit allen klar wurde, daß es auf der ganzen Flotte nur einen gab, der zu befehlen hatte: ihn selbst nämlich, Fernando Magellan.

Am 10. August 1519 ging das Geschwader von Sevilla aus den Guadalquivir hinab in See, am Mast die Flagge Spaniens neben dem Wappen Magellans, dem dreigewürfelten roten Balken auf silbernem Grund. Nach glatter Fahrt wurde am 13. Dezember in der Bai von Rio de Janeiro Anker geworfen. Die Seeleute glaubten, im Paradies zu sein in dieser zauberhaft schönen Bucht. Vergnügt kosteten sie die fremden Früchte, die dort wuchsen: die „großen runden Tannenzapfen", die die Eingeborenen Ananas nannten und die so außerordentlich süß und wohlschmeckend waren, und die Bataten, die an Kastanien erinnerten. Während die Matrosen es sich an Land wohlsein ließen, hockte Magellan voller Ungeduld

27 Globus des Johannes W. Schöner. 1520 schuf der berühmte Nürnberger Professor Johannes W. Schöner den hier abgebildeten Globus. Man sieht, wie unklar die geographischen Vorstellungen über Amerika noch dreißig Jahre nach seiner Entdeckung gewesen sind, wenngleich bereits der Name America verwendet wird. Bemerkenswerterweise zeichnet Schöner zwei Meerengen ein: eine auf etwa 10° Nord, ungefähr in der Gegend des heutigen Panamakanals, und eine zweite auf etwa 40° Süd, auf der Höhe des La Plata (Germanisches National-Museum, Nürnberg)

in seiner Kajüte. Er hatte inzwischen errechnet, daß er auf etwa 24 Grad Süd stand. Auf 40 Grad sollte sich die Durchfahrt, der „paso“, befinden – er konnte es kaum erwarten, endlich weiterzusegeln! Aber nach den elf Wochen Fahrt hatten sich Algen, Muscheln und Tang an den Schiffskielen angesetzt und mußten vor der Weiterfahrt abgekratzt werden; auch die Segel waren nicht in Ordnung und wurden überholt, und so dauerte es volle zwei Wochen, bis das Geschwader wieder seeklar gemeldet werden konnte.

Am 26. Dezember 1519 brach Magellan auf, und bei günstigem Wind kam die Flotte rasch voran. Voller Freude nahm der Generalkapitän wahr, daß die Küste allmählich nach Westen zurückwich, und als er auf der Höhe des heutigen Montevideo anlangte und sich der riesige Mündungstrichter des La Plata öffnete, da war er seiner Sache sicher: Hier mußte die Durchfahrt sein! Alle Mann, selbst die aufsässigen spanischen Kapitäne, hegten einhellig die Überzeugung, daß sie in wenigen Tagen nach Indien und den Gewürzinseln würden aufbrechen können.

Zwei Wochen lang wurde die La Plata-Mündung durchforscht, Suchkommandos in Barkassen und Dingis fuhren aus, um den „paso“ aufzufinden, aber alle Mühe blieb erfolglos. Bald mußte Magellan einsehen: Das war nur die Mündung eines großen Flusses, hier gab es keine Durchfahrt.

Gespannt wartete die Mannschaft, was ihr Admiral nach dieser bösen Enttäuschung tun würde. Aber wenn seine Leute geglaubt hatten, er hätte nun den Mut verloren und würde umkehren, dann irrten sie sich gründlich. Viel zu sehr war er davon überzeugt, daß er die Durchfahrt auf jeden Fall finden würde, wenn nicht schon hier, dann eben weiter südlich. Kein Muskel zuckte in seinem Gesicht, als er wie ganz selbstverständlich den Befehl zur Weiterfahrt gab.

Man kam nur langsam voran, denn nun wurde jede Bucht, jede Förde abgesegelt, um die Durchfahrt ja nicht zu verpassen. Noch einmal sah es so aus, als hätte man sie gefunden: im Golf von San Matias auf 42 Grad Süd. Aber wieder hielt der neue Kontinent die Entdecker zum Narren: Auch das war nur eine tief ins Land geschnittene Meeresbucht.

Magellan, ebenso besessen von seiner Idee wie einst Kolumbus, beschloß weiterzusegeln, koste es, was es wolle. Sicherheitshalber hatte er ja Proviant für zwei volle Jahre an Bord – das hielt er natürlich geheim, denn wenn er seiner bunt zusammengewürfelten Mannschaft gesagt hätte, daß er im schlimmsten Falle mit einer so langen Dauer der Reise rechnete, dann wäre wohl keiner mitgekommen.

Die Fahrt ging also weiter. Als die Schiffe am 31. März 1520 in der Bucht von San Julian geankert hatten, teilte der Generalkapitän seinen Leuten mit, er gedächte hier zu überwintern und die Suche nach der Durchfahrt im Frühjahr fortzusetzen. Gleichzeitig ließ er sicherheitshalber die Lebensmittelrationen auf die Hälfte kürzen. Und da geschah nun das, womit er schon längst gerechnet hatte: Die Meuterei brach aus. Drei seiner Schiffe waren bald in der Hand der Aufrührer. Eines davon konnte Magellan schnell wieder in seine Gewalt bringen; er legte sich damit vor den Ausgang des Hafens. Er hatte das Glück, daß einer der abtrünnigen Segler sich nachts vom Anker löste und auf die Karavelle des Admirals zutrieb. Er wurde natürlich sofort genommen, zumal dessen Mannschaft sich geschlossen für Magellan erklärte. Daraufhin blieb den meuternden Seeleuten der anderen Schiffe nichts übrig, als sich zu ergeben. Ihre Kapitäne wurden zur Strafe an dem unbewohnten Land ausgesetzt, zusammen mit einem Kaplan, der sich den Aufständischen angeschlossen hatte. Ein weiterer Rädelsführer, Kapitän Quesada – übrigens der, den Magellan schon vor der Abfahrt aus Spanien hart hatte strafen müssen –, wurde enthauptet. Da der Großteil der einfachen Matrosen von vornherein sowieso auf seiten des Admirals gestanden hatte, war nach diesem strengen Gericht über die Anstifter der Meuterei die Disziplin schnell wiederhergestellt. Um sie aufrechtzuerhalten, ließ Magellan seine Leute während dieses Winterlagers Tag für Tag schwer arbeiten, damit ihnen weder Zeit noch Kraft für Aufruhr und Verschwörung blieben. Fünf Monate hindurch mußten sie Bäume fällen, Balken und Planken schneiden, Segel erneuern, die Schiffe an Land hieven, um die Kiele auszubessern und die Rümpfe abzudichten. Die harte körperliche Arbeit tat der Mannschaft gut, sie blieb gesund und sah voller Stolz, daß ihre Flotte bald schmucker denn je war.

Gegen Ende des Südwinters ließ Magellan seinen Männern mitteilen, daß er die Küste entlangsegeln würde bis auf 75 Grad Süd. Wenn sich dann noch immer keine Durchfahrt fände, hätte er die Absicht, auf dem Ostweg und über das Kap der Guten Hoffnung nach den Gewürzinseln zu fahren. Damit hatte er einer neuen Meuterei vorgebaut. Seine Matrosen und vor allem auch seine Kapitäne wußten nun, woran sie waren, und gaben sich damit zufrieden.

In seiner Ungeduld schickte Magellan schon Ende Mai die Korvette „Santiago" aus, um die Küste weiter südlich zu erkunden – viel zu früh, denn noch immer herrschte Winter mit langer Dunkelheit und eisigem Sturm. Wochen vergingen, dann wankten eines Tages zwei von Hunger entkräftete Gestalten den Hügel zum Hafen San Julian hinab: Matrosen der „Santiago", die berichteten, daß die Korvette gescheitert sei, daß die Überlebenden hungernd und frierend zwischen den Felsen des unbewohnten Landes gehockt hätten und bestimmt längst tot seien und daß sie die beiden einzigen seien, denen die Rettung gelungen sei.

Inmitten von so viel Unglücksdingen gab es plötzlich eine Sensation: Auf den Hängen, die den Hafen von San Julian einfaßten, tappte eines Tages ein menschenähnliches Wesen umher. Überlebensgroß erschien es den zierlichen, nur mittelgroßen Spaniern, vor allem seine Füße waren ganz ungeheuerlich, und deshalb nannten sie diesen Menschen „patagon", Großfuß – noch heute heißt das Land, in dem jene Riesen lebten, Patagonien.

Der täppische Kerl, der da so plötzlich aufgetaucht war, schien vergnügt und guter Dinge zu sein, denn er sang, tanzte und warf Sand über sich. Pigafetta, ein junger italienischer Patrizier, der die Fahrt als Magellans Geheimschreiber mitmachte und während der ganzen Zeit ein Tagebuch führte, genoß die Szene wie ein echter, rechter Journalist unserer Tage. Endlich hatte er nach den eintönigen letzten Wochen wieder etwas Interessantes zu berichten! Er beschrieb das merkwürdige Wesen genau: die gelben und roten Ringe um die Augen, Abzeichen seines Stammes, und die kunstvoll zusammengefügte Pelzkleidung – Guanakofelle, wie sie die Patagonier heute noch tragen, die aber damals den Spaniern noch ganz unbekannt waren. Und dann, so erzählte er, hatte Magellan einem Matrosen befohlen, ebenso zu singen und zu tanzen wie der Fremde, um ihm klarzumachen, daß die Spanier keine bösen Absichten gegen ihn hegten. Und siehe da, zum Gaudium seiner Kameraden erwies sich der Seemann als so geschickt, daß der Wilde ihn offenbar verstand und zutraulich näher kam. Pigafetta berichtet weiter: *„Ruhig ließ er sich dann zu einer kleinen Insel bringen, auf die sich inzwischen der Kapitän und seine Begleitung begeben hatten. Der Patagonier war anscheinend erfreut, uns zu sehen, und deutete mit dem Finger immer wieder in den Himmel, offenbar um damit zum Ausdruck zu bringen, daß wir seiner Überzeugung nach von dort heruntergekommen wären. Dabei war der Kerl so gewaltig groß, daß unsere Köpfe höchstens bis an seinen Leib reichten. Der Kapitän ließ ihm zu essen und zu trinken geben und schenkte ihm neben anderen Dingen auch einen Spiegel. Als sich der Riese darin er-*

blickte, taumelte er vor Schreck so schnell und wuchtig nach hinten, daß er vier unserer Matrosen, die zufällig dicht hinter ihm standen, über den Haufen stieß."

Durch den Lärm angelockt, erschienen noch ein paar weitere Patagonier am Strand, darunter einige „Riesinnen". Gern hätte man einen der gewaltigen Kerle gefangen, um ihn nach Spanien mitzunehmen. Es war zu putzig, wie er lebende Ratten fraß, ein Kommißbrot mit ein paar Bissen verschlang und mit dem Spiegel hantierte. Aber selbst die wildesten Schläger unter den Matrosen trauten sich nicht an ihn heran. Schließlich zeigte man ihm Handschellen; der ahnungslose Wilde hielt sie für ein besonders schönes Schmuckstück, ließ sie sich umlegen – und klick! schon war er gefangen und wehrlos. Er wurde auf eines der Schiffe geschleppt, wo er bald wie ein Tier elend verendete. Magellan hatte zwar den ausdrücklichen Befehl, von allen neu entdeckten Menschen, Pflanzen und Tieren ein Exemplar mit nach Spanien zu bringen; daß das aber hier nun mit Gewalt geschehen war und daß der arme Kerl daran glauben mußte, das traf ihn, dem im Grunde seines Herzens jede Gewaltanwendung zuwider war, hart. Unglück hing am Hafen von San Julian – nur schnell fort von hier!

Mit nur mehr vier Schiffen brach Magellan Ende August 1520 auf. Es war ein böses Fahren: Noch immer tobten wilde Stürme, hier und da trieb Eis im Wasser; die Tage waren, da der Frühling der Südhalbkugel eben erst begonnen hatte, kurz und die Nächte lang und dunkel. Die „Santiago" fehlte an allen Ecken und Enden. Als kleinstes und wendigstes Schiff der Armada mit dem geringsten Tiefgang hatte sie die unheimlichen engen Fjorde abgefahren, um sie zu erkunden. Nun mußte Magellan seine großen, schweren Schiffe für diese Aufgabe einsetzen. Nach zwei Tagen schon hatte er genug davon. Eine Karavelle war schon verlorengegangen, mehr mochte er nicht riskieren, und deshalb bezog er am 26. August abermals für zwei Monate ein Winterquartier, diesmal in der Mündung des Santa Cruz, des Flusses, den die „Santiago" kurz vor ihrem Untergang aufgefunden hatte. Magellan konnte ja nicht ahnen, was wir heute wissen: daß er nämlich zwei Tagereisen weiter südlich das wichtigste Ziel seiner Fahrt erreicht haben würde, den „paso"!

Am 21. Oktober, dem „Tag der 11000 Jungfrauen", ging die Flotte wieder ankerauf und passierte ein weit vorspringendes Kap, hinter dem sich eine tiefe Bucht öffnete. Sie sah aus wie jede andere, und die Kapitäne hielten es nicht für nötig, sie näher zu untersuchen. Auch der Generalkapitän zögerte unschlüssig; seit der Abfahrt von Sevilla war schon mehr als ein Jahr vergangen, über die Hälfte des Proviants war verbraucht – sollte er es wagen, hier nochmals kostbare Zeit zu verlieren? Aber dann gab er doch die entscheidenden Signale. Die „San Antonio" und die „Concepcion" wurden in Marsch gesetzt mit dem Befehl, in spätestens fünf Tagen zurück zu sein. Mehr wollte Magellan keinesfalls riskieren.

28 Das Schiff „Victoria" (Vittoria) von Fernando Magellan

Kaum waren die beiden Schiffe hinter dem Vorgebirge verschwunden, da brach ein Orkan über die Bucht herein. Magellans Flaggschiff „Trinidad" und die „Victoria" konnten sich aus dem aufgewühlten Hexenkessel auf die Reede retten, aber die beiden anderen Karavellen – die hielt er für verloren. Was diese beiden erlebten, hat wiederum Pigafetta aufgezeichnet:

„Die beiden Schiffe in der Bucht wurden durch die Stürme tiefer in sie hineingetrieben. Sie glaubten schon, sie würden an den felsigen Ufern zerschellen, als sie plötzlich eine Öffnung gewahr wurden, in die sie einliefen. Sie verfolgten diesen Weg und kamen in eine weitere Bucht, aus der sie durch eine zweite Enge in eine andere Bucht gelangten. Zufrieden damit, drehten sie bei, um Magellan möglichst bald die verheißungsvolle Nachricht zu bringen. Sie waren zwei Tage unterwegs. Wir glaubten schon, als wir sie nicht wieder zu Gesicht bekamen, sie wären bei dem Sturm gescheitert. Als wir am Land Rauch aufsteigen sahen, erblickten wir darin ein Zeichen, das die Schiffbrüchigen uns geben wollten. In diesem Augenblick kamen beide Schiffe mit vollen Segeln und fliegenden Fahnen aus der Bucht auf uns zu, Kanonenschüsse ertönten, und Freudengeschrei ließ sich hören ..."

Man kann sich vorstellen, was dieser Augenblick für Magellan bedeutete. Eben noch hatte ihn fast der Mut verlassen in dem Gedanken an das Schicksal seiner beiden Karavellen und ihrer tapferen Besatzung, die nach menschlichem

Ermessen den wütenden Orkan kaum heil überstanden haben konnten. Und nun kamen sie zurück, unversehrt, und hatten die Durchfahrt gefunden! Wie gut, daß er sich nicht hatte irremachen lassen von allen Mißerfolgen der letzten Monate – nun würde er sein großes Unternehmen doch noch vollenden! Um ganz sicher zu gehen, sandte der Admiral die Barkasse seines Flaggschiffes auf Kundschaft voraus. Das Geschwader folgte ihr. Wie Pfeile flogen die vier Schiffe auf den Kanal zu, in dem die Barkasse soeben verschwunden war. Beiderseits starrten felsige Klippen und Bänke, kein Mensch, kein Tier war zu sehen. Aber nachts glühten ringsum zahllose Feuer, sorgsam am Brennen gehalten von den unsichtbaren Bewohnern dieser unwirtlichen Gegend. Feuerland nannten die Spanier das finstere, unheimliche Gebiet. Schon nach den ersten Biegungen der engen Fahrstraße stiegen die Berge beiderseits bis zu 2000 Meter an; die schwer brandende, von Wirbeln aufgerührte See, die zahllosen nadelspitzen Riffe machten den Seglern böse zu schaffen. Hier, in der „Magellanstraße", fanden im Lauf der Jahrhunderte unzählige Schiffe aller Nationen den Untergang, es war ein offenbares Wunder und das beste Zeugnis für die hervorragende seemännische Befähigung Magellans, daß er die 600 Kilometer bezwang, ohne ein Schiff zu verlieren. *(Bild Nr. 11)*

29 Karte der Magellanstraße von 1586 (Kupferstich aus „Kurtze und Warhafftige Beschreibung der Schiffart · so Thomas Candisch · ein Englischer Edelmann · umb das gantze Erdreich gethan") – eine der ersten, noch reichlich phantasievollen kartographischen Darstellungen der Magellanstraße

Unheimlich und grauenvoll war diese Fahrt, und einer hielt die Nervenbelastung nicht aus: der Steuermann der „San Antonio", Estevao Gomez. Er wies Magellan darauf hin, daß ein großer Teil der Lebensmittel verdorben war und daß bald äußerster Mangel herrschen würde. Auch der Zustand der Schiffe sei bedenklich; man solle deshalb lieber umkehren, nachdem man den „paso" ja nun gefunden habe, und auf einer zweiten Reise dann auf dem neuen Weg zu den

Molukken vorstoßen. Aber mit Magellan ließ sich nicht reden. Er war fest entschlossen, sein Unternehmen zu Ende zu führen, koste es, was es wolle. Kurz und bündig befahl er die Weiterfahrt und bedrohte in einer Geheimorder an die Kapitäne jeden mit der Todesstrafe, der der Mannschaft Andeutungen über die Knappheit der Lebensmittel mache.

Das war zuviel für Estevao Gomez. Er wiegelte seine Leute auf, überwältigte den Kapitän der „Antonio" und wandte den Bug seines Schiffes zurück, der Heimat entgegen – ausgerechnet fast in dem gleichen Augenblick, als die nach Westen vorausgeschickte Barkasse Fahnen schwenkend zurückkehrte: Der „paso" führte tatsächlich in das Südmeer. Magellan hatte recht gehabt! Dank seiner Zähigkeit, seiner Ausdauer und seinem oft harten Durchgreifen war das erste Ziel seines Unternehmens erreicht. Nun galt es, weiterzusegeln zu den ersehnten Gewürzinseln und von dort über das Kap der Guten Hoffnung nach Hause zurück, nach Spanien: rings um die Erde herum.

Aber – konnte Magellan diese weite Fahrt wagen, nachdem ihn die „San Antonio" im Stich gelassen? Sie war sein größtes Schiff, das auch den meisten Proviant an Bord hatte. Würden die anderen drei Segler die lange Reise aushalten, würde man unterwegs die Möglichkeit haben, Nahrungsmittel und Trinkwasser einzuhandeln? Man schickte sich ja an, in gänzlich unbekannte Gewässer vorzustoßen; der Generalkapitän war unschlüssig. Er befragte seine Kapitäne und Offiziere. Da die aber alle wußten, wie besessen ihr Kommandant von seiner Idee der Weltumseglung war, wagte keiner von ihnen, sich klar und deutlich für die Umkehr auszusprechen. Es wunderte daher auch niemanden, als am 28. November 1520 vom Schiff des Geschwaderchefs signalisiert wurde: „Segel setzen! Mir folgen!"

Damit war es entschieden: Die Reise wurde fortgesetzt. Nach dreißig Tagen einer verzweifelten Kreuzfahrt entlang der Küste Südamerikas erreichte die Flotte endlich das offene Meer. Wärmend strahlte die Sonne vom seidigblauen Himmel, die See plätscherte ruhig und sanft. „El pacifico", das Friedliche, tauften die Spanier den neuen Ozean, der sich so angenehm vom wilden, tosenden Atlantik unterschied. Wie im Paradies kamen sie sich vor – und sollten doch bald merken, daß sie in die Hölle geraten waren. Woche um Woche, Monat um Monat verging, stets wehte der gleiche Wind, und das gleißende Licht der immer stärker strahlenden Sonne wurde schier unerträglich. Der Durst begann die Mannschaft zu quälen: Alle vierundzwanzig Stunden gab es pro Mann einen Schluck verfaulten, stinkenden Wassers. Die Vorräte waren völlig verdorben; das Brot wimmelte von Maden, das Fleisch war gänzlich ungenießbar, alles hatten die Ratten angenagt. Die waren inzwischen rund und fett geworden, und bald kam man darauf, sie zu jagen. Man zog ihnen das Fell ab, nahm sie aus und briet sie – das gab eine köstliche Mahlzeit! Der Preis für eines dieser Tiere stieg jäh an; einen Dukaten mußte man schließlich für solch einen Leckerbissen zahlen – bis es unmöglich wurde, der in Todesangst flüchtenden Ratten habhaft zu werden. Da blieb nur eins: Man löste den Lederbeschlag von den Rahen, weichte ihn einige Tage in Meerwasser auf und kochte ihn dann. Und nirgends Land, nirgends eine Aussicht, einen frischen Trunk oder gar Nahrungsmittel zu erlangen: Es war wirklich die Hölle, dieses „friedliche" Meer!

Einhundertzehn Tage dauerte die qualvolle Fahrt. Der größte Teil der Mannschaft lag krank an Skorbut, als endlich am Abend des 6. März 1521 Land gesichtet wurde. Am nächsten Morgen stand man vor einer Inselgruppe voller Kokospalmen und Bananenhaine. Alle, der Geschwaderchef inbegriffen, lechzten nach frischem Wasser und frischer Nahrung. Aber die Eingeborenen, die in ihren Kanus sogleich die spanischen Schiffe umschwärmten, stahlen alles, was nicht niet- und nagelfest war. Sie brachten es sogar fertig, Magellans Barkasse mitgehen zu heißen, und wurden schließlich so lästig, daß der Generalkapitän am nächsten Tage eine Strafexpedition an Land entsandte. Sie hatte keine Gelegenheit, für ausreichende Verproviantierung zu sorgen, immerhin brachte sie wenigstens einiges an frischen Nahrungsmitteln mit von den „Diebesinseln", wie die Spanier diese Eilande voller Zorn tauften.

Schon eine Woche später sichtete man abermals Land. Magellan ging sehr vorsichtig zu Werke; wenn seine Berechnungen stimmten, dann mußten das die Molukken sein – und dann würden die Portugiesen ihm und seinen Schiffen einen bösen Empfang bereiten. Sehr zu seiner Erleichterung wußten die gutmütigen, freundlichen Eingeborenen aber nichts von den Portugiesen, die Inseln waren auch nicht die Molukken, sondern ein bisher ganz unbekanntes Land: die Philippinen, wie wir diesen Archipel heute nennen.

Das Wichtigste war zunächst die Sorge für die Kranken. Mit Heißhunger stürzten sich Mann und Offizier auf die köstlich fremden Früchte, die die Braunen in ganzen Bootsladungen willig heranschleppten: Bananen und, besonders begehrt, Kokosnüsse. Aber auch Schweine und Hühner gab es, und in den Wäldern wuchsen Unmengen von Beeren und anderen Früchten. Auch eine Art Wein hatten die Eingeborenen, Palmwein, aus dem Saft der Kokospalme hergestellt. Viel wunderbarer aber war das so lange entbehrte Wasser, reines, kühles Quellwasser. Das mundete allen besser als der kostbarste Wein zu Hause. Endlich einmal waren sie alle wieder richtig satt, und mehr noch: Sie wurden dank der frischen Kost auch schnell völlig gesund, das Zahnfleisch schwoll ab, die Glieder schmerzten nicht mehr, die Kräfte kehrten zurück!

Knapp eine Woche später konnte Magellan weitersegeln, nach Cebu zunächst, der Hauptinsel der Philippinen. Dort wollte er sich für die Weiterreise zu den

Gewürzinseln (Molukkas) verproviantieren. Alles ließ sich gut an. Der Sultan von Cebu schloß Brüderschaft mit dem Generalkapitän, leistete den Treueid auf den König von Spanien und erlaubte den Kaplanen der spanischen Flotte sogar, ein großes Tauffest abzuhalten, bei dem sich 800 Männer und Frauen zum Christentum bekannten.

Hier auf den Philippinen, den damals in Europa noch völlig unbekannten Inseln, die häufig von indischen und chinesischen Händlern aufgesucht wurden, erfuhr Magellan zu seiner großen Freude, daß die Gewürzinseln dicht vor ihm lägen. Welch ein Triumph! Die Portugiesen hatten dieses Ziel seiner Fahrt von Osten her angesteuert, er würde es nun über den Weg westwärts erreichen; damit war endgültig und durch die Tat bewiesen, daß die Erde eine Kugel war. Auch darin also hatte er recht behalten.

30 Die Unterschrift Fernando Magellans

Indessen, Magellan sollte diesen Augenblick seines größten Erfolges nicht lange überleben. Der Häuptling der Nachbarinsel Matan war keineswegs so friedlich gesinnt wie sein Kollege in Cebu. Er weigerte sich, die spanische Oberhoheit anzuerkennen. Als der Generalkapitän, um sich durchzusetzen, mit einer Strafexpedition an Land ging, sah er sich plötzlich mit seinen fünfzig schlecht bewaffneten Matrosen in einem Hinterhalt 1500 feindlichen Eingeborenen gegenüber. Kampf gegen diese Übermacht wäre aussichtslos gewesen, also befahl Magellan den Rückzug. Da wurde er von einem vergifteten Pfeil tödlich getroffen; der Rückzug wurde zur Flucht, die sich schließlich so überstürzte, daß nicht einmal der Leichnam des Geschwaderchefs mitgenommen werden konnte. Erschüttert notierte Pigafetta in seinem Tagebuch:

„Sie töteten unseren Spiegel, unser Licht, unsern Trost und unseren treuen Führer. Als sie ihn verwundeten, wandte er sich noch mehrere Male zum Ufer, um zu sehen, ob wir die Boote auch alle erreicht hätten."

Das war Magellans große Tat: Er hatte die Durchfahrt, den „paso", den Kolumbus schon zu finden hoffte, erzwungen, und die Kugelgestalt der Erde, die der große Genuese nur ahnte, hatte er bewiesen. Welch starken Eindruck er auf alle machte, die mit ihm zu tun hatten, geht aus dem Bericht eines englischen Geographen hervor: Noch um die Mitte des vorigen Jahrhunderts sei der Name Magellans auf den Philippinen hochgeehrt gewesen, und es habe noch damals als große Schande auf den Bewohnern von Matan gelastet, daß sie einen so würdigen und verdienten Mann erschlagen hätten.

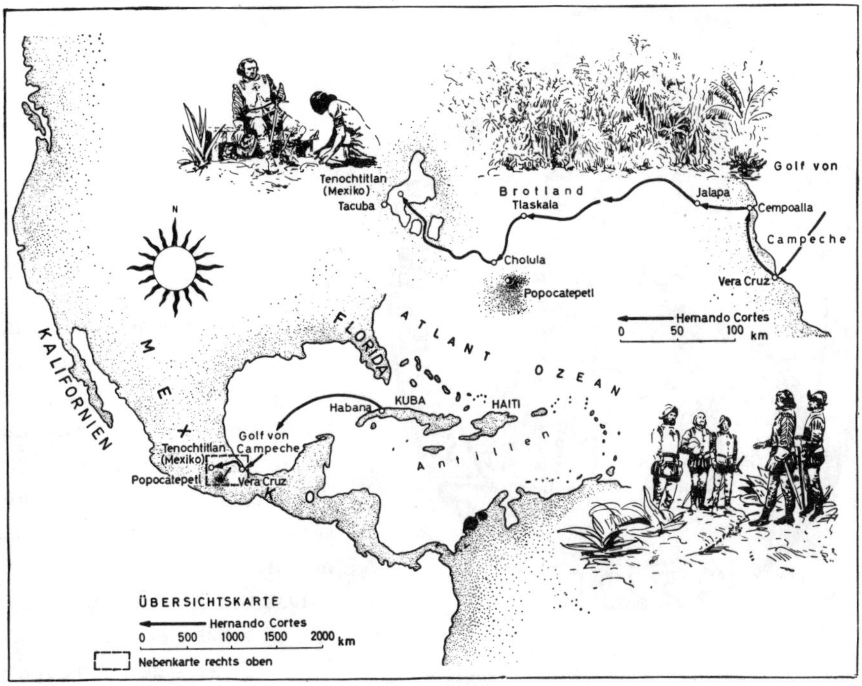

CORTES UND MONTEZUMA

Don Diego de Velasquez hatte sich als Teilnehmer der zweiten Reise des Kolumbus in Haiti ein beträchtliches Vermögen erworben und wurde bald zum Gouverneur von Kuba ernannt. Dort gingen unter den Eingeborenen Gerüchte um von einem westlich gelegenen, unermeßlich reichen Lande. Wunderdinge erzählten die Braunen davon: Kostbar und herrlich seien die Bewohner gekleidet, und allenthalben fänden sich prachtvolle Goldschmiedearbeiten. Denn Edelsteine und vor allem Gold gebe es dort in Hülle und Fülle. Die Neugier des Spaniers war geweckt; er sandte mehrere Expeditionen aus, um dieses verlockende Gebiet zu erkunden. Als ihre Teilnehmer zurückkehrten, bestätigten sie die Erzählungen der Indios. Sie waren im Westen tatsächlich auf Land gestoßen, noch dazu auf ein offenbar ungeheuer reiches Gebiet. Denn es wäre ein leichtes gewesen, kostbarsten Goldschmuck einzuhandeln. Don Diego horchte auf: Es müßte ein gutes Geschäft werden, wenn man Handelsbeziehungen zu diesem Lande anknüpfen könnte! Freilich würde man einen besonders tüchtigen und umsichtigen Führer für eine solche Aufgabe brauchen. Und da entsann sich

31 Bildnis und Namenszug des Hernando Cortes

der Gouverneur eines unternehmungslustigen jungen Mannes, der sich vor Jahren als Schreiber bei ihm bewährt hatte: Hernando Cortes hatte er geheißen und war inzwischen Farmer auf Kuba geworden. Jung war er, und dabei klug, tatkräftig, unerschrocken. Das wäre der richtige Mann für eine solche Aufgabe. Flugs machte er ihn zum Chef der neuen Expedition und beauftragte ihn, die fremden Küsten zu erkunden und in friedlichem Handel soviel Gold wie möglich einzutauschen.

Das war für Hernando Cortes, den das Leben auf seiner Farm längst schon langweilte, die große Gelegenheit seines Lebens. Als Sohn eines spanischen Hauptmanns hatte er drei Jahre die Hochschule in Salamanca besucht. Der Vater hoffte, daß man dort aus dem intelligenten, aber zarten und schwächlichen Knaben einen guten Juristen machen würde, denn zum Soldaten tauge er ja im Gegensatz zu allen seinen Vorfahren doch nicht. Also sollte er lernen und studieren, dann würde er vielleicht einmal einer der gelehrten Stubenhocker werden, die der Kaiser ja auch brauche. Um so erstaunter war Vater Cortes, als er seinen Sohn nach den drei Jahren in Salamanca wiedersah: Groß und kräftig war er geworden, hatte brav gelernt, aber offenbar ebensoviele dumme Streiche gemacht, denn außer guten Zeugnissen brachte er auch ein seitenlanges Strafregister mit. Als Hernando Cortes nun den Vater bat, Soldat werden zu dürfen, willigte dieser mit Freuden ein. Beim Militär würde man dem anscheinend unbändigen Burschen die Flausen schon austreiben.

Und siehe da: Auch hier bewährte sich der Junge ganz ausgezeichnet! Neben Reiten und Fechten beherrschte er bald auch Taktik und Strategie und studierte römische Geschichte. 1502 widerfuhr ihm die hohe Ehre, zur Teilnahme an der vierten Reise des Kolumbus berufen zu werden. Das war eine große Auszeichnung. Wie viele junge Männer seiner Zeit brannte auch Cortes darauf, nach „drüben“ zu kommen, und diese Sehnsucht sollte sich ihm nun erfüllen. Aber es kam anders: Anstatt stolz an Bord zu gehen, wurde der junge Offizier ins Lazarett gebracht. Denn bei einem seiner tollen Streiche, die er noch immer nicht lassen konnte, war er wenige Tage vor Abfahrt der Expedition von einer Mauer gefallen; mit gebrochenem Knöchel mußte er im Bett liegen.

Da hatte der junge Mann also Pech gehabt. Es dauerte zwei volle Jahre, bis es ihm gelang, sich in die ersehnte „Neue Welt“ einzuschiffen. Sieben Jahre lebte er dann auf Kuba zunächst als Hacendado, als Farmer; 1511 bekam er den Posten eines Geheimschreibers bei dem Gouverneur – eben jenem Diego de Velasquez –, der ihn nun, 1518, als Führer der Expedition nach dem reichen Westland entsandte.

Am 25. März 1519 ankerten elf Schiffe unter der Führung von Hernando Cortes im Golf von Campeche, dicht am Äquator. Drückend heiß war es, vom Strand und aus den Mangrovensümpfen stieg stickig der Dunst auf – so mancher der 663 Mann, die Cortes unterstanden, mag mit Sehnsucht daran gedacht haben, daß um diese Zeit im heimatlichen Spanien der Frühling mit Blüten und milden Lüften einzog. Höllisch war das hier – aber was half es, man wollte ja sein Glück machen in diesem fremden und angeblich so reichen Lande. Einen friedlichen, gewinnbringenden Tauschhandel würde man mit den Eingeborenen treiben – um dann als gemachter Mann nach Spanien zurückzukehren.

Aber was war denn das? Dumpf dröhnten Trommeln aus den dicht verfilzten Urwäldern am Ufer, dazwischen gellten Muscheltrompeten, Signalhörner eines Indianerheeres – auf welches Wagnis hatte man sich da eingelassen! Nichts war es mit friedlichem Tausch – es würde zum Kampf kommen. Zum ersten Mal in der Neuen Welt waren hier die Eingeborenen offenbar entschlossen, Widerstand zu leisten. Als die Spanier nun zum Schutz gegen feindliche Pfeile in ihre dickwattierten Lederkoller schlüpften, Kettenhemden überstreiften und die Riemen der Sturmhauben festschnallten, da war es allen klar: Jetzt würde es ernst werden, bitter ernst!

Zehntausend kampfbereite, todesmutige Indianer standen den sechshundert Spaniern gegenüber – welch eine Übermacht! Freilich, Pferde hatten sie nicht, auch nicht Pulver und Blei, keine Geschütze und Musketen. Und als sie sahen, wie ihre Kameraden reihenweise dahingerafft wurden von Blitz und Donner, die so rätselhaft aus der Front des Feindes herüberkamen, da ergriff sie die Panik. Entsetzt stoben sie in wilder Flucht davon. Unerwartet schnell war der Kampf zugunsten der Weißen entschieden.

32 Aztekischer Krieger in Coyote-Verkleidung (nach Bernhard de Sahagun)

Daß eine Handvoll Spanier so rasch mit 10000 Indianern fertigwurde, das lag nun freilich wohl nicht allein an ihrer überlegenen Bewaffnung. In späteren Kämpfen erwies es sich ja, daß der Indio ein ganz ausgezeichneter, zäher und entschlossener Soldat war. Es mag etwas anders gewesen sein, was die Kampfkraft und den Kampfeswillen der Azteken hemmte: die alte Überlieferung nämlich von einem weißen, friedlichen Gott, der vor vielen, vielen Jahren die Altvorderen beherrscht hatte und der von ihnen Quetzalcoatl genannt worden war. Dieser Gott, der Krieg und Gewalttat verabscheute und der nur Blumenopfer annahm, wurde eines bösen Tages vom Kriegsgott Hutzilipochtli angegriffen. Die Azteken fielen von dem weißen Gott ab und vertrieben ihn aus ihrem Land. Er entwich nach Osten, woher er einstmals gekommen war, und prophezeite, eines Tages würden seine Söhne von Osten her zurückkommen, um sich das Volk der Azteken wieder untertan zu machen. Im Jahr Eins Rohr, am Tage Neun Wind würden sie erscheinen. Angstvoll beobachteten die Hohenpriester

33 Aztekischer Krieger mit Feldzeichen. Der Krieger ist in ein gelbes Federwams gekleidet. Auf dem Rücken trägt er ein Gestell, an dem zwei in Form einer Fahne gestaltete, mit Quetzalfedern geschmückte Stücke Silber- oder Goldblech befestigt sind. Der ebenfalls gelbe Schild zeigt die Abbildung eines Schädels als Symbol des Todes (nach Bernhard de Sahagün)

12 Hernan Cortes, auch Fernando Cortez, 1485–1547 (nach einem zeitgenössischen Bild)

13 Aztekenkönig Montezuma, um 1480–1520

14 Aztekische Windgottpyramide von Calixtlahuaca

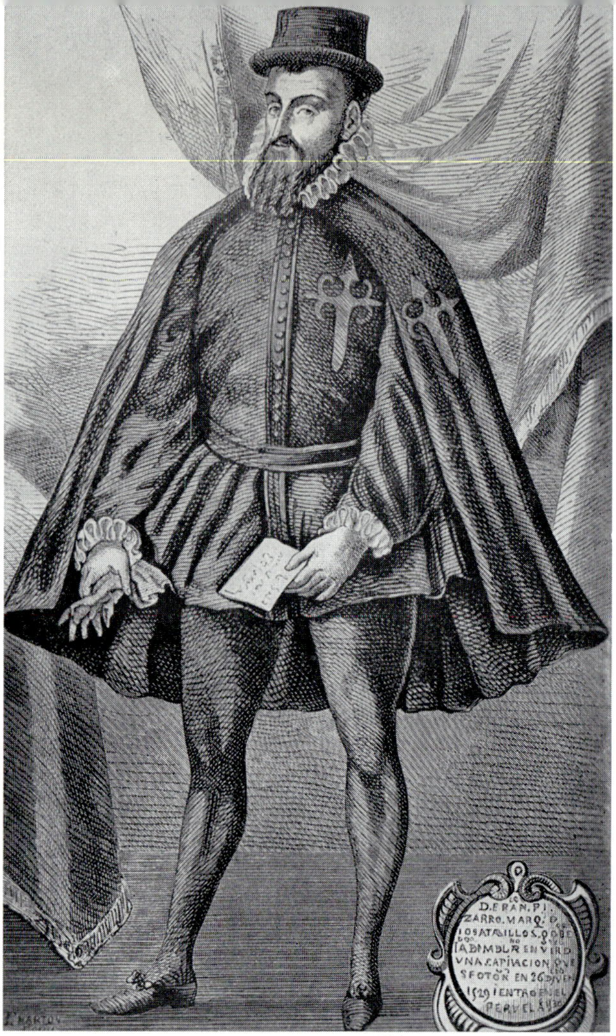

15 Francisco Pizarro, um 1475–1541 (Zeichnung nach einem Porträt im Museum von Lima)

16 Inkastraße im nördlichen Chile mit einem Wegweiser aus der Inkazeit

Hutzilipochtlis seither den Kalender. Alle 52 Jahre wiederholte sich das Jahr Eins Rohr; aber weder 1363, noch 1415 oder 1467 hatte sich der zornige Herr Quetzalcoatl gezeigt. Jetzt ging es abermals auf des Jahr Eins Rohr zu – und siehe da, es wurde unruhig auf dem Meer, fremde Schiffe näherten sich der Küste, Cortes erschien! *(Bild Nr. 12)*

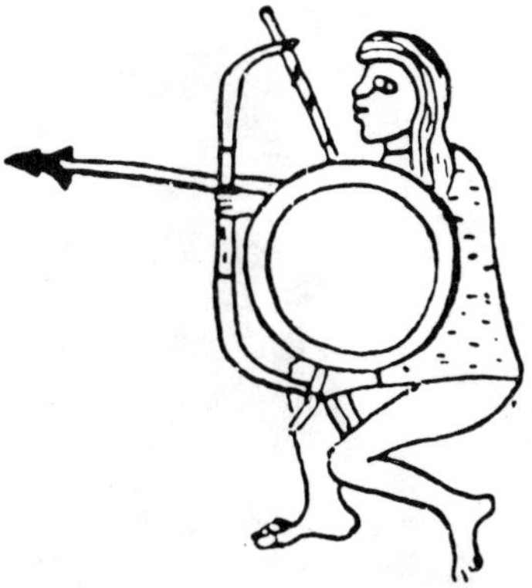

34 Aztekischer Bogenschütze mit Rundschild. Die Spitze des Pfeiles besteht aus Obsidian (Indianer-Zeichnung aus dem Codex Mondoza)

Die Indianer, die zum ersten Mal auf die Spanier trafen, glaubten, jene seien die Söhne des Quetzalcoatl. Weiß waren sie, und sie kamen aus dem Osten. Wie konnte es anders sein, als daß sie erschienen, um den Abfall des aztekischen Volkes von ihrem Vater zu rächen? Und wie sollte man ihnen, den Göttersöhnen, auf die Dauer Widerstand leisten können? Scheu und Furcht packten die indianischen Soldaten. Wußten sie doch, daß auch ihr kaiserlicher Herr Montezuma in der reichen Stadt Tenochtitlan – dem heutigen Mexiko – voller Sorge die Nachricht von der Ankunft der Fremden vernommen hatte. Er war Priester gewesen, ehe er Kaiser wurde, und hatte die alten Schriften und Überlieferungen, die von dem Lichtgott Quetzalcoatl berichteten, viele Jahre studiert. Welch furchtbare Rache würde der weiße Gott an dem Volk der Azteken nehmen, das von ihm abgefallen war und ihn vertrieben hatte?

Was es mit dieser Legende auf sich hat, ist bis heute noch nicht geklärt. Fest steht nur, daß auch in anderen Ländern Südamerikas weiße Entdecker als Götter begrüßt und verehrt wurden – schon Kolumbus und Magellan erlebten das, und das gleiche widerfuhr später in Peru Pizarro und seinen Leuten.

Jedenfalls: das mächtige Aztekenreich Montezumas zitterte vor der Rache der weißen Götter. Um sie zu besänftigen, sandte ihnen der Kaiser eine Schar schöner, junger Sklavinnen. Verschüchtert weinten und schluchzten sie, als sie den Spaniern gegenüberstanden. Nur eine von ihnen musterte ruhig und selbstbewußt die Fremden. Ihrer stolzen Haltung wegen fiel sie Cortes sofort auf, und als sich herausstellte, daß diese junge Frau sowohl den Mayadialekt wie das Aztekische fließend sprach, da ernannte er sie alsbald zu seiner Dolmetscherin. Mit den anderen Mädchen zusammen wurde sie am Tage nach ihrer Ankunft feierlich getauft und erhielt den Namen Marina. Als Dona Marina begleitete sie Cortes während seines ganzen Eroberungszuges durch Mexiko. Für die Spanier wie auch für ihre Landsleute dolmetschend, wußte sie so manche Grausamkeit abzuwenden und viele Härten zu mildern; darum wurde sie von den Indios ge-

35 Der Gott Quetzalcoatl. In der Stirn trägt er als Zeichen der Kasteiung einen Dolch, aus ihm entspringt eine Blüte, an der ein Kolibri saugt (Zeichnung aus dem Codex Magliabecchiano)

liebt und hoch geachtet. „Malinche" machten sie aus dem ihnen unverständlichen Namen Marina, und noch heute wird in Mexiko Malinche ähnlich verehrt wie die Mutter Gottes. Marina war es auch, die ihrem neuen Herrn von der Sage der weißen Götter berichtete und die ihm vor allem von ihrem Heimatland erzählte: vom Kaiser Montezuma in der wunderbaren Stadt Tenochtitlan und von seinem ungeheuren Reichtum an Edelsteinen und Gold. Bisher hatte Cortes durchaus die Absicht gehabt, sich an den Auftrag seines Gouverneurs zu halten: nämlich das Land zu erkunden und dabei in friedlichem Handel möglichst viel Gold einzutauschen. Als er nun aber aus Marinas Munde erfuhr, welche Schätze dieses neuentdeckte Land barg, da erwachte in ihm der alte Abenteurerdrang und die Eroberungslust: Dieses Goldland mußte er der Krone Spaniens hinzuwerben! Was Kolumbus nicht geglückt war: das so begehrte Gold zu finden, das bot sich ihm hier, und in viel reicherem Maße offenbar, als man hatte erwarten können. Diese Möglichkeit konnte er sich nicht entgehen lassen. Zum Teufel mit dem Auftrag des Gouverneurs – auf eigene Faust würde er seinem König das Goldland erobern!

Cortes war nicht mehr zu halten. Kaum hatte er Dona Marinas Berichte gehört, gab er der Flotte den Befehl auszulaufen. In den letzten Märztagen des Jahres 1519 lichtete sie die Anker, am Morgen des Gründonnerstag wurde Land gesichtet. Hohe, schneebedeckte Berge gleißten und funkelten im Licht der aufgehenden Sonne. In Nu war die ganze Mannschaft auf den Beinen, und bald darauf rasselten die Anker in den Grund, etwa an der Stelle des heutigen Vera Cruz. Kaum eine halbe Stunde später kamen zwei große Kanus voller Indianer herangepaddelt und legten an dem Admiralsschiff an. Hand über Hand erklomm ein Dutzend Indios die Strickleiter, begrüßte den Kommandanten ehrerbietig und fragte nach seinen Wünschen. Ihr Herrscher hatte angeordnet, die Fremden mit äußerster Höflichkeit zu empfangen und ihnen alles zu geben, was sie haben wollten. Er wußte ja aus den alten Bilderhandschriften genau, welche Gefahr ihm und seinem Volk drohte, und hoffte wohl, den Rachedurst der weißen Götter mit Nachgiebigkeit und Geschenken besänftigen zu können. Aber damit lockte er sie nur um so unwiderstehlicher, sich eines Landes zu bemächtigen, das so viele Schätze barg.

Eigentlich hatte Cortes schon am Tage der Ankunft in Vera Cruz an Land gehen wollen, aber der Besuch der Indios hielt ihn zu lange auf. So beschloß er also, am nächsten Morgen, dem Karfreitag, zum ersten Male den Boden des neuen Landes zu betreten. Und das war nach dem aztekischen Kalender der Tag Neun Wind! Die alte Prophezeiung ging also wortwörtlich in Erfüllung – würde sie auch weiterhin recht behalten? Dann wehe dem Volk der Azteken, wehe seinem Kaiser Montezuma! Tiefe Furcht erfüllte das ganze Land.

36 *Der Kriegsgott Hutzilipochtli (Zeichnung aus dem Codex Borbonicus)*

Am Ostertag stellte sich Herzog Teutlile bei Cortes ein, der Statthalter Montezumas, um herauszubekommen, was es mit den Fremden denn nun eigentlich auf sich habe, und ob sie wirklich die Söhne und Sendboten Quetzalcoatls seien. Mit seinem ganzen Gefolge nahm er an der Ostermesse teil. Unter Beihilfe der Dona Marina teilte Cortes dem Abgesandten des Aztekenkaisers mit, er sei von Kaiser Karl, dem größten Herrscher auf Erden, hierher geschickt worden, um mit Montezuma Freundschaft zu schließen. Er bäte Teutlile, ihm den Weg zu seinem Herrn und Gebieter zu weisen. Der Statthalter erwiderte ausweichend, man möge sich doch erst einmal die Geschenke besehen, die der Kaiser mitgeschickt habe: eine Menge goldener Gegenstände von feinster Arbeit, zwanzig Ballen weißer Baumwolle, zierliche Federstickereien und vieles weitere. Als Gegengeschenk gab Cortes seinem Gast geschliffene Glasperlen und andere spanische Dinge. Er bat ihn, bekanntzugeben, daß die Spanier viele schöne und nützliche Gegenstände bei sich hätten, die sie gern gegen Gold eintauschen würden. Danach führte er Teutlile seine Reiterei und seine Geschütze vor; die Indianer entsetzten sich sehr, denn Pferde kannten sie nicht; sie glaubten, die Reiter seien mit diesen merkwürdigen wilden Tieren zusammengewachsen. Auch vor dem gewaltigen Getöse der Kanonen hatten sie große Angst. Später nahm Teutlile mit seinen Gefolgsleuten an dem Festmahl der Spanier teil. Mit großem Vergnügen kosteten die Gesandten Montezumas von dem guten spanischen

37 *Kastilischer Ritter mit Kreuz und Schwert*

Wein, der den Braunen vorzüglich mundete. Auch die spanische Küche fand ihren vollen Beifall. Nun aber mußte Teutlile endlich feststellen, ob die Weißen wirklich Götter waren. Daher ließ er als Beitrag zu dem Mahle aztekische Leckereien auftragen: schön angeordnete Körbe mit Truthahn, Fischen, Mais, Früchten und gebackenen Schlangen, alles mit frischem Blut geträufelt – Menschenblut, wie der Azteke den Fremden erzählte. Schaudernd und mit Grausen wandten sich die Spanier von diesen Delikatessen ab – natürlich, denn Quetzalcoatl hatte ja Menschenblut und Menschenfleisch für sündhaft erklärt. Aber damit gab Teutlile sich noch nicht zufrieden; nun wollte er es ganz genau wissen! In seinem Gefolge befinde sich ein Opfersklave, erklärte er Cortes; wenn der weiße Gott nur den kleinen Finger hebe, im Augenblick könne man ihm dessen Herz präsentieren. Entrüstet fuhr Cortes auf: ob das etwa der arme Kerl sei, der da so verängstigt herumstehe? Das wäre ja geradezu entsetzlich, nie im Leben würde er, Cortes, es zulassen, daß ein Mensch geopfert würde!

Nun wußte Teutlile, was er wissen wollte. Die weißen Fremden waren wirklich die Söhne und Abgesandten Quetzalcoatls. Und das stand nun auch fest: Mit allen Mitteln mußte man sie von Kaiser Montezuma und seiner Residenz Tenochtitlan fernhalten, damit sie an ihm nicht Rache üben konnten für seines Volkes Abfall von dem Lichtgott. Rasch reiste er zur Berichterstattung nach Tenochtitlan zurück und kehrte bald darauf mit einer ganzen Ladung kostbarster Geschenke wieder, von der Bernal Diaz des Castilho, ein Teilnehmer der Unternehmung des Cortes, erzählte:

„... *Die Ankömmlinge breiteten auf einer Matte eine Unzahl der von ihnen mitgebrachten Geschenke aus:*

Eine runde Scheibe aus Gold, darauf die Sonne und der Tierkreis abgebildet waren, über 100 Mark Gewicht schwer; eine ebensolche aus Silber, darauf der Mond war dargestellt ... von der vollen Größe eines Wagenrades; ein Halsband aus sieben Stücken Gold mit 183 kleinen Smaragden und 232 kleinen, rubinähnlichen Edelsteinen, daran hängend 26 kleine Glocken von Gold mit zehn schönen Perlen, und acht

38 *Spanisches Geschütz beim Abfeuern*

andere goldene Halsketten; ein Spiegel aus Marchasit, in Kugelform, von der Größe einer Faust, in Goldfassung von feinster Arbeit, ein wahrhaft fürstliches Geschenk; eine Menge goldener und silberner Schmucksachen; zahlreiche Figuren aus Gold, darstellend Frösche, Hunde, Löwen, Affen, Enten und andere Tiere; eine Anzahl goldener Schaumünzen; eine Anzahl von Edelsteinen in köstlichen Fassungen, die allein schon mehr Wert hatten als die Edelsteine...“

39 Hidalgo (Ritter) zu Pferde

Nachdem Teutlile dem Cortes diese Kostbarkeiten überreicht hatte, teilte er ihm mit, daß Kaiser Montezuma hocherfreut sei über die Ankunft so tapferer Helden in seinem Lande und über die Botschaft des großen Kaisers Karl. Er stellte den Fremden alles zur Verfügung, was sie brauchten, solange sie in seinem Reiche weilten. Eine Zusammenkunft mit Cortes wäre aber mit zu großen Schwierigkeiten verbunden; davon möge der spanische Feldherr doch lieber Abstand nehmen.

Das war also eine glatte Absage, aber Cortes ließ sich dadurch natürlich nicht schrecken. Lachend rief er seinem Adjutanten zu: „Dieser Montezuma scheint ja ein ganz unnahbarer Herr zu sein! Trotz allem werden wir unsere Pferde satteln und ihn in seinem Bau aufstöbern!“ Der Aztekenkaiser hatte wohl gehofft, daß die weißen Götter mit den Kostbarkeiten, die er ihnen schickte, beglückt abziehen würden und daß er sie auf diese bequeme Weise loswürde. Aber mit seiner Freigebigkeit erreichte er das genaue Gegenteil: Die Goldgier, die ja bei den meisten Abenteurern und Entdeckern der beginnenden Neuzeit die Haupttriebfeder ihres Tuns war, wuchs ins Ungemessene. Wenn der Aztekenkaiser schon freiwillig so viele kostbare Geschenke herausrückte, wieviel mehr würde man bekommen können, wenn man da ein bißchen nachhülfe – sehr verlockend, dieser Gedanke! Aber auf friedlichem Wege ließ sich offenbar nichts erreichen. Den Spaniern war deshalb die ganze Sache nicht recht geheuer. Goldgierig waren sie zwar alle, und reich wollten sie auch werden, natürlich; aber keiner von ihnen hatte große Lust, in kriegerischen Abenteuern seine Haut zu Markte zu tragen.

Cortes spürte, daß seine Leute keineswegs geneigt waren, ihm durch dick und dünn zu folgen. Sehr bald kam es zu einer Meuterei, und er mußte, wenn auch höchst widerwillig, zwei Todesurteile unterschreiben, um wieder Herr der Lage zu werden. Er selbst blieb fest entschlossen, zu Montezuma vorzudringen und dieses Goldland in seinen Besitz zu bringen. Und rechtzeitig fiel ihm auch ein, wie er seine Männer dazu bewegen könne, mit ihm zu gehen. Eines Tages ließ er alle Schiffe in seichtes Wasser schleppen, dann flogen plötzlich Brandfackeln – wie Zunder fing das in der heißen Sonne Mexikos ausgedörrte Holz Feuer, und funkenstiebend ging die ganze stolze spanische Flotte in Flammen und Rauch auf!

Das war ein tolles Stück! Aber es machte auf die spanischen Soldaten, wie Cortes erwartet hatte, einen ungeheuren Eindruck. Kaum war das letzte Schiff vernichtet, schlossen sie sich widerspruchslos ihrem Führer an, als er den Marsch auf Tenochtitlan befahl. Wenn Cortes es gewagt hatte, die Flotte zu verbrennen und sich damit selbst den Rückzug abzuschneiden, dann mußte er seiner Sache sehr sicher sein!

Die 515 Mann, die Cortes befehligte, waren selbst für europäische Verhältnisse gut ausgerüstet. Sie hatten 15 Pferde sowie zehn schwere und vier leichte Geschütze, und ihre Bewaffnung bestand aus vierzig Armbrüsten und sechzehn Hakenbüchsen. Damit würde man gegen die primitiven Braunen sicherlich leichtes Spiel haben.

Aber schon in Cempoalla (auch Cempoalan), der ersten Stadt, auf die sie trafen, begannen die ohnehin nicht sehr hochgemuten Spanier nachdenklich zu werden. Hier in diesem nicht etwa aus Lehmhütten, sondern aus festgemauerten Steinhäusern bestehenden Ort, der viel volkreicher war als die meisten europäischen Großstädte jener Zeit, wurde ihnen erschreckend klar, daß sie einfach hinweggefegt werden würden, wenn die Braunen sich gegen sie erhoben. Wenn das Volk sich zornentbrannt auf die fremden Eindringlinge stürzte und in den ungezählten Gassen und Winkeln über sie herfiel, dann würde auch die beste Bewaffnung nichts nützen, dann würde das ganze wohlausgerüstete Expeditionskorps erbarmungslos zerschlagen werden.

Cortes war sich daher von Anfang an darüber klar, daß er die Wut der Massen keinesfalls reizen durfte. Deshalb hielt er ganz besonders streng auf Ordnung und Disziplin unter seinen Leuten; wer auch nur einen Truthahn stahl, den ließ er hart und unnachsichtig bestrafen. Auch wurde keinem der Eingeborenen ein Haar gekrümmt. Und dieses maßvolle und gerechte Verhalten der Spanier machte sich bezahlt. Der gute Ruf, der ihnen von nun an voranging, erleichterte ihnen den Marsch durch die indianischen Provinzen ganz erheblich. In Tlaskala, dem fruchtbaren „Brotland“, gab es zwar einige Gefechte, aber sie wurden siegreich bestanden, und es gelang Cortes sogar, sich mit den braunen Fürsten anzufreunden.

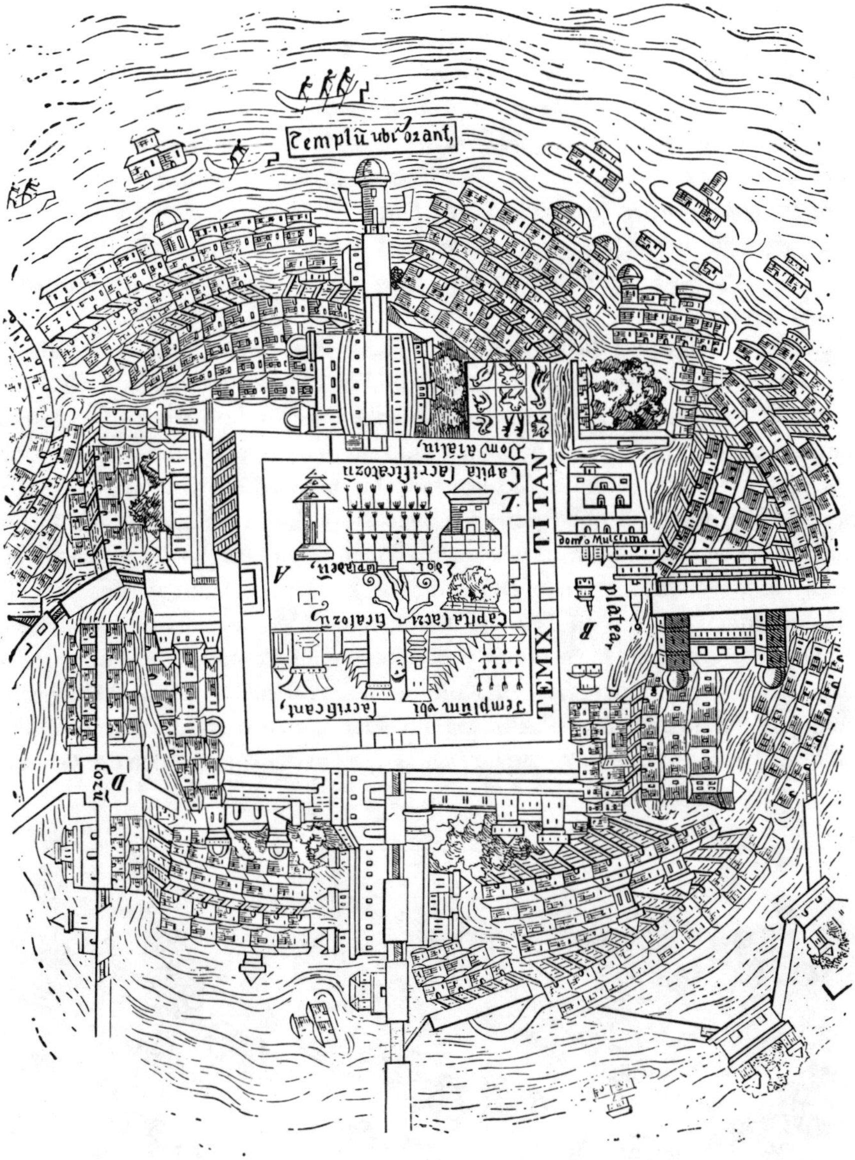

40 *Plan von Tenochtitlan, der Hauptstadt der Azteken, mit den Straßen über die Dämme, mit dem großen Opferplatz und dem kaiserlichen Tiergarten (nach Briefen von Cortes an Kaiser Karl V.)*

Von ihnen erfuhr er erstmals Näheres über die Hauptstadt des Kaisers Montezuma:

„Montezumas mächtige, feste Residenz liegt mitten in einem sehr tiefen See. Man gelangt zu ihr auf Dammstraßen, über deren viele Einschnitte hölzerne Brücken gelegt sind, hoch genug, daß Schiffe darunter durchfahren können. Werden diese Brücken aber fortgenommen, so ist das dahinterliegende Stück des Dammes wie eine Insel von Wasser umschlossen und die Stadt unzugänglich. Um feindlichen Angriffen Trotz zu bieten, haben alle Häuser Söller und Brustwehren. Die ganze Stadt aber wird von der Chapultepek-Quelle, die eine halbe Stunde entfernt liegt, ausreichend mit Trinkwasser versorgt. Zum Teil wird es durch Röhren zu den Häusern geleitet, zum Teil bietet man es auf Kähnen zum Kauf an."

Staunend hörten das die Spanier, und höchst interessiert besahen sie die farbigen Zeichnungen der Hauptstadt, die die Tlaskalaner ihnen zeigten. Da kam Hauptmann Diego de Ordas auf den Gedanken, die Indiofürsten zu fragen, ob man von jenem Berg dort drüben – er zeigte auf den Popocatepetl – Tenochtitlan nicht vielleicht sehen könne. Sicherlich wohl, meinten die Braunen; sie selbst seien freilich noch nie oben gewesen, weil sie sich vor dem Zorn der Götter fürchteten. Hauptmann Diego war nicht zu halten; zu gern wollte er schon jetzt von weitem wenigstens einen Blick auf die großartige Stadt werfen. Die Erzählungen der Fürsten von Tlaskala hatten seine Neugier aufs höchste gereizt. Schließlich fanden sich sogar einige Indios bereit, als Träger mitzugehen, und so marschierte er mit einer kleinen Kolonne ab. Auf halber Höhe kehrten die braunen Gesellen allerdings fluchtartig um: Der damals besonders tätige Vulkan spie in ruckartigen Stößen Asche und glühende Lava aus. Der Zorn der Götter –

41 Der Anmarsch der Spanier nach Mexiko. Eingeborene tragen zerlegte Geschütze und andere Lasten über das Gebirge (Aus „Lienzo de Tlaxcala")

42 Das spanische Heer mit Cortes und der Indianerin Marina auf dem Marsch in das Innere des Landes; links indianische Lastenträger

nein, sie wollten doch nicht dulden, daß Menschen den Popocatepetl bestiegen. Diego de Ordas aber ließ sich nicht stören. Er verschnaufte ein wenig und stieg dann allein weiter bergan bis zum Gipfel, und – dort! Dort lag die große Stadt im blauen See, die Dämme, die silberglänzenden Pyramiden – alles ganz so, wie es die Tlaskalaner beschrieben hatten! Aus Neugier, die märchenhafte Residenz des Aztekenkaisers zu erblicken, war Hauptmann Diego de Ordas die Erstbesteigung des Popocatepetl geglückt – und seither führen die De Ordas einen Vulkan im Wappen.

Unaufhaltsam ging der Vormarsch der Spanier nun weiter. In der großen Stadt Cholula hätte er freilich um ein Haar ein vorzeitiges Ende genommen. Dort wäre nämlich beinahe das geschehen, was Cortes in Cempoalan klug hatte vermeiden können: es wäre fast zu einer Schlacht innerhalb der Stadt gekommen. Aufgehetzt von den Diplomaten Montezumas, versuchten die Indios, das fremde Heer in den engen Gassen ihrer Stadt zu stellen und zu vernichten. Aber Cortes war auf der Hut gewesen. Mit List hatte er sich der Fürsten, der Priesterschaft und der Generäle bemächtigt und wütete dann in einem gnadenlosen Blutbad dermaßen in Cholula, daß die Indios jeden Widerstand alsbald aufgaben.

So gut man in Tlaskala mit den Braunen ausgekommen war – dies hier war eine böse Erfahrung und zugleich eine Warnung. Man mußte damit rechnen, daß sich in Tenochtitlan dasselbe ereignen würde. Daß der Aztekenkaiser nun, nach dem Sieg über Cholula, Gesandtschaft über Gesandtschaft an Cortes schickte und ihn förmlich in seine Residenz hineinkomplimentierte, machte Cortes nur noch mißtrauischer. Das war doch sehr verdächtig: Erst hatte Montezuma ihn durchaus nicht empfangen wollen, und nun konnte er es angeblich kaum erwarten, den Sendboten Kaiser Karls zu sehen? Das ging nicht mit rechten Dingen zu. Aber was half's! Zurückweichen konnte Cortes nicht mehr. Die 450 Kilometer bis zur Küste zurück hätten den Untergang des gesamten Unternehmens bedeutet. Zu Tausenden würden sich die braunen Teufel auf die Spanier werfen, in jedem Haus würde ein Scharfschütze mit vergifteten Pfeilen sitzen, jeder Hohlweg müßte freigekämpft werden. Es blieb gar keine andere Wahl: Man mußte um jeden Preis weitermarschieren!

Knapp drei Monate nach dem Abmarsch, am 8. November 1519, standen die Spanier am Fuß des langen, etwa fünf Meter breiten Dammes, der Tenochtitlan mit dem Festland verband. In einem herrlichen Palast, getäfelt mit wohlriechendem Zedernholz und mit kostbaren Behängen an den Wänden, hatten sie übernachtet. Und hier am See sahen sie die zauberhaften schwimmenden Gärten, die der Bruder des Aztekenkaisers angelegt hatte: dichte Weidenmatten, die bepflanzt mit duftenden Blumen und köstlichen Früchten im Wasser schwammen, farbenprächtige Wunder, wie es sie im Abendland nirgends gab. – Wie reich und mächtig mußte der Staat sein, gegen den sie zu Felde zu ziehen wagten! Immer kleinlauter wurden die Spanier. Auf früheren Erkundungszügen hatten sie es mit harmlosen, einfältigen und meist gutmütigen Eingeborenen zu tun gehabt. Nun standen sie einem Volk gegenüber, das so ganz anders war als alles, was sie bisher erlebt hatten: straff zusammengefaßt in einem festen Staatsgefüge, mit großartigen handwerklichen und künstlerischen Fähigkeiten, wie man an den Schmuckstücken, den wundervollen Federstickereien und den farbigen Bildern gesehen hatte, und mit Städten voller prächtiger Bauten. Und als die Sonne nun über die östlichen Gebirge emporstieg und die Tempel, die Burgen Montezumas, die Pyramiden und die hohen Wohnhäuser der Stadt silbern zu leuchten und zu glänzen begannen, da klopfte ihnen das Herz. Rund 500 Mann waren sie – und sollten diese großmächtige Stadt einnehmen?

In Gefechtsaufstellung rückten sie auf den Damm, auf dem sich eine große Volksmenge eingefunden hatte, um den Einzug der weißen Götter ebenso mitzuerleben wie die, die auf Hunderten von Kanus den See bevölkerten. Ein Jahr später berichtete Cortes in einem Brief an seinen Kaiser über diesen Einmarsch: *„Eine halbe Meile, ehe man in die Stadt kommt, mündet von links ein gepflasterter Weg in den Damm ein. An dieser Stelle ist eine feste Burg erbaut, Xolok genannt, mit einer zwei Mann hohen Mauer, einem Zwinger, zwei Türmen und mit Zinnen im ganzen Umkreis. Die Veste hat nur zwei Tore; zu dem einen zieht man hinein, zu dem anderen hinaus. Dicht vor der Stadt kommt man an eine hölzerne Zugbrücke; dort ist der Damm-*

weg in einer Länge von zehn Fuß durchbrochen. Auch innen in der Stadt gibt es viele solche Zugbrücken, um die einzelnen Stadtviertel besser verteidigen zu können."

Mit gemischten Gefühlen näherten sich die Spanier Tenochtitlan; argwöhnisch besahen sie sich die Zugbrücken, die sie überschritten. Nach der letzten kam ihnen der Kaiser Montezuma entgegen. Er trug einen „tilmatli", einen viereckigen Mantel aus bunter Baumwolle, mit Edelsteinen besetzt; seine Schuhe hatten Sohlen aus Gold und ebensolche Riemen. Ernst und hoheitsvoll begrüßte er die Fremden und wies ihnen einen seiner Paläste als Quartier an. *(Bild Nr. 13)*

Nun ging's in die Stadt hinein, und wieder kamen die Spanier aus dem Staunen nicht heraus. Die ärmere Bevölkerung wohnte zwar in Hütten aus Schilf und Lehm, aber die Edelleute besaßen prächtige feste Steinhäuser mit großen flachen Dächern, die allenthalben Türme und Zinnen mit Schießscharten trugen. Auch der Palast, den der Kaiser ihnen anwies, war eine solche Festung. Cortes inspizierte das gesamte Gebäude sofort genauestens und postierte seine Geschütze so, daß sie Tore und Zufahrtsstraßen bestrichen. Dann wurden Wachen eingeteilt und Posten aufgestellt. Sicher war sicher – man befand sich ja zunächst völlig in der Hand Montezumas und in einer belagerten Festung. Ob es friedlich bleiben würde, mußte sich erst herausstellen.

Die Nacht verging ruhig. Man genoß das gute Frühstück mit „chocolatl", dem mit Vanille gewürzten Schokoladengetränk, und probierte danach den Tabak, den manche Spanier schon von den Antillen her kannten. Vor Fleisch hütete man sich – in diesem merkwürdigen Land konnte man ja nie wissen, ob das nicht etwa Menschenfleisch war, was man da vorgesetzt bekam. Montezuma verspeiste zum Frühstück mit Vorliebe kleine Kinder, hatten die Tlaskalaner erzählt.

Vom flachen Dach aus besahen sich die Spanier mit Interesse die menschenwimmelnde Stadt. Ausgang war bei Todesstrafe verboten, nur Bernal Diaz hatte Glück; er durfte sich Cortes einmal bei einem offiziellen Rundgang über den Markt anschließen und berichtete staunend:

„Alles, was Aufmerksamkeit verdient, zeigten uns die großen Herren aus dem Hofstaat des Montezuma, die uns begleiteten. Die verschiedenen Waren hatten jede ihren besonderen Platz. Wir besahen nacheinander Gold- und Silberarbeiten, Juwelen, schöne Stoffe, andere Luxusgegenstände und Sklaven und Sklavinnen ...

... An einem Ort sah man Zeuge und Stoffe, Seile und Schuhe aufgestapelt, an einem anderen gekochte süße Wurzeln; hier Häute von Tigern, Löwen, Schakalen, Fischottern und anderen Tieren, roh und gegerbt, dort Kräuter und Gemüse. Geflügel, Hasen, Rehe und Hunde wurden auf einem besonderen Platz verkauft; ebenso Obst, Kuchen, Honig und andere Leckereien ... An einem Platz waren Instrumente aus Kupfer, Messing und Zinn zu sehen, Tassen und Krüge von bemaltem Holz; hier Salz, dort Fischwaren

und Brote. Kurz, es waren mehr Dinge da, als ich nennen kann. Endlich sahen wir noch Kaufleute, welche Goldkörner verkauften, wie sie in den Bergwerken gewonnen werden. Man bot sie in Röhren feil, die aus den Knochen der großen Gänse dieses Landes so fein bearbeitet waren, daß das Gold durchschimmerte ...“

Auch an Dampfbädern kamen die Spanier vorbei, ließen sich in einem Frisiersalon die Haare schneiden und den Bart scheren, besichtigten den Zoo mit vielen Käfigen voll wilder Tiere und besuchten Juweliere und Federsticker. Alles, was sie sahen, erfüllte sie mit größter Hochachtung vor dem reichen, wohlgeordneten Staat.

Im übrigen geschah weiterhin gar nichts. Man kümmerte sich nicht um die Fremden, die nun aus Langeweile anfingen, ihren Palast zu durchstöbern. Bei dieser Beschäftigung gerieten sie eines Tages an eine frisch vermauerte Tür. Flugs wurde sie aufgebrochen, und sie traten ein in Montezumas private Schatzkammer. Die Augen gingen ihnen über: Es leuchtete, gleißte und funkelte von kostbarsten Edelsteinen, wertvollstem Schmuck, dicken Barren von Gold und Silber. Niemals noch hatten sie soviel Kostbarkeiten auf einem Fleck gesehen. Die Gier packte sie: Diesen Schatz mußten sie bekommen! Aber wie? Alle wußten, daß sie sozusagen eingesperrt waren und daß sie mit ihrer Beute nicht entkommen konnten. Das mußte ein Ende haben, sie wollten ja nicht bis ans Ende ihrer Tage hier in Montezumas Palast sitzen. Nur einen Weg gab es, frei zu werden und all die Kostbarkeiten zu erlangen, die sie entdeckt hatten: Sie mußten den Aztekenkaiser in ihre Gewalt bringen. Er war nicht nur Kaiser, sondern auch höchster Priester, der fast göttliche Verehrung genoß. Die Priesterschaft, die zu Ehren Hutzilipochtlis jährlich Tausende von unschuldigen Menschen opferte, indem sie ihnen bei lebendigem Leibe mit Obsidianmessern das Herz aus der Brust schnitt, war naturgemäß der erbittertste Feind der rächenden Söhne des weißen Gottes. Wenn ihr oberster Herr seiner Macht beraubt wurde, müßten aber auch sie ihren Widerstand aufgeben. Und ohne seinen Kriegsherrn würde man mit dem Aztekenheer schon fertig werden! Also wurde beschlossen, Montezuma mit List oder Gewalt ins spanische Quartier zu bringen. Cortes zögerte anfangs, seine Zustimmung zu diesem bösen Plan zu geben – er hoffte im stillen wohl immer noch, daß es möglich sein würde, mit dem Kaiser der Azteken zu einer gütlichen Einigung zu kommen. Aber seine Leute gierten gar zu sehr nach dem kaiserlichen Goldschatz; und schließlich war er auf ihre treue Gefolgschaft jetzt mehr denn je angewiesen. Also mußte er sich entschließen, seinen Männern in diesem Punkt nachzugeben.

Cortes lud zunächst den Kaiser Montezuma höflich ein, in das Hauptquartier der Spanier überzusiedeln. Unwillig lehnte der Herrscher dieses Anerbieten ab. Als es in langen Reden und Gegenreden mit Cortes zu keiner Einigung kam, griffen die spanischen Offiziere ein: Sie drohten unverhüllt mit Mord. Der Kaiser beugte sich der Gewalt und begab sich mit seiner gesamten Familie in den Palast der Spanier, in Gefangenschaft, wie er wohl wußte; aber es blieb ihm keine andere Wahl. Er fand sich sogar bereit, den Treueid auf Kaiser Karl zu leisten und ihm den Staatsschatz als Tribut darzubringen. Die kürzlich aufgefundene Schatzkammer wurde wiederum geöffnet und ihr köstlicher Inhalt unter die Spanier verteilt.

43 Montezuma wird in Fesseln gelegt (Nach Bernhard de Sahagun)

Soweit hatte sich alles programmmäßig und zur Zufriedenheit des Generalkapitäns abgespielt. Ohne Blutvergießen, ohne einen Schwertstreich war der Aztekenkaiser in seine Hände gefallen. Nun würde man weitersehen.

Da erreichte Cortes eine böse Nachricht: Diego Velasquez, der Gouverneur, in dessen Auftrag er das neu aufgefundene Land im Westen erkunden und in dem er durch friedlichen Tauschhandel von den Eingeborenen Gold erwerben sollte, hatte sich entschlossen, seinen durchgebrannten einstigen Geheimsekretär an weiteren Eigenmächtigkeiten zu hindern. Er sandte ihm zu diesem Zweck eine Flotte von 19 Schiffen mit 900 Mann, 20 Geschützen, 80 Reitern, 120 Armbrustschützen und 70 Musketieren nach, die bereits an der Küste von Mexiko gelandet waren, als Cortes davon erfuhr. Obwohl es in Tenochtitlan unruhig zu werden begann, seitdem Montezuma sich in der Gefangenschaft der Spanier befand, fackelte Cortes nicht lange. Er nahm 260 ausgesuchte Leute mit sich und marschierte in Eilmärschen der Küste zu. Am Pfingsttag des Jahres 1520 fiel er in einer regnerischen und stürmischen Nacht über die fast fünffach stärkere Strafexpedition her, und dieses tollkühne Unternehmen hatte einen unerwarteten Erfolg: Jubelnd gingen seine Gegner zu Cortes über, und mit einem Heer von tausend Mann, zahlreichen Geschützen und Musketieren zog der Generalkapitän am 24. Juni 1520 wieder in Tenochtitlan ein.

Hier herrschte eine unheimliche Ruhe, die Ruhe vor dem Sturm, wie sich bald herausstellen sollte. Die Straßen waren menschenleer, diesmal kam niemand, den Einzug der Spanier zu sehen. Nur von den Tempelpyramiden dröhnten drohend die mit Schlangenhaut gespannten Pauken. Ungefährdet zwar gelangten die

Spanier zu ihrem Hauptquartier, aber schon am nächsten Morgen brach der Sturm los.

Die am Vortag verödeten Straßen und Plätze wimmelten auf einmal von bewaffneten Indios, Pfeile zischten, man versuchte, Feuer an das spanische Quartier zu legen, kurzum, der Teufel war los!

Und das wußten alle Spanier: Es sah böse aus! Eine Reihe von Tagen würde man sich zwar halten können, aber was dann, wenn Lebensmittel und Wasser zu Ende gingen? Darauf konnte man es nicht ankommen lassen. Cortes beschloß also, einen Ausfall zu wagen. Als das spanische Heer im Morgengrauen des 26. Juni zum Angriff antrat, ging es zunächst gut voran. Bald aber sammelten sich die Azteken wieder; sie konnten eine riesige Streitmacht aufbieten, denn auch die nicht mehr dienstpflichtigen Bürger hatten sich zu den Soldaten gesellt, und die Todesverachtung der indianischen Krieger beeindruckte die Spanier tief. Mit ihren primitiven Holzspeeren liefen die Indios unverzagt gegen die Geschütze an, warfen sich vor die Füße der Pferde und versuchten, die Reiter aus dem Sattel zu heben. Sie kämpften mit fanatischer Entschlossenheit.

Gegen Abend ließ Cortes zum Rückzug blasen. Er war sich über den Ernst seiner Lage völlig klar. Trotzdem verzagte er nicht. Er hatte ja noch immer Montezuma in seiner Gewalt; dem Kaiser würde es sicher gelingen, sein Volk zu beschwichtigen. Am nächsten Tage stellte er Montezuma auf die Zinnen des Palastes, angetan mit allen Zeichen seiner kaiserlichen Würde: dem weiß-blauen Kaisermantel, der „xiuhuitzolli“, der „Kopfbinde aus Türkismosaik“, wie die aztekische Kaiserkrone genannt wurde, und dem goldenen Befehlsstab, und ließ ihn zu seinem Volk sprechen. Augenblicklich herrschte Totenstille auf Plätzen und Straßen. Aber bald erhob sich ein Murren in der Menge, die ersten Steine schnellten von den Schleudern, Pfeile zischten heran: Abtrünnig war ihr Kaiser geworden, ein Feind seines Volkes, seit er die Gefangenschaft dem Tod vorgezogen hatte! Die Ehrerbietung, die die Bevölkerung dem angestammten Herrscher gezollt hatte, war mit einem Schlag dahin. Mehrfach getroffen sank Montezuma zu Boden. Obwohl seine Verletzungen nicht tödlich waren, starb er wenige Tage später, nachdem er still in einem Winkel gehockt und alle Verbände immer wieder abgerissen hatte. Er wollte nicht mehr leben nach dieser Schmach, die Verachtung seines Volkes gab ihm den Rest.

Damit brach Cortes' letzte schwache Hoffnung, mit Hilfe des Kaisers Herr über Tenochtitlan zu werden, zusammen. Nun gab es nur noch eines: Den Ausbruch aus der Festung und den Versuch, die letzte noch passierbare Dammstraße zu erreichen, um sich auf das Festland zu retten. In einem Brief an Kaiser Karl berichtete Cortes später selbst von diesem Unternehmen:

„Ich bedachte die große Gefahr, in der wir standen ... und geriet in Sorge, daß auch der

letzte Steindamm, so noch vorhanden, könnte zerstört werden, wie die anderen zerstört worden waren. Dann aber war uns der Hungertod sicher. Dazu mahnten mich meine Leute ohne Unterlaß, ich sollte den Abzug aus der Stadt bewirken, dieweil die meisten von ihnen verwundet und nicht mehr kampffähig wären ...

Eurer Kaiserlichen Majestät Gold und Kleinode, soviel wir davon konnten wegbringen, ließ ich in Säcke packen und vertraute es etlichen Offizieren und Amtsleuten an, indem ich sie in Allerhöchst Dero Namen ermahnte, alles zu tun, diese Schätze mit sich hinauszubringen ...

Als wir nun zu der ersten, von den Indianern zerstörten Brücke kamen, setzten wir die Notbrücke auf, die ich hatte machen lassen, ohne besondere Mühe ...

Mit fünf Reitern und hundert Fußknechten habe ich ohne Aufenthalt die Gräben zwischen den letzten drei Brücken durchschwommen und bin alsbald an Land gelangt. Dort ließ ich das Fußvolk als Vorhut stehen. Ich selbst eilte zurück zur Nachhut, die ich an der drittletzten Brücke fand, wo sie in heftigem Gefecht war und unsägliche Verluste erlitt. Eine große Anzahl Hispanier war dabei umgekommen, und schier alle Tlaskalaner, so dort in unserem Gefolge hatten gestritten ... Es waren verloren viel Pferde, alles Gold, Kostbarkeiten, Kleider und eine Menge anderer Dinge ... Dazu das gesamte Geschütz. Was noch am Leben war, raffte ich zusammen und hieß es voranziehen. Mit fünf Reitern und siebzig Fußknechten, die bei mir bleiben durften, hab ich den Abmarsch gedeckt. Schritt um Schritt folgten wir, immer im Kampf mit den Feinden, bis wir vor die Stadt Tacuba gelangten, die ein Stück vom Ende des Dammes liegt ... Unter so viel Mühsal und Bedrängnis habe ich die Nachhut bis zu genannter Stadt geführt ...“

Dort, wo die nach Westen gehende Dammstraße das Festland erreichte, hielt Cortes in der Nacht vom 30. Juni zum 1. Juli 1520, die als „noche triste“, traurige Nacht, in die Geschichte eingegangen ist, die erste Rast. Unter einer mächtigen Zeder, die noch heute steht, brach er weinend und verzweifelt zusammen, völlig erschöpft und aus mehreren Wunden blutend. Nach den mörderischen Kämpfen auf dem Damm war er am Ende seiner Kräfte; aber mehr noch mag ihn das Bewußtsein erschüttert haben, daß es allein seine Tollkühnheit gewesen war, die so vielen tapferen Spaniern das Leben gekostet hatte. So manches Mal waren seine Leute über die unerbittliche Strenge und Härte ihres Chefs erbittert gewesen – daß er nun in Tränen ausbrach um die gefallenen Kameraden, das band seine alte Garde noch fester an ihn. Von nun an standen sie in bedingungsloser Treue und Hingabe zu ihrem Generalkapitän.

Große Verluste hatte es in dieser Nacht gegeben. 450 Spanier wurden vermißt, dazu befanden sich alle Geschütze und fast die gesamte Beute an Gold und Edelsteinen in den Händen der Azteken. Alle Überlebenden waren verwundet oder zumindest völlig erschöpft von den harten Kämpfen, die hinter ihnen lagen – man mußte zusehen, möglichst unangefochten zur Küste zurückzugelangen, denn

44 Die Azteken greifen das Hauptquartier der Spanier an. Ein Teil der Gebäude ist von den Indianern in Brand geschossen und steht in Flammen. In der Mitte Cortes und Marina (Zeichnung aus Lienzo de Tlaxcala)

einem neuen Angriff der Braunen würde man kaum standhalten können. Auf Nebenwegen schlichen sich die einstmals so stolzen, unternehmungslustigen Spanier von Tenochtitlan fort.

Und doch trat das ein, was Cortes gefürchtet hatte: Am 8. Juli stellte sich dem geschlagenen Heer die gesamte Streitmacht der Azteken entgegen, um ihm den Rückzug zum Meer abzuschneiden. Hier aber erwachten die „Weißen Götter" noch einmal zu ihrer alten Größe. Cortes wußte, daß die Indios eine Schlacht verlorengaben, wenn das Feldzeichen ihres Anführers in die Hand des Feindes fiel. Suchend blickte er um sich. Da! Da glänzte es in der Sonne, der federgestickte Adler, der eine Schlange in den Fängen hielt! Ein General trug das Banner der Azteken, an einem Gestell befestigt, auf dem Rücken. Im Nu gab Cortes seinem Pferd die Sporen, und nur von einem blutjungen Fähnrich begleitet, setzte er an zu einem unvergleichlichen Todesritt durch die dichtgedrängten Massen der feindlichen Indios. Und das Unwahrscheinliche glückte: Nach kurzem, heftigem Kampf fiel der Aztekengeneral, in wildem Triumph hob der Generalkapitän das erbeutete Banner seinen treuen Spaniern entgegen – und in fassungslosem Entsetzen flohen die Braunen nach allen Seiten. Quetzalcoatl hatte wieder einmal gesiegt. Ganz offensichtlich war er mit seinen Söhnen gewesen, hatte es ihnen gelingen lassen, das heilige Banner zu erobern – nun war jeder Widerstand sinnlos!

Die Kunde von diesem tollkühnen Stück lief den Spaniern voraus; als sie im Land der Tlaskalaner, die ihnen zum Glück die Treue gehalten hatten, einmarschierten, sangen deren Barden bereits Heldenlieder von dem kühnen Ritt des Cortes und dem Tod des Aztekengenerals. Nun endlich konnte man sich ausruhen, ohne weitere Kämpfe fürchten zu müssen. Der letzte große Erfolg erfüllte die Spanier mit neuem Mut. Es galt jetzt, die Scharte wieder auszuwetzen, die Schmach zu tilgen, die man in Tenochtitlan erlitten hatte, und die Residenz des Aztekenherrschers endgültig einzunehmen. Wenn nur Diego Velasquez nichts von diesem Vorhaben erfuhr! Er hatte bestimmt inzwischen längst über den Ungehorsam und die Eigenmächtigkeiten seines Generalkapitäns nach Spanien berichtet. Dem von ihm selbst eingesetzten Gouverneur von Vera Cruz befahl Cortes deshalb, kein Schiff nach Spanien auslaufen zu lassen, damit keine Meldungen über ihn nach Hause gelangten, und alle im Hafen ankommenden Schiffe, die seinen Mannschaftsbestand ergänzen konnten, dazubehalten. Und wieder hatte er Glück: Eine ganze Anzahl großer Karavellen mit schwerbewaffneten Landsknechten und Abenteurern, angezogen von den verlockenden Nachrichten über das Goldland, lief in Vera Cruz ein, und bald hatte Cortes ein beträchtliches Heer beisammen, mit dem er nach Tenochtitlan zurückmarschieren konnte. Diesmal verfügte er sogar über eine Flotte. Denn vor Antritt des zweiten Zuges nach Mexiko hatte er dreizehn Brigantinen bauen lassen, die nun, in handliche Stücke zerlegt, mitgenommen und auf dem See von Tenochtitlan wieder zusammengesetzt wurden.

Am 28. April 1521 gingen auf diesen Schiffen nach einer feierlichen Messe die Flaggen hoch. Abermals wurde es ernst. Der Endkampf begann. Diesmal mußte das Unternehmen gelingen, das war auch dem einfachsten Soldaten klar. Am 30. April hatten die Spanier die Stadt rings umzingelt und die Wasserleitung abgeschnitten, während die Brigantinen auf den blauen Fluten des Sees kreuzten. Die Lage war für die Bewohner der aztekischen Hauptstadt hoffnungslos: Völlig eingeschlossen von den Feinden, ohne Trinkwasser, ohne die Möglichkeit, Lebensmittel heranzuschaffen, hielten die tapferen Indios es trotzdem volle 75 Tage aus. Vergeblich hatte Cortes dem jungen Guatemozin, dem Nachfolger Montezumas, ein Friedensangebot nach dem anderen gemacht. Alle lehnte er ab unter dem Einfluß der Priester des Hutzilipochtli, die den Kampf gegen die weißen Götter auf keinen Fall aufgeben wollten. Wer von den Spaniern in Gefangenschaft geriet, wurde geopfert: Auf den Tempelpyramiden schnitten ihm die Azteken bei lebendigem Leibe das Herz aus der Brust. Tag um Tag mußten Cortes und seine Leute das gräßliche Geheul ihrer Kameraden mit anhören, ohne helfen zu können. *(Bild Nr. 14)*

Am 13. August 1521 ergab sich Guatemozin endlich, nachdem man seiner Familie Schonung zugesichert hatte. Damit war der Kampf zu Ende, und die Spanier zogen in die einstmals so reiche, prächtige Stadt ein. Ein Bild des Grauens bot sich ihnen dar: Alle Höfe und Gänge lagen voller Leichen, alle Kanäle, alle Gräben voller Toter. Straßen und Plätze waren aufgewühlt, denn zuletzt hatten die Bewohner sich von den Wurzeln der Bäume und Büsche ernährt. Bernal Diaz vermerkte später in seinem Bericht über die endgültige Einnahme Tenochtitlans: „Wahrlich, kein Volk der Welt hat wie dieses Hunger, Durst und Kriegsnot erdulden müssen!"

Cortes' erster Befehl an Guatemozin war, die Wasserleitung wiederherstellen und die Toten begraben zu lassen. Überraschend schnell wurde beides erledigt, und nun gingen die Spanier auf Beute aus. Als sie nicht viel an Kostbarkeiten fanden, kamen sie auf die grausame Idee, den jungen Aztekenkaiser zu foltern, damit er ihnen das Versteck seiner Schätze verraten solle. Cortes selbst hat sich dieser Scheußlichkeit mit aller Energie widersetzt; aber seine siegestrunkenen, goldgierigen Soldaten waren nicht zu bändigen, zumal in ihnen immer noch die Wut kochte über die unmenschlichen Qualen, die man ihren gefangenen Kameraden bereitet hatte. Aber auch das Foltern nützte ihnen nichts, denn Guatemozin ertrug alle Schmerzen mit stoischer Ruhe und sagte kein Wort. Cortes nahm den jungen Kaiser später mit, als er von Tenochtitlan abmarschierte. Als sich aber herausstellte, daß der Azteke im Begriff zu sein schien, eine Verschwörung gegen die Spanier anzuzetteln, blieb dem Generalkapitän nichts anderes übrig, als ihn enthaupten zu lassen. Aufstände und neue Kämpfe hätte er seinen treuen Leuten nach diesen harten Jahren nicht mehr zumuten können.

Nach der endgültigen Sicherung des Sieges ging Cortes sogleich an den Wiederaufbau der zerstörten Stadt. Als spanische Kolonialstadt erstand sie neu aus den Trümmern. Der See wurde abgelassen – eine Lagunenstadt war schwer zu beherrschen, und man wußte ja nicht, ob die eben besiegten Azteken immer so friedlich bleiben würden wie im Augenblick; da war Vorsicht schon besser. Auf den Fundamenten des Hutzilipochtli-Tempels erhob sich eine riesige Kathedrale, die größte des amerikanischen Kontinents. Schöne Barockgiebel und stattliche Brunnen, weite Plätze und wunderbare Gärten machten Tenochtitlan-Mexiko wie-

45 Guatemozin, der letzte Herrscher der Azteken, gibt sich Cortes gefangen (Zeichnung aus Lienzo de Tlaxcala)

der zu einer zauberhaften, wenn auch ganz andersartigen Stadt, als sie einst gewesen war.

Leider nützten diese großartigen Friedenstaten dem Cortes nichts. Es erging ihm nämlich ähnlich wie seinerzeit Kolumbus: In Vera Cruz lag ein Haftbefehl gegen ihn vor. Es fand sich freilich keiner, der ihn ausführen mochte – wer hätte es auch wagen sollen, den siegreichen Feldherrn mitten aus seinen ihm auf Tod und Leben ergebenen Soldaten heraus zu verhaften? Wenig später traf also ein kaiserlicher Widerruf ein und dazu die feierliche Ernennung des Cortes als Statthalter in „Neu-Hispanien". Der Generalkapitän hielt es aber nun doch für geraten, sich so bald wie möglich persönlich am kaiserlichen Hof in Spanien zu zeigen. Vorher allerdings führte er noch eine Reihe von Expeditionen durch, die ihm schon lange am Herzen lagen: zur Küste des Pazifiks, wobei Kalifornien entdeckt wurde, und nach Florida.

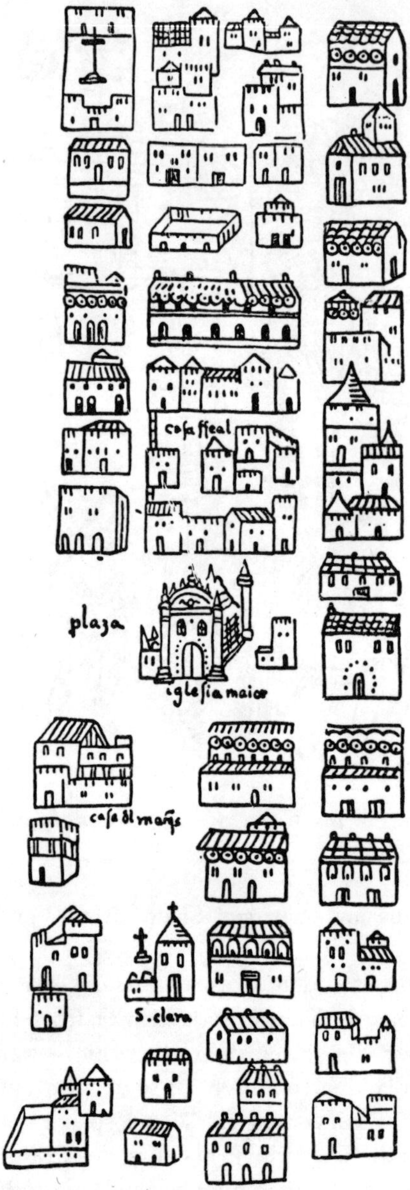

46 *Das Zentrum der Stadt Mexiko um das Jahr 1550*

Im Mai 1528 betrat Cortes nach vierundzwanzigjähriger Abwesenheit zum ersten Male wieder den Boden der Heimat. Er wurde vom Kaiser in allen Ehren aufgenommen, erhielt aber die Verwaltung Mexikos nicht wieder. So wandte er sich erneut der Aufgabe zu, die Küsten des Pazifischen Ozeans zu erforschen, und richtete alle seine Bemühungen darauf, eine Durchfahrt vom Atlantik zum Stillen Ozean zu finden. Dabei erreichte er abermals Kalifornien, das er bisher für eine Insel gehalten hatte, und stellte nun fest, daß es ein Teil des nordamerikanischen Festlandes war.

1540 kehrte Cortes nach Spanien zurück. Diesmal hielt er es volle sieben Jahre in der Heimat aus, als hochgeehrter, aber macht- und tatenloser Mann. Das war kein Leben für ihn, er mußte wieder hinaus in die Welt! Ende 1547 hatte er sich gerade entschlossen, nach Mexiko zurückzukehren – da überfiel ihn in Sevilla die Ruhr. Am 2. Dezember 1547 schloß er für immer die Augen.

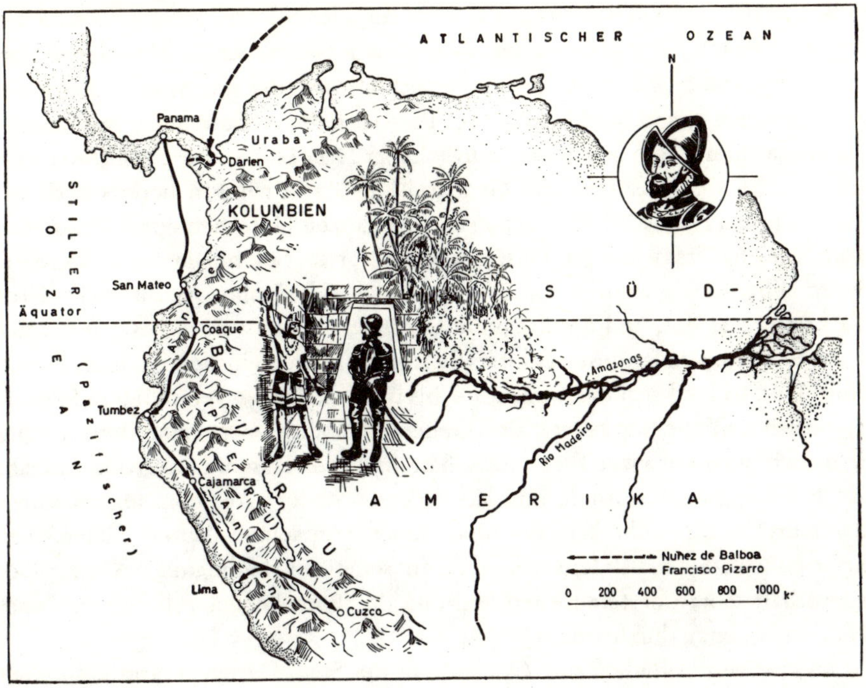

DER FLUCH DES INKA

Zu Anfang des Jahres 1510 beschloß Rechtsanwalt Enciso in Haiti mit Don Pedro Ojeda, dem der König von Spanien umfangreiche Gebiete an der Nordküste Kolumbiens zugewiesen hatte, halbpart zu machen und sich an der Ausbeutung dieser Ländereien zu beteiligen. Er charterte also ein Schiff, warb Leute an, kaufte Vorräte ein und begab sich auf die Fahrt nach Uraba, wo Ojeda sich bereits niedergelassen hatte. An dieser Reise nahm auch ein verkrachter Pflanzer aus Haiti teil: Nunez de Balboa, ein junger Spanier, dem es keineswegs wie so vielen anderen gelungen war, in der Neuen Welt sein Glück zu machen. Im Gegenteil, er hatte in Haiti so viele Schulden, daß zwei Menschenalter nicht ausgereicht hätten, sie im Schuldturm abzusitzen. Es half also nichts, er mußte aus dem Lande. Auf dem geraden Wege ging das nicht, da hätte man ihn gefaßt. Daher kam er auf den Gedanken, sich als blinder Passagier aus dem Staube zu machen. Er hatte sich deshalb im Hafen hinter Kistenstapeln versteckt und wartete nun, bis die Schildwache an Bord von Don Encisos „Santa Barbara" auf die andere Seite hinüberging. Kaum war sie außer Sicht, kletterte Nunez de

Balboa hurtig an dem Tau hoch, das vom Bug des Schiffes herabhing, und verschwand oben in einer offenen Luke. Zu seinem Glück war die Mannschaft noch nicht vom Landgang zurück; er konnte sich also verstecken, ohne sogleich entdeckt zu werden, und tauchte erst zwei Tage nach der Abfahrt auf, etwas besorgt, was nun wohl mit ihm geschehen würde. Aber Don Enciso war gar nicht empört über den blinden Passagier, im Gegenteil! Er hatte nämlich bereits nach den ersten achtundvierzig Stunden genug von der ganzen Unternehmung. Mit diesem Haufen höchst fragwürdiger Desperados, die er da befehligen sollte, würde er nie im Leben fertig werden. Da kam ihm Nunez de Balboa gerade recht. Groß und kräftig war der, und unternehmungslustig auch, dem würde es mit der verwegenen Mannschaft dieses Schiffes bestimmt besser glücken als ihm, Enciso, selbst. Und so fand sich der verkrachte, bis über die Ohren verschuldete Pflanzer urplötzlich als Expeditionsleiter und Generalkapitän wieder – eine Beförderung, die er sich noch vor zwei Tagen nicht hätte träumen lassen. Eine große Aufgabe war ihm da gestellt worden, und sie wirkte Wunder: Aus dem leichtsinnigen Abenteurer wurde sehr bald ein besonnener, von seinen Leuten glühend verehrter Führer, der es sich leisten konnte, mit seiner ihm bedingungslos ergebenen Mannschaft trotz der feindlichen Haltung der Eingeborenen die neuen Lande kreuz und quer zu durchstreifen.

Zunächst wurde Balboa zum Gouverneur der Stadt Darien in Nordkolumbien ernannt, und da er auf diesem Posten alles tat, um Unrecht und Gewalt gegenüber den Braunen zu verhindern, hatte er die Eingeborenen bald für sich gewonnen. Sie sammelten und wuschen Gold für ihn und lieferten den Weißen regelmäßig Lebensmittel. Und als Balboa schließlich die Tochter des Häuptlings heiratete, war der Friede völlig gesichert.

Eines Tages erzählten seine Indios, im Westen ihres Landes liege ein riesiges Meer, das noch kein Weißer je gesehen habe. Man könne dorthin gelangen durch das Reich eines indianischen Großfürsten, in dem es viele Paläste und große Schlösser gebe; und die Leute dort seien mit kostbarem Schmuck geradezu behängt, da sie unermeßlich viel Gold besäßen. Balboa horchte auf, das goldreiche Land interessierte ihn natürlich sehr – aber in diesem Fall war es gar nicht die Hauptsache. Er wußte nämlich sofort, worum es hier ging. Seit des Kolumbus Reisen hatte man sich allenthalben den Kopf darüber zerbrochen, wo er denn nun eigentlich gewesen sei, und die Zweifel daran, daß er wirklich Asien erreicht hätte, waren immer stärker geworden. Wenn es stimmte, was die Braunen von dem riesigen Meer im Westen erzählten, dann war das Rätsel gelöst. Dann war erwiesen, daß Kolumbus einen neuen Erdteil entdeckt hatte.

Balboa war wie vom Blitz getroffen – dieser Sache mußte er auf den Grund gehen, und zwar sofort! Wie er ging und stand, warf er sich auf sein Pferd, preschte durch die Stadt, jagte auf die umliegenden Hacienden hinaus – und am nächsten Morgen hatte er ein Expeditionskorps von einhundertneunzig verwegenen und unternehmungslustigen Männern zusammen. Dazu warb er ein paar hundert Indios als Lastenträger an und nahm ein Dutzend Koppeln geifernder, auf den Mann dressierter Bluthunde mit, als besten Schutz gegen feindliche Eingeborene, die vor Angst schlotterten, wenn sie diese halbwilden Tiere auch nur von weitem sahen.

Es wurde ein teuflisches, ein höllisches Unternehmen. Drei Wochen dauerte es nur, aber in jeder Woche starben vierzig Mann. Neunundsechzig waren nur noch übrig, als der Zug das Land des indianischen Großfürsten mit seinen Schlössern und Palästen, seinen von Dämonenfratzen übersäten Tempeln und seinen wehrhaften Trutzburgen hinter sich gelassen hatte. Durch stinkende Sümpfe voller Alligatoren, Wasserschlangen und Stachelrochen ging der Marsch. Zecken, Skorpione, Tausendfüßler und Ameisen jeder Art und Größe bevölkerten den Boden, dicke Wolken von Moskitos hingen über allem; bald waren Gesichter und Hände zerstochen, verschwollen und blutig. Eisiger Schüttelfrost war die Folge der Insektenstiche, in der Tropenhitze des Dschungels froren sich Balboas Leute die Seele aus dem Leib. Stunden später glühten sie dann in hohem Fieber, begannen wild zu phantasieren, schlugen mit dem Schwert um sich, Schaum vor dem Mund – es half nichts, als die Irren irgendwo festzubinden und sie ihrem Schicksal zu überlassen. Als die Expedition dann aber einmal ein Stück des Weges wieder zurückgehen mußte, weil eine Felswand ihr den Weitermarsch verwehrte, da fand man von diesen angebundenen Kranken nur noch wenige gräßliche, von Ameisen übersäte Reste vor; die Tiere hatten sie buchstäblich bei lebendigem Leibe aufgefressen. Seitdem man das gesehen, fuhr jedem Kranken der Dolch in die Rippen. Denn ein schneller Tod war barmherziger als diese schauerliche Qual.

Der Sohn eines der mächtigen, reichen Häuptlinge, dessen Gebiet der Zug der Spanier querte, schloß sich den Fremden an und führte sie zu einem Berg, von dessen Gipfel man das „Blaue Meer“ sehen konnte. Mühselig quälten sich die Spanier voran, über Geröll und durch dicht verfilztes Unterholz. Als es immer steiler bergan ging, hieß Balboa seine braven Leute zurückbleiben; noch mehr Strapazen wollte er ihnen nach den letzten entsetzlichen Wochen nicht zumuten. Aber er selbst, er mußte das Ziel seiner Sehnsucht erblicken! So ging er allein weiter, auf Händen und Füßen arbeitete er sich empor – und da, da lag es vor ihm, das fremde Meer, die unabsehbare Weite eines riesigen Ozeans! Am 22. September 1513, vormittags elf Uhr, sah er als erster Weißer den Pazifik, den Magellan sieben Jahre später mit dem Schiff erreichen sollte. Das war der Höhepunkt seines Lebens, so reich an Abenteuern und Erlebnissen es auch gewesen.

Er hatte das neue Meer gefunden und damit bewiesen, daß Kolumbus nicht Asien erreicht, sondern einen neuen Kontinent entdeckt hatte – unsterblich würde er sein wie der große Genuese!

Drei Tage später stand er mit seinen Leuten, ausgemergelt und erschöpft, aber siegesstolz am Ufer des Pazifischen Ozeans. In Helm und Panzer, mit glänzenden Beinschienen und gezogenem Schwert watete er unter dem Jubel seiner Kameraden bis an die Brust ins salzige Wasser. Er rief sie als Zeugen dafür an, daß er hiermit von dem unbekannten Meer sowie von allen angrenzenden Ländern und Königreichen feierlich Besitz ergriff für die Krone Spaniens.

Das war die größte Tat des Nunez de Balboa. Zuvor hatte er schon auf so manchen Erkundungszügen Mittelamerika kreuz und quer durchstreift. Während einer dieser Expeditionen erhielt er die ersten Nachrichten über Peru. Als er nämlich eines Tages Gold abwog, das er von den Eingeborenen eingetauscht hatte, schlug plötzlich einer der Braunen mit der Faust auf die Waagschale und rief spöttisch lachend aus: „Wenn du dies so sehr liebst, daß du deswegen deine ferne Heimat verlassen hast, ja wenn du selbst dein Leben daransetzt, so kann ich dir ein Land sagen, wo man aus goldenen Gefäßen ißt und trinkt und wo das Gold ebenso billig ist wie bei dir zu Hause das Eisen!“ Solche Worte klangen den Spaniern, deren erstes Ziel in der Neuen Welt ja allenthalben das Gold war, natürlich verlockend in den Ohren. Bald erfuhren sie dann mehr über das reiche Land „Biru“; und als man wußte, daß Asien weit jenseits des blauen Meeres liege und man nicht mehr zu befürchten brauche, daß der Großkhan der Tataren den Indianern zu Hilfe kommen würde, da fand sich eines Tages schließlich auch ein Mann, der bereit war, das Goldland zu erobern: Francisco Pizarro.

Um 1475 war er in Truxillo in Spanien geboren worden, und Schweinehirt war er gewesen. Weil ihm ein Tier seiner Herde entlief, brannte er aus Furcht vor Strafe durch und ging auf ein Schiff. Das taten damals viele, die etwas auf dem Kerbholz hatten und sich in die Neue Welt hinüberretten wollten. Auch Pizarro gelang das; das Glück blieb ihm hold, und ein Dutzend Jahre später ließ er sich in Panama als Besitzer ausgedehnter Ländereien nieder.

Sechsunddreißig Jahre alt, immer noch ein abenteuerlustiger und unternehmender Mann, hatte er jenen Erkundungsmarsch Balboas mitgemacht, auf dem den Spaniern erstmals Nachrichten über das goldreiche Land „Biru“ zu Ohren kamen. Diese Meldungen interessierten Pizarro gewaltig, und 1522 fanden sich drei Leute zusammen, die ernsthaft an die Eroberung und Ausbeutung des vielversprechenden Gebietes gehen wollten. Pizarro war der eine, Diego de Almagro, eine ähnlich zweifelhafte Existenz wie Pizarro selbst, aber ein ausgezeichneter Organisator, der zweite, und als dritter im Bunde schloß sich ihnen Pater Ferdinand an, Unterpfarrer in Panama. Er brachte 20000 Goldpesos in die

„Firma“ ein – was ihm bei seinen Pfarrkindern den Namen „Ferdinand der Verrückte“ eintrug. Das saubere Kleeblatt wurde wegen seiner phantastischen Pläne bald zum Gespött der ganzen Stadt, und nicht viel später kam es so weit, daß die drei Kompagnons es vorzogen, sich in Panama nicht mehr sehen zu lassen.

Die ersten beiden Expeditionen nach dem Goldland im Jahre 1524 und 1526 endeten kläglich; von den angeworbenen Mannschaften kehrte jedesmal nur die Hälfte zurück, die anderen waren an Hunger, Entkräftung und Pfeilgift zugrunde gegangen. Aber weder Pizarro noch Almagro ließen sich dadurch entmutigen, im Gegenteil! Sie blieben nach wie vor fest davon überzeugt, daß sie das sagenhafte Land „Biru“ eines Tages entdecken, erobern und dann unermeßlich reich werden würden. Im Frühjahr 1526 schlossen sie einen regelrechten Vertrag über die Teilung des Landes und verpflichteten sich in aller Form, ihren Kompagnon Pater Ferdinand mit einem Drittel an allen Einkünften zu beteiligen. Dabei konnten die beiden Helden nicht einmal ihren Namen schreiben; zwei achtbare Bürger Panamas mußten an Stelle der Analphabeten ihre Unterschrift unter dieses tolle Dokument setzen.

So mancher Glücksritter in Panama mag es für möglich gehalten haben, Peru aufzufinden und mit den Eingeborenen zu einem leidlich ergiebigen Tauschhandel zu kommen. Was aber die drei Spanier da vorhatten, nämlich das fremde Land mir nichts, dir nichts zu erobern und unter sich aufzuteilen, war eine völlig aberwitzige Idee! Denn inzwischen hatte man so viel von dem Inkareich erfahren, daß man nur mit höchster Achtung von diesem Staat sprach, von seinen großartigen Straßen, seinen gewaltigen, völlig uneinnehmbaren Festungen, seinen kilometerlangen Wasserleitungen, seinem Ackerbau, seinen Zehntausenden bestens gedrillter Soldaten und seinem lückenlos funktionierenden Nachrichtensystem, durch das der Inka, der Herrscher von Peru, so-

47 Der Inka bei der Landbestellung. Ackerbau war im alten Peru eine heilige Pflicht. Auch der König mußte sich ihr unterziehen. Nur die Sandalen, die er trägt, unterscheiden ihn von seinem barfüßigen Volk (Aus der Handschrift des Huaman Poma de Ayala)

fort alles erfuhr, was irgendwo in seinem Lande vorging. Mit Gewalt ließ sich da gar nichts ausrichten, und wenn sich Leute wie Pizarro und seine Partner einbildeten, sie könnten ein so glänzend organisiertes Reich mit einer Handvoll hergelaufener Abenteurer unterwerfen, so war das heller Wahnsinn.

Alle diese Einwände machten aber auf Pizarro nicht den geringsten Eindruck. Mit eiserner Entschlossenheit verfolgte er sein Ziel, soviel Widerstände er dabei auch zu überwinden hatte. Der Gouverneur von Panama, dem es leid wurde, daß die Expeditionsschiffe der „Entdeckerfirma" immer nur mit einem kleinen Häuflein Kranker und Elender in den Heimathafen zurückkehrten, untersagte eines Tages kurzerhand jede weitere Reise nach Peru und sandte Pizarro, der sich gerade auf einer neuen Erkundungsfahrt befand, den Befehl zur Umkehr nach. Da riß der unerschrockene Haudegen sein Schwert aus der Scheide, zog vor der versammelten Mannschaft einen Strich in den Küstensand, wies nach Süden und rief aus: „Kameraden! Dorthin geht unser Leidensweg. Wir werden ihn erst in ‚Biru' beenden, aber um reich zu sein!" Dann wandte er sich nach Norden und donnerte: „Dorthin geht es zu faulem Ausruhn in Panama, aber zur Armut. Ihr habt die Wahl!" Damit überschritt er selbst den Strich im Sand, und dreizehn Mann folgten ihm. Das war der Kern des verlorenen Haufens, der sich wenig später als Herr von Peru wiederfand.

Immerhin hatte man bei den verschiedenen Erkundungsvorstößen schon einige Küstenstädte des Inkastaates erreicht, und was Pizarro dort sah, das reizte seinen Konquistadorenappetit ganz gewaltig. Wenn er Kaiser Karl V. ausführlich über seine Eindrücke aus dem Lande „Biru" berichtete, dachte er, dann müßte das dem Herrscher doch eigentlich Eindruck machen; vielleicht würde die Krone einen Vertrag mit ihm schließen. Geschehe das, dann könne weder der Gouverneur von Panama noch sonst jemand ihm das Leben schwermachen und sein Unternehmen behindern. Gedacht, getan! Mit irgendwie zusammengeborgtem Geld fuhr er 1528 nach Spanien zurück. Und er hatte Glück: Gerade war Cortes, der von den Wundern Mexikos berichtete, bei Hofe empfangen worden. So fand auch Pizarro eine gnädige Aufnahme. Als Beweis für seine Erzählungen von den Schätzen des neuen Landes brachte er einige Lamas mit, Tiere, die bis dahin in Europa unbekannt waren, dazu feine seidige Vikunjastoffe, wie man sie im Abendland noch nie gesehen hatte, und außerdem natürlich Gold und Silber. Besonderen Eindruck machte es, als der Ritter Pedro de Candia, Sohn eines vornehmen kretischen Adelshauses, die Wunder beschrieb, die er erblickt hatte, als er von Pizarro in der Hafenstadt Tumbez an Land geschickt worden war: Die Festung sei von dreifachen Wällen umringt, der Tempel mit goldenen und silbernen Platten ausgelegt, und in den Gärten eines Klosters habe er in Hülle und Fülle Nachbildungen von Blumen und Früchten aus purem Gold und Silber gefunden. Das klang alles ebenso verlockend wie das, was Cortes von Mexiko erzählt hatte, und im Juli 1529 kam es tatsächlich zu einem Vertrag mit der Krone. Pizarro wurde Generalkapitän von Peru, und seine dreizehn Getreuen ernannte der Kaiser zu Hidalgos, zu Rittern. Sehr schäbig benahm sich der ehemalige Schweinehirt bei dieser Gelegenheit gegenüber seinem Vertragspartner Almagro. In Spanien erwähnte er ihn, der sich doch für die gemeinsame Sache nicht weniger eingesetzt hatte als er selbst, nämlich mit keinem Wort. Den konnte der Kaiser ja dann später irgendwo in einem gottverlassenen Nest in Peru als Gouverneur einsetzen. Daß er diese Gemeinheit einstmals mit dem Leben würde bezahlen müssen, ahnte Pizarro freilich nicht. *(Bild Nr. 15)*

Ende Januar 1531 brach der neugebackene Generalkapitän endgültig mit drei Schiffen von Panama nach Peru auf. Er lief zunächst den Hafen San Mateo, nicht sehr weit nördlich des Äquators, an und beschloß, von hier aus die Eroberung des Inkareichs in Angriff zu nehmen. Bald nach der Landung marschierten die in ihren dickgepolsterten Wämsern entsetzlich schwitzenden Spanier in die Stadt Coaque ein, wo es gleich reichlich Gold und Silber zu plündern gab. Danach wurde die Stadt Tumbez gestürmt, und wieder gab es Gold in Hülle und Fülle.

Das war natürlich eine großartige Sache, aber nun begann das Unternehmen schwierig zu werden. Als man weiter in das Land eindrang, hörte bald jede Vegetation auf, riesige Sanddünen und öde Wüsten breiteten sich vor den Spaniern aus, und im Hintergrund erhoben sich die völlig kahlen Berge der Anden, mit Pässen, die teilweise 5000 Meter erreichten und auf denen die „soroche", die Bergkrankheit, nur wenige verschonte. Tagsüber brannte die Sonne fast senkrecht herab, während nachts grausame Kälte herrschte; der Marsch war eine unerhörte Strapaze, und Pizarro hatte sehr gut daran getan, alle nicht ganz sicheren Elemente seiner Mannschaft an der Küste zurückzulassen und nur die Getreuesten mitzunehmen: 102 Mann, 63 Reiter und 3 Musketiere. Zu seinem Glück war keine der vielen Inkafestungen, auf die man unterwegs traf, besetzt; überall wurden die Spanier von den Indios freundlich aufgenommen und mit Lebensmitteln versorgt. Unangefochten zogen sie durchs Land, bis sie eines Tages vor Cajamarca, der Residenz des Inkakönigs Athahualpa, standen. *(Bild Nr. 16)*

Der war längst genauestens unterrichtet über Wesen und Aussehen der Fremden und über den Weg, den ihr Zug genommen hatte. Er schwankte zunächst, ob er ihnen nicht ein Heer entgegenschicken und sie schon im Anmarsch vernichten sollte. Da er aber gerade seinen Bruder Huascar, der ihm die Herrschaft streitig machte, entscheidend geschlagen hatte, fühlte er sich stark genug, den Feind in das Innere des Landes zu locken.

Am 15. November 1532 marschierte Pizarros Schar von den Hängen der Berge herab nach Cajamarca ein. Menschenleer und völlig verödet lag die Stadt in der

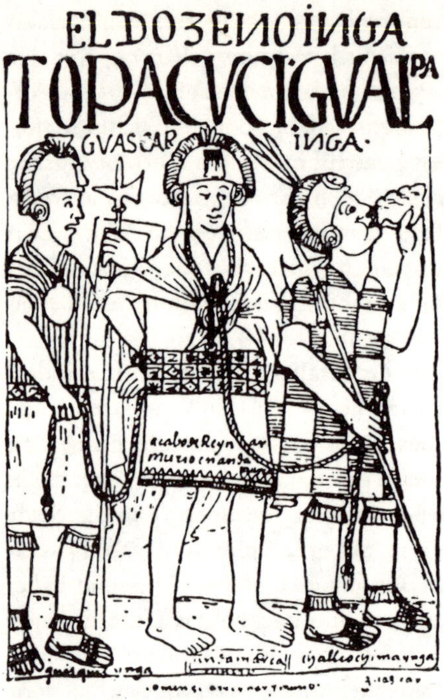

48 Inka Huascar wird von den Kriegern Athahualpas gefangengenommen. Zum Zeichen der Erniedrigung geht Huascar barfuß. Der Krieger rechts im Bild – wie der König in ein „uncu", ein knielanges Hemd, gekleidet – gibt mit dem Muschelhorn ein Signal (Aus der Handschrift des Huaman Poma de Ayala)

Mittagshitze. Am gegenseitigen Hang aber – was war das? Hunderte von Zelten, Soldaten, deren Waffen im grellen Sonnenlicht funkelten und glitzerten, in unübersehbarer Menge: das Heerlager der Inkas! 50000 Mann mochten das sein, schätzte Pizarro – 50000 eben siegreich aus dem Bürgerkrieg heimgekehrte, kampferprobte Soldaten! Hier erkannte er in aller Deutlichkeit, welches Wagnis er mit der Eroberung dieses Landes auf sich genommen hatte; so einfach, wie er und seine Freunde bisher glaubten, würde das Unternehmen wahrlich nicht werden! Aber es erging ihm jetzt ähnlich wie einst Cortes in Mexiko: Auch er konnte nicht umkehren, um zur Küste zurückzumarschieren. Tat er das, dann würden die Eingeborenen in hellen Haufen über ihn herfallen und alles daransetzen, ihn und seine kleine Schar zu vernichten. Den Rückmarsch durfte er erst dann wagen, wenn er zuvor einen entscheidenden Sieg davongetragen hatte. Und der mußte um jeden Preis errungen werden, sonst würde sein Eroberungsplan schon hier ein unrühmliches Ende finden.

Mit einer Handvoll Gewappneter, über die Pizarro verfügte, war gegen die Übermacht der Inkas nichts auszurichten. Was ihm im offenen, ehrlichen Kampf nicht gelingen konnte, das würde er mit List erreichen müssen. Er sandte daher seinen Halbbruder Fernando Pizarro mit einigen Reiterführern noch am gleichen Tage in das Lager des Inka und ließ Athahualpa einladen, seinen „Bruder" Pizarro in Cajamarca zu besuchen. Athahualpa blieb bei dieser Botschaft starr wie ein Stein und würdigte den Abgesandten des Spaniers keines Wortes. Schließlich antwortete einer seiner Räte kurz und frostig, der König halte zur Zeit noch seine heiligen Fasten. Am nächsten Tage werde er Pizarro aufsuchen und anordnen, was zu geschehen habe. Während dieser Unterhaltung hatte einer der Reiterführer sein Pferd auf dem weiten Platz getummelt. Er wußte genau, wie sehr die Inkas das ihnen unbekannte Tier fürchteten, und kam nun im scharfen Galopp auf den König zu. Ganz kurz vor ihm parierte er das Roß, machte kehrt und empfahl sich mit höflichen Worten. Aber auch jetzt blieb der König völlig ungerührt, während einige seiner Vornehmen entsetzt vor dem „Untier" zurückwichen; sie wurden noch am gleichen Abend wegen Feigheit enthauptet.

Die stolze und so gar nicht eingeschüchterte Haltung des Inkakönigs machte auf die Spanier einen tiefen Eindruck. Es war ihnen keineswegs wohl in ihrer Haut bei dem Gedanken an den Kampf, der ihnen bevorstand. Mit Beten und Waffenschleifen verbrachten sie eine unruhige Nacht. Wer von ihnen würde nach 24 Stunden noch am Leben sein?

Als Athahualpa am nächsten Tag in Cajamarca erschien, von Adligen und Priestern begleitet, fand er die Stadt leer bis auf einige wenige Spanier. Verwundert fragte er, wo denn die Fremden seien. Man bedeutete ihm, sie hätten wohl Furcht vor dem erhabenen Herrscher und sich deshalb versteckt. Dann trat ein Feldkaplan vor, hielt eine lange Rede über die christliche Religion, den Papst und den Kaiser und forderte den Inka auf, den Treueid auf Karl V. zu leisten. Ein Indianer, der etwas Spanisch verstand, übersetzte stolpernd und mühselig die Worte des Kaplans ins Quechua, die Inkasprache. Athahualpa hörte sich alles geduldig an, ergriff dann das Brevier, aus dem der Pater vorgelesen, neigte sein Ohr darauf – und als es nicht zu sprechen beginnen wollte, wie es doch offenbar zu dem Weißen gesprochen hatte, warf er es zornig zu Boden. Das empfanden die Spanier als Provokation und als eine Beleidigung der christlichen Religion: Es war genau das, was Pizarro erhofft hatte. Denn nun gab es einen Grund, sich des Inkaherrschers zu bemächtigen. Unter dem Kriegsruf: „Santiago! Greifet an!" stürzte er mit zwanzig Schwerbewaffneten aus seinem Versteck hervor und nahm Athahualpa gefangen. Eine alte Chronik berichtet darüber:

„Augenblicklich ertönte der Donner des Geschützes; die Trompeten schmetterten, und Fußvolk und Kavallerie brachen aus dem Hinterhalt hervor, in dem sie der Generalkapitän versteckt hatte. Als die Indianer die Pferde angaloppieren sahen, ergriffen die meisten die Flucht, und zwar mit solchem Ungestüm, daß sie ein Stück der Umfassungsmauer des Platzes mit ihren Leibern herausbrachen. Die Reiter, die über sie hinwegstürmten, töteten die meisten; indessen ließ das Fußvolk die noch am Leben Gebliebenen über die Klinge springen. So wurden in einer halben Stunde 4000 Mann getötet."

Mit diesem gräßlichen Blutbad also begann die Eroberung Perus. Wie wir schon hörten, hatte Athahualpa seinen Bruder Huascar, der als Gegenkönig in der Stadt Cuzco residierte, geschlagen und ihn bald danach ermorden lassen aus Furcht, daß die anrückenden Weißen sich mit ihm verbünden könnten. Als alleiniger Herrscher Perus war er für die Spanier daher nur um so begehrenswerter. Als ihm das klar wurde, sann er eifrig darüber nach, wie er die Freiheit wiedererlangen könnte. Bei der Verteilung der Beute aus dem gestürmten Lager hatte er zum ersten Mal die fast krankhafte Goldgier seiner Feinde erlebt, und das brachte ihn auf einen Gedanken: Er beschloß, sich mit dem Gold, das sie über alles liebten und das er in so großen Mengen besaß, freizukaufen. Er schlug also Pizarro vor, innerhalb von zwei Monaten den Raum, in dem er gefangen saß, so hoch mit Gold anzufüllen, wie er mit den Fingerspitzen reichen konnte. Die Spanier sollten ihm dafür die Freiheit schenken. Der Statthalter war damit durchaus einverstanden und verpflichtete sich, seinen Gefangenen freizulassen, wenn dieser sein Versprechen einlöse; er habe dann nichts mehr zu befürchten. Daraufhin entsandte der Inka Boten an seine Feldherrn mit dem Befehl, ihm sofort 2000 mit Gold beladene Indios zu schicken.

Und nun kamen Tag für Tag die Indianer, hoch bepackt mit Krügen, Töpfen und anderen Gerätschaften, alles aus purem Gold. Aber die zwei Monate waren fast herum, und noch immer war der Raum nicht so hoch gefüllt, wie Athahualpa versprochen hatte. Da bat er Pizarro, drei Spanier nach der Residenzstadt Cuzco zu schicken mit dem Auftrag, die goldene Täfelung in dem Haupttempel Coricancha, dem „Goldhof", abzunehmen und herbeizubringen. Diese drei Spanier, die als erste Weiße Cuzco betraten, berichteten erstaunliche Dinge:

„Die Hauptstadt der Inka ist eine große Stadt ... Die nach den vier Himmelsrichtungen in vier Teile geteilte Stadt hat etwa 20000 Bewohner; ganz in der Nähe der Hauptstraße laufen zwei unterirdisch angelegte Wasserleitungen ... Die Häuser und Paläste der Vornehmen ... strahlen in allem erdenklichen Glanz und Pomp. Unstreitig das größte und eindrucksvollste Bauwerk indianischer Baukunst war aber die Festung der Stadt. Wenn man sie betrachtet, fühlt man sich geneigt zu glauben, sie sei eher durch Zauberei und Dämonen als durch einfache Menschen zustande gebracht worden. Sie bestand nämlich aus Steinen von so riesenhafter Größe, daß es unbegreiflich war, wie sie aus einer Entfernung von zehn bis fünfzehn Marschstunden auf überaus steilen und fast unzugänglichen Wegen herangeschafft werden konnten. Zudem verfügten die Indianer ja weder über Wagen noch über Zugvieh, so daß die Fortschaffung dieser gewaltigen Massen nur durch Menschenkräfte geschehen sein konnte. Auch hatten sie weder Stahl noch Eisen, die Blöcke zu behauen, weder Setzwaage, Winkelmaß oder Richtscheit, weder Kalk noch Mörtel, und dennoch sind alle diese gewaltigen Blöcke so wunderbar zusammengepaßt, daß man Mühe haben würde, mit einer Messerspitze zwischen die Fugen zu dringen ... Die höchste Verehrung zollten die Inkas aber nicht der Festung, sondern dem Tempel des Königs, der der Sonne geweiht war. In ihm häuften sie eine unendliche Menge von Schätzen auf, die jede menschliche Vorstellungskraft überstiegen. Selbst seine vier Mauern waren von oben bis unten mit Gold verkleidet. Das Herrlichste aber war der große Altar, auf dem man ein riesiges, aus massivem Gold

verfertigtes Bildnis der Sonne erblickte ... Zu beiden Seiten der Sonne saßen die Mumien der Inkakönige, die so kunstvoll einbalsamiert waren, daß sie zu leben schienen. Sie saßen auf goldenen Thronen, die ihrerseits wieder auf goldenen Platten standen. Es war ein gewaltiger, ergreifender Anblick!"

Trotz ihrer Goldgier mögen die drei Spanier vielleicht Scham empfunden haben über ihr tempelschänderisches Werk. Denn natürlich wurde alles von Grund auf verheert; die goldene Sonne wurde ebenso herausgerissen und eingeschmolzen wie die Goldtäfelung der Tempelwände.

Kurz vor Ablauf der zwei Monate hatte Athahualpa sein Versprechen eingelöst – aber freigelassen wurde er trotzdem nicht! Pizarro dachte gar nicht daran, Wort zu halten. Seine niederträchtige List hatte den Inka besiegt; nun wollte er endgültig Herr von Peru werden, Gebieter eines Landes, das sicherlich noch bei weitem mehr Schätze barg, als Athahualpa abgeliefert hatte. Und dabei war ihm der Inka im Wege. Denn längst hatten die Spanier erkannt: Herren des Landes waren sie nicht, solange der Inka lebte. Er besaß bei seinem Volk selbst noch als machtloser Gefangener eine solche Autorität, daß seine Untertanen sich bis zum letzten Blutstropfen gegen die Fremden zur Wehr setzen würden. Pizarro aber wollte seine Pläne nun endlich vorantreiben und das Land in seine Hand bringen. Kurz entschlossen brach er sein feierlich gegebenes Versprechen und ließ Athahualpa im August 1533 nach einem verlogenen Scheinprozeß hinrichten.

Nun hatte er freie Hand. Sogleich machte er sich auf, die Residenz Cuzco einzunehmen. Nach einer Reihe siegreicher Gefechte mit den Indios gelang ihm das auch – und dann hausten seine Leute mit Mord und Brand so furchtbar in der Stadt, daß unter den empörten Inkas eine Revolte gegen die weißen Eindringlinge, die Mörder ihres Königs, ausbrach. Es kam zu entsetzlichen Grausamkeiten; außer sich vor Wut und Rachedurst, zahlten die Indianer den Spaniern alle Gewalttaten doppelt und dreifach heim.

Trotzdem blieben letzten Endes die Weißen Sieger, nicht etwa dank ihrer überlegenen Bewaffnung, die ihnen im Kampf Mann gegen Mann ja auch nicht viel nützte, sondern weil der Inka Manco, der Führer der Aufständischen, seine Truppen plötzlich zurückzog und das Heer auflöste. Die Zeit der Saat war herangekommen, und wenn er sein Volk nicht dem Hungertod preisgeben wollte, dann mußten erst einmal die Felder bestellt werden. Das war zunächst viel wichtiger als der Kampf gegen die Fremden. Also entließ er sein Heer und ging in die Einsamkeit der Wildnis zurück. Von dort aus bekämpfte er die Weißen noch jahrelang in erbittertem Kleinkrieg. Erst 1544 gelang es seinen Feinden, ihn endgültig zu besiegen.

Die Spanier aber wurden ihres Sieges und ihrer Beute nicht froh. An ihnen erfüllte sich der Fluch des Inkakönigs, der nach dem Glauben seines Volkes furcht-

49 Inkakrieger mit Schleuder, Schild und Keule. Schleuder und Keule waren die Hauptwaffen der Inkasoldaten (Nach einer altindianischen Vasenmalerei)

bare Verwünschungen gegen die Fremden ausgestoßen haben soll. Wahrscheinlich ist das nur eine Legende; merkwürdigerweise aber hat tatsächlich alle, die mit der Ermordung des letzten Inka irgend etwas zu tun hatten, ein gewaltsamer Tod ereilt. Da waren zunächst jene dreizehn von den vierundzwanzig Geschworenen, die Athahualpa verurteilt hatten. Ihre Namen wurden trotz strengster Geheimhaltung bekannt, und alsbald machten die Indianer systematisch Jagd auf sie. Einer nach dem anderen wurde getötet. Pizarro war einstweilen der Rache des Schicksals entgangen. Er hatte eine neue Hauptstadt gegründet, die Stadt Lima. Aber kaum war das erfolgt, da kam es zum Bruderkrieg Weiß gegen Weiß. Denn jetzt glaubte Almagro, der so schmählich Betrogene, seine Zeit gekommen. Er erhob sich gegen den Generalkapitän, wurde in offener Feldschlacht vor den Toren Cuzcos besiegt und von den Schergen seines einstigen Partners im Gefängnis erdrosselt.

Das geschah im Frühjahr 1538. Endlich war Pizarro Alleinherrscher im Goldland Peru. Aber er sollte seinen Triumph nicht lange überleben. Drei Jahre später wurde er von Anhängern Almagros in seinem eigenen Haus ermordet. Der Fluch des Inka hatte sich erfüllt.

Auch Pizarro hat, wie Cortes, seinem Kaiser ein reiches Land hinzugewonnen. Beide waren sie Konquistadoren, die einen fremden Staat mit Gewalt unter ihre Herrschaft brachten – aber welch ein Unterschied zwischen ihren Unternehmungen! Auch in Mexiko floß Blut, auch dort litt das Volk, aber wieviel ritterlicher und menschlicher handelte Cortes! Pizarro dagegen ging in die Geschichte ein als zwar persönlich zweifellos tapferer und siegreicher, aber ebenso grausamer, brutaler Eroberer.

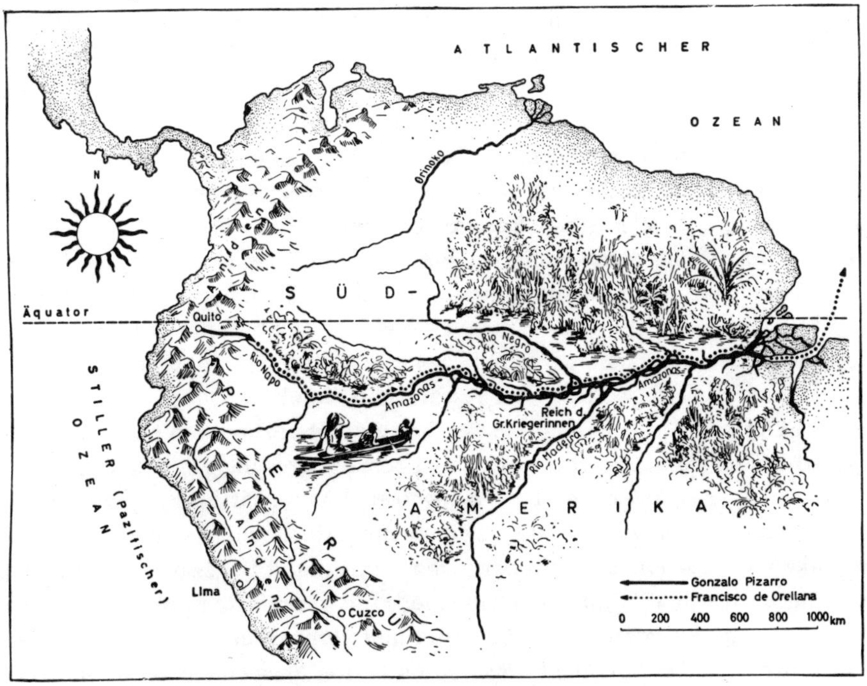

DIE SAGA VON DEN AMAZONEN

Schon während der Eroberung Perus waren den Spaniern dunkle Gerüchte zugekommen, der große Fluß, den sie bei Cuzco überschritten hatten, führe weit im Osten in sagenhaft reiche Länder. Gold und Smaragde gebe es dort im Überfluß, dazu Gewürze aller Art und edelste Hölzer. Die Konquistadoren, goldgierig wie sie waren, gingen der Sache nach; aber es stellte sich heraus, daß auch die Inkas nicht mehr von dem reichen Land wußten, als diese Legenden besagten.

Wie ein Blitz schlug daher die Nachricht ein, die Stafettenläufer nach Lima brachten: Hauptmann Diaz, Kommandant eines im Osten des Landes gelegenen Forts, hatte von einer indianischen Gesandtschaft erfahren, daß fern in den Bergen ein unermeßlich reicher Herrscher wohne. „El dorado" nannten ihn die Indianer, „der Vergoldete"; denn bei jedem größeren Indiofest wurde er mit Goldstaub übergossen und stieg in einen heiligen See, um sich zu reinigen. Und jedesmal schüttete man aus diesem Anlaß eine riesige Goldschale voller Saphire, Diamanten, Smaragde und Geschmeide in den See.

Mit fassungslosem Staunen vernahmen die Spanier diesen Bericht. Schon in Peru waren ihnen ja die Augen übergegangen, als sie den Reichtum der Inkas an Gold und Edelsteinen erblickt hatten, aber wenn es wirklich stimmte, was Hauptmann Diaz melden ließ, dann mußte dieser geheimnisvolle König noch unendlich viel reicher sein als Athahualpa. Welche Schätze mochte „El dorado" besitzen, wenn es ihm nichts ausmachte, bei jeder dieser Zeremonien, die mehrfach im Jahr stattfanden, soviel kostbare Edelsteine in den See zu werfen?

Einem der Männer um Francisco Pizarro wollte die Botschaft des Hauptmanns Diaz nicht mehr aus dem Sinn: Gonzalo Pizarro, dem jüngeren Bruder des Eroberers von Peru. Ihn wurmte es, daß der ganze Ruhm der Entdeckung des Goldlandes nur Francisco zufiel; wenn er selbst aber El dorado auffand – dann würde er reich werden, viel reicher und berühmter noch als der große Bruder! Der hatte zwar Gonzalo inzwischen zum Statthalter von Quito ernannt; das war ja ganz schön und ehrenvoll, aber ebenso langweilig. Deshalb überredete er, kaum, daß er seinen neuen Posten angetreten hatte, 350 Spanier, ihn auf dem Marsch zum Dorado zu begleiten. Die abenteuerlustigen Gesellen griffen den Gedanken an neue lohnende Eroberungen natürlich mit Begeisterung auf, außerdem schlossen sich 4000 Mann indianischer Hilfstruppen dem Expeditionskorps an. Gut bewaffnet, vorzüglich ausgerüstet und verproviantiert, setzte sich diese Armee mit 200 Pferden, einer ungeheuren Herde Schweine und tausend Bluthunden zu Anfang des Jahres 1541 von Quito aus in Marsch.

Es dauerte gar nicht lange, da begegnete dem gelangweilten Gonzalo auch schon das erste aufregende Erlebnis. Er geriet mit seinen 4350 Mann direkt in den Herd eines jener furchtbaren Erdbeben, die diese Gegend auch heute noch von Zeit zu Zeit heimsuchen. Vor den Augen der entsetzten Spanier barst unter ungeheurem Krachen die Erde, ein ganzes Indiodorf mit hundert Menschen stürzte kopfüber in einen schauerlich qualmenden Riß!

Wie durch ein Wunder blieben Gonzalo und seine Leute unversehrt. Und nun ging es weiter nach Osten, durch Sümpfe und Dschungel, in denen Schritt um Schritt schwer erkämpft werden mußte. So dicht verfilzt war der Urwald, daß der Zug an manchen Tagen kaum vier Kilometer vorwärts kam. Nach langen Monaten eines unendlich mühseligen Marsches durch die Wildnis fanden die Spanier eines Tages zwar tatsächlich die Zimtwälder, von denen ihnen in Lima berichtet worden war, und Gonzalo triumphierte: Da hatten die Inkas also recht gehabt mit ihren Erzählungen. Aber sehr schnell kam die Ernüchterung: Was nützten diese im Abendland so begehrten Kostbarkeiten mitten im Urwald, weit weg von der zivilisierten Welt? Hier hatten sie nicht den geringsten Wert. Die anfangs so siegesgewissen Spanier wurden kleinlaut und begannen zu murren; mit einemmal waren sie gar nicht mehr so begeistert und begierig nach Abenteuern. Wozu lief man hier eigentlich im Dschungel herum, wenn sich doch nur Dinge fanden, mit denen niemand etwas anfangen konnte? Ob es nicht besser gewesen wäre, in Peru zu bleiben und sich die Anstrengungen des Marsches zu sparen? Auch Gonzalo war nahe daran umzukehren – da traf er auf einige Urwaldindianer, die ihm erzählten, nur zehn Tagereisen entfernt liege ein unermeßlich reiches Land voller Gold und Edelsteine. Das mußte El dorado sein. Im Nu war die Enttäuschung vergessen, und keiner sprach mehr von Umkehr. Nur weiter jetzt, bald würde man am ersehnten Ziel stehen! *(Bild Nr. 17)*

Sieben Monate nach dem Abmarsch von Quito kamen die Spanier an den Napo, einen Nebenfluß des oberen Amazonas. Furchtbare Sümpfe und verfilzte Schilfdickichte versperrten den Weg, es war unmöglich, zu Fuß weiterzukommen. Sie beschlossen, ein Schiff zu bauen und den Fluß hinunterzufahren. Nach fast acht Wochen war das Boot fertig, und am ersten Weihnachtsfeiertag 1541 erhielt Francisco de Orellana, ein besonders bewährter Offizier Gonzalos, den Befehl, mit 60 Mann vorauszusegeln und Lebensmittel zu besorgen. Denn um den Proviant stand es erbärmlich; ein großer Teil der von Quito mitgenommenen Schweine war in den Anden erfroren, den Rest hatten die Krokodile verspeist. Die Mannschaft war von den Strapazen schwer mitgenommen; es wurde höchste Zeit, sie ausreichend zu verpflegen, damit sie wieder zu Kräften kam.

Orellana hatte sich als kluger, umsichtiger Mann erwiesen, solange er unter Gonzalo Dienst tat. Kaum aber stand er als Kommandant an Deck seiner „Victoria", da packte ihn der Ehrgeiz: Nunmehr gedachte er, auf eigene Faust eine Entdeckungsreise zu unternehmen! Ohne sich um Gonzalo und die Kameraden zu kümmern, beschloß er, auf gut Glück den Napo hinabzufahren und zu versuchen, auf dem Amazonas bis zum Atlantischen Ozean zu gelangen.

Im übrigen stellte sich schon nach einigen Tagen heraus, daß Orellana gar nicht mehr umkehren konnte, selbst wenn er es gewollt hätte. Den Fluß mit der immer reißender werdenden Strömung wieder hinaufzufahren, um zu Gonzalo und seiner Schar zu stoßen, wäre ganz unmöglich gewesen. Die mußten sehen, wie sie allein fertig wurden, helfen konnte er ihnen nicht. Als dann die merkwürdigen Indios am Unterlauf des Napo – ihre Ohrläppchen hingen ihnen, von violetten Holzpflöcken beschwert, fast bis auf die Schultern hinab – den Spaniern erzählten, der Amazonas sei nur zehn Tagereisen entfernt, beschloß Orellana sogleich, der größeren Sicherheit wegen eine zweite Brigantine zu bauen. Mit Cahuchu, dem Saft des Gummibaumes, notdürftig abgedichtet, trat die „San Pedro" zusammen mit der „Viktoria" die Reise zum Amazonas an. *(Bild Nr. 18)*

Ein riesiger Fluß was das, so breit, daß man das andere Ufer nur als dunklen Strich am Horizont erkennen konnte. Wie sich bald herausstellte, machte es außerordentliche Schwierigkeiten, ihn zu befahren, denn er teilte sich in unzählige

Arme, und oft fiel es den Steuermännern schwer, in dem Gewirr von Lagunen, Schilfsümpfen und Inseln den Hauptstrom innezuhalten, ohne in eine Sackgasse zu geraten. Aber die Spanier hatten Glück; immer fanden sie das richtige Fahrwasser wieder, und so kamen sie eines Tages unversehrt zur Einmündung des Rio Negro. Während es bisher bei Begegnungen mit Urwaldindianern stets friedlich zugegangen war, zeigten sich die Roten hier zum ersten Mal feindselig. Lange Rohrpfeile und bösartig sirrende Blasrohrbolzen sausten auf die beiden Brigantinen herab, und im Handumdrehen hatten sich zahlreiche wild heulende Rothäute an Bord geschwungen. Es sah gar nicht gut aus für die Spanier; aber da kam ihnen der Himmel selbst zu Hilfe; ein heftiger Sturm erhob sich und jagte die beiden Schiffe stromab, mitten durch die Kanus der feindlichen Indios hindurch und weiter in unbewohnte, friedliche Waldgebiete.

So waren die Spanier also noch einmal davongekommen. Sie fuhren weiter, dem merkwürdigsten Erlebnis ihrer abenteuerlichen Reise entgegen: der Begegnung mit dem Volk der „Großen Kriegerinnen", der Amazonen. Was es damit wirklich auf sich hatte, wurde bis heute nicht geklärt. Wir können uns also nur an das halten, was Pater Gaspar de Carjaval darüber berichtet hat, der an dem Unternehmen des Orellana teilnahm und später zum Erzbischof von Lima ernannt wurde. Er erzählte folgendes: Die Spanier hörten von den gastfreien Tupi-Indianern, an der Mündung des Madeira in den Amazonas, auf der anderen Seite des großen Stromes beginne das Reich der „Großen Kriegerinnen". Das seien höchst streitbare Frauen und berüchtigte Bogenschützen, die sich viele Indianerstämme unterworfen hätten und einen großen Staat beherrschten. Natürlich waren die Spanier nicht zu halten: Dieses merkwürdige Land mußten sie sich ansehen! Sicherlich wußte Pater Carjaval einiges von den Amazonensagen aus anderen Teilen der Erde. Schon die Antike hatte mehrfach von Gebieten berichtet, in denen unter der Oberherrschaft einer Frau nur weibliche Wesen lebten. Aus Südrußland, von Inseln im Indischen Ozean und auch aus Nordeuropa waren derartige Sagen und Gerüchte bekannt – warum sollte es solche kriegerische Frauen nicht auch hier, mitten im Herzen der Neuen Welt, geben? Deshalb wunderte sich Pater Carjaval gar nicht, sondern notierte ganz sachlich:
„Die Indianer warnten uns vor den Amazonen, die sie in ihrer Sprache ‚Coniupuiara' nannten, was ‚Große Herrinnen' bedeutet. Wir sollten wohl bedenken, was wir täten, denn der Amazonen seien viele, unserer aber nur wenige. Wenn wir bei ihnen anlegten, würden sie uns umbringen ..."

Die Tupi-Indianer hatten offenbar großen Respekt vor den kriegstüchtigen Frauen auf dem Gegenufer des Amazonas. Erst nach langem Zögern willigten sie schließlich ein, den Spaniern zehn ihrer tapfersten Leute als Führer mitzugeben. Am nächsten Tage fuhr man mit ihnen an Bord in das unheimliche Land, bis die Expedition tief im Urwald ein Amazonendorf erreichte. Pater Carjaval hat sogar das Datum dieses denkwürdigen Tages angegeben: Es war der 24. Juni 1542. Die überraschten Frauen setzten sich heftig zur Wehr und fochten gemeinsam mit ihren indianischen Untertanen wie die Teufel:

„Wir sahen sie allen anderen voran kämpfen, als seien sie die Hauptleute der Indianer, und sie schlugen sich so mutig, daß die Indianer nicht wagten, ihnen den Rücken zu zeigen. Denn floh einer, so erschlugen ihn die Amazonen mit Stockhieben ... In ihren Händen halten sie Bogen und Pfeile, und jede von ihnen ist so kriegstüchtig wie zehn Indianer. Eine dieser Frauen hat ihren Pfeil eine Spanne tief in unser Boot geschossen, und die anderen beinahe ebenso tief, so daß unsere Boote aussahen wie Stachelschweine ...“

Es habe alle Mühe gekostet, sich ihrer zu erwehren, fügte Pater Carjaval seinem Bericht noch hinzu; sie seien schließlich froh gewesen, eben noch entkommen zu sein. Mit welch furchtbarem Gegner die Spanier zu tun gehabt hatten, sollte sich erst am nächsten Tag herausstellen. Viele Männer starben eines qualvollen Todes, denn die Pfeile und Blasrohrbolzen der Amazonen waren großenteils vergiftet gewesen. Zum Glück blieb einer der Steuerleute unverletzt. Er setzte alles daran, die Flotte schleunigst aus dem Bereich der Amazonen und an den zahlreichen Stromschnellen vorbei den Fluß abwärts zu steuern.

Mit dem Rest seiner Kameraden erreichte Orellana schließlich am 11. September 1542 den Atlantischen Ozean, zur gleichen Zeit etwa, als Gonzalo Pizarro nach einem unendlich mühseligen Rückmarsch mit neun Überlebenden wieder in Quito eintraf. Das Dorado, das zu erobern sie einst ausgezogen waren, hatten beide nicht erreichen können; Orellana genoß aber wenigstens den Triumph, als erster Weißer den südlichen Teil der Neuen Welt von West nach Ost durchquert zu haben. Mehr als 4000 Kilometer hatte er zurückgelegt, 260 Tage war er mit seinen Getreuen in der Wildnis Südamerikas unterwegs gewesen. Aber fast wäre er noch kurz vor dem Ziel gescheitert. Diesmal machten ihm weder feindliche Indios noch kriegerische Amazonen zu schaffen; die Natur selbst wandte sich gegen ihn. In der Mündung des Amazonas waren damals wie heute die Gezeiten so gewaltig, daß die beiden kümmerlichen Schiffe der Spanier unweigerlich ein Opfer der donnernden Flutwelle geworden wären, wenn die Indianer Orellana nicht gewarnt hätten. Nach langem Kampf gegen die haushohen, vom Meer heranrollenden Wogen brachte er seine kleine Flotte eben noch rechtzeitig an Land.

Bald darauf ist Orellana nach Spanien weitergereist, um Bericht zu erstatten. Aber schon 1545 kehrt er an der Spitze von 500 Mann zum Amazonas zurück; diesmal will er endlich das bisher vergeblich gesuchte Goldland auffinden. Wie so viele nach ihm, ist er auf dieser Expedition spurlos verschollen. Die Dschungel, denen er das erstemal mit knapper Not entkommen ist, haben ihn schließlich doch umgebracht.

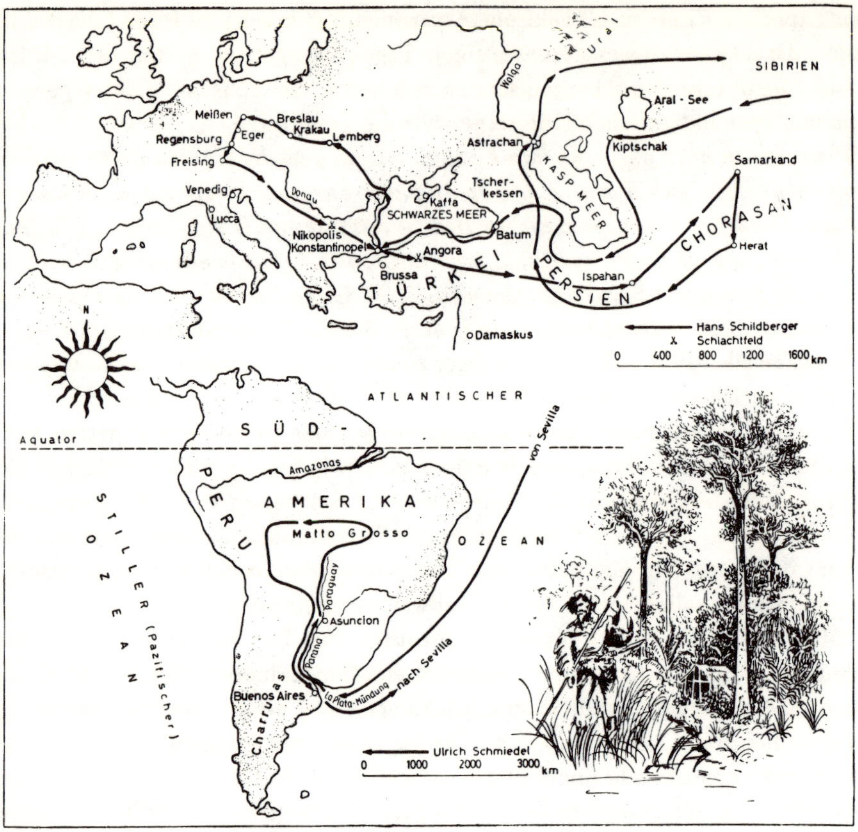

ZWEI LANDSKNECHTE IN WÜSTE UND URWALD

Die meisten großen Entdecker wie Kolumbus, Magellan, Vasco da Gama und viele andere unternahmen ihre Fahrten im Auftrag oder wenigstens mit der Unterstützung ihres Königs, der ihnen Schiffe stellte und die Kosten ihrer Expeditionen trug. Ihre Taten und Erlebnisse wurden aufgezeichent, ihre Namen gingen in die Geschichte ein. Zu allen Zeiten aber gab es neben ihnen auch Einzelgänger: teils Männer, die aus eigenem Antrieb, ohne staatliche Hilfe und ganz auf sich gestellt, auszogen, fremde Länder zu erkunden, teils solche, die dank einem guten oder bösen Zufall eines Tages von ihren Gefährten getrennt wurden und sich nun allein in unbekannte Weiten vorwagten. Von ihnen sind die meisten in der Fremde verdorben und gestorben, niemand berichtet von ihnen, wir wissen nichts von ihren Taten. Manche aber hatten das Glück, eines Tages wieder in die

Heimat zurückzukehren. Von solchen Einzelgängern soll hier die Rede sein, und zwar von zwei deutschen Landsknechten, die nach langen Jahren wohlbehalten wieder nach Hause kamen und über ihre Erlebnisse Bücher veröffentlichten, die genauso begierig gelesen wurden wie die von Marco Polo und Ibn Batuta.

Hans Schildberger

Da ist als erster Hans Schildberger (auch Schiltberger) aus Freising bei München zu nennen; er stand in Diensten des Ritters Lienhard Reichartinger und zog als Schildknappe im Jahr 1394 mit ihm gegen die Heiden ins Feld. Siebzehn Jahre war der Junge, als das große Abenteuer für ihn begann. Und er mag es als ehrenvolle Auszeichnung empfunden haben, daß sein Herr ihn mitnahm in den Krieg gegen die Türken – daß es 32 Jahre dauern würde, bis er wieder nach Hause kam, konnte er freilich nicht ahnen.

Am 28. September 1394 kämpfte er an der Seite seines Ritters in der Schlacht bei Nikopolis gegen Sultan Bajasid I. Es wurde eine furchtbare Niederlage; mit vielen Kameraden geriet Schildberger in Gefangenschaft und wäre, wie alle anderen, enthauptet worden, wenn nicht der Sohn Bajasids an dem deutschen Jungen Gefallen gefunden hätte. Er bat um Gnade für ihn und erreichte, daß Schildberger zunächst als Läufer und später als Vorreiter am Hof des Sultans blieb. Sechs Jahre mußte er vor dem Sultan herlaufen, wohin der auch ritt. Dann hatte er sich hinaufgedient: Von nun an begleitete er seinen neuen Herrn zu Pferde.

1402 nahm der junge Deutsche an der Schlacht zwischen dem Mongolen Timurlenk und Bajasid I. bei Angora teil. Und wieder hatte er Pech. Das türkische Heer wurde vernichtend geschlagen, sein Herr getötet, und Schildberger kam vom Regen in die Traufe; er geriet aus türkischer in mongolische Gefangenschaft!

Zwar mochten die Türken nicht gerade sanft mit dem jungen Gefangenen umgegangen sein, und Sultan Bajasid war sicher kein milder Herrscher. Was Schildberger aber bei den Mongolen an Gewalttaten und Grausamkeiten mitansehen mußte, das übertraf bei weitem alles, was er bisher erlebt hatte. In seinem Bericht ist noch die ganze Empörung über deren teuflische Roheit zu spüren. Besonders unmenschliche Greuel ließ der Mongolenkhan verüben, als er die Hauptstadt von Ispahan erobert hatte. Nach der Einnahme wurde eine Besatzung in der Stadt zurückgelassen, während Timurlenk selbst mit seinem Heer weiterzog. Bald darauf erhoben sich die Bürger gegen die Fremdherrschaft und schlugen die Mongolen tot. Kaum hatte der Khan diese Nachricht erhalten, da brach er wie ein Ungewitter über die unbotmäßige Stadt herein, und nun begann ein grausiges Morden. Er befahl, alle Männer über 14 Jahre zu enthaupten und aus ihren Köpfen einen Turm mitten in der Stadt zu errichten. Frauen und Kinder ließ er auf ein Feld zusammentreiben und von seinen Soldaten niederreiten, dann wurde die Stadt angezündet und völlig zerstört. Schildberger erzählt, daß selbst die doch gewiß hartgesottenen mongolischen Offiziere über die unmenschliche Grausamkeit ihres Herrn entsetzt waren.

Nach Beendigung des Türkenkrieges kehrte Timurlenk in seine Residenz Samarkand zurück. Dort blieb Schildberger bis zum Tod des Herrschers und folgte danach Timurs Sohn Schah Roch in dessen Hauptstadt Herat im Königreich Chorasan. An diesem Hof hielt sich der junge Tatarenprinz Tschekra auf, der eines Tages die Nachricht vom Tode seines Vaters erhielt und nach Hause zurückgerufen wurde, weil ihm die Herrschaft übergeben werden sollte. Schildberger bekam den Befehl, zusammen mit fünf Kameraden den Prinzen zu begleiten. Zuerst führte die Reise durch Persien; der Deutsche sah sich auch hier,

50 Sultan Bajasid I. läßt die Kriegsgefangenen enthaupten
(Nr. 50, 51, 52 nach Holzschnitten in Schildbergers Buch „Reise in die Heidenschaft" Bayerische Staatsbibliothek, München)

51 Timurlenk, der Großkhan der Mongolen, kennt kein Erbarmen. In den von ihm eroberten Städten werden Frauen und Kinder niedergeritten, die Männer enthauptet. – Ganz unbefangen zeigt der Holzschneider, der Schildbergers Buch illustrierte, die fremden Völker in europäischer Kleidung

wie überall, mit offenen Augen um und berichtete unter anderem von der Seide, jenem im Abendland so begehrten und so teuer bezahlten Stoff:

„... die allerbeste Seide gibt es in dem ... Lande, das Schirwan heißt. Von dort kommen die feinen Tücher, die in den Bazaren zu Damaskus und Kaffa und Brussa verkauft werden. Sogar nach Venedig und Lucca bringt man diese Seide und verwebt sie zu schönem Samt. Die Gegend von Schirwan ist aber sehr ungesund."

Weiter ging es, wochenlang, monatelang, durch immer neue Länder: durch die Türkei nach Astrachan an der Wolga und am Ural vorüber nach Sibirien hinein. Alle diese Gebiete waren nun freilich im Abendland nicht mehr völlig unbekannt, denn es hatten schon so manche Reisende ihren Weg durch diese Gegenden genommen, Mönche vor allem, die im Auftrag des Papstes in den Orient gegangen waren. Und insofern war Hans Schildberger kein eigentlicher Entdecker. Aber er berichtete eine Unzahl von interessanten Einzelheiten, die seinen Zeitgenossen das Bild jener fernen Länder erst wirklich deutlich machten, und darin liegt sein Verdienst. Von den Gewohnheiten der Tataren z. B. erzählt er:

52 Mongolische Reiter auf Pferden und Kamelen

„Sie bauen dort kein Getreide, nur Hirse, backen kein Brot und trinken keinen Wein. Ihre Nahrung ist das Fleisch von Rossen und Kamelen, ihr Getränk die Milch der Pferde- und Kamelstuten ... Zum Essen und Trinken hocken sich die Tataren auf die Erde nieder, wie das bei allen Völkern des Morgenlandes Brauch ist ... Man findet nirgends Männer, die die Anstrengungen langer Feldzüge besser zu ertragen vermögen. Mit meinen eigenen Augen habe ich beobachtet, wie die tatarischen Krieger ihre Pferde zur Ader ließen, das Blut daraus auffingen und es kochten und aßen. Das tun sie, wenn sie Mangel an Nahrung leiden. Eilen sie zum Kampf und haben keine Zeit, sich eine andere Speise zu bereiten, so nehmen sie ein Stück Fleisch, schneiden es in dünne Scheiben, wickeln es in ein leinenes Tuch, legen es unter den Sattel und setzen sich darauf. Kommt sie dann der Hunger an, ziehen sie das Fleisch heraus und verzehren es roh ... Ich habe das alles nicht nur gesehen, sondern selbst manches Mal das gleiche getan ...“

Gar nicht gut zu sprechen ist Hans Schildberger auf die Tscherkessen, die unweit des Schwarzen Meeres wohnen:

„Die Tscherkessen halten zum griechischen Christentum, aber sie sind ein böses Volk. Sie verkaufen ihre eigenen Nachkommen den Ungläubigen und stehlen anderer Leute Kinder, um auch die zu verkaufen. Dazu sind sie als Wegelagerer bekannt.“

Von Sibirien aus zog Prinz Tschekra zurück nach Kiptschak, seiner Heimat nahe dem Kaspisee, und wurde dort als König eingesetzt. Aber die Herrlichkeit dauerte nicht lange: Schon nach acht Monaten kam es zum Bürgerkrieg und zu heftigen Kämpfen, in denen der junge Herrscher den Tod fand. Einer seiner Räte übernahm Hans Schildberger und die anderen Gefangenen; in seinem Gefolge zogen sie noch eine ganze Zeit kreuz und quer durch die Länder Südrußlands.

Als eines Tages das Lager nur drei Tagereisen entfernt vom Schwarzen Meer aufgeschlagen wurde, beschlossen Schildberger und vier Kameraden, alles daranzusetzen, um nun endlich wieder in die Heimat zu gelangen. Die Flucht glückte, und nach dreitägigem Ritt kamen sie in Batum an. Dort wollten sie auf ein Schiff gehen, aber das wurde ihnen nicht gestattet; es blieb ihnen nichts übrig, als weiterzureiten. Das taten sie denn auch, und zwar hielten sie sich immer möglichst dicht an der Küste, in der Hoffnung, irgendwo ein Schiff zu finden, das sie mitnehmen würde. Nach fünf Tagen erblickten sie eines, das nicht weit vom Ufer ankerte. Um sich bemerkbar zu machen, zündeten sie am Abend ein Feuer an, und alsbald kamen Ruderer in einer Barke heran und fragten die fünf, wer sie denn seien:

„Nun antworteten wir, daß wir Christen seien, die die Heiden gefangengehalten und die durch Gottes Hilfe hierher gelangt seien. Die Schiffer wollten unseren Worten nicht glauben und fragten, ob wir das Paternoster und die heiligen Gebote sprechen könnten. Und wir mußten beides laut hersagen ...“

Nachdem sie diese Prüfung bestanden hatten, durften alle fünf an Bord kommen; so schnell, wie sie gehofft hatten, ging die Reise zwar nicht, denn erst machten ihnen türkische Seeräuber zu schaffen, und danach trieb ein Sturm das Schiff weit zurück. Nach drei Monaten endlich erreichten sie Konstantinopel, das damals noch den Griechen gehörte, und waren damit wieder unter Christen und endgültig in Sicherheit. Der Patriarch, der höchste geistliche Würdenträger, nahm die Flüchtlinge in seinem Haus gastfreundlich auf, bis sie nach wiederum drei Monaten zur Donaumündung weiterreisen konnten.

Hier trennte sich Hans Schildberger von seinen Kameraden und schloß sich einer Gruppe von Kaufleuten an, die nach Lemberg ging. Nachdem er dort monatelang krank gelegen hatte, reiste er über Krakau, Breslau, Meißen und Eger nach Regensburg und von da über Landshut nach Freising: Nach zweiunddreißig Jahren gelangte er endlich wieder in die Heimat.

Fast fünfzig Jahre alt war er nun, und was hatte er alles erlebt und gesehen! Seine Landsleute konnten gar nicht genug davon hören. So machte er sich denn daran, alle die wunderlichen Dinge aufzuschreiben, zur Freude seiner Zeitgenossen, die seine „Reise in die Heidenschaft“ mit höchstem Interesse lasen.

53 Ulrich Schmiedel (Titelbild aus „Wahrhaftige Historien einer wunderbaren Schiffart")

Ulrich Schmiedel

Ein anderer Einzelgänger, Landsknecht wie Hans Schildberger, war Ulrich Schmiedel, zweiter Sohn des Bürgermeisters von Straubing in Bayern. Der durchwanderte die Welt nun freilich nicht als Gefangener wie jener, sondern höchst freiwillig: Ihn trieb die Abenteuerlust hinaus und sicherlich auch die Hoffnung, mit dabei zu sein, wenn „El dorado", das sagenhafte Goldland der Neuen Welt, gefunden wurde. Im Innern von Südamerika sollte es liegen, und viele waren schon ausgezogen, es zu entdecken. Aber das war bisher keinem gelungen. Als das reiche süddeutsche Handelshaus der Welser beschloß, eine Expedition an die Küsten des neu entdeckten Kontinents zu schicken, da war Ulrich Schmiedel sogleich dabei. Am 1. September 1534 ging er von Sevilla aus in See, zusammen mit 150 Landsleuten und auf einem Schiff der Welser, das zu einer spanischen Flotte unter dem Befehl von Don Pedro de Mendoza gehörte.

Einige Monate später, zu Anfang des Jahres 1535, donnerten die Anker der vierzehn Schiffe vor der La-Plata-Mündung in den Grund. Über alles, was er von nun an in dem neuen Land erlebte, hat Schmiedel berichtet. Ihm verdanken wir viele interessante Einzelheiten aus der Zeit der Erforschung Südamerikas.

Kaum war die Flotte gelandet, da ging es auch schon an die Arbeit: Eine Stadt sollte gebaut werden, ein Stützpunkt, von dem aus man später weiter in das unbekannte, lockende Land vordringen und den Weg zum Dorado suchen konnte. Natürlich mußte die neue Siedlung getauft werden, und über den Namen waren sich alle einig, kaum daß sie den Fuß an Land gesetzt hatten: „Buenos Aires" mußte sie heißen, „Guter Wind" – nach den wundervoll milden Lüften, die hier am Ufer des La Plata wehten. Und so heißt die Stadt heute noch und steht auf

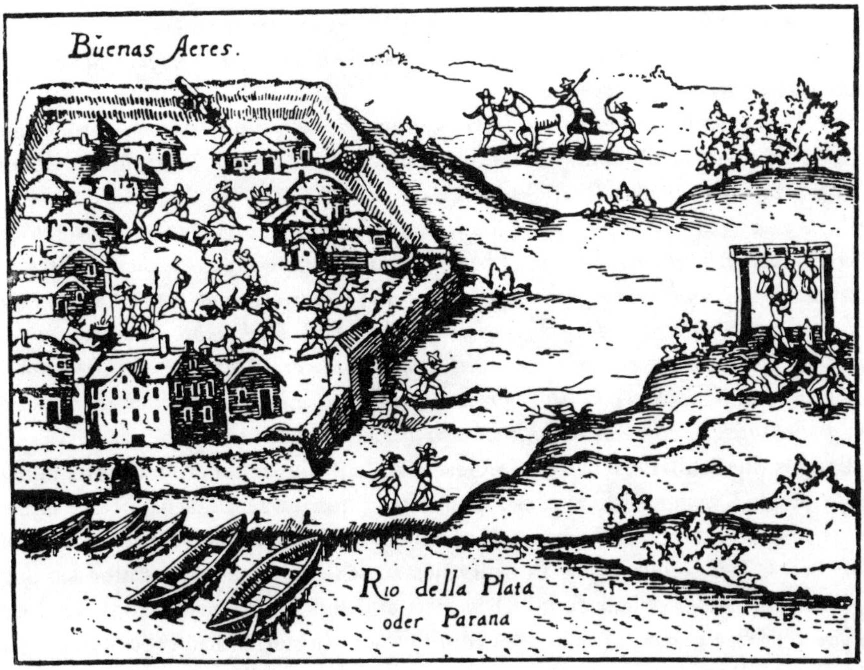

54 Die Gründung von Buenos Aires (Holzschnitt aus Ulrich Schmiedels „Wahrhaftige Historien einer wunderbaren Schiffart")

demselben Fleck, an dem Ulrich Schmiedel im Jahr 1535 südamerikanischen Boden zum ersten Mal betrat.

Aus seinem Bericht geht hervor, welche Schwierigkeiten beim Bauen auf dem teils sumpfigen, teils sandigen Untergrund an der Flußmündung zu überwinden waren:
„Und man baute daselbst eine Stadt und eine Erdmauer darum, eines halben Spießes Länge hoch und darinnen ein starkes Haus für unseren Obersten. Die Stadtmauer war drei Schuh breit, und was man heute baute, das fiel morgen wieder ein ..."

Es war das Gebiet der Charruas, eines sehr kriegerischen Stammes, in dem Ulrich Schmiedel mit seinen deutschen und spanischen Kameraden gelandet war. Die Indianer hatten sich bei Ankunft der Fremden in die Wildnis zurückgezogen; für Mendoza und seine Leute wurde das zum Verhängnis. Da die Felder nicht mehr bestellt wurden und keinerlei Möglichkeit bestand, von den Eingeborenen Lebensmittel einzutauschen, stellte sich sehr bald eine schlimme Hungersnot ein.
„... Auch hatten die Leute nichts zu essen, starben vor Hunger und befanden sich in großer Armut ... Ja, Hunger und Not verstärkten sich so sehr, daß weder Ratten noch

Mäuse, noch Schlangen und anderes Ungeziefer genug vorhanden waren zur Sättigung des großen jämmerlichen Hungers und der unaussprechlichen Armut. Auch Schuhe und Leder mußten gegessen werden ...“

Die Lage wurde immer böser; jetzt kamen nämlich die Charruas zurück und griffen die neu entstehende kleine Siedlung dauernd an mit Waffen, vor denen Ulrich Schmiedel großen Respekt hatte:

„Als sie zum ersten Mal an unsere Stadt kamen und uns angriffen, da liefen etliche Sturm, andere schossen mit feurigen Pfeilen hinein auf unsere Häuser, die mit Stroh gedeckt waren ..., und verbrannten unsere Stadt also auf den Grund. Ihre Pfeile sind aus Rohr gemacht, und sie zünden sie vorne an der Spitze an. Auch haben sie Holz, aus dem sie Pfeile machen, die, wenn sie einmal angezündet und abgeschossen sind, nicht mehr zu löschen sind und alle Strohdächer sofort anzünden. Außerdem verbrannten sie uns auch vier große Schiffe, welche eine halbe Meile von uns auf dem Wasser lagen ...“

Erst als die Schiffsbesatzung die Geschütze auf die Indianer abfeuerte, ließen diese ab und zogen sich zurück. Damit war nun zwar zunächst Ruhe eingekehrt, aber mit der Verpflegung sah es schlechter denn je aus. Mendoza beschloß also, einen Teil seiner Leute flußaufwärts zu schicken, vielleicht trafen sie dort auf Stämme, die weniger feindlich waren und ihnen Lebensmittel verkauften; möglicherweise gelangten sie dabei zum Dorado. In sieben Ruderbooten ging es den Parana hinauf. Aber auch hier war es nicht besser als an der Küste; beim Nahen der Weißen verbrannten die Indianer ihre Felder und zogen sich in die Wälder zurück. Und vom Dorado keine Spur! Die Hälfte der dreihundert Mann verhungerte jämmerlich, der Rest kam nach zwei Monaten sterbensmatt und mit leeren Händen wieder in Buenos Aires an.

Nach diesem Fehlschlag mußte nun schleunigst etwas geschehen, wenn nicht alle Hungers sterben sollten. Offenbar hatte man die Sache ganz falsch angefangen; es war wohl doch richtiger, sich mit den Eingeborenen nach Möglichkeit gut zu stellen, denn man brauchte ja ihre Hilfe. Schmiedel war es, der den Rat gab, es nun einmal anders herum zu probieren: nämlich den Indianern klarzumachen, daß man nicht mit feindlichen Absichten in ihr Land gekommen war und daß sie die Weißen nicht zu fürchten brauchten. Der Versuch hatte Erfolg; es gelang, gute Beziehungen zum Stamm der Timbos anzuknüpfen. Trotz dieses offensichtlichen Erfolges der neuen Taktik hatte aber Pedro de Mendoza, der Führer des Unternehmens, genug von dem bisher so mißglückten Abenteuer. Viertausend Dukaten seines eigenen Vermögens steckten schon in der noch völlig vergeblichen Suche nach dem Goldland. Das reichte ihm; kurzerhand ließ er seine Leute im Stich und begab sich zurück nach Spanien.

Schmiedel ließ sich jedoch nicht entmutigen. Freilich, mit Hilfe oder gar Nachschub aus der Heimat war nach Mendozas Flucht nicht mehr zu rechnen. Die

55 Ein Lama (Holzschnitt aus Ulrich Schmiedels „Wahrhaftige Historien einer wunderbaren Schiffart")

kleine Schar Spanier und Deutscher fand sich nun völlig auf sich gestellt im fremden Land, und anfangs war die Lage auch immer noch kritisch, aber Ulrich Schmiedel verstand es ausgezeichnet, mit den Eingeborenen umzugehen. Schon aus diesem Grunde wurde er, obwohl er nicht einmal im Offiziersrang stand, alsbald der Führer des Häufleins Todgeweihter, die Mendoza am Ufer des La Plata zurückgelassen hatte. Er sorgte dafür, daß den Indianern kein Leid geschah, sofern sie selbst sich friedlich verhielten. Anderseits wußten diese sehr wohl, daß mit dem Deutschen nicht gut Kirschen essen war und daß er nicht schlecht dreinschlagen konnte, wenn es im guten nicht ging. So freundschaftlich er zu den Timbos stand, so sehr hatte er seine liebe Not mit den inzwischen zurückgekehrten Charruas: Die waren besonders böse und gaben ihre Feindseligkeiten erst auf, als sie hatten einsehen müssen, daß sie gegen Blitz und Donner der Weißen nichts auszurichten vermochten.

Natürlich interessiert sich Schmiedel lebhaft für die Lebensgewohnheiten und Bräuche der Eingeborenen. So sehr ihm ihre Waffen und ihre Kriegsführung Eindruck machen – ihre Art zu leben ist ihm vollkommen unverständlich. Die Sitte der Kopfjagd und des Skalpierens findet er zwar nur absonderlich, aber ganz empört ist er über die Art, wie die Charruas mit ihren Frauen umgehen: Wenn die Männer ihrer Frau überdrüssig werden, fressen sie sie nämlich einfach auf. Und noch dazu wird aus diesem Anlaß ein großes Fest veranstaltet „wie bei uns eine Hochzeit!" Auch die alten Leute werden von ihren Angehörigen ganz schandbar behandelt; sie müssen auf dem Feld arbeiten, bis sie tot umfallen. Schlimm ergeht es besonders den Gefangenen: „Ob Weib, ob Mann, wie man in Deutschland Schweine mästet, so mästen sie die Gefangenen", schreibt Schmiedel; „erst werden sie schön fett gemacht, und dann verspeist man sie beim Siegesfest!"

Als die Verhältnisse in Buenos Aires einigermaßen geordnet waren, machte sich Schmiedel auf, das Goldland zu suchen. Kreuz und quer marschierte er durch das unbekannte Land, tief in den Matto Grosso hinein, den Parana und Paraguay hinauf und hinab, bis an die Grenzen von Peru, wo er auf die Vorposten Pizarros stieß und erstmals das „indianische Schaf", das Lama, zu Gesicht bekam. Das Goldland aber fand auch er nicht. Er half die Niederlassungen Corpus Christi und Asuncion gründen und schlug sich als Soldat, Siedler, Sklavenhändler und Schiffsbauer tapfer durch. Nach fast zwanzig Jahren voller Mühsal, Entbehrungen und Anstrengungen kehrte er schließlich in die Heimat zurück. Dort verfaßte er seinen Reisebericht, eine deutsche Odyssee voller Schwänke und Schnurrpfeifereien, die Geschichte vom harten und entbehrungsreichen Leben eines tapferen Haudegens und die erste Schilderung der Einwohner der Neuen Welt mit ihren seltsamen Sitten und Gebräuchen: ein Abenteuerbuch, das von seinen Zeitgenossen mit Begeisterung gelesen worden ist und das auch heute noch jeden Leser packen wird.

17 Der junge Amazonas nach Verlassen des Sees Lauricocha in 3800 Meter Höhe

18 Der Amazonas im Mittellauf

19 James Cook, am 17. Oktober 1728 in Marton (England) geboren, am 14. Februar 1779 auf Hawaii von Eingeborenen erschlagen

20 Großes Barriere-Riff vor der australischen Ostküste; auf ein solches Korallenriff lief Cook mit seiner „Endeavour“ auf

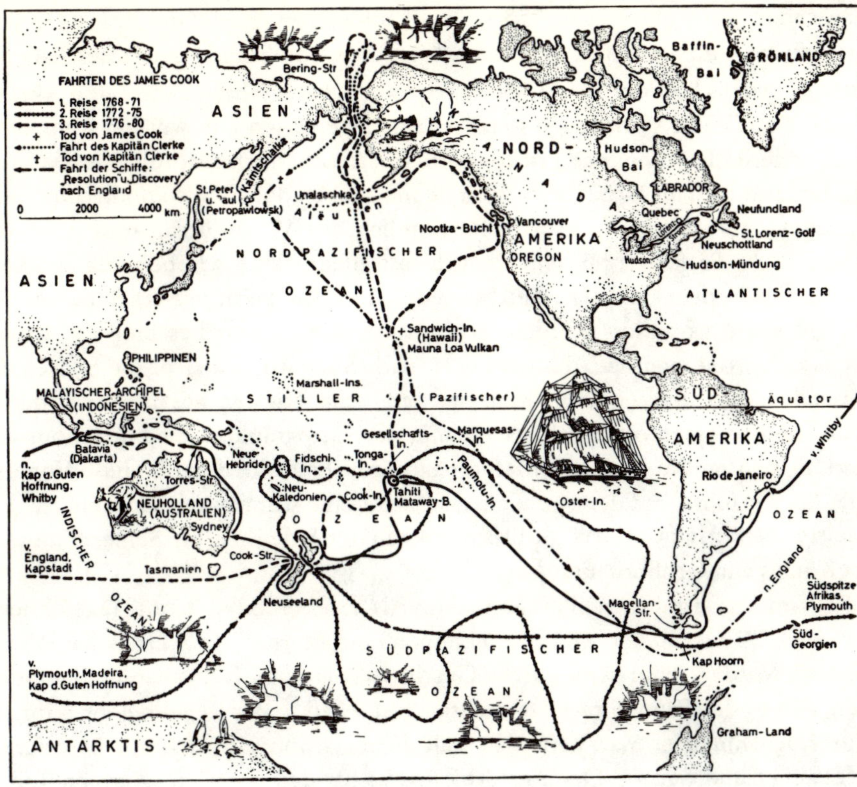

JAMES COOK SUCHT DAS SÜDLAND

Professor Edmund Halley, Astronom und Direktor der Sternwarte Greenwich, hatte im Jahre 1693 ausgerechnet, daß 1762 und 1769 ein seltener Vorgang am Himmel zu beobachten sein würde: der Durchgang der Venus vor der Sonnenscheibe. Erst 1874 wäre dieses Ereignis wieder zu erwarten. Er reichte seinen Bericht der Royal Society, der „Königlichen Gesellschaft", in London ein, aber dort schüttelte man nur ungläubig den Kopf. Es klang zu unwahrscheinlich: zwei Venusdurchgänge innerhalb von sieben Jahren, und der nächste erst wieder hundert Jahre später? Freilich: Professor Halley war ein berühmter Mann – aber hier hatte er sich doch wohl geirrt. Das Aktenstück wurde als uninteressant beiseitegelegt.

Außer den Angaben über die Venus hatte Halley aber auch mitgeteilt, daß der von ihm entdeckte und nach ihm benannte Komet, der 1531, 1607 und 1682 die

Menschheit beunruhigt hatte, 1759 wieder auftauchen und auf der Erde zu sehen sein würde. Und als das nun tatsächlich auf Tag und Stunde genau geschah, da entsann man sich in der Royal Society des vor achtzig Jahren abgelegten Aktenstücks. Da Halleys Vorhersage so pünktlich eingetroffen war, würden wohl auch seine anderen Berechnungen richtig sein. Wissenschaftlich geschulte Beobachter wurden also im Jahr 1762 an verschiedenen Stellen der Erde stationiert und erwarteten interessiert den großen Augenblick des Venusdurchgangs. Aber sie hatten Pech: Er fand zwar statt, jedoch fast allenthalben schoben sich Wolken vor die Sonne, man kam zu keinen befriedigenden Beobachtungsergebnissen.

1769 sollte es anders werden. Schon zwei Jahre zuvor beschloß die Royal Society, Astronomen nach Nordkanada, nach Südeuropa und in die Südsee zu entsenden. Die Südsee-Expedition war am schwierigsten auszurichten; dafür brauchte man einen erfahrenen Seemann, der kartographisch und astronomisch geschult sein mußte. Nur einen Mann gab es in England, der alle diese Voraussetzungen erfüllte und der vor allem als Kartograph schon ausgezeichnete Arbeit geleistet hatte: James Cook, Schiffsmeister in der Kriegsmarine Seiner Majestät des Königs von Großbritannien.

Er kam aus ärmlichen Verhältnissen. Als zweiter Sohn eines Tagelöhners war er am 27. Oktober 1728 in dem kleinen Dorf Marton in der Grafschaft York geboren worden. Fünf seiner sechs Geschwister starben früh; man muß annehmen, daß es der Familie recht schlechtging und daß in der Regel bei ihr Schmalhans Küchenmeister war. Offenbar galt James schon als Kind für besonders aufgeweckt und begabt. Denn er erhielt, was für den Sohn eines armen Tagelöhners damals eine große Seltenheit war, Schulunterricht, allerdings nur fünf oder sechs Jahre, so daß er wahrscheinlich kaum mehr als Schreiben, Lesen und Rechnen gelernt haben wird. Dann mußte er zusehen, daß er dem Vater von der Tasche kam; gegen Kost und Wohnung fand er eine Lehrstelle bei einem Krämer in Staithes, einer kleinen englischen Küstenstadt.

Zunächst ging alles ausgezeichnet. Der gewandte Junge fand sich in den neuen Verhältnissen schnell zurecht, und vielleicht wäre schließlich ein wohlhabender Kaufmann aus ihm geworden, wenn – ja, wenn Staithes nicht gerade an der See gelegen hätte! Von Anfang an hatte es ihm das weite Meer angetan; es lockte den kleinen Kaufmannslehrling so unwiderstehlich, daß er nach eineinhalb Jahren kurzerhand seinen Lehrvertrag löste und als Schiffsjunge auf der Kohlenbark „Freelove“ anheuerte, die dem Quäker John Walker und seinen Söhnen gehörte.

Eine harte Sache war es, auf die er sich da eingelassen hatte, das merkte James Cook sehr bald. Aber das tat seiner Begeisterung für die Seefahrt keinen Abbruch. Nur eines wollte er nicht: sein Leben lang ein einfacher Seemann bleiben. Der Ehrgeiz packte ihn. Also sparte er sieben Jahre lang jeden Penny, kaufte sich die nötigen Bücher und studierte Navigation, Vermessungskunde und Kartographie. Das Lernen selbst fiel dem begabten Cook leicht. Um so schwieriger war es, die Zeit dafür zu erübrigen. Denn bei dem strammen Dienst an Bord gab es selten Freistunden; nur wenn die Bark längere Zeit in einem Hafen lag, kam er dazu, seine Bücher hervorzuholen. Mit Feuereifer vertiefte er sich dann in seine Studien, während die Kameraden sich ausruhten oder vergnügt an Land gingen. Es mag dem jungen Seemann gewiß oft nicht leichtgefallen sein, auf jede Zerstreuung zu verzichten. Aber er hatte sein Ziel fest vor Augen – er mußte weiterkommen, Offizier wollte er werden und vielleicht, wenn er ein bißchen Glück hatte, Kapitän!

Nach diesen sieben Jahren kam Cook als Maat, das hieß damals als Erster Offizier, auf die „Friendship", ein von John Walker neu gebautes Schiff, das in der Norwegen- und Ostseefahrt eingesetzt wurde. Das war sozusagen die Probe aufs Exempel: Er bestand sie glänzend, und sein Chef wollte ihn gerade zum Kapitän ernennen und ihm ein Schiff anvertrauen – da kündigte der nun Siebenundzwanzigjährige seinen Dienst auf und ging, anstatt die Chance bei Walker wahrzunehmen, wie es jeder andere an seiner Stelle bestimmt getan hätte, als einfacher Matrose zur Kriegsmarine. Am 25. Juni 1755 begann er seine militärische Laufbahn auf dem Linienschiff „Eagle".

Was Cook bewogen hat, die Beförderung zum Kapitän auszuschlagen und bei der Kriegsmarine sozusagen noch einmal von vorn anzufangen, ist nicht ganz geklärt. Vermutlich wird er der Ansicht gewesen sein, daß er dort schneller vorwärtskommen könne, denn es mangelte in England schon seit Jahren an seemännischem Nachwuchs. Und wie recht er mit solchen Überlegungen hatte, zeigte sich schon zwei Jahre später: 1757 wurde Cook auf das Linienschiff „Pembroke" versetzt und wurde zum Master, einer Art Deckoffizier, ernannt.

Und damit begann sein Aufstieg. Die „Pembroke" ging mit achtzehn anderen Linienschiffen nach Übersee, um die französischen Stützpunkte in Kanada zu erobern. Als die Engländer 1759 Quebec einnahmen, gelang ihnen das nur, weil Cook das ganze Gelände zuvor sorgfältig kartiert hatte, häufig angesichts des Gegners und im feindlichen Feuer. Bald wurde der Flottenchef auf den tüchtigen Mann aufmerksam, und 1760 überreichte er ihm eine Belohnung von fünfzig Pfund, einen für damalige Zeiten sehr erheblichen Betrag. In der Zeit danach pendelte der unermüdliche Schiffsmeister vor den Küsten Neufundlands und Neuschottlands hin und her, und als auch diese bis dahin unbekannten und besonders gefährlichen Fahrwässer vermessen und kartiert waren, schlug der britische Löwe zu: 1761 flatterte der Union Jack auch über jenen rauhen, unwirtlichen Gegenden.

Nach vierjähriger Abwesenheit traf Cook 1762 wieder in London ein. Er war jetzt vermögend genug, um heiraten zu können. Elizabeth Batts, die einundzwanzigjährige Tochter eines Londoner Kaufmanns, wurde seine Frau. Sie teilte das Los so vieler Seemannsfrauen: Nur selten sah sie ihren Mann; ab und zu war er zwar einmal zu Haus, aber auch dann nur für höchstens ein paar Monate. Ihm selbst wurde mehr und mehr sein Schiff zur Heimat, und seine Mannschaft ersetzte ihm die Familie. *(Bild Nr. 19)*

Von 1763 bis 1767 führte Cook seine Vermessungsarbeiten in Labrador, am Lorenzgolf, vor Neufundland, Neuschottland und in der Hudsonmündung fort. Als er der Admiralität bei der Rückkehr sein Kartenwerk vorlegte, erntete er größtes Lob. Die hohe Behörde war zutiefst beeindruckt von Umfang und Exaktheit dieser Arbeit. Welche Bedeutung sie tatsächlich hatte, geht daraus hervor, daß Cooks Karten fast bis in unsere Tage als die weitaus besten des ganzen schwierigen Gebietes galten.

Cook war genau zum rechten Zeitpunkt heimgekehrt. Denn gerade im Augenblick seines großen Erfolges langte bei der Admiralität eine Eingabe der Royal Society an, der König möge zur Beobachtung des Venusdurchganges zwei Schiffe in der Südsee zur Verfügung stellen. Der König stimmte dem zu, aber die Admirale verlangten, daß die Führung der Expedition einem ihrer Leute, nicht aber einem Wissenschaftler der Royal Society übergeben würde. Sie schlugen Cook vor, beförderten ihn zum Leutnant und Kommandanten und erteilten ihm den Auftrag, den Stillen Ozean systematisch zu erkunden.

Dieses größte Meer der Erde, das die Spanier in ihrer Freude, den Schrecken der Magellanstraße glücklich entronnen zu sein, „el pacifico", das friedliche, genannt hatten, erwies sich nämlich sehr bald als keineswegs leicht befahrbar. Gerade seine Friedlichkeit, nämlich die in weiten Teilen herrschende Windstille, die sogenannten Kalmenzonen, hatten bereits Magellans Seglern Schwierigkeiten gemacht. In anderen Gegenden wieder zeigte der Pazifik sich als besonders unberechenbar und tückisch, mit Taifunen, Seebeben und gefährlichen Riffen. All diese Gefahren aber kosteten nicht entfernt soviel Menschenleben wie der gefürchtetste Feind des Seemanns aller Nationen: der Skorbut. Gerade auf diesem Meer trat er besonders häufig in Erscheinung. Denn die Inseln, auf denen man Frischproviant an Bord nehmen konnte, lagen so weit verstreut in der riesigen Wasserwüste, daß es oft Wochen dauerte, ehe man eine von ihnen auffand. Nach Magellan stießen noch viele Kapitäne in den Pazifik vor, Portugiesen, Holländer, Engländer, aber keiner von ihnen war in der Lage, das neue Meer näher zu erforschen, weil auf jedem Schiff bald der Scharbock, der Skorbut, ausbrach und längere Reisen dadurch unmöglich wurden. Deshalb beschränkten sich auch die Spanier bis tief ins 18. Jahrhundert hinein darauf, ihre Besitzungen auf den Philippinen auf dem kürzesten Weg von der Neuen Welt aus anzusteuern.

Nun also, 1769, sandte die englische Admiralität James Cook in die Südsee, einmal zur Beobachtung des Venusdurchganges, und außerdem mit dem Befehl, festzustellen, ob etwa im Pazifik große, noch unbekannte Kontinente lägen. Gleichzeitig verfolgte sie mit dieser Expedition noch ein weiteres Ziel: Es sollte ausprobiert werden, ob der Skorbut, der ja, wie auf allen Schiffen, auch in der englischen Kriegsmarine ständig zahlreiche Opfer forderte, durch neue Ernährungsmaßnahmen vermieden oder wenigstens erfolgreich bekämpft werden könnte. Der englische Arzt Dr. James Lind, der sich mit diesen Problemen schon seit langem beschäftigte, hatte nämlich vorgeschlagen, daß jedes britische Schiff, das auf große Fahrt ging, möglichst viel frische Nahrungsmittel an Bord nehmen sollte, dazu Malzextrakt und Karottenmarmelade. Zwar war man sich über die Natur der gefürchteten Krankheit, die schon so vielen Seeleuten zum Verhängnis geworden war, durchaus nicht klar – was kein Wunder war, denn bis zur Entdeckung der Vitamine in unserem Jahrhundert wußten auch unsere Ärzte nicht viel mehr darüber als ihre Kollegen vor 200 Jahren. Aber man hatte ausprobiert, daß Gemüse, grüne Kräuter und Obst heilend wirkten, und das sollte nun erstmals systematisch erprobt werden. Da Frischgemüse zu schnell in Fäulnis übergehen würde, empfahl Dr. Lind rohes Sauerkraut; schon die Wikinger und später die Schiffer der Hanse hatten es auf ihren Fahrten mitgenommen, und bei ihnen war so gut wie nie Skorbut aufgetreten. Zwar stieß der Vorschlag des englischen Arztes bei seinen Kollegen auf erheblichen Widerstand – Sauerkraut, das schon damals als das Gemüse der Deutschen galt, sei gesundheitsschädlich, ja, sogar giftig – aber die Admiralität ließ sich nicht beirren. Und noch etwas schlug Dr. Lind vor: „Portable Broth" sollte mitgenommen werden, eine Art Bouillonpaste, ein Fleischextrakt, wie ihn später in Deutschland Dr. Justus von Liebig erfand. In England war er schon lange bekannt, und der deutsche Naturforscher Georg Forster, der Cook auf seiner zweiten Reise begleitete, berichtete darüber:

„Dergleichen Bouillonkuchen werden zu London und in anderen Seehäfen Englands unter dem Namen ‚Portable Soup' in erstaunlicher Menge aus frischem Fleisch, Knochen und anderem Abfall verfertigt, zur Dicke eines braunen Gallerts oder Leims eingekocht und dann in kleine Kuchenformen gegossen. Sie hat die Farbe und Härte von Tischlerleim, wozu sie auch gebraucht werden kann. Sie hält sich viele Jahre lang, wenn sie gegen Nässe und Schimmel verwahrt wird, und ist auf langen, besonders Seereisen, wo es an frischem Fleisch fehlt, sehr bequem und von großem Nutzen. Ein oder zwei Lot davon zerschnitten und in heißem Wasser zerlassen und aufgekocht, geben für eine Person eine kräftige Brühe oder Suppe ..."

Und Cook bemerkt in seinem Schiffstagebuch später dazu:
„Die Bouillonpaste half uns, verschiedene nahrhafte und bekömmliche Gerichte zuzubereiten und war das Mittel, die Leute dazu zu bringen, größere Mengen Gemüse zu sich zu nehmen, als sie sonst gegessen hätten."

Natürlich hing der Erfolg der neuen Ernährungsmaßnahmen von ihrer strengen und genauen Durchführung ab. Dafür war Cook in seiner Korrektheit gerade der richtige Mann. Das erwies sich, als er nach zweijähriger Abwesenheit nach England zurückkehrte: Er hatte den Triumph, nicht einen einzigen Mann durch Skorbut verloren zu haben!

Für die Südsee-Expedition charterte Cook im Auftrag der Admiralität in seinem einstigen Heimathafen Whitby einen Kohlenlogger, der unter dem Namen „Endeavour", d. h. Ausdauer, in Dienst gestellt wurde. Er war eine Dreimastbark, breit und flach gebaut, die reichlich Platz bot, zehn Lafettengeschütze und zwölf kleinere Kanonen aufzunehmen, die Mannschaft bequem unterzubringen und die umfangreichen Vorräte zu verstauen. Die Matrosen rümpften die Nase über die merkwürdige Ladung, die sie da an Bord hieven mußten: Neben dem gewohnten Schiffszwieback und Pökelfleisch lauter „Grünzeug", nämlich frisches Gemüse, Sauerkohl in Fässer, Zitronen, Malzextrakt und Karottenmarmelade. So etwas hatten sie auf einem englischen Kriegsschiff noch nicht erlebt. Der portugiesische Vizekönig von Rio de Janeiro dachte später übrigens ähnlich: Als Cook seinen Hafen anlief, wollte er gar nicht glauben, daß das Schiff der englischen Kriegsmarine angehörte; er hatte es, eben des vielen „Grünzeugs" wegen, für einen Handelssegler gehalten!

Am 16. August 1768, um zwei Uhr nachmittags, gingen auf der „Endeavour" die Segel hoch. Achtzig Mann Besatzung waren an Bord, dazu vierzehn Passagiere, nämlich Astronomen und Naturwissenschaftler. Nach glatter Fahrt wurde im schönen Hafen von Rio de Janeiro für mehrere Wochen Rast gemacht. Dann ging es der südamerikanischen Küste entlang nach Süden, und Mitte Januar 1769 umfuhr man Kap Hoorn. Acht Wochen später, am 11. April, tauchten die Berge von Tahiti aus dem Meer auf. In der Matawaybucht wurde geankert; das erste Ziel der Reise war erreicht. *(Bild Nr. 44)*

Cook freute sich sehr, die Insel auf Anhieb gefunden zu haben. Chronometer, wirklich genau gehende Uhren, unentbehrlich für die Längenmessung auf See, und der Spiegelsextant, ein leicht zu bedienendes Instrument für die Ortsbestimmung, die beide eben erst erfunden worden waren und späterhin den Seefahrern die Ortsbestimmung erleichterten, standen ihm noch nicht zur Verfügung. Er hatte sich allein auf seine astronomischen Berechnungen verlassen müssen, und es zeugte für seine Fähigkeiten, daß ihm dabei kein Fehler unterlief. Ganz besonders befriedigte Cook aber die Tatsache, daß bisher auf seinem Schiff kein einziger Fall von Skorbut zu verzeichnen war. Freilich, er hatte es sich auch besonders angelegen sein lassen, für strengste Durchführung der neuen Ernährungsbestimmungen zu sorgen. Das war gar nicht einfach gewesen, denn natürlich sträubten seine Matrosen sich zunächst gegen die völlig ungewohnte Verpflegung. Wie er sie mit List und Tücke dazu brachte, das verachtete „Grünzeug" zu essen, schildert er sehr amüsant in seinem Tagebuch:

„. . . Anfangs hatten sie Sauerkraut nicht essen wollen, bis ich einen Weg einschlug, der bei Seeleuten, wie ich wußte, immer zum Ziel führt. Ich ließ nämlich Sauerkraut täglich auf den Kapitänstisch bringen, gestattete den Offizieren, davon zu nehmen, und stellte es der übrigen Besatzung frei, Sauerkraut zu essen, soviel sie wolle, oder es ganz zu lassen. Es dauerte keine Woche, dann war es nötig geworden, jedermann an Bord die ihm zukommende Portion zuzumessen. Denn es ist eine der natürlichen Eigenschaften des Seemanns, das, was man ihm gibt, und sei es noch so nützlich, nicht anzuerkennen, und es gibt dann nichts als Murren. Sobald er aber sieht, daß die Vorgesetzten es schätzen, ist es das Beste von der Welt."

Cook war nicht der erste Europäer, der nach Tahiti kam. Zwei Jahre zuvor, 1767, hatte der englische Kapitän Wallis hier geankert. Cook kannte dessen Berichte über diese Insel aus den Akten und wußte daher schon einigermaßen über Land und Leute Bescheid. Die Eingeborenen lebten noch in der Steinzeit, d. h. sie besaßen weder Eisen noch anderes Metall, wußten aber dessen Wert durchaus zu schätzen und waren vor allem auf eiserne Nägel geradezu versessen. Schon am Tage nach der Landung kauften Kapitän Wallis' Leute, was sie nur immer haben wollten: Schweine, Hühner, Bananen, Bataten, Kokosnüsse – alles gegen Nägel, Beile, Messer, Sägen und Scheren. Auf die Dauer wurmte die Eingeborenen dieser Ausverkauf, und sie überlegten, wie sie sich die nützlichen fremden Sachen beschaffen könnten, ohne soviel von ihren eigenen guten Dingen herzugeben. Ob die Nägel wohl Früchte oder Samen eines unbekannten Dornbaums waren? Man probierte es: Die Nägel wurden in den fruchtbaren Boden Tahitis „eingepflanzt" und fleißig begossen. Leider wuchsen sie nicht, im Gegenteil: Sie zerfielen zu Rost! Und mit den Scheren, Beilen und Sägen, die inzwischen stumpf geworden waren, war es auch nichts: Man hatte sie in den Backofen gesteckt in der Hoffnung, die Hitze würde sie wieder so prächtig scharf machen, wie sie einst gewesen waren; aber sie blieben stumpf. Es half also nichts, als all die so begehrten Dinge, die die Fremden im Überfluß besaßen, weiterhin gegen Lebensmittel einzutauschen. Freilich, die Matrosen hatten soviel Nägel, wie die Braunen nur wollten: Sie stahlen sie nämlich aus dem Arsenal, zogen sie mit flachen Zangen aus Schiffsrumpf und Takelage, aus Bänken und Tischen. Hätte Kapitän Wallis nicht im letzten Augenblick strengste Maßnahmen ergriffen, wäre sein Schiff buchstäblich in Stücke zerfallen!

So sollte es ihm nicht ergehen, schwor sich Cook und erließ gleich nach der Landung folgenden Tagesbefehl:

„Ich befehle:

1. sich auf jede anständige Art und Weise um Freundschaft mit den Eingeborenen zu bemühen und sie mit aller erdenklichen Freundlichkeit zu behandeln.

2. Eine oder mehrere dafür geeignete Personen sind als verantwortlich für das Einhandeln aller Arten von Lebensmitteln, Früchten und anderen agrarischen Produkten von den Eingeborenen zu bestimmen. Kein anderer Offizier oder Mann oder sonstiger Angehöriger des Schiffes darf, ohne spezielle Erlaubnis von mir, Handel treiben mit irgendwelchen Lebensmitteln, Früchten oder anderen Erzeugnissen.

3. Jeder, der einen Auftrag welcher Art auch immer an Land erhält, hat diesen Auftrag strikt zu erfüllen. Wenn er aus Fahrlässigkeit Waffen oder Werkzeuge verliert oder sich stehlen läßt, so hat er für deren Wert in vollem Umfang aufzukommen. Außerdem hat er eine Strafe zu erwarten, die der Art seines Vergehens angemessen ist.

4. Ebenso wird jeder bestraft, der dabei ertappt wird, irgendeinen zum Schiff gehörenden Gegenstand zu unterschlagen, zu tauschen oder anzubieten.

5. Keinerlei Eisen oder eiserner Gegenstand, keinerlei Kleidungsstück und kein anderweit nötiger oder nützlicher Artikel darf gegen etwas anderes als gegen Lebensmittel getauscht werden."

Dank Cooks Vorsorge ging der Verkehr mit den Eingeborenen denn auch glatt und ohne Schwierigkeiten vonstatten. Der 3. Juni, der Tag des Venusdurchganges, kam herauf, strahlend schön und klar. Deutlich sah man durch die rußgeschwärzten Fernrohre, wie um 9 Uhr 25 Minuten 42 Sekunden ein kleiner dunkler Punkt über die Sonnenscheibe zu wandern begann: die Venus. Die Astronomen waren glücklich. Nun hatten sie einen Anhaltspunkt mehr für ihre Berechnung der Entfernung zwischen Erde und Sonne.

Damit war Cooks Hauptauftrag erledigt. Nun konnte er sich seinen anderen Aufgaben zuwenden. Zunächst umfuhr er in einer Pinasse die ganze Insel und kartierte sie. Dann wurde die „Endeavour" gründlich überholt, verproviantiert und mit Wasser versehen, und vier Wochen später, am 13. Juli 1769, segelten die Engländer ab. Zunächst wurden die in der Nähe liegenden Gesellschaftsinseln unter feierlicher Flaggenhissung für Großbritannien in Besitz genommen. Dann steuerte Cook Südkurs, um schließlich westlich einzudrehen – gemäß dem Geheimbefehl, den die Admiralität ihrem Kapitän erteilt hatte. Er sollte nämlich den Gerüchten von einem Südkontinent, einer „Terra australis", auf den Grund gehen, von der schon die alten Geographen gesprochen hatten und über die auch ungewisse Andeutungen verschiedener Kapitäne vorlagen, die im Laufe der letzten hundert Jahre im Pazifik unterwegs gewesen waren. In Tahiti schon hatte Cook die Eingeborenen eifrig nach einem im Süden gelegenen großen

Land befragt, aber niemand wußte etwas davon. Als er nun bis auf 40 Grad Süd gelangt war, ohne die „Terra australis" zu entdecken, setzte er Westkurs ab. Sechs Wochen später, nach unablässigem Kreuzen zwischen 35 und 40 Grad Süd, hoben sich die Berge Neuseelands vor ihm aus dem Wasser.

Das war ein großer Augenblick – sollte das der sagenhafte Südkontinent sein? Ein halbes Jahr hindurch, bis zum 31. März 1770, fuhr Cook unablässig die Küsten des fremden Landes ab, dann stand es für ihn unzweifelhaft fest, daß er es mit einer Insel zu tun hatte und nicht mit dem Südlande. Wenn es hier überhaupt einen unbekannten Kontinent gab, dann mußte er noch sehr viel weiter südlich liegen. Dahin konnte er sich jetzt jedoch nicht mehr aufmachen, denn die „Endeavour" war immerhin schon zwei Jahre unterwegs und allmählich überholungsbedürftig. Aber er wollte wenigstens noch den bisher ganz unbekannten Osten von Neuholland, wie Australien damals genannt wurde, erkunden und dann über den Malayischen Archipel und das Kap der Guten Hoffnung nach Hause zurückkehren. Diesem Vorschlag stimmten alle seine Offiziere zu.

Cook erreichte die Ostküste Australiens am 18. April. Das Land sah ganz anziehend aus, zwar streckenweise wüst und öde, an anderen Stellen dagegen zeigten sich bewaldete Hügel und Wiesen. Wie aber sollte man herankommen? Schon weit draußen starrte die See von gischtumsprühten Riffen und Felsspitzen – wehe dem Schiff, das da hineingeriet! Und doch, er mußte hindurch, wenn er das Land erkunden wollte, mußte nahe heran an die Küste, mitten durch die teuflischen Klippen! *(Bild Nr. 20)*

Und das Wagnis gelang! Etwa in der Gegend des heutigen Sidney ging Cook zum ersten Mal in Australien, das er sogleich für die Krone von England in Besitz nahm, an Land. Dabei lernte er das Känguruh kennen, jenes merkwürdige Tier mit dem Kopf eines Rehs und einem gewaltigen Schwanz, das sich aufrecht hält und springend wie ein Frosch fortbewegt. Ein holländischer Kapitän hatte davon in Europa berichtet, aber nichts als Unglauben und Hohn geerntet: Ein so merkwürdiges Tier konnte es einfach nicht geben, das war sicher nur Seemannsgarn. Cook interessierte dieses seltsame Lebewesen wenig, er machte sich keinerlei Gedanken darüber; aber Känguruhsuppe und -braten fand er lecker!

Auf der Weiterfahrt geschah dann das, was eigentlich schon bei der Landung hätte passieren müssen: Die „Endeavour" lief auf ein Korallenriff auf und saß fest. Das ist vor und nach Cook vielen Schiffen passiert, aber nur selten hat eines eine so schwere Havarie überstanden. Cooks Bericht ist daher einer von den wenigen, die über eine solche Strandung vorhanden sind:

„Wir segelten im offenen Meer ... Gegen elf Uhr verringerte sich die Tiefe ganz plötzlich, und ehe wir noch das Senkblei auswerfen konnten, saß das Schiff mit einem abscheulichen, durch Mark und Bein gehenden Ächzen und Krachen auf ... Unsere Be-

fürchtung traf zu: Wir saßen, acht Seemeilen von der wüsten und dürren Küste entfernt, auf einem Korallenriff fest ... Das Meer donnerte mit solcher Gewalt gegen den schrägliegenden Schiffskörper, daß wir uns kaum auf den Beinen halten konnten. Nicht lange, so sahen wir im Mondschein Bretter der Kielverschalung im Wasser schwimmen, und schon meldete der Schiffsmeister auch das furchtbare: „Wasser im Raum!" Unsere Pumpen begannen sofort zu arbeiten, aber ... die Endeavour rührte sich auch nicht um eine Handbreite von der Klippe ..."

Cooks einzige Hoffnung war, daß die Flut das Schiff aus seiner schlimmen Lage befreien würde. Und wie durch ein Wunder machte das steigende Wasser die „Endeavour" tatsächlich frei! Aber noch war sie nicht gerettet; das Leck – würde das Schiff nicht doch noch sinken, wenn man jetzt auf die unwirtliche Küste zufuhr? Bange Sorge erfüllte alle. Und wiederum hatte Cook Glück: Er erreichte den Strand, und es gelang auch, eine Bucht zu finden, wo das Schiff wieder instandgesetzt werden konnte. Hier nun entdeckten die Matrosen, welch seltsamem Zufall sie ihre Rettung verdankten: Die Spitze des Korallenriffs, auf das die „Endeavour" aufgelaufen war, hatte sich im Schiffsboden verklemmt, war abgebrochen und verschloß das Leck wie ein Pfropfen!

Von Australien aus segelte Cook durch die Torres-Straße nach Batavia, wo er am 9. Oktober 1770 an Land ging. Bis hierher war die Mannschaft in bester gesundheitlicher Verfassung, es hatte keinen einzigen Skorbutfall gegeben. Aber als Cook nach drei Monaten die Anker lichtete, sah es böse aus: Es waren bereits sieben Tote zu beklagen, und unter Deck lag eine große Anzahl Kranker! Die „mal-aria", die schlechte Sumpfluft Batavias mit ihrer Unzahl von Anophelesmücken, hatte diese schrecklichen Verluste verursacht. Als erster war der Schiffsarzt gestorben, ihm folgten neunzehn Mann, und zeitweise konnten nur zwölf Seeleute halbwegs Dienst tun. Cook beschloß, auf dem kürzesten Wege heimzukehren.

Am 13. Juli 1771 landete die „Endeavour" in England; mit zerfetzten und geflickten Segeln, mit brüchigem Tauwerk und leck in allen Fugen ging das einst so stolze Schiff im Heimathafen vor Anker. Von den 94 Mann, die ausgefahren waren, kehrten nur 56 zurück; und von dem geheimnisvollen Südkontinent wußte man noch immer nicht mehr als vorher. Man war unzufrieden in England, nichts hatte diese Expedition offenbar ausgerichtet, allerlei böswillige Gerüchte über den Kommandanten des Unternehmens tauchten auf – da wurde Cook zu ausführlichem Bericht zum König befohlen und danach zum Kapitän ernannt. Eigenhändig unterzeichnete der Herrscher das Patent, woraufhin die Gerüchte jäh verstummten; kurze Zeit später wurde bekannt, daß Cook bald zu einer neuen Fahrt hinausgehen werde.

Bereits im Frühjahr 1772 erhielt Cook den Befehl, abermals eine Südseereise durchzuführen. Diesmal unterstellte man zwei Schiffe seinem Kommando, wiederum Kohlensegler wie die „Endeavour"; sie erhielten die beziehungsreichen Namen „Resolution" und „Adventure". Wiederum wurden beide mit Sauerkraut, Bouillonpaste, Zitronen und Karottenmarmelade vollgepackt, ausreichend für eine zweijährige Reise. Zwei Astronomen fuhren mit und außerdem die deutschen Naturwissenschaftler Johann Reinhold Forster und sein Sohn Johann Georg Adam Forster. Auch diesmal waren Kanonen an Bord gehievt worden, fest eingebaute Sechspfünder und eine Anzahl Drehbassen, leichte Geschütze, die im Gegensatz zu den fest eingebauten schweren Kalibern seitlich nach allen Richtungen geschwenkt werden konnten.

Am 13. Juli 1772 gingen die „Resolution" und die „Adventure" von ihrem Heimathafen Plymouth aus in See. Cook hatte für die neue Fahrt folgende Instruktionen bekommen: Er solle über Madeira zum Kap der Guten Hoffnung segeln, dort einen Vorstoß nach Süden unternehmen, etwa aufgefundenes Land erkunden und dann auf möglichst hohen südlichen Breiten über Kap Hoorn nach England zurückkehren. Das war also nicht mehr und nicht weniger als eine Weltumseglung von West nach Ost, wie sie bisher noch niemand durchgeführt hatte. Der eigentliche Zweck des ganzen Unternehmens bestand aber natürlich wiederum in der Suche nach dem Südkontinent.

Ende Oktober 1772 landeten beide Schiffe am Kap der Guten Hoffnung. Dort wurden noch einmal Lebensmittel an Bord genommen, und drei Wochen später begann die Fahrt in das große Abenteuer. Die „Brüllenden Vierziger", wie die Breiten um den vierzigsten Grad Süd später von allen Fahrensleuten genannt wurden, machten ihrem Namen alle Ehre: Ein Sturm löste den anderen ab, es wurde bitter kalt, es gab Eisregen und Schnee. Der Dienst auf den Schiffen war unter diesen Umständen unerhört anstrengend, und Cook führte auch jetzt wieder die Wacheinteilung ein, die sich schon in schwierigen Wochen seiner ersten Reise bestens bewährt hatte: Er ließ statt der üblichen zwei Wachen drei gehen. Das schonte die Kräfte seiner Leute, und da er ihnen außerdem warme Kleidung und hin und wieder einen tüchtigen Schluck Rum zuteilte, blieb die Mannschaft bei guter Stimmung. Die ersten großen Eisberge freilich, die man am 12. Dezember sichtete, verbreiteten einigen Schrecken. Es waren Riesenbrocken von zwanzig Meter Höhe und dreieinhalb Kilometer Umfang. Kein Wunder, daß man ihnen am liebsten in weitem Bogen aus dem Wege gegangen wäre! Aber trotz aller Gefahren segelte Cook noch weiter nach Süden; er hatte sich ganz richtig gesagt, daß so gewaltige Eismassen nur am festen Land entstanden sein konnten. Und dieses Land wollte er finden! Am 17. Januar 1773 hatte er sich bis zum 67. Grad südlicher Breite vorgearbeitet. Aber hier mußte er nun doch aufgeben: Das Packeis wurde so dick, daß an ein Weiterkommen gar nicht mehr zu denken war, zumal der Südwinter vor der Tür stand. Cook hatte die Genugtuung, so weit nach Süden vorgestoßen zu sein wie nie vor ihm ein Mensch; nun aber drehte er bei und nahm Kurs auf Neuseeland.

Am 8. Februar kam Nebel auf, und in dem undurchdringlichen Dunst geriet die „Adventure" außer Sicht. Alle Versuche, sie wiederzufinden, blieben ergebnislos, da sie nicht einmal auf Kanonenschüsse antwortete. Auch als der Nebel endlich stieg, war sie nirgends zu entdecken. Da Cook mit dem Kapitän seines zweiten Schiffs für den Fall einer Trennung als Treffpunkt Neuseeland verabredet hatte, machte er sich nun selbst dorthin auf den Weg und fand die „Adventure" auch tatsächlich Ende März glücklich wieder.

Es duldete Cook nicht lange auf der Insel. Vielleicht existierte das Südland weiter östlich, dann war es gut, den Sommer auszunutzen, um es zu erkunden. Deshalb brach er schon Anfang Juni 1773 wieder auf. Aber wenige Wochen später gab es auf der „Adventure" einen Todesfall an Skorbut, und zwanzig Mann lagen krank im Revier; der Kapitän hatte die Befolgung der Diätvorschriften im Gegensatz zu Cook nicht streng genug überwacht. Denn auf der „Resolution" war der Gesundheitszustand der Mannschaft nach wie vor ausgezeichnet. Mit Rücksicht auf die Kranken gab Cook den weiteren Vorstoß in den Süden auf, zumal der Wind ungünstig stand und die Fahrt nur langsam voranging. So drehte er auf Tahiti ein, und am 25. August rasselten die Anker in der Matawaybucht in den Grund.

Nach den Strapazen der Kreuzfahrt im eisigen Südmeer legte der Kommandant hier eine mehrwöchige Pause ein, damit die Mannschaft sich erholen und die Kranken gesunden konnten. Auch er selbst gönnte sich endlich einmal Ruhe; mit allen Sinnen genoß er diesmal die zauberhafte Schönheit der Insel. Voller Freude stellte er fest, daß die Eingeborenen die Engländer in guter Erinnerung behalten hatten. Als der König von Tahiti, mit dem er vier Jahre zuvor Freundschaft geschlossen, dem Kapitän fast weinend vor Wiedersehensfreude um den Hals fiel, war Cook tief gerührt von so viel Anhänglichkeit. Im Verkehr mit den Braunen erfuhr er vieles über Natur und Wirtschaft des Landes, was ihn sehr interessierte. Einen besonders großen Eindruck machten dem sportliebenden Briten die phantastischen Schwimmkünste der Eingeborenen:

„Am Ufer war eine Stelle, wo keine Korallenriffe vor der Küste lagen. Die Brandung war hier wirklich furchtbar, ich erinnere mich nicht, jemals höhere Wellen gesehen zu haben. Jedes Schiff wäre in dieser Brandung verloren gewesen, und der beste europäische Schwimmer würde sofort von den Wellen gegen die Felsen geschmettert worden sein. Aber gerade diese Stelle war einer der Lieblingsbadeplätze der Tahitianer. Wenn die Brandung heranrauschte, tauchten sie unter und erschienen mit unbegreiflicher Gewandtheit

und Leichtigkeit auf der anderen Seite der Welle. Einmal fanden sie mitten in der Brandung das Heck einer von den Wellen zerschlagenen Piroge. Sie ergriffen den Holzteil, schleppten ihn schwimmend ziemlich weit in die See hinaus, stellten sich darauf und kamen nun mit großer Geschwindigkeit, von Wellen und Wind getrieben, auf die Brandungslinie zugeschossen. Dieses Spiel schien ihnen ein unendliches Vergnügen zu bereiten, und sie waren dabei so unbefangen wie Kinder."

Als seine Mannschaft nach mehreren Wochen wieder völlig gesund und ausgeruht war, brach Cook zu einem neuen Vorstoß in den Süden auf. Wieder ging die Fahrt über Neuseeland, und diesmal gelang es ihm, sogar bis zum 71. Breitengrad vorzudringen. Aber wiederum hinderten ihn weite Packeisfelder an der Weiterfahrt. Da die „Adventure" schon bei Neuseeland im dicken Nebel abermals außer Sicht gekommen war – diesmal endgültig bis zu dem Tag, da der Kommandant sie im Heimathafen Plymouth wiederfand –, war die „Resolution" ganz auf sich allein gestellt. Mit einem einzigen Schiff ganz allein im eisigen Meer – es waren sorgenvolle Tage für Cook! Wenn der „Resolution" ein Unfall zustieß, dann würde er kaum imstande sein, jemals wieder nach England zurückzukehren, um über seine Erkundungen im Südmeer zu berichten. Die ganze Expedition wäre also nutzlos gewesen. Das durfte er nicht riskieren. Am 30. Januar 1774 beschloß Cook deshalb umzukehren und notierte im Logbuch:

„Um 4 Uhr morgens sahen wir, daß die Wolken am südlichen Horizont einen ungewöhnlich weißen Glanz hatten. Dies bedeutete, wie wir wußten, daß wir uns einem Eisfelde näherten. Bald darauf wurde es vom Mastkorb aus gesichtet. 97 Eisberge konnte man ... unterscheiden ... So große Eisberge wie diese sind ... in den Grönlandmeeren nie beobachtet worden ... Es bedarf keiner weiteren Begründung dafür, daß ich drehte und nach Norden zurücksteuerte. Wir befanden uns auf 71 Grad 10 südlicher Breite."

Es wurde auch aus einem anderen Grunde höchste Zeit, sich wieder bewohnten Gegenden zuzuwenden. Mit dem Proviant sah es nämlich gar nicht gut aus. Der Schiffszwieback war großenteils verdorben, der Rest wimmelte von Maden, und die übrigen Vorräte „konnten nur von Menschen gegessen werden, die sich in unserer Lage befanden", wie im Logbuch zu lesen steht. Was das wirklich bedeutete, berichteten sehr anschaulich die Forsters:

„Die Stunde des Essens war uns verhaßt. Denn der Geruch der Speisen kam uns nicht so bald unter die Nase, als wir es schon unmöglich fanden, mit einigem Appetit davon zu genießen ..."

Und das bei Kälte, eisigem Regen, Stürmen und dickem Nebel; nein, es war wirklich höchste Zeit beizudrehen und auf dem kürzesten Weg nach Hause zu fahren. Aber der unermüdliche Cook glaubte, einen kurzen Aufschub verantworten zu können. Denn es gab noch einen großen weißen Fleck im Pazifik: die riesigen Meeresbreiten um die Osterinsel. Sollte dort das geheimnisvolle Süd-

56 Europäisches Schiff, farbige Malerei im Innern eines Steinhauses der Osterinsel (nach einer Zeichnung von J. Weißer, Zahlmeister des Kanonenbootes „Hyäne")

land liegen? Das mußte er unbedingt feststellen, ehe er heimkehrte. Es gab trübe Mienen an Bord, die Mannschaft war ganz und gar nicht einverstanden mit ihrem Kommandanten. Aber er hatte sie so fest in der Hand, daß es zu keiner Auflehnung kam, obwohl er selbst hilflos und vor Schmerzen stöhnend mit einem Gallenleiden in seiner Kajüte lag. So groß war seine Autorität bei seinen Leuten, daß selbst dem Kranken niemand zu widersprechen wagte. *(Bild Nr. 21)*

Freilich stellte Cook schon beim ersten Landgang auf der Osterinsel fest, daß sie nichts mit dem sagenhaften Südkontinent zu tun hatte. Eine merkwürdige Insel war das; ganz einsam und verloren lag sie inmitten des unendlichen Ozeans, aber auf ihren Hängen und Hügeln erhoben sich überall riesige Statuen, die das Gesicht von Menschen trugen. Derlei fand sich sonst nirgends in der Welt. Dem holländischen Kapitän Roggeveen, der sie am Ostersonntag 1722 zum ersten Mal betrat, verdankte sie ihren Namen. Damals war sie ein fruchtbares Eiland gewesen mit Pflanzungen und wohlbestellten Feldern. Jetzt war nicht mehr viel davon zu sehen. Aus irgendeinem Grund mußte sie seitdem verödet sein. Die Eingeborenen brachten den Engländern zwar ein Bündel Bananen als Gastgeschenk, das die ausgehungerten Matrosen mit Jubel in Empfang nahmen. Aber die Braunen hatten selbst so wenig, daß man sich hier nicht verproviantieren konnte. Cook lichtete also schon nach drei Tagen wieder die Anker. Sein Auftrag war im wesentlichen durchgeführt. Nun konnte er nach Tahiti zurückkehren, um dort Wasser und Lebensmittel an Bord zu nehmen. Als das geschehen war, segelte er auf hoher südlicher Breite nach Kap Hoorn; vielleicht fand sich die terra australis auf dieser Strecke. Denn hier, zwischen 50 und 55 Grad Süd, war noch nie vor ihm ein Schiff gefahren; aber auch in dieser Gegend des Pazifiks ließ sich kein Land ausmachen. Befriedigt notierte Cook im Logbuch:

„Den südlichen Pazifik hätten wir damit erledigt. Ich möchte glauben, daß niemand behaupten kann, ich hätte ihn unerforscht gelassen, oder daß auf einer Reise mit diesem Ziel mehr hätte getan werden können als auf unserer!"

Am 29. Dezember 1774 umfuhr man Kap Hoorn, und nun lag der heimatlich bekannte Atlantik vor den Briten. Eigentlich hätte Cook jetzt geradenwegs nach

Hause fahren können; aber der Gedanke an den Südkontinent ließ dem gewissenhaften Kommandanten noch immer keine Ruhe. Konnte er nicht vielleicht weit südlich im Atlantik liegen? Also wurde von Kap Hoorn aus die Südspitze von Afrika angesteuert, eine ebenfalls bisher noch nie befahrene Route. Zwar fand sich auch hier die „Terra australis" nicht, aber Mitte Januar 1775 wurde Südgeorgien entdeckt und für England in Besitz genommen. Und nun hatte auch Cook endlich genug; er machte sich auf die Heimfahrt. Lange Wochen eisigen Kreuzens folgten. Mehr als einmal mußte man beidrehen, um durch das heftige Schlagen der Segel im Gegenwind die Schneemassen zu entfernen, die sich in der Takelage festgesetzt hatten; aber allmählich wurde es wärmer, der Sommer kam, und am 30. Juli 1775, nach mehr als drei Jahren, war man dann endlich wieder zu Hause. Von den 112 Mann, die damals mit Cook ausgefahren waren, kehrten 108 wohlbehalten zurück. *(Bild Nr. 22)*

57 *Dies sind die Unterschriften einiger Häuptlinge der Osterinsel auf einem 1770 mit den Spaniern geschlossenen Vertrage. Vermutlich ist die stilisierte Darstellung eines Fregattvogels (ganz rechts) das Wahrzeichen der Häuptlingswürde*

Abermals wurde Kapitän Cook vom König in Privataudienz empfangen, befördert und ausgezeichnet. Aber wenn man ihm auch einen noch so ehrenvollen Posten in der Heimat gegeben hätte – diesen Mann würde man daheim nicht festhalten können, das war der Admiralität klar. Deshalb erhielt Kapitän Cook schon im Frühjahr 1776 einen neuen Befehl: die Westküste Amerikas vom 45. bis 60. Breitengrad zu erkunden und vor allem festzustellen, ob es dort eine Verbindung zum Atlantischen Ozean gab.

Am 13. Juli 1776 ging Cook auf seinem alten Flaggschiff, der „Resolution", in See. Wenige Tage zuvor hatten die nordamerikanischen Kolonien sich von England losgesagt, bald darauf brach der Krieg aus. Es hätte Cook schlecht bekommen können, als Angehöriger der englischen Kriegsmarine sich in amerikanische Gewässer zu begeben. Aber er hatte nichts zu befürchten. Denn die Achtung vor diesem Mann und seinen Leistungen war so groß, daß Benjamin Franklin der amerikanischen Marine die Anweisung erteilte, Cook und seinen Schiffen ohne Angriffshandlungen die Bahn freizugeben, „angesichts der Wohltaten, die er durch seine wertvollen Entdeckungen der gesamten Menschheit erwiesen hat".

Im November traf Cook in Kapstadt ein, sieben Wochen später folgte ihm sein zweites Schiff, die „Discovery", und nachdem Proviant für zwei Jahre an Bord genommen war, konnte die dritte Reise beginnen. Über Tasmanien und Neuseeland führte sie nach Tahiti, wo die Briten in alter Freundschaft aufgenommen wurden. Cook hielt sich nur kurz auf der schönen Insel auf und setzte seine Fahrt dann in nordöstlicher Richtung fort. Nach längerer ereignisloser Reise kam Land in Sicht, und zwar mehrere gebirgige Inseln, dicht bewaldet, fruchtbar und voller blühender Bäume, wunderbar anzusehen. Zu Ehren des Earl of Sandwich nannte Cook sie Sandwich-Inseln. Aber dieser Name setzte sich nicht durch, vielmehr blieb die Bezeichnung der Eingeborenen lebendig: Hawaii!

Eigentlich hätten sie längst entdeckt werden müssen; denn auf einer von ihnen erhob sich der Vulkan Mauna Loa zu einer Höhe von 4000 Metern und war Hunderte von Kilometern im Umkreis zu sehen. Nur ein Zufall hatte die Spanier auf dem Weg zu ihren Besitzungen auf den Philippinen nie nahe genug herangeführt, und so blieb es Cook vorbehalten, diese wunderschönen, reichen und fruchtbaren Eilande aufzufinden.

Die Eingeborenen hatten nie etwas von Europäern gehört, und Cook notierte: *„Auf meinen vielen Reisen stellte ich bei den Eingeborenen keiner anderen Gegend ein solches Erstaunen fest wie bei diesen Leuten. Als sie das Schiff betraten, flogen ihre Augen fortwährend von einem Gegenstand zum anderen ... Es war deutlich zu erkennen, daß sie bis jetzt niemals von Europäern besucht und mit keiner unserer Errungenschaften außer dem Eisen bekannt geworden waren. Und davon schienen sie auch nur gehört oder es allenfalls in ganz kleinen Mengen kennengelernt zu haben."*

Die Braunen sprachen dieselbe Sprache wie die in Tahiti und Neuseeland, leider aber waren sie viel zudringlicher. Sie stahlen auf den Schiffen alles, was nicht niet- und nagelfest war, man konnte sich ihrer kaum erwehren. Als ein Leutnant eines Tages an Land ging um Wasser zu holen, geriet er dermaßen in Bedrängnis, daß er sich nicht anders zu helfen wußte, als schießen zu lassen. Aber obwohl ein Brauner dabei getötet wurde, kam es zunächst nicht zu Feindseligkeiten, wie Cook befürchtete. Wo der Kommandant sich auch zeigte, wurde er hochgeehrt, Männer und Frauen, ja selbst Adlige warfen sich vor ihm flach auf den Boden. Trotzdem machte er sich Sorgen: Würden die Braunen je vergessen, daß die Weißen einen der Ihren getötet hatten? Würden sie sich nicht doch eines Tages

21 Osterinsel mit einer Reihe der Riesenstatuen, die schon Cooks Verwunderung hervorriefen

22 Schneelandschaft in Süd-Georgien, das Cook auf seiner zweiten Erdumseglung entdeckte

23 Altes Befestigungswerk in der Oase Siwa, die seit dem Altertum heftig umkämpft wurde (nach einer Zeichnung des deutschen Afrikareisenden Freiherr von Minutoli aus dem Jahre 1822)

24 So sieht die Oase Siwa heute aus – Ausgangspunkt zahlreicher Afrikaexpeditionen; Hornemann trat von hier aus die Reise nach Murzuk an

rächen? Aber alles blieb ruhig. Erst viel später sollte sich zeigen, wie recht Cook mit seinen Besorgnissen gehabt hatte.

Anfang Februar 1778 brachen die Briten auf und steuerten nordwärts. Nach sechs Wochen kam auf 47 Grad in der Höhe des heutigen Staates Oregon die nordamerikanische Küste in Sicht. Heftige Stürme hinderten die Schiffe zunächst zu ankern, aber Ende März konnte man in der Nootka-Bucht bei Vancouver an Land gehen. In großen Kanus kamen die Indianer angepaddelt, mit prächtigem Federschmuck, und sogleich begann ein lebhafter Tauschhandel. Dabei erwies sich, daß die Rothäute Kannibalen waren. Sie boten zum Tausch nämlich menschliche Schädel an, die, wie Cook berichtete, „noch nicht ganz von Fleisch entblößt waren. Die fehlenden Partien hätten sie, wie sie uns verständlich machten, gegessen!“ Die Briten brauchten aber nun durchaus keine Furcht zu haben, etwa gleichfalls verspeist zu werden; die Indianer interessierten sich zum Glück viel mehr für Dinge aus Kupfer und Messing. Die waren so begehrt, daß die Engländer Beschläge, Büchsen, Leuchter und schließlich sogar die Knöpfe von ihren Uniformen loswurden.

Vierundzwanzig Tage lang kartierte Cook in unermüdlicher Arbeit die fremde Küste, dann ging er Ende April erneut unter Segel und steuerte weiter nach Norden. Es wurde eine außerordentlich gefährliche Reise, denn die See starrte hier von Klippen und Riffen, brodelnde Strömungen rissen die Schiffe bald hierhin, bald dahin, Regenstürme wüteten, dann war tagelang alles wieder in dicke Nebel gehüllt. Die Mannschaft begann aufzubegehren, viele waren der Ansicht, daß es Wahnsinn sei, was ihr Kapitän vorhatte. Wir haben über diese bösen Wochen einen Bericht des deutschen Matrosen Heinrich Zimmermann aus Wiesloch in der Pfalz, der sich für Cooks dritte Reise hatte anheuern lassen und nach seiner Rückkehr ein Buch über seine Erlebnisse veröffentlichte:

„Auf beiden Schiffen war eine Welle heftiger Opposition gegen Cook im Schwange. Aber den Unwillen, den viele hegten, überdeckte bald ein merkwürdiges Begebnis. Schon oft war mir aufgefallen, mit welcher Sicherheit Cook mit den Gefahren des Meeres fertig wurde ... Mit Erstaunen hatte ich oft wahrgenommen, wie seelenruhig Cook auch hier an den Küsten Amerikas, wo sich eine Fülle von Felsen, Untiefen und Riffen befand, des Nachts schlief. Es konnte aber geschehen, daß er mitten in der Nacht an Deck gestürmt kam und mit einem Male einen neuen Kurs befahl. Oft schien es uns, er habe irgendwelche geheime Zeichen erhalten, die ihn hellsichtig machten.

Am 24. Juni nun ... liefen wir in einer sehr nebligen Nacht sorglos und unwissend an der felsigen Küste hin. Nichts ließ erkennen, daß irgendwo eine Gefahr schlummerte. Leutnant Gore ... wäre ruhig weitergesegelt, wenn nicht plötzlich Cook aus seiner Kajüte gestürzt wäre und in höchster Erregtheit den Befehl erteilt hätte, auf der Stelle zu ankern ... Wir waren alle sehr verdutzt ... Erst gegen Mittag des nächsten Tages sollte sich alles aufklären. Kaum zwanzig Schritte voraus befand sich ein steil aus dem Wasser aufsteigender Fels, das Wasser ringsum starrte von Klippen, und es war ganz unzweifelhaft, daß keines der Schiffe heil davongekommen wäre, wenn Cook nicht geankert hätte!"

Dieses Erlebnis erfüllte die Mannschaft mit solcher Bewunderung für ihren Kapitän und mit so bedingungslosem Vertrauen, daß sie jeden Widerstand gegen seine Pläne aufgab und sich willig allen seinen Beschlüssen unterwarf, überzeugt davon, daß er immer genau das Richtige tun würde.

Für die Auffindung einer nordöstlichen Durchfahrt durch den amerikanischen Kontinent hatte die Admiralität eine Belohnung von 20000 Pfund ausgesetzt. Ein schönes Stück Geld, aber selbst um dieser verlockenden Prämie willen hätte Cook niemals die Strapazen seiner dritten Fahrt auf sich genommen, denn er machte kein Hehl daraus, daß er persönlich an das Vorhandensein dieser Durchfahrt nicht glaube. Aber Befehl war Befehl; es half nichts, als weiterzusuchen, bis sich endgültig herausstellen würde, ob es hier im Norden eine Verbindung zum Atlantik gab oder nicht. Um den 20. Mai, auf etwa 60 Grad Nord, wurde Cook zum ersten Mal in seiner Überzeugung schwankend: Man traf auf die Mündung eines großen Stromes, einen tief eingeschnittenen Fjord. Sollte hier etwa doch ein Wasserweg zur Hudson- oder Baffinbai führen? Sein erster Leutnant glaubte fest daran. Zwei Schaluppen, zwanzig Mann und hinreichend Proviant wollte er vom Kapitän haben, dann würde er in drei Monaten in England sein und sich die 20000 Pfund abholen. Aber Cook blieb hart. Er schlug seinem Offizier die Bitte ab, untersuchte aber den Fjord besonders eingehend und stellte dabei fest, daß es sich wirklich nur um eine Flußmündung handelte. Dann segelte er, dem Alëutenbogen folgend, nach Unalaschka.

Hier lag nun endlich wieder offenes Wasser vor den Schiffen; das dauernde, mühevolle und gefährliche Manövrieren in Küstennähe hatte ein Ende. Anfang Juli drang die Expedition in nordöstlicher Richtung weiter vor, und am 9. August passierten beide Schiffe die Beringstraße; aber schon acht Tage später gebot eine dicke Eisbarriere ihnen Halt. Nirgendwo in den Eismassen zeigte sich ein Durchschlupf, nach einigen Tagen vergeblichen Suchens gab Cook den Vorstoß nach Nordosten auf und beschloß, nach Hawaii zurückzukehren, um dort das Frühjahr abzuwarten.

Anfang Oktober kamen die Schiffe wieder in Unalaschka an. Während sie überholt wurden, gingen Landkommandos ab, um Beeren zu suchen und Tannenspitzen zu sammeln, aus denen Cook ein Gebräu herstellen ließ, das er hochtrabend „Bier" nannte. So gut wie Bier wird es seinen Leuten wohl kaum geschmeckt haben, aber im Verein mit Beeren, frischem Fleisch und Fisch half es, dem Skorbut vorzubeugen.

Nachdem Cook russischen Fischern und Pelzjägern Berichte für die Admiralität in London mitgegeben hatte, segelte er ab und erreichte vier Wochen später, im November 1778, eine der Hawaii-Inseln. Endlich konnte man ausruhen und sich von den anstrengenden letzten Monaten erholen, meinte die Mannschaft. Aber sie hatte wieder einmal nicht mit der Gewissenhaftigkeit und Gründlichkeit ihres Kapitäns gerechnet: Als er entdeckte, daß im ganzen acht Inseln zu Hawaii gehörten, wurde der gesamte Archipel abgefahren und kartiert. Erst am 17. Januar 1779 gönnte der unermüdliche Cook sich und seinen Leuten die wohlverdiente Ruhe.

Bald umschwärmten die Eingeborenen in zahlreichen Booten die britischen Schiffe, gekleidet in wunderbare Mäntel aus roten Federn, kindlich unbefangen und liebenswürdig. Zauberhaft schön waren diese Inseln – und das Leben soviel leichter und heiterer als bei dem harten Dienst auf den Schiffen. „Südseefieber" nannte Heinrich Zimmermann den Zustand, der die Mannschaft hier plötzlich packte: Die Leute wurden aufsässig, sie wollten in Hawaii bleiben, in diesem Paradies, und nicht mehr zurück zu ihrer harten Arbeit. Die Wildesten unter ihnen redeten bereits von einem Sturm auf die Waffenkammer und planten, den Kapitän gefangenzunehmen. Aber dazu sollte es nicht kommen. Die Ereignisse überstürzten sich. Jetzt geschah nämlich das, was Cook schon bei seinem ersten Aufenthalt in Hawaii gefürchtet hatte: Die Braunen erhoben sich gegen die Fremden. Sie begannen sich dagegen zu wehren, daß die Briten ihnen zwar höflich, aber unerbittlich soviel Lebensmittel abnahmen, wie sie brauchten, und kamen zu der Überzeugung, daß die Weißen vor einer Hungersnot aus ihrer Heimat geflohen seien. Die Empörung der Eingeborenen machte sich in Schlägereien Luft, die Briten waren genötigt zu schießen, und am 14. Februar wurde die Lage bedrohlich. Cook beschloß, selbst einzugreifen; ihm würde es sicherlich gelingen, die Braunen zu besänftigen.

Er ging an Land, um Frieden zu stiften. Aber eben in dem Augenblick, als er sich umwandte, um den Befehl zur Feuereinstellung zu geben, erhielt er mehrere Dolchstiche in den Rücken. Nicht tödlich getroffen, jedoch schwer verwundet fiel er mit ausgebreiteten Armen vornüber in die See, die Füße blieben am Uferfels hängen, und bewußtlos geworden, ertrank der Kapitän, ehe seine Leute ihn retten konnten.

Sein Tod brachte die Braunen zur Raserei; sie rissen mehrere Matrosen buchstäblich in Stücke, und nur mit größter Mühe gelang es den britischen Mannschaften in den Booten, sich vor dem gleichen Schicksal zu bewahren. Über den Tod ihres Kommandanten aufs äußerste erbittert, waren sie drauf und dran, mit den Schiffsgeschützen ein entsetzliches Blutbad unter den Eingeborenen anzurichten. Es gelang Kapitän Clerke, dem Kommandanten der „Discovery", jedoch, sie zu zügeln; es gereichte ihm zu hoher Ehre, daß er Vergeltungsmaßnahmen verhinderte.

Am 22. Februar 1779 verließen die beiden britischen Schiffe Hawaii und versuchten, ihrem Befehl gemäß, erneut, die Durchfahrt durch die Beringstraße nach Osten zu erzwingen. Wiederum gebot das Eis ihnen Halt, und ehe sie noch den rettenden Hafen St. Peter und Paul auf Kamtschatka erreichen konnten, erlag Kapitän Clerke einem Lungenleiden. Die Fahrt wurde abgebrochen und die Heimreise angetreten.

Die großen Aufgaben, die die britische Admiralität ihrem Kapitän gestellt hatte, waren gelöst. Dank Cooks peinlich genauer Forscherarbeit war der Pazifik nun erst eigentlich entdeckt worden. Er hat die Gerüchte um die „Terra australis" widerlegt und bewiesen, daß es eine Durchfahrt zum Atlantik im nordamerikanischen Festland nicht gab. Den größten Eindruck in der Öffentlichkeit aber machten Cooks Berichte über die paradiesischen Inseln der Südsee, von denen man in Europa zum ersten Mal eingehender erfuhr.

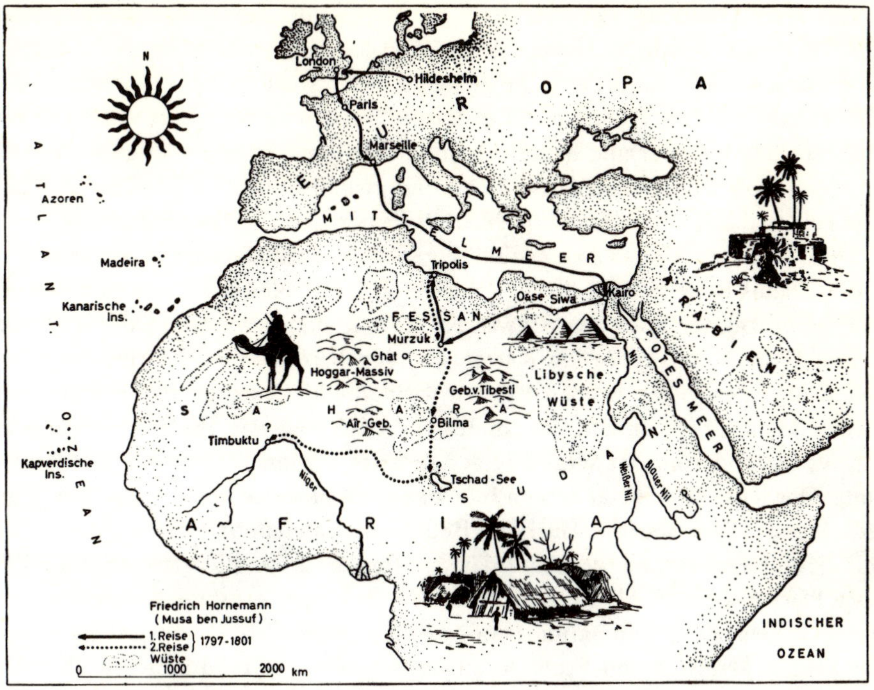

EIN THEOLOGE GEHT UNTER DIE FORSCHER

1788, zehn Jahre nach Cooks Tod, wurde in London die „African Association" gegründet, die „Gesellschaft zur Förderung der Erforschung der inneren Teile Afrikas". Urheber dieses Unternehmens war Joseph Banks, der Cook auf dessen erster Reise in den Pazifik begleitet hatte. Nachdem die Erforschung der Südsee mit der dritten Fahrt des großen Entdeckers abgeschlossen war, regte Banks an, sich nun an die Erkundung des Erdteils zu machen, der bisher noch am wenigsten bekannt war, Afrika nämlich. Über Asien wußte man in Europa seit dem ausgehenden 13. Jahrhundert leidlich Bescheid, vor allem aus den Berichten Marco Polos und Ibn Batutas. Amerika war von Kolumbus aufgefunden worden, in Indien hatten die Portugiesen Fuß gefaßt, die Probleme der Südsee hatte Cook geklärt. Von Afrika aber kannte man bisher kaum mehr als die Küstengegenden. Seine Erforschung trat nunmehr in den Vordergrund, und so entschloß sich die „African Association", Reisende auszusenden, um den „Dunklen Erdteil" erkunden zu lassen.

Der erste Deutsche, der sich dafür zur Verfügung stellte, war der Kandidat der Theologie Friedrich Hornemann aus Hildesheim. Als Sohn des dortigen Stadtpfarrers 1772 geboren, sollte er später, wie fast alle seine Vorfahren, ebenfalls Pfarrer werden. Genau wie die anderen Jungen seines Alters spielte er mit Begeisterung Indianer und baute sich im Garten einen richtigen Wigwam, in den er voller Stolz Mutter und Schwester einlud; bald kannte er jeden Pfad in Wald und Feld und galt darum bei seinen Klassenkameraden als erster Häuptling.

Die durch die „African Association" veranlaßten Afrikafahrten ließen Friedrich Hornemanns Begeisterung für die Indianer abflauen. Neugierig las er alle nur erreichbaren Bücher über den Schwarzen Erdteil, immer wieder studierte er die diesen Werken beigegebenen Karten mit den Küstenlinien des riesigen Kontinents und den vielen weißen Flecken darin, die klarmachten, daß noch nie ein weißer Mann in das Innere des Landes vorgedrungen war. Pfarrer Hornemann sah die Veränderung im Wesen seines sonst so wilden Jungen mit Verwunderung. Der hatte ja seine geliebten Indianerspiele plötzlich völlig vergessen, jede freie Stunde saß er über den Büchern! Bedenken kamen ihm: Wo wollte das hinaus mit dieser Begeisterung für fremde Länder, für Afrika vor allem? Sein Sohn sollte doch Pfarrer werden. Aber offenbar war es dem Jungen ernst mit seinen Studien, denn die Lehrer des Gymnasiums bestätigten dem besorgten Vater, daß sie selbst, die klugen Magister und Professoren, stets aufs neue verblüfft seien über die gründlichen geographischen Kenntnisse des zwölfjährigen Tertianers. Nach wie vor jedoch hielt Vater Hornemann an dem Plan fest, seinen Sohn Theologie studieren zu lassen, und so bezog dieser denn auch nach dem Abitur die Universität Göttingen als Student der Theologie.

Zunächst ging alles gut, aber schon nach einigen Semestern war es dem jungen Hornemann klar, daß er niemals Pfarrer werden würde: Zu sehr lockte die weite Welt, und am allermeisten der „Dunkle Erdteil"! Kurz entschlossen wandte er sich eines Tages an den Göttinger Professor Blumenbach, der mit Joseph Banks in London befreundet war, und bat ihn um ein Empfehlungsschreiben; er habe die Absicht, als Forscher nach Afrika zu gehen. Damit hatte sich sein Schicksal entschieden. Der Rest seines Lebens gehörte dem lockenden Dunklen Erdteil! 1795 fuhr Hornemann nach London; zwei Jahre lang studierte er dort Naturwissenschaft und Arabisch, dann war er endlich so weit: Mitte Juli 1797 verließ er England und reiste über Paris und Marseille nach Kairo. Er hatte den Auftrag, nach Murzuk, der Hauptstadt von Fessan, vorzustoßen. Allein und auf eigene Faust war das allerdings undurchführbar. Deshalb mußte er in Kairo bleiben, bis er sich einer Handelskarawane nach Fessan anschließen konnte.

Dem ungestümen jungen Mann paßte es gar nicht, daß er zunächst einmal warten mußte, und seine ohnehin geringe Geduld wurde auf eine harte Probe gestellt: In Kairo brach nämlich die Pest aus. Man verhängte Quarantäne über die Stadt, und nun dauerte es zehn Monate, bis Hornemann endlich aufbrechen konnte. In diesen zehn Monaten ereignete sich mancherlei. Als Friedrich Hornemann eines Tages durch die Bazare streifte, hörte er plötzlich zu seiner größten Überraschung einen saftigen deutschen Fluch, und was ihn noch viel mehr verblüffte: der Mann, der ihn ausgestoßen hatte, war gekleidet und sah aus wie ein Araber. Als ihn der Forscher, verwundert über solche Deutschkenntnisse, ansprach, stellte sich heraus, daß der vermeintliche Araber zwar zum Mohammedanismus übergetreten, im übrigen aber ein Deutscher aus Köln mit Namen Joseph Freudenberg war. Die Landsleute schlossen Freundschaft, und Freudenberg erklärte sich bereit, Hornemann als Dragomann, als Diener und Dolmetscher, zu begleiten.

58 *Stadtbild aus Kairo*

Offenbar brachte diese Begegnung Friedrich Hornemann auf die Idee, seine Reise in der Verkleidung eines mohammedanischen Kaufmanns anzutreten. Er war der erste Forscher, der von vornherein wie die Eingeborenen leben und reisen wollte, und dieser Plan leuchtete den Herren von der „African Association" in London ein. Sicherlich würde er damit viele Schwierigkeiten leichter überwinden. Es war übrigens gar nicht einfach, den Brief, in dem er seinen Auftraggebern diesen Entschluß mitteilte, nach London zu befördern. Inzwischen hatte nämlich Napoleon, der spätere Kaiser der Franzosen, Kairo besetzt. Die Pestquarantäne war mittlerweile aufgehoben worden, aber nun weigerten sich die französischen Banken, einem Deutschen, der in englischem Auftrag nach Innerafrika wollte, Geld auszuzahlen, so daß Hornemann die Mittel fehlten, die er für die Weiterreise brauchte. Hier konnte nur einer helfen: Napoleon selber! So verwegen der Gedanke auch war, sich mit seinen Sorgen direkt an den großen Korsen zu wenden, der junge Deutsche schaffte es. Zwar mußte er vierzehn Tage warten, bis er empfangen wurde, natürlich wieder viel zu lange für seine Ungeduld, und deshalb war er nicht gerade sanft gestimmt, als er endlich vor dem General stand. Der nahm dem jungen Heißsporn sein Ungestüm aber nicht übel, sondern half ihm in großzügiger Weise, ließ seine Papiere in Ordnung bringen, stellte ihm sofort Geld zur Verfügung und beförderte seine Briefe. Sechs Tage später, am 5. September 1798, schaukelte Hornemann bereits auf dem Rücken eines Kamels in Richtung Südwesten in die Wüste, dem Niger entgegen.

Denn bei seiner Expedition ging es vor allem darum, die Rätsel dieses Flusses zu klären. Lange Zeit hatte man ihn für einen Nebenarm des Nils gehalten, aber neuerdings war das zweifelhaft geworden. Was es nun eigentlich mit dem Niger auf sich hatte, das sollte Hornemann erkunden; die bisher vorhandenen Karten zeigten den großen Strom jeweils anders, man wollte endlich wissen, wie er wirklich verlief. *(Bild Nr. 23 und 24)*

Völlig unbefangen ritt Hornemann seinem großen Abenteuer entgegen. Aber schon die ersten Tagesmärsche auf der uralten Karawanenstraße von Kairo nach Murzuk sollten ihm zeigen, daß sein Unternehmen eine Menge Gefahren in sich barg. Am schwierigsten war, genau wie heute noch, die Frage des Trinkwassers zu lösen; wie die Araber mit diesem Problem fertig wurden, schildert Hornemann: *„Das Wasser ... wird in ledernen Schläuchen aufbewahrt, die man aus unaufgeschnittenen Ziegenhäuten herstellt. Die Wasserschläuche vom Sudan sind die besten, in ihnen kann man das Wasser fünf Tage lang aufbewahren, ohne daß es schlecht schmeckt ... Um diese Schläuche geschmeidiger und haltbarer zu machen, reibt man sie innen mit geschmolzener Butter ein. Dadurch wird das Wasser im Anfang beinahe ungenießbar!"*

Als junger, kräftiger Mann wurde der Forscher natürlich mit solchen und ähnlichen Unannehmlichkeiten leicht fertig. Viel schwieriger war es für ihn, sich nicht zu verraten. Er mußte als Mohammedaner gelten und durfte keinen Verdacht erregen, denn einen Ungläubigen hätten die Araber in der Karawane nicht geduldet. Solange man durch die Wüste ritt, ging es noch an. Der Deutsche hielt sich meist am Ende des Zuges und fand sogar Zeit, Ortsbestimmungen vorzunehmen. Gefährlich wurde es erst, als die Karawane in der Oase Siwa halt-

59 *Am 5. September 1798 bricht Friedrich Hornemann (Musa ben Jussuf) mit einer aus Mekka heimkehrenden Pilgerkarawane nach Westen auf*

machte. Als Hornemann die Gelegenheit benutzen wollte, die in der Nähe befindlichen antiken Ruinen zu besichtigen, da erregte er den Argwohn seiner Reisegenossen. Was, zum Teufel, interessierten diesen Mann die Bauten der „giaur", der Ungläubigen? „Du bist im Herzen sicher auch noch ein Ungläubiger, da du so oft hingehst, um diese Gebäude zu betrachten!" hieß es; Hornemann hielt es daraufhin doch für besser, seinen Wissensdurst zu bezähmen, und es sollte sich bald erweisen, daß er gut daran getan hatte. Man war bereits auf die beiden Deutschen aufmerksam geworden; mit ihrer helleren Hautfarbe fielen sie natürlich sowieso auf, und nun wurde der Verdacht laut, sie seien vielleicht Spione der „giaur". Wenige Tage später, bei der Abreise von Siwa, wurde die Lage für Hornemann und seinen Begleiter plötzlich bedenklich. Die Leute der Oase begannen nämlich, beim Abmarsch der Karawane eine feindliche Haltung einzunehmen. Die Scheichs hielten daraufhin mit den Führern der Oasen-Araber eine lange Beratung, die Hornemann nichts Gutes ahnen ließ: „*Trotzdem war ich unter allen diesen Begebenheiten ruhig bey meinem Gepäck geblieben; meinen Dolmetscher hatte ich fortgeschickt, um nähere Nachrichten einzuziehen. Als ich ihn zurückkommen sah und mir sein schneller Gang und seine Blicke verrieten, daß er etwas Wichtiges vorzubringen habe, eilte ich ihm entgegen. ‚Verflucht sey der Augenblick', redete er mich an, ‚in welchem ich mich zu dieser Reise entschloß. Wir sind beyde unvermeidlich verloren, man hält uns für Christen und Kundschafter und will uns töten ... Sie wollen nie etwas von Gefahr hören, aber dieses Mal werden Sie Ihren Leichtsinn teuer genug bezahlen müssen.' Da ich sah, daß ihm die Angst alle Besinnung geraubt hatte, ließ ich ihn stehen und ging unbewaffnet, aber festen Schrittes auf die lärmende Versammlung zu. Ich grüßte mit dem gewöhnlichen Gruß der Mohammedaner: Assulam alekum!, aber keiner der Leute aus Siwa antwortete. Einige riefen gleich aus: ‚Ihr seyd einer von den neuen Christen aus Kairo und hierher gekommen, um unser Land auszuspionieren!' Ich ... antwortete nicht auf die Beschuldigungen des großen Haufens, sondern setzte mich nieder und wendete mich an einen der vornehmsten Männer, dessen großen Einfluß ich kannte und der sehr oft in meinem Zelt gewesen war. ‚Sage mir, Bruder', redete ich ihn an, ‚hast du selbst uns nicht angetroffen, wie wir beteten und im Koran lasen, und nun beschuldigst du uns, wir gehörten zu den Ungläubigen in Kairo? Weißt du nicht, daß es eine große Sünde ist, einem Rechtgläubigen zu sagen, er sey ein Heide? Von dir erwarte ich mehr Verstand und mehr Gottesfurcht!*"

Hornemann hatte das so ernst vorgebracht, daß das Mißtrauen der Araber zu schwinden begann. Aber die Gefahr war noch lange nicht vorbei. Man fragte ihn nämlich, wieso er denn christliche Briefe bei sich führe. Christliche Briefe? Du lieber Himmel – da hatte der brave Freudenberg offenbar unvorsichtigerweise den Paß vorgezeigt, den General Bonaparte persönlich signierte, damit Hornemann nicht von französischen Posten in Kairo zurückgehalten wurde! Geistesgegenwärtig versicherte der junge Deutsche den mißtrauischen Scheichs, daß er selbst diese Briefe gar nicht lesen könne und daß man sie ihm nur gegeben hätte, damit er frei aus Kairo hinauskomme. „Aber das hier, das ist das Buch, das wir verstehen!“ rief in diesem Augenblick Joseph Freudenberg und hob den Koran hoch. Man forderte die beiden Deutschen auf, darin zu lesen, um ihre Kenntnisse zu beweisen. Zum Glück wußte der Dolmetscher den ganzen Koran auswendig, und Hornemann selbst konnte inzwischen soviel Arabisch, daß er seine Gegner restlos von seiner Unbedenklichkeit überzeugte:

„Die Häupter der Karawane, die bis dahin geschwiegen, nahmen jetzt laut unsere Parthey, kurz, die Untersuchung wendete sich zu unserem Vorteile, allerdings nicht ohne Murren des großen Haufens, der bey dieser Gelegenheit zu plündern gehofft hatte.“

Diese Gefahr war also dank der Unerschrockenheit Hornemanns glücklich vorübergegangen, und ohne weitere Zwischenfälle erreichte er nach langen Reisewochen am 17. November 1798 die Stadt Murzuk, die Metropole Fessans. Damit hatte er etwa die Hälfte des Weges bis zum Niger zurückgelegt – so glaubte er wenigstens, und am liebsten wäre er sofort weitergereist. Aber die nach Süden führenden Karawanenstraßen wurden von Räubern dermaßen unsicher gemacht, daß er sich entschloß, erst einmal in Murzuk zu bleiben und der „African Association“, die sich nicht nur für wissenschaftliche, sondern ebenso auch für wirtschaftliche Nachrichten interessierte, eingehend Bericht zu erstatten. Alle seine Beobachtungen über Handelswege, Klima, Bodenbeschaffenheit und geographische Lage hatte er während der langen Karawanenreise nur in Stichworten und ganz verstohlen aufschreiben können, um keinen Argwohn bei seinen Reisegenossen zu erregen. Diese Notizen wollte er nun erst einmal in aller Ruhe ausarbeiten. Bald jedoch mußte er einsehen, daß er auch in Murzuk nicht dazu kommen würde; die Araber begannen nämlich sogleich wieder Verdacht zu schöpfen. Aufschieben ließ sich die Arbeit aber auch

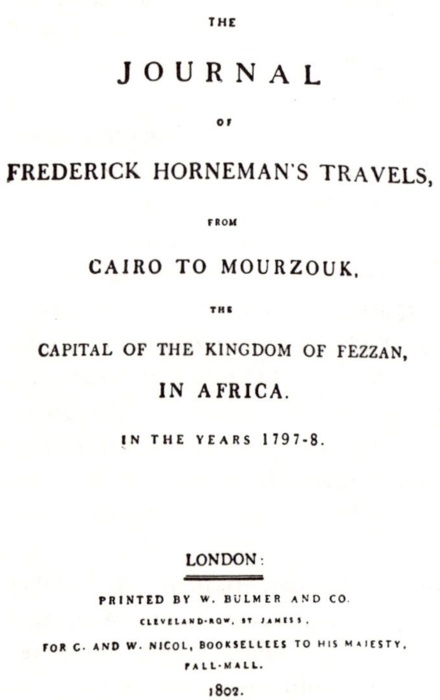
THE

JOURNAL

OF

FREDERICK HORNEMAN'S TRAVELS,

FROM

CAIRO TO MOURZOUK,

THE

CAPITAL OF THE KINGDOM OF FEZZAN,

IN AFRICA.

IN THE YEARS 1797-8.

LONDON:

PRINTED BY W. BULMER AND CO.

CLEVELAND-ROW, ST JAMES'S,

FOR G. AND W. NICOL, BOOKSELLERS TO HIS MAJESTY,

PALL-MALL.

1802.

60 Innentitel des als Buch 1802 in London erschienenen Tagebuches Friedrich Hornemanns

nicht, denn die zweite Hälfte seiner Expedition, der Weg zum Niger und nach Timbuktu, würde voller Gefahren sein. Es war nicht ausgeschlossen, daß er dabei den Tod fand, und dann hätte niemand von den Ergebnissen seiner Reise erfahren. Also beschloß Hornemann, nach Tripolis zu gehen, dort seine Berichte zu verfassen und sie dem englischen Konsul in die Hände zu spielen.

61 Ein Tuaregkrieger

Das war nun freilich gar nicht so einfach. Denn selbst hier in Tripolis unter den Augen des englischen Diplomaten mußte Hornemann die Rolle des türkischen Kaufmanns Musa ben Jussuf weiterspielen, da er ja auch nach Timbuktu und zum Niger als Mohammedaner zu reisen gedachte. Nach den furchtbaren Christenmassakern, die in Nordafrika auf die Einnahme Kairos durch die Franzosen erfolgt waren, galt es sogar, doppelt vorsichtig zu sein. Anfang Dezember 1799, kurz vor Antritt seiner neuen Expedition, bat Hornemann bei einem geheimen Besuch den englischen Konsul daher, erst dann Nachforschungen nach ihm anstellen zu lassen, wenn er mehr als drei Jahre nichts mehr von sich hätte hören lassen. Der Konsul sagte dem jungen Deutschen das unter schweren Bedenken zu; aber er sah ein, daß Erkundigungen nach ihm sein Leben nur gefährden konnten. Es würde in den nächsten Jahren ohnehin an einem seidenen Faden hängen, und es war höchst zweifelhaft, ob man je wieder etwas von dem tapferen Forscher hören würde.

Die böse Vorahnung des englischen Konsuls hat sich leider bestätigt. Hornemann hat das Gebiet der gefürchteten Tuaregs glücklich durchquert und das Ziel seiner Sehnsucht, die Stadt Timbuktu, die „Königin der Wüste“, wahrscheinlich erreicht, er hat den Niger gesehen und vielleicht sogar den Tschadsee; aber was dann aus ihm geworden ist, wird ein ewiges Rätsel bleiben. Wahrscheinlich ist er 1801 einem Ruhranfall erlegen. Sehr viel später hat die „African Association“ Nachforschungen nach ihm anstellen lassen, aber es ist nicht gelungen, sein Schicksal endgültig zu klären. Wenn Hornemann auch seine Aufgabe, den Verlauf des Niger zu erkunden, nicht hat lösen können, so haben seine Erkenntnisse doch allen jenen Forschern weitergeholfen, die der Dunkle Erdteil nach ihm in seinen Bann zog.

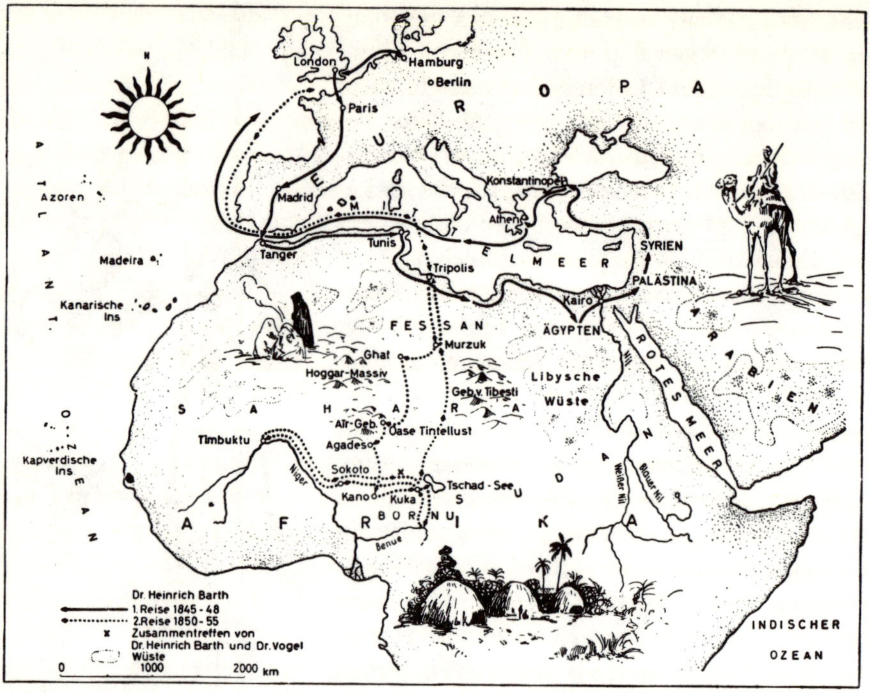

DER LOCKRUF AFRIKAS

Ein merkwürdiger Zauber geht von Afrika aus. Wer es einmal kennengelernt, wer den Schwarzen Erdteil in seiner wilden Schönheit und in seiner ganzen urweltlichen Größe selbst erlebt hat, den Donner des Sandsturms in den unendlichen Wüsten, das Lied des Urwalds, den läßt Afrika nicht mehr los, der ist vom „Afrikafieber" befallen. So ist es schon dem Kandidaten der Theologie Friedrich Hornemann ergangen, und fünfzig Jahre später erliegt wiederum ein deutscher Forscher dieser Magie: der Dr. phil. Heinrich Barth. *(Bild Nr. 25)*

Er wurde 1821 als Sohn eines Kaufmanns in Hamburg geboren. Als Knabe, körperlich zart und schwächlich, war er seinen Altersgenossen geistig weit voraus. Was die anderen mühsam paukten, flog ihm zu An den wilden Spielen seiner Kameraden fand er keinen Gefallen, viel lieber saß er zu Hause hinter seinen Büchern: Die alten Geographen und Naturwissenschaftler Pausanias, Strabon und Plinius hatte es ihm angetan. Bald galt er in der Schule als Streber; sehr zu Unrecht, denn es lag ihm völlig fern, sich hervortun zu wollen. Er arbeitete und las ja nicht deshalb so viel, weil er unbedingt der Klassenerste sein wollte – das zu werden, hätte ihn ohnehin keine Anstrengung gekostet –, sondern weil ihn die Geographie so brennend interessierte, besonders alles das, was mit dem Schwarzen Erdteil zusammenhing, den man eben zu erforschen begonnen hatte. Das war viel erregender als die Indianerspiele der anderen Jungen; er verstand einfach nicht, daß sie an solchen Dingen Spaß hatten. Während sie draußen herumtobten, hockte er über arabischen Lehrbüchern. Mohammeds Sprache mußte er können, wenn er sich später nach Afrika aufmachen wollte. Daß er das tun würde, war ihm längst ganz selbstverständlich. Englisch beherrschte er mit vierzehn Jahren schon so vollkommen, daß die Lehrer sich beinahe fürchteten, in seiner Klasse zu unterrichten, aus Angst, sich vor dem Jungen zu blamieren. Man kann sich vorstellen, daß Heinrich Barth sich unter diesen Umständen in der Schule oft recht langweilte und daß er heilfroh war, als er sie hinter sich gebracht hatte.

Für den jungen Hamburger Kaufmannssohn wäre es das Gegebene gewesen, nun in die väterliche Firma einzutreten, zumal er der einzige männliche Erbe war. Aber für den Beruf des Kaufmanns zeigte er nicht das geringste Interesse. Statt dessen bezog er die Universität Berlin und studierte dort etwas für die damalige Zeit ganz Ausgefallenes: nämlich Altertumskunde und Geographie. Auch der Vater mag den Kopf geschüttelt haben, daß der Sohn sich gerade diese abseitigen, damals noch sehr jungen Wissenschaften aussuchte. Aber er kannte seinen Ältesten: Der war schon als Kind schwierig genug gewesen, und das hatte sich nicht geändert. Er vertrug keinen Widerspruch, konnte heftig aufbrausen und hatte einen Dickkopf, mit dem niemand fertig zu werden vermochte. Man mußte ihn seinen Weg gehen lassen. Begabt war er ja, es würde schon etwas Vernünftiges aus ihm werden. Stud. phil. Heinrich Barth machte denn auch mit Glanz seinen Doktor. Aber für einen Hauslehrerposten, wie ihn andere Studenten damals nach beendetem Studium für einige Jahre annahmen, war er wegen seines schwierigen Charakters denkbar ungeeignet. Deshalb erlaubte ihm der Vater, nach dem Examen eine ausgedehnte Reise durch Nordafrika zu unternehmen. Sollte der Junge sich die Hörner draußen in der weiten Welt abstoßen!

Am 31. Januar 1845 brach Heinrich Barth von Hamburg auf. Über London, Paris und Madrid, vielfach zu Fuß und mit dem Felleisen auf dem Rücken, gelangte er im Sommer nach Tanger. Der südlichen Küste des Mittelmeers entlang reiste er nach Ägypten und von da über Palästina, Syrien, Konstantinopel und Athen wieder in die Heimat zurück. Drei Jahre war er unterwegs gewesen im Land seiner Sehnsucht, und nun war ihm endgültig klar geworden, daß es für ihn nur ein Ziel geben konnte: diesen zauberhaften und noch so unbekannten Schwarzen Erdteil zu erforschen!

Abermals geht Heinrich Barth an die Universität Berlin, diesmal um sich dort zu habilitieren, das heißt die Lehrberechtigung an Hochschulen zu erwerben. Er beginnt im Sommersemester 1849 mit einer Vorlesung über die Bodenformen Nordafrikas. Aber damit hat er kein Glück; er ist kein guter Redner und wohl auch kein geschickter Lehrer. Schon nach den ersten zwei, drei Kollegs leert sich der Hörsaal, und bald muß Barth seine Vorlesungen einstellen, weil er keine Zuhörer mehr hat. Es ist ein böser Schlag für den ehrgeizigen Mann, daß er hier so offensichtlich versagt hat. Freilich, anderen ergeht es im Anfang ebenso, aber das tröstet ihn nicht. Enttäuscht ist er und unzufrieden mit sich und der Welt; aber da kommt, gerade im rechten Augenblick, um ihm wieder Mut zu machen, ein Brief seines Lehrers und Freundes Karl Ritter, des Gründers der geographischen Wissenschaft in Deutschland: Dr. Heinrich Barth sei als Begleiter von James Richardson und Teilnemer an dessen zweiter Afrikaexpedition vorgeschlagen. Zweimal muß Barth das Schreiben lesen, ehe er sein Glück fassen kann – und dann fällt ihm plötzlich ein, was ihm vor einigen Jahren in Tunis ein alter Negersklave aus den Handlinien vorhergesagt hat: „So es Gott gefällt, sollst du dich aufmachen und Kano besuchen!" Kano, die bedeutendste Stadt Nordafrikas, liegt südwestlich vom Tschadsee – und James Richardsons Expedition soll etwa in diese Richtung marschieren. Die Prophezeiung wird sich also erfüllen!

Mitte Dezember 1849 trifft Heinrich Barth in Tripolis ein, zusammen mit dem deutschen Naturwissenschaftler Dr. Overweg, der gleich ihm an der Unternehmung teilnehmen soll. Gemeinsam bereiten sie die Reise vor und stellen ihre „Kafla", ihre Karawane, zusammen. Zwanzig Kamele werden angeschafft, Kaurimuscheln besorgt – sie gelten in weiten Teilen Nordafrikas als Geld –, Tauschwaren, Lebensmittel, Medikamente, Zelte, Wasserschläuche, Waffen und sonstiges Gerät müssen eingehandelt werden. Aus Europa kommt dann noch ein kleines, in vier Teile zerlegbares Boot, das sich später am Tschadsee als sehr nützlich erweisen wird. In Barths persönlichem Gepäck befinden sich drei Bücher: ein Neues Testament, eine Koranausgabe und der Herodot. Dieser Band fand sich später in Barths Nachlaß; „Herodot, mein täglicher Begleiter, unendlich verehrt und kostbar" hatte der große Forscher mit fester Hand hineingeschrieben.

Ende März 1850 waren alle Vorbereitungen beendet, und als James Richardson, der Leiter der englischen Expedition, in Nordafrika anlangte, konnte die Reise beginnen. Der ehemalige Missionar hatte schon einige Jahre zuvor weite Teile der Sahara erkundet und dabei mit verschiedenen Scheichs der Wüstenaraber Freundschaft geschlossen, unter anderem auch mit dem Sultan von Bornu, westlich vom Tschadsee. Dieser schwarze Herrscher war eifrig bemüht, mit Europa in Verbindung zu kommen. Im Jahr zuvor schon hatte er seinen Außenminister, einen Negersklaven, reich mit Geschenken bepackt, in feierlicher Karawane durch die Wüste nach Tripolis entsandt. Er sollte sich zur Königin von England begeben, um diplomatische Beziehungen mit Großbritannien anzuknüpfen. Der englische Konsul in Tripolis war höchlich überrascht von diesem merkwürdigen Besuch und geriet einigermaßen in Verlegenheit; er wußte nicht recht, was er mit dem nackten schwarzen Würdenträger anfangen sollte. Der schlotterte vor Kälte in dem ungewohnten Klima, und als ihm der Konsul erzählte, daß es in England noch viel kälter sei als hier, da machte der Außenminister des Königs von Bornu begeistert kehrt und verschwand wieder in der Wüste.

Ganz Tripolis lachte natürlich schallend über diesen komischen Vorfall. Für die Unternehmung, die Richardson, Barth und Overweg vorhaben, sollte sie sich jedoch als sehr nützlich erweisen. Die drei Forscher beschlossen nämlich sofort, sich als Abgesandte der Königin von England auszugeben. Dann war ihnen bei Sultan Omar in Bornu ein freundlicher Empfang gewiß, und auch unterwegs würde man kaum wagen, ihnen ernstlich Schwierigkeiten zu machen.

Das erste Reiseziel ist, wie seinerzeit schon bei der Expedition Hornemanns, die Stadt Murzuk in Fessan. Der direkte Weg dorthin beträgt 800 Kilometer; aber kaum jemals begeht ihn eine Karawane, da er durch eine hochgelegene, steinige Wüste ohne jede Spur von Leben und völlig ohne Wasser führt. Es wird eine schwierige Reise werden; trotzdem beschließen Barth und seine Kameraden, diese Strecke zu wählen. Denn das Bewußtsein, als erste Weiße diese Öde zu durchqueren, ist ungeheuer verlockend. Am Spätnachmittag des 24. März 1850 bricht man von Tripolis mit zwei eingeborenen Führern auf; das große Abenteuer kann beginnen.

Täglich wird nun früh um sieben Uhr abmarschiert, bis zum Nachmittag sind dann 40 bis 50 Kilometer zurückgelegt. Die Kafla reist nach arabischer Manier: Jedes Kamel geht einzeln und grast rechts und links des Weges die spärlichen Halme ab. Abends ist es meist gar nicht leicht, die Tiere alle wieder zusammenzubekommen, und das macht Barth jedesmal höchst ungeduldig. Er ist von den „Wüstenschiffen" überhaupt keineswegs begeistert. Wenn es irgend geht, benutzt er Reitpferde. Leider sind sie für ausgedehnte Wüstenreisen nicht zu brauchen, weil sie nicht so lange ohne Wasser auskommen können wie Kamele. Aber sich drei Meter über dem Boden von den schlingernden und stampfenden hochbeinigen Tieren durch den Sand schaukeln zu lassen, das ist nicht seine Sache. Schwindlig wird man davon, ehe man sich nach Tagen endlich daran gewöhnt hat.

Während des ganzen Marsches arbeitet Barth abends, sobald die Zelte aufgeschlagen sind, unermüdlich an einer Karte des Karawanenweges von Tripolis nach dem Süden. Tagsüber macht er dafür Geländeskizzen, liest den Kompaß ab und notiert sich Stichworte, während er vor, neben oder hinter der Karawane reitet – mit doppelläufigem Gewehr und Revolver bewaffnet, denn er ist sich völlig klar darüber, daß trotz Richardsons guten Beziehungen zu den Scheichs jederzeit Überfälle räuberischer Beduinen erfolgen können. Deshalb werden gelegentlich in unsicheren Gegenden auch Eilmärsche von 24 bis 30 Stunden Dauer eingelegt. Das ist zwar außerordentlich anstrengend, verringert aber die Gefahr doch erheblich.

Am Tag nach einem solchen Gewaltmarsch greift zum ersten Mal der Tod nach Heinrich Barth. Fernab von der Piste, dem Karawanenweg, hat er eigenartige Ruinen entdeckt; wie Reste ehemaliger Schlösser und Paläste sehen sie aus. Das muß er untersuchen. Gegen den Rat der Führer macht er sich auf, ganz allein, denn die Eingeborenen weigern sich, ihn zu der „Geisterburg" zu begleiten, aus Furcht vor den bösen Gespenstern, die da umgehen, wie sie meinen. Nur Dr. Overweg folgt dem Forscher in einiger Entfernung. Barth nimmt einen kleinen Wasserschlauch und einige Datteln mit und macht sich auf den Weg. Da plötzlich tut sich vor ihm, mitten in der tischglatten Wüste, eine tiefe Schlucht auf. Nach mühseliger, stundenlanger Kletterei bergab und wieder bergauf steht er endlich zu Füßen der „Geisterburg". Aber welche Enttäuschung! Das sind gar keine Bauten von Menschenhand, sondern nur merkwürdige, von Wind und Sand ausgearbeitete Felsbildungen. Schleunigst tritt Barth den Rückweg an; doch ehe er die Gefährten erreicht, bricht die Nacht herein. Am nächsten Morgen stellt er mit Entsetzen fest, daß er die Richtung verloren und sich verirrt hat! Nirgends ist etwas von der Karawane oder von Dr. Overweg zu sehen. Der kleine Wasserschlauch ist leer, die Datteln liegen wie Steine im Mund. Mit der steigenden Sonne wird der Durst immer unerträglicher. Wieder kommt die Nacht herauf, und am nächsten Morgen ist Barth noch immer mutterseelenallein in der unendlichen Öde der Wüste. Mittags quält ihn der Durst so entsetzlich, daß er mit dem Messer eine Ader anritzt und in wahnsinniger Gier sein eigenes Blut trinkt. Die Dämmerung bricht an, gleich wird es zum dritten Male Nacht werden: *„Da plötzlich traf der Schrei eines Kamels mein Ohr, der klangreichste Ton, den ich je im Leben gehört! Ich erhob mich etwas vom Boden und sah einen unserer Leute in einiger Entfernung, nach allen Seiten umherspähend, langsam an mir vorbeireiten ... Ich öffnete nun meine trockenen Lippen, und mit einer geschwächten Stimme ‚Ma, Ma', Wasser, Wasser, rufend, war ich entzückt, als beruhigende Antwort das bejahende ‚Iwua, iwua' zu bekommen ... In wenigen Augenblicken saß er an meiner Seite, wusch und besprengte meinen Kopf ... Nachdem mein Retter mich vorsichtigerweise so erfrischt hatte, reichte er mir einen Trunk. Bei dem gänzlich ausgetrockneten Zustand meines Gaumens und bei meinem hohen Fieber fand ich ihn gallenbitter. Dann hob er mich auf sein Kamel und eilte den Zelten zu. Anfänglich konnte ich nur wenig und undeutlich*

25 Heinrich Barth, geb. in Hamburg am 16. 2. 1821, gest. in Berlin am 25. 11. 1865

26 Tuareg-Krieger aus dem Hoggar-Gebiet

27 Gasse in Kano, der großen Negerstadt in Nigeria, die Barth als erster Weißer betrat; die Stadt ist heute einer der wichtigsten Verkehrsknotenpunkte Afrikas

28 Gustav Nachtigal (geboren in Eichstedt bei Stendal 1834, gestorben an Bord der „Möve“ am 26. April 1885) mit seinen Dienern und seinem Löwen

29 Wandernde Sandberge in der Sahara, die eine Höhe von 60 Metern erreichen

62 Tuareg-Krieger (nach einer zeitgenössischen Zeichnung von den Reisen von Dr. Barth und Dr. Richardson)

sprechen und war während der ersten drei Tage fast unfähig, etwas zu essen, bis ich allmählich wieder zu Kräften kam."

Das ist zum Glück der einzige gefährliche Zwischenfall auf dieser Reise, im übrigen geht sie glatt vonstatten, und Anfang Mai erreicht die Karawane Murzuk. Das nächste Reiseziel ist das 1700 Meter hohe Aïr-Gebirge. Um dorthin zu gelangen, muß man die südlich der Oasenstadt Ghat gelegene Wüste durchqueren. Noch nie hat ein Weißer sie betreten, sie ist völlig unbekannt. Ebenso unbekannt ist, wie sich die Beduinen verhalten und ob sie die Europäer ungehindert durchziehen lassen werden. Richardson macht den Versuch, sich mit den Tuareg-Scheichs von Ghat zu verständigen, aber sie zeigen keinerlei Entgegenkommen. Das ist nicht gerade ermutigend, von nun an muß man ernstlich mit Überfällen rechnen, sicherlich wird dieser Teil der Reise bei weitem schwieriger sein als der ganze bisherige Marsch. Ein Glück nur, daß man das Aïr-Gebirge noch vor der Regenzeit wird überqueren können. Seine tiefen Schluchten und Täler füllen sich nämlich nach den wilden Regengüssen des Herbstes mit reißenden Sturzbächen – wer da nicht vorsichtig ist, kann mitten in der Wüste ertrinken. *(Bild Nr.26)*

Es geht alles besser, als Barth und seine Kameraden zu hoffen gewagt haben. Nach mancherlei gefährlichen Abenteuern kommen sie mit den Tuaregs zu einer Art Waffenstillstand und gelangen unangefochten zur Oase Tintellust im Aïr-Gebirge. Auf dem Wege dorthin erfährt Barth eines Tages von der großen, reichen Stadt Agades ganz in der Nähe, und sofort erwacht seine Neugier: eine Stadt mitten in der Wüste? Davon hat noch niemand etwas gehört, dieser Sache muß er auf den Grund gehen! Mit einigen Trägern macht er sich auf den Weg und ist schon nach wenigen Tagen am Ziel. Tatsächlich, Agades ist einstmals unzweifelhaft eine sehr große, reiche Stadt gewesen. Jetzt liegen ganze Viertel in Trümmern, viele der ehemaligen Bewohner haben sie verlassen. Immerhin ist sie auch jetzt noch Sitz eines Sultans. Da Barth in Agades gerade ankommt, als ein neuer Herrscher eingesetzt wird, macht er dem braunen Potentaten ein großartiges Geschenk: Im Namen der Königin von England überreicht er ihm einen eleganten Burnus. Der Sultan legt ihn voller Stolz zur Krönungsfeier an, zu der die Scheichs aus der nahen und fernen Wüste erschienen sind. Und mit Windeseile spricht es sich herum: Dieses prachtvolle Staatsgewand hat der weiße Christenhund gespendet! Mit einem Schlag ist Barth ein wohlbekannter, geachteter Mann, der nun sehr viel sorgloser als zuvor durch die Bereiche der Wüstenscheichs ziehen kann.

Kurze Zeit später trifft der Forscher wieder mit seinen Kameraden zusammen. Im Dezember 1850 brechen sie dann auf und marschieren weiter nach Süden; bald hat ihre Karawane die Wüste hinter sich, und Anfang Januar gelangt sie in die fruchtbaren Gegenden des Sudans. Barth verabredet mit Richardson ein Treffen in Kuka, der Hauptstadt des Königreichs Bornu. Um den 1. April 1851 will er dort eintreffen. Aber vorher möchte er noch einen Abstecher nach Kano unternehmen. Richardson stimmt dem zu, und Anfang Februar betritt Heinrich Barth als erster Weißer die große Negerstadt, die Metropole des Sudans.

Leider ist das ein teures Vergnügen: Barth muß einen sehr hohen Zoll zahlen, um eingelassen zu werden, ausgerechnet in einem Augenblick, da es um seine Finanzen gar nicht gut bestellt ist. Aber er weiß, daß er sich hier nicht lumpen lassen darf, wenn er sich die Huld des Scheichs sichern will. Daher greift er tief in seine Geschenkkiste und präsentiert dem Oberhaupt der Stadt einen eleganten schwarzen Burnus, eine rote Mütze, einen weißen Schal, ein großes Stück Musselin, zwei kleine Flaschen Rosenöl, ein Pfund Gewürznelken, ein Pfund Weihrauch, ein Rasiermesser, Scheren, ein Messer mit feststellbarer Klinge und einen großen Spiegel. Der schwarze Staatsmann ist von so vielen Kostbarkeiten höchst befriedigt und gestattet Barth, sich ungehindert in Kano umzusehen.

50000 Menschen leben in dieser großen Stadt, von der man in Europa so gut wie nichts weiß. Läden gibt es hier voller Waren aller Art, überdachte Kaufstände und die verschiedensten Handwerksbetriebe. Große Herren reiten, in Seide gehüllt, über den Markt, Karawanen kommen und gehen – hochinteressant ist das alles. Aber länger als vier Wochen kann sich Barth nicht aufhalten, wenn er rechtzeitig in Kuka sein will. Also bricht er Anfang März auf, nur begleitet von seinem treuen Diener Mohammed. *(Bild Nr. 27)*

Der Weg von Kano nach Kuka führt durch eine besonders gefährliche Gegend. Alle Straßen werden von Räubern unsicher gemacht, und der junge Deutsche muß jeden Augenblick mit einem Überfall rechnen. Aber nichts geschieht, ungehindert kommt er voran. Da erfährt er wenige Tagereisen vor seinem Ziel, daß Richardson gestorben ist – er will es nicht glauben, die Nachricht kann nicht stimmen! Aber die Eingeborenen bleiben dabei: Der weiße Reisende sei tot und liege einige Dörfer weiter unter einer großen Sykomore begraben. Sofort bricht Barth auf, und wenige Stunden später steht er erschüttert an Richardsons Grab. Doch er hat keine Zeit, seinen trüben Gedanken lange nachzuhängen; jetzt ist er der Führer der Expedition, von ihm hängt das Gelingen des Unternehmens ab, er muß möglichst schnell nach Kuka, wo Overweg ihn erwartet.

Wie geplant, tritt er als eine Art Botschafter der Königin von England vor Sultan Omar und wird von dem schwarzen Herrscher überaus freundlich aufgenommen. Nach einigen Wochen der Ruhe bricht er zu neuen Reisen auf. Sein nächstes Ziel ist der Tschadsee, das unerforschte Süßwassermeer mitten in der Wüste. Anfang Mai 1851 steht er als Gast des Königs von Bornu und von dessen Hofstaat geleitet an seinen Ufern. Aber von dem See ist nichts zu erblicken, nur meilenweite Sümpfe erstrecken sich vor Barths Augen. Am nächsten Tag nimmt er zwei eingeborene Führer mit, die ihn an eine Bucht des riesigen Gewässers führen, durch eine grünende und blühende Landschaft, wie er sie seit Monaten nicht mehr gesehen hat. Die Aufgabe, den See zu erkunden, überläßt er Dr. Overweg. Er soll ihn in dem mitgenommenen Boot umfahren und genau kartieren. Ihn selbst drängt es weiter: in die noch völlig unbekannte Gegend südlich des Tsadsees bis zum Benue, einem großen Nebenfluß des Niger. Schon als junger Mensch hat er sich glühend gewünscht, einmal bis zu ihm vorzudringen. Am 18. Juni erfüllt sich ihm diese Sehnsucht: Er steht an den Ufern des mächtigen Stroms. Abends verfaßt er einen langen Bericht an die englische Regierung: Das Benue-Problem sei gelöst. Man könne über Niger und Benue tatsächlich bis nach Innerafrika fahren.

Nach Erledigung dieser Aufgabe geht Barth zunächst nach Kuka zurück. Dort erreicht ihn ein neuer Auftrag: Er soll den mittleren Niger erforschen und nach Timbuktu reisen, der rätselhaften „Königin der Wüste", über die die widersprechendsten Gerüchte in Umlauf sind. Man weiß zwar inzwischen etwas genauer über die Handelsstadt am Niger Bescheid, nachdem der junge Franzose René Caillié 1828 für einige Tage dort geweilt hat, aber eingehend untersuchen wird Barth sie jetzt. Voller Freude bereitet er die neue Reise vor. Da trifft ihn ein schwerer Schlag: Dr. Overweg stirbt. Die Umfahrung und Kartierung des Tschadsees hat seine Kräfte aufgezehrt, ein Fieberanfall macht seinem Leben jäh ein Ende. Tief erschüttert notiert Barth in seinem Tagebuch:

„So starb mein einziger Freund und Gefährte im dreißigsten Jahr seines Lebens, in der Blüte der Jugend! Es war ihm nicht mehr beschieden, seine Reise zu vollenden; aber er fand einen höchst ehrenvollen Tod im Dienste der Wissenschaft. Es ist ein bemerkenswerter Umstand, daß er seine Grabstelle selbst bestimmte, genau am Rande jenes Sees, durch dessen Umfahrung er seinem Namen ewige Berühmtheit verschafft hat. Sicher war es ein Vorgefühl des herannahenden Todes, daß ihn die unwiderstehliche Sehnsucht nach dieser Stelle erfaßte, wo er dicht an der Seite seines Bootes starb, in dem er seine Reise gemacht hatte. Viele Einwohner des Dorfes, denen er wohlbekannt war, beklagen bitter seinen Tod. Und sie werden gewiß des „tabib" wie er genannt wurde, noch lange gedenken."

Kuka ist Barth verleidet durch die stete Erinnerung an den toten Freund; er beschließt, so schnell wie möglich aufzubrechen. Er weiß recht gut, daß seine neue Reise voller Gefahren sein wird. Nicht umsonst meiden Handelskarawanen das Gebiet, das er zu durchqueren hat. Räuber treiben dort ihr Unwesen, Sklavenhändler machen Jagd auf Menschen, und die einzelnen Völker und Stämme liegen dauernd miteinander im Krieg. Er wird sich höllisch vorsehen müssen mit seiner kleinen, schlecht bewaffneten Karawane. Aber als er Ende November aus Kuka abreitet, mit sechs Begleitern und seinem Diener Mohammed, da ist Heinrich Barth fest davon überzeugt, daß ihm auch diesmal das Glück treu bleiben wird. Freilich paßt er besonders darauf auf, daß seine Anordnungen befolgt werden. In so unsicheren Gegenden ist Wachsamkeit, vor allem des Nachts, wichtig. Dazu findet sich eine amüsante Stelle in Barths Tagebuch:

„Um mich von der Wachsamkeit meiner Leute zu überzeugen. da der größere Teil der Sicherheit eines Reisenden in diesen Gegenden eben von solcher Wachsamkeit abhängt die er bei Nacht übt, machte ich um Mitternacht die Runde um mein Lager. Da gelang es mir, unbemerkt allen meinen Leuten ihre Waffen wegzunehmen, was denn einen gewaltigen und höchst unterhaltsamen Aufruhr bei ihrem Erwachen am Morgen verursachte. Ich hatte auf diese Weise eine gute Gelegenheit, ihnen eine nützliche Lektion zu erteilen, in Zukunft wachsamer zu sein!"

Das ist ein heilsamer Schrecken für Barths Leute! Sie beherzigen die Lehre, die ihr Führer ihnen erteilt hat, und ungefährdet erreicht die Karawane im März 1853 Sokoto, die Hauptstadt der Fulbe. Aber die Kafla hat rings im Land doch mehr Aufsehen erregt, als ihm lieb ist, und da er jetzt wieder durch eine Gegend ziehen wird, die noch nie eines Weißen Fuß betreten hat, faßt er den Entschluß, von nun an als Scherif zu reisen, als heiliger weiser Mann, und vorzugeben, er habe dem Scheich von Timbuktu eine Anzahl frommer alter Bücher aus dem Orient zu überbringen. Das ist ein glänzender Gedanke. Denn nun braucht die Karawane kaum noch irgendeine Sorge vor Überfällen zu haben: Einem Scherif wird überall Ehre erwiesen. So zieht er denn am 7. September als Araber und als der große Gelehrte Abd-el-kerim in Timbuktu ein.

Interessiert sieht er sich dort um – aber welche Enttäuschung! Die Stadt verdient den Ehrennamen „Königin der Wüste" keineswegs, ihr einstiger Glanz, von dem die arabischen Geographen des Mittelalters verzückt berichtet haben, ist längst dahin. Einstöckige, aus Lehm gebaute Häuser, drei Moscheen, ringsum ein Erdwall: Alles macht einen grauen, trostlosen Eindruck. Wie reich und lebendig sind dagegen Kuka und Kano! Freilich, es gibt auch hier noch eine Anzahl wohlhabender Handelsherren, die sehr mißtrauisch beobachten, wie Barth sich in der Stadt umtut. Und urplötzlich wird die Lage für den Forscher höchst unangenehm: Man hat in Timbuktu nämlich in Erfahrung gebracht, daß Abd-el-kerim, der weise Scherif, in Kuka und Kano als Botschafter der Königin von England aufgetreten ist. Er ist also ein weißer Christenhund, der sicherlich nur hergekommen ist, um zu spionieren. Auf Schritt und Tritt wird er nun bewacht, und mehr als einmal hängt sein Leben an einem seidenen Faden. Nur dank seines Geschickes und seiner Kaltblütigkeit gelingt es Barth immer wieder, sich aus der Schlinge zu ziehen. Sehr zustatten kommt ihm dabei sein sechsschüssiger Revolver, den er eines Tages dem Scheich von Timbuktu vorführt:

„Dies übte einen gewaltigen Einfluß hinsichtlich meiner ferneren Sicherheit aus. Die Leute glaubten daß ich überall an mir Waffen trage und so oft schießen könnte, als es mir beliebe."

Wahrscheinlich hatte ihm dieses Wunderding, ein „Colt", das Leben gerettet: An einen Mann, der sechsmal hintereinander schießen konnte, ohne zwischendurch wieder laden zu müssen, trauten sich die Araber nicht heran!

Nach sieben Monaten, im Mai 1854, erhält Barth endlich von El- Bakey, dem Scheich der Stadt, die Erlaubnis, Timbuktu zu verlassen. Er marschiert durch nun schon bekannte Gegenden nach Kuka zurück, überall von den Eingeborenen freundlich begrüßt und aufgenommen. Eines Tages erfährt er von ihnen, in Europa halte man ihn für tot – tatsächlich hatte eine deutsche Zeitung bereits einen Nachruf veröffentlicht! – und es sei unter der Leitung eines Dr. Vogel eine

Expedition ausgerüstet worden, um Nachforschungen nach ihm anzustellen. Barth setzt seine Reise fort, und da geschieht in den Urwäldern westlich von Kuka das Wunder: Barth und Vogel treffen sich, mitten im dunkelsten Afrika.

„Von meinem treuen Diener Mohammed begleitet, war ich der Karawane etwa drei Meilen vorausgeritten, als ich eine Person höchst fremdartigen Aussehens auf mich zukommen sah: Es war ein junger Mann mit schneeweißer, mir nach diesen langen Jahren geradezu krankhaft vorkommender Gesichtsfarbe. Ich sah, wie einer seiner schwarzen Begleiter – es war mein alter Diener Madi – plötzlich höchst verdutzt auf den jungen weißen Mann zueilte und ihm ein paar Worte zurief. Nun spornte der Weiße – es war Dr. Vogel, ausgesandt, mich zu suchen – sein Pferd an und kam in größter Eile auf mich zu. Vom Pferd aus begrüßten wir uns in höchster Überraschung; keiner von uns beiden hatte auch nur im geringsten geahnt, daß wir uns hier, mitten im Urwald, treffen könnten. Es war ein unendlich erfreuliches Ereignis. Inmitten der ungastlichen Waldung stiegen wir vom Pferde und setzten uns nieder. Ich ... ließ Kaffee kochen; es war ganz wie zu Hause. Seit länger als zwei Jahren hatte ich kein deutsches oder überhaupt europäisches Wort gehört, und es war ein unendlicher Genuß für mich, mich wieder einmal in der heimatlichen Sprache unterhalten zu können ... Nach einer etwa zweistündigen Unterhaltung mußten wir uns wieder trennen. Dr. Vogel folgte, nachdem er mich aufgefunden, den ihm vorgeschriebenen Aufgaben, und ich mußte mich eilen, meine inzwischen voraufgelangten Leute wieder einzuholen."

Anfang Dezember trifft Barth endlich wieder in Kuka ein und wird von Sultan Omar in alter Freundlichkeit aufgenommen. 24 Monate ist er unterwegs gewesen; die lange, schwierige Reise hat ihn viel Kräfte gekostet, und er freut sich, jetzt erst einmal sich ausruhen und erholen zu können. Dr. Vogel ist mittlerweile ebenfalls in Kuka angekommen, und zwischen den beiden Forschern entwickelt sich bald eine herzliche Freundschaft. Gar zu gerne wäre der junge Deutsche mit Barth zusammen in die östlich des Tschadsees gelegenen unbekannten Gebiete gegangen, die er erkunden soll. Aber der fühlt sich solchen Anstrengungen noch nicht wieder gewachsen, und so muß sich Vogel allein auf den Weg machen. Barth läßt ihn nur mit großer Sorge ziehen; der junge Mann beherrscht keine der Landessprachen und hat zudem einen schwachen Magen. Beides macht ihn für ein Unternehmen, wie er es vorhat, nicht gerade geeignet. Fleisch verträgt er überhaupt nicht, er nährt sich in der Hauptsache von Eiern. Und gerade das ist ihm, wie sich viele Jahre später herausstellen soll, als man nach dem Verschollenen sucht, zum Verhängnis geworden: Die Eingeborenen halten den Genuß von Eiern für widerwärtig und ekelhaft, und da der Weiße noch dazu Fragen über Fragen stellt und sich ganz ohne Scheu Notizen macht, kommt er in den Verdacht, ein Spion zu sein. Er wird mit seinem Begleiter, einem englischen Unteroffizier, ermordet.

Vom Rückweg Barths nach Tripolis ist nicht viel zu berichten. Er benutzt diesmal eine uralte Karawanenstraße, die durch die bevorzugten Raubgebiete der Tuaregs führt. Vorsichtshalber reist er in Eilmärschen. Aber das Schicksal bleibt ihm gewogen, am 14. Juli 1855 trifft die Kafla in Murzuk ein. Fünf Jahre ist es her, daß er froh und voller Unternehmungslust mit seinen Kameraden hier einzog; wehmütig gedenkt er der Männer, die ihr Leben der Forschung geopfert haben. Wieviel Glück hat er selbst gehabt!

Das Herz wird ihm schwer, als er von seinem treuen Diener Mohammed Abschied nehmen muß. Der stammt nämlich aus der Nähe von Murzuk, und da sein geliebter weißer Herr nun ja außer Gefahr ist, kann er ihn allein weiterreisen lassen und zu Frau und Kindern zurückkehren. Barth freut sich, daß wenigstens zwei andere langjährige Diener mit ihm zur Küste gehen: Dyreggu und Abbega, zwei schwarze Sklaven, die Dr. Overweg freigekauft hat und die sich von ihrem deutschen Herrn nicht trennen mögen. Sie kommen nicht nur bis Tripolis mit, sondern begleiten ihn nach Deutschland. Später werden sie in Gotha ansässig, und alte Leute dort entsinnen sich noch heute der beiden freundlichen Neger, die einst die Gefährten eines der bedeutendsten Afrikaforscher aller Zeiten gewesen sind.

Am 6. September 1855 landet Barth in London, wird vom Regierungschef Palmerston empfangen und von der Königin zum Ritter des Bathordens ernannt. Trotz dieser hohen Ehren kann er sich aber in Europa nie mehr recht einleben. Das Heimweh nach der wilden Weite läßt ihn nicht los. Während der nächsten Jahre sichtet und ordnet er die Notizen, die er unterwegs gemacht hat, und verfaßt seinen Reisebericht, der viele dickleibige Bände füllt. Ungeheures hat er geleistet in den fünf Jahren seiner Wanderung quer durch den Dunklen Erdteil, viele Gegenden, die nicht einmal den arabischen Kaufleuten bekannt waren, sind von ihm erforscht worden, und wie kaum ein anderer hat er dazu beigetragen, das geographische Bild Afrikas richtigzustellen.

Am 25. November 1865, nur 44 Jahre alt, ist der große Forscher an einer schweren Magenerkrankung, die auch die ärztliche Kunst Virchows nicht zu heilen vermocht hat, gestorben. Unweit des heutigen Flughafens Tempelhof zu Berlin liegt er begraben. Wenn wir heute in unserem Wagen, den Bahnen und Bussen, die die Sahara kreuz und quer überwinden, getrost in die urweltliche Einsamkeit Afrikas aufbrechen können, so ist Barth unzweifelhaft einer jener Forscherpioniere gewesen, die den Anstoß dazu gegeben haben.

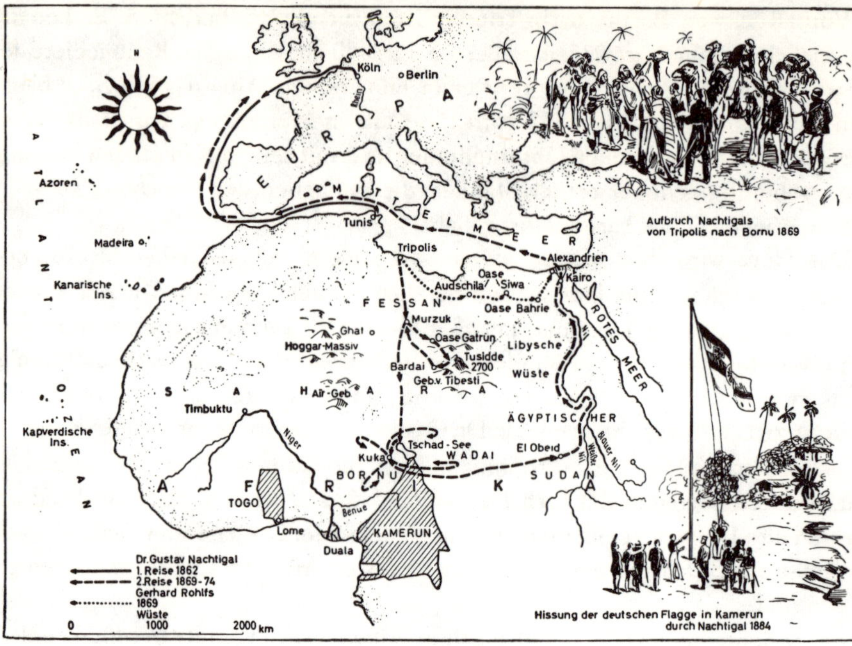

Aufbruch Nachtigals von Tripolis nach Bornu 1869

Hissung der deutschen Flagge in Kamerun durch Nachtigal 1884

DER ZAUBER DER WÜSTE

Im Jahre 1862 zieht abermals ein Deutscher nach Afrika: der junge Militärarzt Dr. Gustav Nachtigal aus Köln am Rhein. Ihn plagt keineswegs der Wissensdurst wie seine Vorgänger Hornemann und Barth, er sucht in Afrika etwas ganz anderes: die Heilung von der Schwindsucht, an der er leidet und die schon seinen Vater und beide Brüder hinweggerafft hat. Trockene, heiße Luft soll gut sein dagegen, das haben die Franzosen ausprobiert. Also macht sich der junge Arzt auf den Weg nach Tunis. Als er die alte Stadt Ende 1862 erreicht, sagt ihm keine innere Stimme, keine Voraussicht oder gar die prophetische Gabe einer alten Zigeunerin, daß sich sein Schicksal damit entschieden hat, daß der Dunkle Erdteil ihn genauso wie seine Vorgänger in seinen Bann ziehen und daß sein Name einstmals als der eines bedeutenden Afrikaforschers in die Geschichte eingehen wird.

Es dauert noch eine Weile, bis es soweit ist. Zunächst stellt der junge Mann mit Freuden fest, daß sein Leiden sich schon in den ersten Wochen erheblich bessert. Wie durch ein Wunder fühlt er sich plötzlich ganz gesund, so daß er bald beginnt, als Arzt zu praktizieren. Dabei hat er großes Glück: Es gelingt ihm, den Ministerpräsidenten des Beys von Tunis zu heilen, und daraufhin wird er zu dessen Leibarzt ernannt. So weit geht das Vertrauen des türkischen Würdenträgers, daß er Nachtigal bittet, als Arzt seiner Truppen an einem Kriegszug gegen räuberische Nomaden teilzunehmen.

Und da ist es um den jungen Deutschen geschehen; in dieser Zeit packt ihn das „Afrikafieber“ genauso wie seinerzeit Hornemann und Barth. Er lernt Arabisch und wirft sich voller Eifer auf naturwissenschaftliche Studien. Vor allem aber prüft er die nun schon ziemlich umfangreiche Literatur über den Dunklen Erdteil, um sich mit den noch zu lösenden Problemen vertraut zu machen. Als das kriegerische Unternehmen siegreich beendet ist, kehrt Nachtigal nur widerwillig in die Zivilisation zurück. Er weiß längst, daß er reisen muß, forschen, erkunden.

Als der junge Arzt gerade im Begriff ist, seine Zelte in Tunis abzubrechen, steht eines Tages ein merkwürdiger Mann vor ihm: der aus Bremen gebürtige ehemalige Medizinstudent, österreichische Soldat und Fremdenlegionär Gerhard Rohlfs, zur Zeit Afrikaforscher und genauso besessen vom Zauber des Dunklen Erdteils wie Nachtigal selber. Rohlfs soll im Auftrag des Königs Wilhelm von Preußen, des nachmaligen Kaisers Wilhelm I., nach Kuka in Bornu reisen zu jenem Sultan Omar, der seinerzeit Barth und Dr. Vogel so freundlich weitergeholfen hat, um ihm Geschenke zu überbringen. Das paßt nun aber gar nicht in Rohlfs' eigene Pläne. Er hat nämlich vor, die Oasen in der Wüste zwischen Tripolis und Alexandrien zu besuchen, die noch ganz unerforscht sind. Nur wenn es ihm gelingt, einen verläßlichen Mann zu finden, der an seiner Statt den Auftrag des preußischen Königs übernimmt, kann er an die Durchführung seiner eigenen Reisen gehen. Und in seinem Landsmann Nachtigal meint er diesen verläßlichen Stellvertreter gefunden zu haben. Der junge Arzt ist zwar zunächst belustigt, als er die Zusammenhänge erfährt, aber durchaus nicht abgeneigt, sich auf den Weg zu Sultan Omar zu machen. Als er hört, was er auf diese Reise durch Wüsten, Steppen, Wälder und Sümpfe mitnehmen soll, fährt ihm aber doch der Schreck in die Glieder: einen samtenen Thronsessel nämlich, dazu lebensgroße Bilder des Monarchen, der Königin und des Kronprinzen, Zündnadelgewehre, Pendeluhren, Ferngläser, Kiloflaschen voll Rosenöl, Bücher, Medikamente, Rosenkränze – und nicht zuletzt auch noch ein Harmonium! Nein, so hat er sich seine erste Forschungsreise nicht gedacht. Aber Rohlfs bedrängt ihn so sehr, daß Nachtigal schließlich zustimmt.

Mit einigen Begleitern und sieben Kamelen macht er sich Mitte Februar 1869 von Tripolis auf den Weg nach Murzuk, das er nach 35 Tagen erreicht. Hier will er eine Karawane abwarten, der er sich auf der Reise nach Bornu anschließen kann. Seine Geduld wird auf eine harte Probe gestellt: Der Aufenthalt in Murzuk dehnt sich nämlich erheblich länger aus, als er gedacht hat. Denn er ist zu einer klimatisch ganz ungünstigen Zeit in der Stadt angekommen; Malaria und Ruhr grassieren, und am schlimmsten ist die entsetzliche Fliegenplage:

63 Gerhard Rohlfs (nach einem 1863 aufgenommenen Foto)

„Die häuslichen Arbeiten wurden in dieser Jahreszeit, unserem Frühling, in qualvoller Weise erschwert durch das unbeschreibliche Treiben der Fliegen ... Diese lästigen und ekelhaften Tiere waren zum Verzweifeln hartnäckig, besonders auf der Tageshöhe, wo sie, von der Hitze gelähmt, sich nicht einmal ganz verscheuchen ließen. Das Tintenfaß mußte hermetisch verschlossen gehalten und bei jedem Eintauchen der Feder mit größter Vorsicht geöffnet werden: beim Genuß einer Tasse Kaffee oder eines Glases Laqbi, des landesüblichen Schnapses, mußte die freie Hand ununterbrochen bestrebt sein, die massenhaft andringenden Insekten notdürftig zu verjagen, und sehr häufig drang bei unvorsichtigem Sprechen ein Exemplar dieses widerlichen Geschmeißes bis zum Kehlkopf vor ...“

Zu seiner großen Freude trifft Nachtigal hier in Murzuk eine Bekannte aus Tripolis wieder: die Holländerin Alexandrina Tinné, eine der ganz wenigen Frauen, die sich an der Erkundung Afrikas beteiligt haben. Bent el Ré, Königstochter, heißt sie bei den Eingeborenen, und wie eine Königin tritt sie auch auf, mit einem großen Gefolge von schwarzen und weißen Dienern, von freigekauften Sklaven und holländischen Seeleuten. Ihr geht der Ruf voraus, daß sie unendlich reich sei und köstliche Schätze mit sich führe – und ein solcher Ruf ist gar nicht gut für jemanden, der sich in Afrika in unbekanntes Gebiet vorwagen will. Denn vielerorts treiben räuberische Nomaden ihr Unwesen, gefährliche Burschen, denen man besser aus dem Wege geht. Deshalb nimmt Nachtigal auch den Vorschlag der Holländerin nicht an, die Karawanen zusammenzutun, damit man nicht länger auf eine andere Reisegesellschaft warten müsse. Lieber macht er sich zu einem Abstecher allein auf den Weg, den er schon längst geplant hat: nach Tibesti, in das „Bergland des Hungers". Als er hört, daß Alexandrina Tinné dasselbe vorhat, beschleunigt er seine Abreise; die sehr auffallende, sehr bekannte Karawane der Holländerin ist ihm zu gefährlich. *(Bild Nr. 28)*

Sein Diener Mohammed – derselbe übrigens, der schon Barth begleitet hat – ist entsetzt über den Wagemut seines jungen Herrn. Über die Bewohner von Tibesti, die wilden Tubus, sind die tollsten Gerüchte im Umlauf, und noch nie ist ein Weißer dorthin gelangt. Auch die Araber, mit denen Nachtigal in Murzuk über sein Vorhaben gesprochen hat, raten ihm dringend ab, aber der Deutsche läßt sich nicht halten. Mohammed möge doch in Murzuk auf ihn warten, wenn er nicht mitgehen wolle, schlägt er dem braven Diener vor. Aber damit kommt er bei dem treuen Mann schön an! Entrüstet erklärt der Schwarze:

„Ich habe deinen Freunden in Tripolis versprochen, dich wohlbehalten nach Bornu zu führen, wie ich auch deine Brüder Abd-el kerim (Barth) und Mustafa Bei (Rohlfs) dorthin geleitet habe. Mit Gottes Hilfe werden wir dieses Ziel gemeinsam erreichen. Bis dahin werde ich dich nicht verlassen, und wenn dir bei den verräterischen Tubus ein Unglück zustoßen soll, so will ich es mit dir teilen!"

Der deutsche Forscher ist tief betroffen von so viel rührender Anhänglichkeit. Er hält im Grunde die Besorgnis Mohammeds für übertrieben und wird erst stutzig, als Mohammeds Frau im Lager auftaucht, um ihren Mann zu begleiten – wenn die ihn nicht allein reisen lassen will, muß es wirklich ernst aussehen!

Und es wird auch ernst, sehr ernst sogar. Zunächst ist es die entsetzliche Hitze, die den Reisenden zu schaffen macht:

„Wie glühendes Blei hingen meine Beine herab, und jede zufällige Berührung mit den Knochen des Kamels oder dem Holze einer der Kisten, auf denen ich saß, bereitete mir Schmerzen, die mich fast der Besinnung beraubten."

Nach kurzer Rast in der Oase Gatrun südöstlich von Murzuk geht es quer durch die Wüste weiter, abseits der gewöhnlichen Karawanenstraße und in der Hoffnung, dadurch Überfällen zu entgehen. Freilich, vor Räubern ist man hier einigermaßen sicher, aber dafür lauert ein viel schlimmerer Feind in der Öde: der Durst. Schon bald nach dem Abmarsch aus Gatrun kommt denn auch, was kommen muß: Der Führer verliert die Richtung, ein Brunnen, mit dem er gerechnet hat, ist inzwischen versiegt, und bald geht der Wasservorrat der Karawane zu Ende. Als der letzte Becher verteilt ist, macht sich der Führer allein auf die Suche nach der nächsten Wasserstelle, während Nachtigal mit den anderen sich im Schatten einer Felsmauer niederläßt. Und nun beginnen die schlimmsten Stunden dieser Reise: Vom Durst gequält, dem Wahnsinn nahe, gibt selbst Nachtigal jede Hoffnung auf. Die meisten seiner Begleiter sind bereits ohnmächtig, als der Führer zurückkommt; aber er hat Wasser gefunden! Wasser – Rettung im letzten Augenblick!

Nachtigal und seine Leute erholen sich schnell, und sogleich geht die Reise weiter nach Südosten. Wieder gibt es entsetzliche Durstmärsche, unheimlich ist die Einsamkeit; keine Pflanze, kein Tier sind zu sehen. Schaudernd und doch beglückt reitet Nachtigal durch die Öde; denn hier ist vor ihm noch niemals ein Weißer gewesen. Es gehört freilich die ganze Hartnäckigkeit des Forschers dazu, diesen Marsch durchzuhalten; wäre Nachtigal nicht so besessen gewesen von seiner Idee, das Hochland von Tibesti zu erkunden, er hätte die Strapazen nicht ertragen. Aber der Tarso reizt ihn, ein mächtiges Bergmassiv, mit dem Tusidde, der höchsten Erhebung Tibestis, der 2700 Meter erreicht. Als er den langgestreckten Rücken endlich von weitem erblickt, steht es für ihn fest: Da muß er hinauf! Anfang August, mitten in der heißen Jahreszeit, bezwingt er in langsamem, mühseligem Anstieg tatsächlich den Kamm, begleitet von nur wenigen ausgesuchten Leuten. Selbst in 2500 Meter Höhe herrscht über Tag noch eine Temperatur von 40 Grad Nachts ist es dafür bitter kalt, das Thermometer sinkt auf 10 Grad, und Nachtigal wie seine Begleiter frieren barbarisch. Doch er gibt nicht nach. Das Wasser ist zwar knapp, die Lebensmittel müssen sehr eingeteilt werden, aber es geht unentwegt vorwärts, und nach einigen Tagen steht die Expedition zu Füßen des Tusidde vor dem „Trou au natron", einem gewaltigen Krater, in dessen Tiefe sich blendend weiße, lose Massen anhäufen. Nachtigals Forscherdrang ist aufs äußerste gereizt, am liebsten wäre er tagelang hiergeblieben, um alles gründlich zu untersuchen. Aber der Hunger treibt ihn bald wieder hinab. Er muß zusehen, nach diesem anstrengenden Ausflug wieder bewohnte Gegenden zu erreichen. *(Bild Nr. 29)*

Bald gelangt er nach Bardai, dem Hauptort des Hochlandes von Tibesti. Hier hat es eine Mißernte gegeben, und die Bewohner sind dem Verhungern nahe. Mit Freuden nehmen sie daher die Fremden auf; die haben ihrer Meinung nach sicher soviel Vorräte, daß sie alle mit davon satt werden. Nachtigal wird dauernd angebettelt und schließlich geradezu erpreßt, so daß sein Reiseproviant schnell zu Ende geht. Und nun wird es gefährlich: Als die Eingeborenen nämlich merken, daß aus dem Weißen wirklich gar nichts mehr herauszuholen ist, nehmen sie ihn gefangen. Der ganze Haß der Bevölkerung richtet sich mit einemmal gegen den Giaur, den verdammten Christenhund, und Nachtigal muß Stunde für Stunde damit rechnen, umgebracht zu werden. So mühselig ist der Weg bis hierher gewesen, soviel Interessantes hat er gesehen, soviel wichtige Aufzeichnungen gemacht – soll das alles umsonst sein? Die Eingeborenen lassen nicht mit sich reden; es besteht keinerlei Hoffnung, freigelassen zu werden. Also bleibt nur noch die Flucht! Und eines Nachts gelingt es Nachtigal und seinen Begleitern tatsächlich zu fliehen; sie retten zwar nur das nackte Leben, sämtliche Tauschwaren müssen zurückgelassen werden, und als Proviant finden sich in ihren Satteltaschen bloß noch ein paar steinharte Datteln. Unter diesen Umständen wird der Rückweg nach Murzuk überaus schwierig. Aber Nachtigal hofft auf seinen guten Stern und läßt den Mut nicht sinken; wichtig ist zunächst nur, daß sie wieder frei sind und daß ihnen niemand mehr nach dem Leben trachtet. Am glücklichsten ist er darüber, daß er alle seine Aufzeichnungen gerettet hat, sogar die Karte vom „Bergland des Hungers". So ist doch nicht alle Mühe und Entbehrung umsonst gewesen – nun muß er nur noch versuchen, Murzuk lebend zu erreichen!

Und das gelingt ihm. Zerlumpt, halb verhungert und fiebernd reitet er Anfang Oktober in die Stadt ein; aber was schadet das, die Hauptsache ist, daß alle seine Leute unversehrt wieder zurückgekommen und daß seine Notizen erhalten geblieben sind! Wieviel Glück er gehabt hat, wird ihm erst klar, als er in Murzuk von dem entsetzlichen Schicksal der Alexandrina Tinné erfährt. Die Holländerin hat sich, mit Schutzbriefen versehen, auf eine kleine Wüstenreise zu den Tuaregs gemacht, eine ganz einfache Safari, zumal sie von den Scheichs dazu eingeladen worden ist. In dieser Gegend, die seit langem als völlig sicher gilt, wird sie dann hinterrücks erschlagen, der Reichtümer wegen, die man bei ihr vermutet. Erschüttert und schaudernd hört es Nachtigal – das hätte ihm ebensogut passieren können. Wie gut, daß er nicht mit der Holländerin zusammen gereist ist!

Ein halbes Jahr dauert es, bis der Forscher eine Karawane findet, der er sich für die Weiterreise nach Bornu anschließen kann. Im April 1870 verläßt er Murzuk, und nach einem langen, besonders anstrengenden Wüstenmarsch erlebt er eines Tages das Wunder, das die Regenzeit auf dem Boden Afrikas hervorbringt: Die Reisegesellschaft erreicht einen lichten Wald, dessen Boden mit einem dichten Teppich von Blüten bedeckt ist, die in allen Farben leuchten. Wenig später steht man dann am Ufer des Tschadsees:

„Flach und schmucklos, mit einförmigem Ufer und schilfigem Rande lag der vielgenannte See vor uns. Vor Jahren hatte ich in langweiligen Schulstunden oft träumerisch seine Umrisse betrachtet, die damals allein das weite, weiße Innerafrika zierten. Jetzt hatte ich dieses Ziel meiner kindlichen Träume, meines späteren Strebens erreicht; doch die Wirklichkeit vermochte meine Erwartungen nur in geringem Maße zu befriedigen. Nichts als ein unendlicher Sumpf lag vor mir."

Vom Tschadsee ist Nachtigal also tief enttäuscht, aber dafür entschädigt ihn Kuka, diese Großstadt mitten in Zentralafrika. Er ist genauso begeistert von ihrem regen Leben und Treiben wie seinerzeit Barth. Nun kommt er auch endlich dazu, seinen Auftrag auszuführen: nämlich dem Sultan die Geschenke des preußischen Königs zu überreichen. Omar empfängt voller Stolz die reichen

Gaben seines „Bruders“ König Wilhelm, besonders die Zündnadelgewehre haben es ihm angetan. Unzählige Male muß der deutsche Reisende sie auseinandernehmen, wieder zusammensetzen und ihren Mechanismus erklären. Selbst in Europa gibt es damals keine bessere Waffe, und hier mitten in Afrika macht das Wunderding natürlich einen ganz ungeheuren Eindruck. Mit allen Zeichen der Zufriedenheit und Huld wird Nachtigal entlassen; die Unterstützung des Sultans ist ihm jederzeit gewiß. Deshalb schlägt er für die nächsten drei Jahre sein Standquartier in Kuka auf. Von hier aus unternimmt er verschiedene längere und kürzere Reisen. Es gelingt ihm sogar, nach Wadai zu gelangen, einer Landschaft, die bisher für keinen Weißen zugänglich war. Dr. Vogel hatte ihre Erforschung mit dem Leben bezahlen müssen; dank der Hilfe Sultan Omars ist es Nachtigal möglich, ungefährdet auch durch dieses bisher unbekannte Land zu streifen.

Der einstige Militärarzt hat zwar nicht die wissenschaftliche Vorbildung Barths und Hornemanns, aber er arbeitet mit einer solchen Gründlichkeit und vor allem Vielseitigkeit, daß er zu den größten deutschen Reisenden gerechnet werden muß. Er kartiert nämlich nicht nur und notiert nicht allein geographisch interessante Dinge, sondern berichtet mit der gleichen Genauigkeit über die Wetterverhältnisse, die Bodenformen und die Menschenrassen, auf die er trifft, über die verschiedenen Negerstämme, ihre Lebensgewohnheiten, ihre Staatsformen und ihren Handel. Einen großen Teil von dem, was wir heute wissen, verdanken wir den Arbeiten Gustav Nachtigals.

Zu Anfang des Jahres 1874 beschließt der Forscher, es nun genug sein zu lassen und nach Europa zurückzukehren. In El Obeid, an der Grenze des ägyptischen Sudans, wird er vom Bürgermeister und von dem griechischen Arzt Dr. Giorgi herzlich willkommen geheißen. Nachtigal berichtet darüber in seinem Tagebuch:

„Elias, dem Scheich el-Beled gegenüber, der sich in arabischer Sprache mit mir unterhielt, fühlte ich mich vollkommen unbefangen. Der griechische Arzt aber verwirrte mich vollständig. Er sprach mich zuerst französisch an, versuchte es dann mit ebensowenig Erfolg mit der italienischen Sprache, und erst als er in die arabische Sprache überging, die mir augenblicklich die geläufigste war, vermochte ich mich wieder zu sammeln. Aber noch einige Zeit hindurch konnte ich mich in deutscher, französischer und italienischer Sprache nur unzusammenhängend ausdrücken. Die jahrelange Entwöhnung von anderen als der arabischen und den sudanischen Sprachen ließ mich bei dem plötzlichen Übergang zu europäischen Idiomen sozusagen nur Brocken stammeln.“

Noch am gleichen Abend gibt der Generalgouverneur des ägyptischen Sudans dem zurückgekehrten Forscher zu Ehren ein Bankett. Und Nachtigal, der fünf Jahre lang kreuz und quer durch die Einsamkeit des unbekannten Erdteils geritten ist, der in der ganzen Zeit kaum einen Europäer gesehen und nur mit Arabern und Negern gelebt hat, gerät in die größte Verlegenheit. Das alles ist ihm so entsetzlich fremd geworden: glänzende Uniformen, ordenübersäte Fräcke und elegante Damen in Abendkleidung; er kommt sich ganz und gar hilflos vor und schwitzt vor Angst. Inbrünstig sehnt er sich nach der Einsamkeit der Wüsten und nach seinen treuen Begleitern zurück, und es dauert lange, bis er sich in der Zivilisation wieder zurechtfindet.

Nach seiner Rückkehr wird Gustav Nachtigal zum Vorsitzenden der Geographischen Gesellschaft in Berlin gewählt. Seine reichen Erfahrungen kommen allen späteren Afrika-Expeditionen zugute. Aber natürlich kann den Forscher diese Tätigkeit am Schreibtisch nicht befriedigen, und deshalb ist er glücklich, als Bismarck ihn 1882 zum Generalkonsul in Tunis ernennt. Und als dann Togo und Kamerun deutsche Kolonien werden, bekommt Nachtigal den ehrenvollen Auftrag, dort die schwarzweißrote Flagge zu hissen. In Kamerun haben sich zur gleichen Zeit die Engländer festsetzen wollen. Nachtigal hat rechtzeitig davon gehört und bricht deshalb sehr plötzlich auf, mit dem Erfolg, daß er das Wettrennen gewinnt: Zu seinem großen Vergnügen steigt die deutsche Fahne am Mast empor und nicht der Union Jack!

Ein halbes Jahr danach kehrt er nach Deutschland zurück Aber er erreicht die Heimat nicht mehr lebend; sein altes Leiden rafft ihn auf der Überfahrt hinweg. Auf seinen Wunsch ist er in Kamerun beigesetzt worden, wo noch heute ein Gedenkstein von dem großen Forscher zeugt.

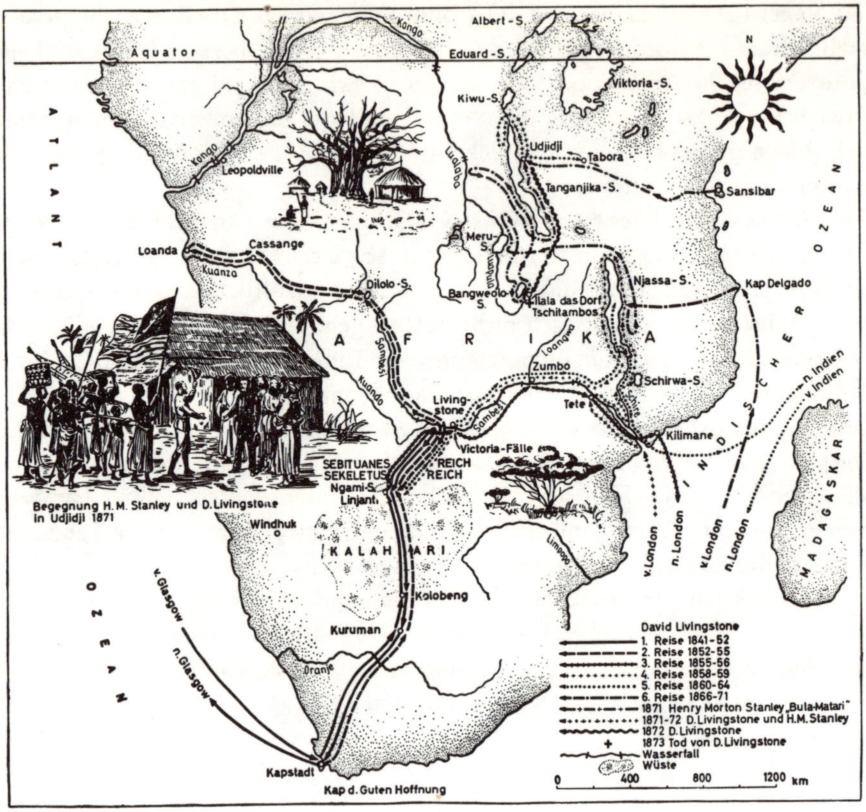

IM REICH DER WASSER UND WÄLDER

Zehn Jahre alt war David Livingstone, als er am 1. April 1823 früh um fünf Uhr das Haus seiner Eltern in Blantyre bei Glasgow in Schottland verließ und der Spinnerei von Mister Dale zutrabte, wo der Vater eine Lehrstelle für ihn gefunden hatte. Vierzehn Stunden jeden Tag würde er in dem achtstöckigen grauen Gebäude arbeiten müssen – dem Vater tat der kleine Bursche sehr leid, er war ein zartes Kerlchen, und vierzehn Stunden waren eine lange Zeit. Aber Mr. Dale sorgte gut für seine Lehrlinge, sie bekamen Essen und durften, wenn er mit ihnen zufrieden war, am kostenlosen Schulunterricht teilnehmen. Und außerdem würde der Junge Woche für Woche vier Schillinge nach Hause bringen; er selbst, Vater Livingstone, Hausierer und reisender Teehändler, war ja kaum in der Lage, seine Familie ausreichend zu versorgen. Nun konnte David bald dabei helfen.

30 David Livingstone,
geboren in Blantyre
bei Glasgow
am 19. März 1813,
gestorben in Tschitalbo
am Bangweolo-See
am 1. Mai 1873

31 Die bis zu 120 Meter hohen Victoria-Fälle des Sambesi;
im November 1855 von Livingstone entdeckt

32 Henry Morton Stanley,
geboren in Denbigh (Wales)
am 28. Januar 1841,
gestorben in London
am 10. Mai 1904

33 Der Ubangi,
der größte Nebenfluß
des Kongo;
dem Kongogebiet
widmete sich Stanley
ganz besonders

Eins machte dem Vater freilich Sorgen: daß David nämlich so ganz andere Interessen hatte als Kinder sonst. Statt zu spielen, vertiefte er sich in Reisebeschreibungen und allerhand wissenschaftliches Zeug, von dem er, der Vater, nichts verstand. Das mochten sich vielleicht reiche Leute leisten können; für seinen Jungen war das seiner Ansicht nach unnütze Zeitverschwendung. Hoffentlich würden ihm die Flausen vergehen, wenn er nun ordentlich arbeiten mußte.

David Livingstone arbeitet gut, aber die Flausen vergehen ihm trotzdem nicht, wie sich bald herausstellen sollte. Es dauert gar nicht lange, da darf er am Schulunterricht in Mr. Dales Fabrik teilnehmen; der findet natürlich nicht etwa während der Arbeitszeit statt, sondern abends von acht bis zehn. Gegen elf ist David zu Hause. Und dann hockt er erst noch über den Büchern, bis die Mutter ein Machtwort spricht und ihn ins Bett schickt. Gleich von seinem ersten Wochenlohn hat er sich ein lateinisches Lehrbuch besorgt. Als er merkt, daß es mit dem Lernen nur langsam vorangeht, weil ihm zu wenig Zeit dazu bleibt, kommt er auf eine glänzende Idee: Er montiert das Buch auf der „Fleißigen Jenny", seiner Spinnmaschine, die von Baumwollballen Garn abspult und an der David nur immer einen Hebel umzulegen braucht, um sie in Gang zu halten. Und so sitzt der Spinner Livingstone, sehr zum Spott seiner Kameraden, an seiner Maschine und lernt nebenher Latein.

Die Hänseleien stören den Jungen nicht im geringsten. Er arbeitet so emsig, daß er es sich, als er neunzehn Jahre alt ist, leisten kann, nur den Sommer über in die Fabrik zu gehen. Im Winter studiert er an der Universität Glasgow Theologie und Medizin mit soviel Fleiß, daß man dort bald auf den eifrigen Studenten aufmerksam wird. Daß er sich gerade diese beiden Fächer wählt, hat seinen guten Grund: David Livingstone ist nämlich entschlossen, Missionar zu werden. Eines Tages taucht in Glasgow Dr. Moffat auf, ein aus Schottland stammender Hottentottenmissionar; im Auftrag seiner Missionsgesellschaft soll er sich den begabten Baumwollspinner ansehen. Moffat kommt selbst aus ärmlichen Verhältnissen, er hat als Gärtnerbursche angefangen und weiß aus eigener Erfahrung, wie schwer es für einen armen Jungen ist, weiterzukommen. Er versteht mit dem scheuen David Livingstone umzugehen und freut sich, als er ein paar Jahre später erfährt, der junge Arbeiterstudent habe an der Universität sein Medizinstudium abgeschlossen und sei in den Dienst der Missionsgesellschaft aufgenommen worden.

Anfang 1841 landet der frisch gebackene Missionar in Südafrika und begibt sich sogleich nach Kuruman, der Station Dr. Moffats. Sehr bald gründet er zwei neue Missionsstationen in der Nähe von Kuruman; auch als Arzt nimmt er sich der Schwarzen an, verbindet Wunden, schient Knochenbrüche und führt Operationen durch, so gut es unter den primitiven Verhältnissen, in denen er lebt, gehen will. 1844 heiratet er Mary, die Tochter von Dr. Moffat; 1849 gründet er seine dritte Missionsstation, Kolobeng am Südrand der Kalahari.

Unter den Eingeborenen, deren Sprache er inzwischen erlernt hat, ist er als weiser, gütiger Mensch und wundertätiger Arzt bald weithin bekannt und beliebt. Aber wenn er auch in den ersten Jahren ein treuer Diener seiner Missionsgesellschaft ist, David Livingstone kann nicht stillsitzen. Die Wißbegierde treibt ihn weiter: Reiseberichte und geographische Werke sind nach wie vor seine Lieblingslektüre, und eifrig betreibt er die Kunst der astronomischen Ortsbestimmung, in der er sich während der dreimonatigen Überfahrt von England nach Südafrika vom Kapitän seines Schiffes hat unterrichten lassen. Die Umgebung von Kolobeng interessiert ihn lebhaft. Häuptling Setschele, mit dem der Missionar sich anfreundet und den er sehr hoch schätzt, hat erklärt, durch die Kalahari gebe es keinen Weg nach Norden. Es lockt Livingstone unwiderstehlich, selbst festzustellen, ob das zutrifft. Dazu kommt, daß die Buren ihm von Tag zu Tag mehr Schwierigkeiten machen: Ihrer Ansicht nach hetzt er, als englischer Missionar, die Schwarzen auf. Schließlich werden die Anhänger Ohm Krügers, des Burenführeres, so feindselig, daß an ein gedeihliches Arbeiten auf der neugegründeten Station nicht mehr zu denken ist. Und als zwei englische Elefantenjäger eintreffen, die nach Norden gehen wollen, da beschließt Livingstone, sich ihnen mit seiner Frau und den drei Kindern, die sie ihm inzwischen geboren hat, anzuschließen. Er weiß, daß im Norden der Kalahari, an den Ufern eines großen Sees, König Sebituane wohnt, der Häuptling der Makololo, der „Herr im Reich der Wasser und Wälder"; vielleicht wird er in dessen Residenz Linjanti einen Stützpunkt oder sogar eine Station errichten dürfen, von der aus er in Ruhe und ungestört durch die Buren missionieren kann. Sebituane hat schon von dem weißen Arzt und Missionar gehört und ihm durch Boten mitteilen lassen, daß er ihm willkommen sei. Daraufhin nimmt Livingstone das Wagnis der Reise auf sich und bricht am 1. Juni 1849 auf.

Achtzig Ochsen quälen sich mit vier hochbepackten Planwagen durch den Sand, zwanzig Pferde gehen mit; die zwei englischen Großwildjäger beschaffen unterwegs das nötige Fleisch, und Livingstone hat Zeit, sich um seine Familie zu kümmern. Die Reise ist schwierig genug. Denn die eingeborenen Händler, die die Konkurrenz der Weißen fürchten, behindern den Treck, wo und wie sie nur können: Die Brunnen sind voller Sand, die zwerghaften Buschmänner stellen sich feindlich, Giftpfeile schwirren durch die Luft, Vieh wird gestohlen – kurzum mehr als einmal sieht es so aus, als solle die Expedition ihr Ziel nie erreichen.

Eines Abends erblicken die Reisenden in der Ferne einen ausgedehnten See. Das kann nur jenes geheimnisvolle Wasser sein, von dem die Eingeborenen so viel erzählt haben, der Ngami!

„Es gehört nicht viel Phantasie dazu, um das genaue Bild großer Wasseransammlungen zu erkennen. Die Wellen tanzten darauf hin, und die Schatten der Bäume spiegelten sich auf der Oberfläche so lebhaft und in solch wunderbarer Weise ab, daß selbst unser abgeschirrtes Vieh aufbrach und samt den Pferden, Hunden und sogar den Hottentotten dem trügerischen Teich entgegeneilten. Indem sie das taten, war es, als wenn der Dunst zerriß. Plötzlich zerriß auch das Trugbild, und wieder starrte uns nur die nackte, kahle Wüste entgegen. Noch lag der Ngami 450 Kilometer entfernt.“

Das ist eine furchtbare Enttäuschung für Livingstone. Schon fünfzehn Jahre zuvor hat nämlich ein englischer Forscher den Ngami gesucht und nicht gefunden. Soll es ihm nun ebensowenig gelingen? Aber Livingstone hat mehr Glück: Eines Tages steht er an einem Fluß, der, wie sich bald herausstellt, aus dem Ngami kommt, und am 1. August 1849 erblickt er als erster Weißer den berühmten See, der inzwischen übrigens längst versandet ist. Mittlerweile ist es für eine Weiterreise aber zu spät geworden, da der dürre Südsommer vor der Tür steht. Es hilft nichts, als für diesmal umzukehren und im nächsten Jahr aufs neue zu versuchen, bis zu König Sebituane vorzudringen. Zurück also nach Kolobeng!

Im April 1850 bricht Livingstone wiederum mit seiner ganzen Familie auf, aber auch dieser zweite Versuch, zu Sebituane zu gelangen, schlägt fehl. Die Kinder bekommen Malaria, die Expedition muß abgebrochen werden. 1851 gelingt dann zwar die Reise, aber Livingstone und seine Frau durchleben entsetzliche Stunden der Sorge und Angst: Das Wasser ist zu Ende, und einen unendlich langen Tag über sieht es so aus, als müßten die Kleinen verdursten. Im letzten Augenblick wird Wasser aufgefunden, und die Kinder sind gerettet; aber der Missionar wird diese vierundzwanzig Stunden nie vergessen.

Weiterhin geht der Treck glatt und ohne Zwischenfälle vonstatten, bis man eines Tages Sebituanes Reich betritt. Der König des Makololostammes empfängt die Weißen überaus freundlich. Er hat längst erkannt, daß gute Beziehungen zu den Engländern seinem Volk nur nützen können, und freut sich deshalb, daß Livingstone die Absicht hat, hier in Linjanti eine Station zu gründen. Er gewährt ihm jegliche Unterstützung; aber ehe noch der Missionar seine Pläne in die Tat umsetzen kann, stirbt Sebituane eines plötzlichen Todes. Das Sumpffieber setzt seinem Leben ein Ende.

Livingstone macht sich große Sorgen; was wird nun aus ihm, den Seinen und seinen Plänen werden? Sie sind die ersten Weißen hier; werden die Makololo sich nicht gegen die Fremden erheben, wenn Sebituane nicht mehr seine schützende Hand über sie hält? Werden sie nicht glauben, die Weißen seien schuld am Tod ihres Königs? Aber nichts geschieht. Man krümmt ihnen kein Haar; man stellt ihnen sogar bereitwillig Träger und Lebensmittel zur Verfügung, als sie den Wunsch äußern, weiter nach Nordosten zu marschieren zu jenem gewaltigen

Fluß, von dem die Makololo so viel erzählt haben. Sambesi nennen sie ihn, das heißt soviel wie „Großer Strom". Es läßt Livingstone keine Ruhe: Ist das der gleiche Riesenfluß, der weit östlich in den Indischen Ozean mündet? Wo mag er entspringen, und wie geht sein Lauf? Gehört er irgendwie zum Kongo oder etwa zum Nil? All das überlegt Livingstone, als er Ende Juni 1851 am Ufer des 700 Meter breiten Flusses steht.

So sehr es ihn reizt, diesen Fragen auf den Grund zu gehen, zunächst ist er noch Missionar, und als solcher kehrt er erst einmal zu den Makololo zurück. Er hat nämlich entdeckt, daß sie gerade beginnen, sich am Sklavenhandel zu beteiligen. Angehörige des eigenen Volkes geben sie freilich auf keinen Fall her, aber sie unternehmen Kriegszüge gegen kleinere und schwächere Stämme, um Gefangene zu machen, die sie dann gegen uralte portugiesische Musketen eintauschen. Livingstone ist entsetzt. Als die Makololo ihm erklären, daß sie zwar die Menschenjagd verabscheuen, daß sie aber unbedingt Gewehre und andere Gegenstände des weißen Mannes brauchen, da weiß er, was er zu tun hat. Man muß es den Makololo ermöglichen, alles, was sie aus den europäischen Ländern haben wollen, in ehrlichem Tausch zu erwerben, gegen Elfenbein und andere heimische Erzeugnisse. Dazu freilich bedarf es zuerst einmal einer Straße nach Westen, auf der die Waren von der Küste des Atlantischen Ozeans ungefährdet ins Land kommen können. Denn der Weg durch die Kalahari nach Süden und bis Kapstadt ist viel zu weit. Ob der Sambesi als Wasserstraße zum Meer brauchbar ist? Dann würde der Sklavenhandel ganz von selbst aufhören.

Livingstones Entschluß ist gefaßt. Kein Wort mehr von der Gründung einer Missionsstation in Linjanti, er hat jetzt größere Aufgaben. Er läßt zusammenpacken und tritt von heut auf morgen die Heimreise nach Kolobeng an. Im April 1852 bringt er seine Frau Mary und die Kinder von dort nach Kapstadt und schickt sie mit dem nächsten Schiff nach England zurück. Nun ist er frei für das große Ziel, das er sich gesetzt hat. *(Bild Nr. 30)*

Es wird ihm nicht leichtgefallen sein, sich von seiner Familie zu trennen. Aber die entsetzliche Sorge um das Leben der Kinder auf der letzten Reise ist ihm in unauslöschlicher Erinnerung. Und es kann bei den Fahrten, die er vorhat, immer wieder geschehen, daß er sich und die Seinen dem Dursttod aussetzen muß, der qualvollsten aller Todesarten. Seine Frau, als Tochter eines Missionars in Afrika geboren und groß geworden, ist zwar daran gewöhnt, daß häufig Notzeiten kommen, in denen nichts übrigbleibt, als so zu leben wie die Eingeborenen: mit gerösteten Heuschrecken als Mittagessen, mit Raupen und Ochsenfröschen als Sonntagsbraten. Solche Hungertage hat sie auf der Station ihres Vaters mehrfach erlebt. Aber die Strapazen und Gefahren, die jede Reise im Dunklen Erdteil damals mit sich gebracht hat, kann Livingstone weder seiner Frau noch seinen Kindern zumuten. Und da er selbst inzwischen in aller Klarheit erkannt hat, daß er nicht zum Missionar, sondern zum Forscher geboren ist, daß er es niemals mehr in ruhiger Arbeit auf einer Station aushalten, daß die unbekannte Weite ihn immer unwiderstehlich locken wird, sieht er keine andere Möglichkeit, als seiner Berufung in selbstgewählter Einsamkeit und ganz allein auf sich gestellt zu folgen.

Als der Schotte Ende Mai 1853 wieder bei den Makololo eintrifft, teilt er ihnen seinen großen Plan mit: Er will den Sambesi aufwärts fahren und versuchen, einen Weg zur Westküste Afrikas zu erschließen. Sekeletu, der Nachfolger Sebituanes, ein junger und unternehmender Mann, ist begeistert von diesem Gedanken und schert sich wenig um die bösen Prophezeiungen der Alten seines Rates: „Wohin will der weiße Mann euch führen? Ins Verderben! Eure Kleider riechen schon nach Blut!" Bereitwillig stellt er Livingstone Boote und dazu 27 Ruderer, gibt ihm Proviant mit und Elfenbein, das in diesen Teilen Afrikas überall als Zahlungsmittel gilt. Am 11. November 1853 wird aufgebrochen. Livingstone ist sich durchaus klar darüber, daß er ein gefährliches Wagnis unternimmt. Im Gebiet der Makololo ist die Reise einfach und harmlos; aber wie wird es werden, wenn er durch die Länder fremder Stämme zieht? Überdies weiß er ja nicht einmal, ob sich der Sambesi überhaupt so weit nach Westen erstreckt, daß er eine einigermaßen brauchbare Verbindung zum Meer darstellt. So oder so kann seine Expedition mit einem schrecklichen Mißerfolg enden. Aber er ist so besessen von seiner Idee, daß er alle Sorgen und Zweifel zurückdrängt und sich mit seinen treuen Makololo auf den Weg ins Unbekannte macht.

Es sollte eine außerordentlich schwierige und gefahrvolle Reise werden. Solange man den Sambesi aufwärts fahren konnte, ging es noch an. Dann aber kam der Marsch über Land, durch Gegenden, in denen die Bewohner von Sklavenhändlern aufgehetzt waren und sich feindselig stellten. Jenseits des Dilolosees, der Wasserscheide zwischen Sambesi und Kongo, mußten sie schließlich weite malariaverseuchte Gebiete durchqueren. Livingstone und viele seiner Begleiter wurden krank, verfielen zusehends und waren kaum noch fähig weiterzumarschieren. Aber unter Einsatz seiner ganzen Energie schaffte es der Forscher schließlich doch, die schon ganz mutlosen Makololo wieder hochzureißen:

„Wir verloren alle den Mut und wunderten uns nicht mehr, daß Expeditionen der Eingeborenen vom Innern nach der Küste gewöhnlich ihre Bestimmung nicht erreicht hatten. Meine Leute waren zum Teil so mutlos, daß sie heimzukehren begehrten ... Nachdem ich alle Macht der Überredung angewendet hatte, erklärte ich ihnen, falls sie umkehrten, würde ich allein weiterreisen."

Das half. Die Makololo liebten und verehrten den Weißen viel zu sehr, als daß sie ihn allein gelassen hätten. Unter unvorstellbaren Mühen und Entbehrungen erreichte Livingstone endlich am 13. April 1854 Cassange, die östlichste portugiesische Station in Westafrika; sein Herz tat einen Freudensprung, als er von der Höhe auf die 30 oder 40 Häuser portugiesischer Kaufleute hinabblickte, die umgeben von schönen Gärten vor ihm lagen. Sein Ziel war erreicht!

Über seine erste Begegnung mit den Portugiesen schreibt er belustigt:
„Ich sah hinsichtlich meiner Kleidung ziemlich vernachlässigt aus. Der erste Herr, den ich traf, fragte mich nach meinem Paß und erklärte, er müsse mich vor die Behörde führen. Da ich ungefähr in der gleichen Lage war wie Leute, die sich ein kleines Vergehen zuschulden kommen lassen, um im Gefängnis Wohnung und Kost zu erhalten, folgte ich ihm freudig in das Haus des Kommandanten oder Chefs, Senhor de Silva Rego. Nachdem ich ihm meinen Paß gezeigt, lud er mich höflich zum Abendessen ein. Da wir lange Zeit nur von ein wenig Mehl gelebt hatten, mag ich auf die anderen Tischgäste wohl den Eindruck eines gefräßigen Menschen gemacht haben!"

Da Livingstone einen Teil seiner Ausrüstung ergänzen muß, verkauft er in Cassange einen Elefantenzahn. Er bekommt dafür zwei Gewehre, drei Fässer Schießpulver, genügend Tuch, um alle seine Leute neu einzukleiden, und eine gewaltige Menge Bohnen. Die Makololo kommen aus dem Staunen gar nicht heraus: Soviel kann man also mit einem einzigen Elefantenzahn kaufen! Jetzt sind sie alle überzeugt, daß Sebituane recht gehabt hat mit seiner Ansicht, es müsse ein Weg gefunden werden, um mit den Europäern zu Handelsbeziehungen zu kommen. Dann braucht man die Sklavenhändler nicht mehr. Allerdings ist die Route den Sambesi aufwärts nicht gerade bequem und überdies recht gefährlich; ob man nicht versuchen sollte, den Fluß in östlicher Richtung hinabzufahren? Ihre Hauptstadt Linjanti liegt ja etwa in der Mitte des Flußgebietes, es kann also nach Osten nicht viel weiter sein als nach Westen.

Aber zunächst geht es erst einmal nach Loanda, der alten portugiesischen Hafenstadt. Hier wird für vier Monate haltgemacht, dann tritt Livingstone die Rückreise an. Im Herbst 1855 trifft er wieder in Linjanti ein. Dort ist der Jubel groß, denn die Zauberer und Wahrsager haben den Weißen längst für tot erklärt. Aber nun sind er und alle seine Begleiter wieder da, und noch dazu beladen mit den herrlichsten Dingen aller Art, die ihnen die Kaufleute von Loanda geschenkt haben. Ganz besonders stolz ist Sekeletu: Die Regierung von Loanda hat dem König der Makololo eine vollständige Oberstenuniform geschickt. Gleich am nächsten Sonntag zeigt er sich damit seinem Volk, und Livingstone muß feststellen, daß die Makololo für dieses prächtige Gewand sehr viel mehr Aufmerksamkeit aufbringen als für seine Predigt.

Im Staatsrat wird dann alsbald beschlossen, was der Forscher schon in Cassange nach dem einträglichen Verkauf des Elefantenzahns mit seinen Makololo besprochen hat: nämlich eine Expedition nach Osten auszusenden, um festzustellen, ob dieser Weg nicht vielleicht kürzer und ungefährlicher ist als der nach Westen,

64 Die Victoriafälle (aus Livingstones Reisebericht)

den man eben mit viel Glück hinter sich gebracht hat. Bald melden sich zahlreiche Freiwillige bei Livingstone und beginnen, Elefanten- und Nashornzähne für das neue Unternehmen zu sammeln.

Am 3. November 1855 bricht der englische Missionar zu seiner zweiten Sambesi-Expedition auf, wiederum begleitet von zahlreichen Makololo. Die Reise beginnt harmlos und einfach. Auf Booten fährt man den Sambesi abwärts, bis man sich nach etwa zehn Tagen den Viktoriafällen nähert. Schon vor Jahren hat Sebituane dem Weißen von „Mosi oa tunya" erzählt, dem „Donnernden Rauch", wie die Fälle von den Eingeborenen genannt werden. Livingstone hat sich nichts Rechtes darunter vorstellen können. Als er nun fern am östlichen Himmel jene Säulen von Gischt und Wasserdampf erblickt, die hoch über den Fällen aufsteigen, da begreift er, wie zutreffend die Bezeichnung der Schwarzen für dieses Naturwunder ist: Es ist wirklich donnernder Rauch! Je näher sie herankommen, desto deutlicher wird das urweltliche Rauschen, das allmählich zu einem brausenden Orgelton anschwillt. *(Bild Nr. 31)*

Und dann steht der Forscher an den Fällen: In 1500 Meter Breite stürzt der riesige Strom 120 Meter tief hinab in eine enge Schlucht; wie betäubt und halb blind von den weißen Wasserwolken, die aus dem Grunde aufsteigen, blickt Livingstone erschüttert auf dies Wunder der allgewaltigen Natur! Und entzückt sieht er die Regenbögen, die sich über den Abgrund schwingen – Götterstäbe nennen sie die Eingeborenen. Tief bewegt und dankbar nimmt der Missionar diese Bezeichnung auf. Es ist so, als wolle ihm Gott Stecken und Stab reichen für den Weg, der vor ihm liegt; er weiß, er wird diese Hilfe sehr nötig haben.

Und dann geht es weiter, der östlichen Küste entgegen. Sie lassen die Boote zurück, der Marsch wird zu Fuß durch ein fruchtbares, weites Hügelland fortgesetzt. Ganz einfach ist das allerdings nicht, denn häufig muß Livingstone große Umwege machen, um nicht in eine der vielen Stammesfehden verwickelt zu werden, die hier allenthalben entbrannt sind. Auch gehen die Lebensmittel bald zu Ende, und man muß mit dem vorliebnehmen, was sich gerade findet: Beeren, Früchte und wilder Honig. Das Land ist zwar geradezu ein Tierparadies; riesige Herden von Büffeln erschüttern die Erde mit dem Donner ihres Galopps, Löwen schleichen geduckt durchs hohe Gras, Elefanten gibt es in Menge, dazu Zebras und Antilopen, alle fast zahm, da sie an Menschen gar nicht gewöhnt und daher auch nicht verschreckt sind. Trotzdem fehlt es oft an Fleisch; denn seitdem Livingstone ein unangenehmes Zusammentreffen mit einem Löwen gehabt hat, damals in seinen ersten Afrikajahren, taugt sein rechter Arm nicht mehr viel. Er muß links schießen, und das geht leider oft daneben. Und mit Speeren ist den Großtieren natürlich kaum beizukommen. Schlimmer als dieser Mangel aber ist die Feindseligkeit der Eingeborenen, die zunimmt, je weiter Livingstone nach Osten gelangt. Mehr als einmal muß er zum Revolver greifen; aber niemals braucht er auch nur einen Warnschuß abzugeben. Genau wie auf seinen früheren Reisen macht die gelassene Ruhe und Freundlichkeit des Missionars auch hier auf die Schwarzen einen so starken Eindruck, daß es zu keinen ernsthaften Auseinandersetzungen kommt.

Nach einem Marsch von zwei Monaten erreicht die Expedition die Mündung des Loangwa in den Sambesi bei dem Ort Zumbo. Zu seiner großen Überraschung trifft Livingstone hier auf Ruinen einer alten christlichen Kirche. Glockentrümmer liegen herum und zerbrochene Kreuze, die Inschrift I. H. S. ist noch lesbar. Weder die Eingeborenen noch er selbst wissen, daß hier, etwa 1000 Kilometer von der Küste entfernt, die Portugiesen vor hundert Jahren eine Station errichtet, aber bald wieder verlassen haben. Livingstone ist hochinteressiert, er notiert sich alles genau, um seiner Missionsgesellschaft einen ausführlichen Bericht vorzulegen, sobald er nach England zurückgekehrt ist. Er ahnt nicht, daß ihm ein anderer dabei zuvorkommen wird; der deutsche Missionar Krapf, der ebenso zufällig wie er selbst auf die alte christliche Kultstätte stößt. Er geht den Dingen nach, stöbert in Dokumentensammlungen und Archiven und entwirft dann in einem umfangreichen Buch ein Bild von der erstaunlichen Forschungs- und Missionsarbeit, die die Portugiesen einst in Ostafrika geleistet haben. Sein Werk erscheint, während Livingstone noch tief im afrikanischen Busch steckt. Der Engländer ist natürlich bitter enttäuscht, als er bei der Rückkehr in die Heimat erfährt, daß ein anderer schon längst über seine Entdeckungen berichtet hat.

Dunkle Gedanken quälen den Missionar. Wird er die Küste je erreichen? Wird er es schaffen? Oder wird es ihm gehen wie jenen Weißen, die einst hier geweilt haben, deren Spuren aber verweht sind wie die Spreu im Winde? Und abends notiert er in sein Tagebuch:

„Ich fühlte mich sehr unruhig, wenn ich daran dachte, daß ich, bei den besten Absichten für das Wohl dieses Landes und seiner Bewohner, am nächsten Tage von den Wilden totgeschlagen werden könnte, von denen man hinterdrein sagen würde: ‚Sie wußten ja nicht, was sie taten.' ... Aber ich las die Worte Christi: ‚Mir ist gegeben alle Gewalt im Himmel und auf Erden ... Gehet hin in alle Welt und lehret alle Völker ... Siehe, ich bin bei euch alle Tage bis an der Welt Ende!' Ich nahm dies als sein Unterpfand an und ging dann, die Länge und die Breite des Ortes zu bestimmen."

Am nächsten Morgen stellt sich heraus, wie berechtigt Livingstones böse Ahnungen gewesen sind: Die Eingeborenen schicken ihre Frauen und Kinder fort, greifen zu den Waffen und rüsten sich zum Kampf! Aber auch diesmal kann der Reisende das Schlimmste abwenden, sehr zum Ärger seiner Leute, die sich dem feindlichen Stamm durchaus überlegen fühlten und den Kampf gern aufgenommen hätten. Sicherlich wären dabei, so meinen sie, Gefangene gemacht worden, die dann ihr Gepäck tragen würden. Livingstone, glücklich darüber, daß es zu keinem Blutvergießen gekommen ist, besänftigt auch den Groll seiner eigenen Männer, marschiert eilig weiter und trifft einige Tage später in Tete am Sambesi ein.

Er wird begeistert empfangen. Schon Monate zuvor hat die englische Regierung die Portugiesen offiziell davon verständigt, daß der Missionar eine Durchquerung des Schwarzen Erdteils plane. Alle portugiesischen Stationen werden daraufhin angewiesen, ihm jede Unterstützung zu gewähren. Da man aber in der ganzen langen Zeit weder von ihm gehört noch ihn irgendwo zu Gesicht bekommen hat, ist längst jede Hoffnung, ihn lebend wiederzusehen, aufgegeben worden, zumal man ja weiß, daß allenthalben ein blutiger Krieg der Eingeborenen gegeneinander und gegen die Weißen tobt. Da erscheinen plötzlich einige weiter stromaufwärts wohnende Schwarze in Tete und erzählen, der „Sohn Gottes" sei auf die Erde herabgestiegen; er ziele mit einem Rohr auf die Sonne, hole sie herab und nehme sie unter den Arm. Der Kommandant der Station fragt noch ein wenig, und dann wird ihm klar, daß dieser „Sohn Gottes" nur ein Weißer sein kann, der mit einem Sextanten Ortsbestimmungen vornimmt. Sollte das etwa Livingstone sein? Wenn er es wirklich ist, dann hat ihm der Sextant das Leben gerettet.

Denn ganz augenscheinlich haben ihn die Schwarzen für einen großen Zauberer gehalten, und dem darf natürlich kein Leid geschehen. Sicherlich würde er sich sonst rächen und Unheil über ihren Stamm bringen. Groß ist daher die Freude, als Livingstone bald darauf tatsächlich mit seinen Leuten in Tete einzieht.

Eigentlich hat er sogleich bis zum Indischen Ozean vorstoßen wollen. Aber in dieser Jahreszeit ist das Klima an der Küste so ungesund, daß er beschließt, seine Leute im Landesinnern zu lassen. Er erwirbt also für seine Makololo Land, siedelt sie an und bricht allein zur Küste auf. Am 20. Mai 1856 ist er in Kilimane, dem großen Hafen etwas nördlich der Sambesimündung, einige Zeit später geht ein Schiff, und am 12. Dezember trifft er in London ein. Seine Frau Mary, von der er sich fünf Jahre zuvor getrennt hat, fällt ihm auf dem Bahnsteig schluchzend um den Hals; die Fahrgäste werden aufmerksam, und plötzlich erkennen sie in dem bescheiden gekleideten Mann mit dem abgetragenen dunklen Anzug den großen Reisenden! Begeisterte Hochrufe erschallen, der unbekannte Missionar, der vor fünfzehn Jahren nach Afrika ging, ist berühmt geworden. Als erstem Weißen ist es ihm gelungen, den Dunklen Erdteil von West nach Ost zu durchqueren.

Nun endlich kommt Livingstone dazu, einen ausführlichen Bericht über seine Entdeckungen und Erfahrungen in Afrika zu verfassen. Aber lange Zeit der Ruhe bei seiner Familie ist ihm nicht vergönnt: Schon am 10. März 1858 verläßt er London wieder, diesmal im Auftrag der Regierung, nachdem er seinen Vertrag mit der Missionsgesellschaft gelöst hat. Den Grundsätzen der christlichen Religion ist er zwar bis an sein Lebensende treu geblieben, aber diesmal geht er nun nicht mehr als Missionar, sondern nur noch als Forscher hinaus. Der englischen Regierung leuchtet ein, was Livingstone in seinem Bericht vorgebracht hat, daß man nämlich den Sklavenhandel am wirksamsten unterbinden könne, wenn man den Schwarzen einen Zugang zu europäischen Waren verschaffe. In den Anweisungen, die das Außenministerium dem einstigen Missionar mitgibt, heißt es daher, es sollte

„die bereits erworbene Kenntnis von der Geographie und den mineralischen wie landwirtschaftlichen Hilfsmitteln Ost- und Zentralafrikas vermehrt, die Bekanntschaft mit den Eingeborenen erweitert und der Versuch gemacht werden, sie zu veranlassen, sich der Industrie und der Bebauung ihres Landes zu befleißigen, mit der Absicht, Rohstoffe zum Export nach England im Austausch gegen britische Manufakturwaren zu produzieren."

Selbstverständlich sollen auch weiterhin Missionsstationen gegründet werden, es wird gepredigt und getauft werden wie bisher, aber die Erschließung des Schwarzen Erdteils für den englischen Handel ist nicht weniger wichtig. Livingstone bekommt eine großzügige Ausrüstung, sogar eine kleine Dampfbarkasse ist dabei für die Fahrt auf dem Sambesi. Sie erweist sich später allerdings mit ihren kümmerlichen zehn PS als viel zu schwach, aber eine gewisse Hilfe bedeutet sie doch.

Anfang September 1858 trifft Livingstone in Tete ein, nachdem er zuvor das versumpfte Sambesi-Delta gründlich erforscht hat. Er ist ganz glücklich, wieder in Afrika zu sein: Auch ihn hat, wie so viele andere vor und nach ihm, das „Afrikafieber" gepackt, und so notiert er in seinem Tagebuch:

„Wenn jemand aus der gemäßigten Zone zum ersten Male in die Tropen kommt, so gleichen seine Gefühle und Empfindungen in mancher Beziehung denen, welche der erste Mensch beim Eintritt in den Garten Eden gehabt haben mag. Er hat den Fuß in eine neue Welt gesetzt... Alles, was er sieht, jeder Ton, der sein Ohr trifft, hat die Frische und den Reiz der Neuheit. Die Bäume und Pflanzen sind neu, die Blumen und Früchte, die Tiere, die Vögel und Insekten sind wunderlich und seltsam. Der Himmel selbst ist neu, indem er in Farben erglüht oder mit Sternen funkelt, wie man sie in nördlichen Gegenden nie erblickt!"

Besonders erfreut ist Livingstone darüber, daß seine Makololo sich in Tete gut eingelebt haben. Natürlich begrüßen sie ihren geliebten weißen Herrn begeistert, und die meisten sind auch bereit, mit ihm den Sambesi aufwärts in die alte Heimat zurückzukehren. Andere dagegen wollen bleiben. Sehr bald haben sie gemerkt, daß das Leben in der Nähe der Zivilisation um vieles leichter und angenehmer ist als zu Hause. Gegen Elfenbein kann man alles haben, was das Herz begehrt – und Elefanten laufen genug herum, man braucht sie nur zu erlegen.

Als Livingstone Mitte November 1858 von Tete abmarschiert, begleitet ihn also nur ein Teil seiner Makololofreunde. Der Forscher beschließt, zunächst nach Norden zu wandern, den Schire aufwärts, einen Nebenfluß des Sambesi. Als sich herausstellt, daß der Sambesi seines versumpften Deltas und zahlreicher Stromschnellen wegen für die Schiffahrt nicht geeignet ist, hat er wohl gehofft, hier eine Wasserstraße in das Landesinnere zu finden. Der portugiesische Kommandant von Tete ist entsetzt, als er von diesem Plan hört. Dorthin will der Verrückte, in die grüne Hölle da oben, aus der noch nie ein Weißer lebend zurückgekehrt ist? Er hat den strikten Auftrag, den Mann zu beschützen – aber wie soll er das machen, wenn der sich in Gegenden begibt, in die sich kein vernünftiger Mensch vorwagt? Doch Livingstone schlägt alle gutgemeinten Warnungen in den Wind; er wird sein Vorhaben durchführen, er vertraut auf sein Glück.

Und das bleibt ihm auch diesmal treu. Immer wieder gelingt es ihm, die feindseligen Schwarzen zu beruhigen, es kommt zu keinerlei Gewalttaten. Nach zwei Monaten entdeckt Livingstone den Schirwasee, „eine erhebliche Menge bitteren Wassers voller Blutegel, Fische und Krokodile", wie er enttäuscht notiert. Aber etwas weiter nördlich soll ein viel größerer See liegen, der Njassa. Sofort bricht die Expedition auf, und am 16. September 1859 steht sie an den Ufern des riesigen Gewässers. 50 Kilometer breit und 500 Kilometer lang erstreckt es sich zwischen hohen Bergen nach Norden. Livingstone ist nicht der erste Weiße, der den Njassasee erreicht hat. Lange vor ihm sind schon Portugiesen dagewesen. Aber ihre Tat ist unbekannt geblieben, und so darf der Engländer den Ruhm, der eigentliche Entdecker des Sees zu sein, mit Fug und Recht für sich in Anspruch nehmen. So glücklich er darüber ist, eine ganz reine Freude bedeutet die Entdeckung für ihn doch nicht. Denn inzwischen ist längst klargeworden, daß sich auch der Schire seiner zahlreichen Fälle und Stromschnellen wegen als Verbindung nach Innerafrika nicht eignet. Das teilt Livingstone seiner Regierung mit und schlägt vor, am Njassasee eine Missionsstation zu gründen, um gegen den Sklavenhandel anzukämpfen, der in dieser Gegend ganz besonders verbreitet ist. Seinem Bericht fügt er schaurige Einzelheiten an:

„Diejenigen, die aus dem Lande herausgebracht und verkauft werden, sind nur ein kleiner Teil. Wir hatten nie eine Ahnung von der gräßlichen Natur dieses Handels, bis wir ihn an seinem Ursprung sahen. Außer denen, die man wirklich gefangennimmt. werden Tausende umgebracht oder sie sterben, auch wenn sie durch den Überfall der Sklavenhändler auf ihr Dorf nur vertrieben werden, an ihren Wunden und aus Hunger. Andere Tausende kommen in den mörderischen Kriegen um, die sie, um Gefangene zu machen, gegen ihre eigenen Stammesgenossen und Nachbarn führen, die sie aus Gewinnsucht erschlagen, angestachelt von den Sklavenhändlern aus Kuba und anderswoher. Die vielen Gerippe, die wir in Felsen und Wäldern, an kleinen Teichen und längs der Wege durch die Wildnis sahen, bezeugen die furchtbaren Opfer an Menschenleben, die man mittelbar oder unmittelbar diesem Höllenhandel zuschreiben muß.“

Tief überzeugt davon, daß gegen den schändlichen Handel mit „Schwarzem Elfenbein“ energisch vorgegangen werden müsse, untersucht der Missionar das Gebiet rings um den Njassasee in aller Gründlichkeit. Bald darauf meldet er nach London, es sei gesund und fruchtbar, man könne hier in großem Maßstab Baumwolle anbauen, und die Eingeborenen seien durchaus friedlich. Dann bricht er auf, um seine Makololo nach Linjanti zu König Sekeletu zurückzuführen.

Es hält den Ruhelosen nicht lange bei seinem schwarzen Freund. Bald schon kehrt er zum Njassa zurück, läßt auf eigene Kosten einen kleinen Dampfer bauen, erkundet den See und vermißt ihn genau. Gerade als er mit dieser verdienstlichen Arbeit fertig ist, erhält er eine Hiobsbotschaft von daheim: In dürren Worten teilt ihm das Außenministerium mit, daß alle Zahlungen für ihn am 31. Dezember 1863 eingestellt werden. Für Livingstone ist das ein furchtbarer Schlag! Er steht vor einem Rätsel und kann sich die plötzliche Ungnade seiner Regierung zunächst überhaupt nicht erklären. Was ist geschehen?

Während er seine Makololo heimführte, hatte die Regierung auf Grund seines günstigen Berichtes über diese Gegend eine geistliche Mission zum oberen Schire entsandt. Mit einer Baumwollentkapselungsmaschine im Gepäck landeten die Mitglieder des Unternehmens, geführt von einem Bischof, in Ostafrika und begannen sogleich, ohne jegliche Afrikaerfahrung, die Reise ins Innere. An Strapazen waren sie nicht gewöhnt, mit den Eingeborenen verstanden sie nicht umzugehen. Und als ihnen ein Sklaventransport entgegenkam, hatten sie nichts Eiligeres zu tun, als die Bewacher zu verjagen und die Gefangenen freizulassen. Das war nun zwar sehr großherzig gehandelt, aber ebenso unbesonnen. Denn natürlich empörten sich die Sklavenhändler gegen dieses Verhalten der geistlichen Herren, sie wiegelten die Eingeborenen auf, griffen zu den Waffen und schlugen die Mission in die Flucht. Der Bischof wie die meisten seiner Mitarbeiter bezahlten ihren Leichtsinn und ihre Unerfahrenheit mit dem Leben.

Die Bestürzung in England war gewaltig. Anstatt die Schuld bei dem unüberlegten Vorgehen der Mission zu suchen, schrieb man sie Livingstone zu; seine schöngefärbten Berichte, hieß es, seien die eigentliche Ursache des Unglücks, die Neger seien gar nicht so friedlich, der Forscher habe die Mission leichtfertig ins Verderben gelockt.

Von alledem weiß Livingstone natürlich nichts. Er ist wie vor den Kopf geschlagen: Wie um alles in der Welt soll er seine Arbeit unter diesen Umständen, ohne die Hilfe und das Geld der Regierung fortsetzen? Aber er ist viel zu besessen von seiner Aufgabe, als daß er sich ohne weiteres geschlagen gibt. Noch hat er ja seinen kleinen Dampfer – den wird er zu Geld machen. Freilich, den Sklavenhändlern, die das schnelle Fahrzeug mit Freuden kaufen würden, gibt er es auf keinen Fall. Kurzentschlossen fährt er mit seinem Boot über den Ozean, um es in Indien loszuschlagen. Er erlebt die bittere Enttäuschung, daß ihm das nicht gelingt. Nun sieht er keinen Weg mehr, seine Forschungen auf eigene Faust fortzusetzen; er muß aufgeben. Als gebrochener Mann kehrt er am 30. April 1864 nach England zurück, verlassen und verkannt. Seine Laufbahn ist beendet, nie wieder wird er die Arbeit aufnehmen können. Es bleibt ihm nur, seine Erinnerungen aufzuzeichnen. Das tut er, und plötzlich werden seine Landsleute anderen Sinnes. So großen Eindruck machen seine Berichte, so begeistert ist die Öffentlichkeit davon, daß die Regierung beschließt, Livingstone nochmals nach Afrika zu senden. Sie verleiht ihm den ehrenvollen Titel eines „Konsuls der unabhängigen Negervölker Innerafrikas" – er wird den im Innersten bescheidenen Mann kaum beeindruckt haben – aber daß er wieder hinausdarf in das Land, das ihm in fast zwei Jahrzehnten Heimat geworden ist, macht ihn unsagbar glücklich.

Vom Kap Delgado an der ostafrikanischen Küste bricht Livingstone Anfang 1866 zu seiner letzten Expedition auf. Durch Sümpfe und Dornen geht es in kleinen, mühsamen Etappen nach Westen. Die Gegend ist fast menschenleer. Blutige Sklavenjagden haben die eingeborene Bevölkerung vertrieben; soweit noch am

65 Livingstone durchquert mit eingeborenen Trägern einen Fluß (nach einer Skizze von Livingstone)

Leben, hat sie sich in unwegsame Dickichte verkrochen. Nahrungsmittel sind nicht zu erhalten, und vor allem gelingt es Livingstone nicht, Fahrzeuge aufzutreiben, um den Njassasee zu überqueren. So bleibt ihm wohl nichts anderes übrig, als den langgestreckten See auf einem Marsch von 700 Kilometer südlich zu umgehen. Das aber wird seinen Trägern zuviel. Ende September 1866 beginnen sie zu meutern. Diesmal wird Livingstone nicht mit ihnen fertig; sie lassen ihn eines Tages im Stich und laufen davon. Mit den wenigen, die ihm die Treue halten, zieht er nach Norden, durch fieberverseuchte Täler und über fast unzugängliche Gebirge. Unterwegs fliehen bis auf drei auch noch die restlichen Schwarzen. „Er hat Wasser im Gehirn", sagen sie von ihrem Führer und verschwinden. Leider nehmen sie den Arzneikasten mit; ohne eine Spur von Chinin schleppt der Forscher sich weiter, von den Fieberschauern und Schüttelfrösten der Malaria gequält. Er gelangt zum Merusee und erreicht den Luapula, einen Fluß, der nach Nordwesten fließt. Trotz aller Schwierigkeiten und Entbehrungen ist Livingstones Forscherdrang noch immer ungebrochen. Ob der Luapula zum Kongo gehört oder etwa doch zum Nil? Die Eingeborenen wissen nur, daß der geheimnisvolle Strom aus dem Bangweolosee weiter im Süden kommt. Sofort bricht der Reisende dorthin auf. Sein Proviant geht zu Ende, bald gerät er in die größte Not. Und da ist es ausgerechnet ein arabischer Sklavenhändler, der ihn vor dem Verhungern bewahrt und ihm soviel Vorräte schenkt, daß Livingstone den Bangweolosee umwandern und erkunden kann.

Dann marschiert er nach Udjidji am Tanganjikasee, wo für ihn ein Lager mit Lebensmitteln, Tee und Chinin angelegt worden ist. Er ist so erschöpft, daß er schließlich getragen werden muß. Wieder hilft ihm ein Araber. Es beschämt den englischen Missionar sehr, daß es Sklavenhändler sind, die ihm das Leben retten: jene Leute, die er doch mit aller Energie bekämpft. Aber um der Forschung willen muß er diese Expedition lebend überstehen. Und so läßt er sich denn, wenn auch mit schlechtem Gewissen, von seinen ärgsten Gegnern unterstützen. Er ist todkrank und nur noch Haut und Knochen, aber er gibt nicht auf. Die Schwarzen haben ihm von einem großen Strom unweit des Tanganjika erzählt, der nach Norden fließt und den sie Lualaba nennen; sollte das der Kongo sein? Die Hoffnung, diese Frage zu lösen, verleiht ihm die Kraft, den beschwerlichen Weg fortzusetzen. Mitte Oktober 1871 gelangt er endlich nach Udjidji.

Und hier tritt am 23. November nun das Ereignis ein, das Livingstone zu einem der berühmtesten Männer der Erde macht. Freilich wird er das nie erfahren, da er die Heimat nicht mehr wiedersieht. Als nämlich die Welt hört, was sich an diesem 23. November in Udjidji am Tanganjikasee zuträgt, da ist Livingstones Name in aller Munde, zusammen mit dem eines anderen Mannes: Henry Morton Stanley, der ausgeschickt worden ist, den englischen Forscher zu suchen, und der ihn hier in Udjidji findet. *(Bild Nr. 32)*

Den Anlaß zu dieser Begegnung im Urwald gaben letzten Endes jene Träger, die Livingstone 1866 am Njassasee im Stich gelassen hatten. Sie marschierten zur Küste zurück und verbreiteten dort, um ihr Verhalten zu rechtfertigen, alsbald das Gerücht, der Weiße wäre in die Hände der wilden Masituneger gefallen und sicherlich von ihnen ermordet worden. Einige Zeit später erfuhr auch die zivilisierte Welt von diesem Gerücht, und da man über Livingstone nicht das Geringste in Erfahrung bringen konnte, galt er als verschollen. Dem millionenschweren Besitzer der großen amerikanischen Zeitung „New York Herald", James Gordon Bennett, ließ das keine Ruhe. Er stammte wie Livingstone aus Schottland und brachte es nicht übers Herz, sich mit der Ungewißheit über das Schicksal des Forschermissionars abzufinden.

Einfach im Stich gelassen zu werden, das hatte sein Landsmann nicht verdient. Kurz entschlossen erteilte Mr. Bennett daher seinem Chefreporter Henry Morton Stanley, der sich schon in vielen schwierigen Lagen bewährt hatte, den Auftrag: „Finden Sie Livingstone!"

Begeistert war Stanley zunächst durchaus nicht davon, daß sein Chef gerade ihn für diese Aufgabe bestimmt hatte. Das konnte eine höchst undankbare Sache werden! Wenn es ihm nicht gelang, den verschollenen Reisenden aufzufinden, dann war das auf jeden Fall ein Mißerfolg, der ihn vermutlich seine Stellung kosten würde. Aber was half's, der Auftrag mußte ausgeführt werden; und auf der anderen Seite war es natürlich auch wieder sehr verlockend, einen solchen Auftrag zu bekommen.

„Nehmen Sie tausend Pfund, und wenn die alle sind, wieder tausend Pfund, und wenn auch die verausgabt sind, abermals tausend Pfund und so fort – aber finden Sie Livingstone!" hatte Mr. Bennett seinem Reporter gesagt. Der fuhr los und ging Ende Januar 1871 in Sansibar von Bord seines Schiffes. Der englische Konsul, den er zuerst aufsuchte, war zwar der Ansicht, daß Livingstone noch am Leben sei; aber soviel Leute Stanley in den nächsten Tagen befragte, so viele Meinungen hörte er über das Schicksal des weißen Forschers. Enttäuscht notierte er in seinem Tagebuch:

„Achtzehn Monate sind vergangen, seit ich den Auftrag bekam, Livingstone zu suchen. Bis jetzt hat kein Sterblicher in Sansibar Neues von Livingstone gehört. Einer hielt ihn für tot, ein anderer für verschollen, einige stellten die kühne Behauptung auf, er habe eine afrikanische Prinzessin geheiratet und sich irgendwo angesiedelt ..."

Nur eines gibt es, woran Stanley sich halten kann: Livingstone hat vor seiner Abreise aus Sansibar geäußert, er wolle nach Udjidji am Tanganjikasee. Also stellt der Reporter eine Expedition zusammen und macht sich am 21. März 1871 auf den Weg dorthin. Das ist für jemand, der keinerlei Afrikaerfahrung besitzt, ein hartes Stück. Aber dank der unbezähmbaren Energie des Amerikaners geht alles glatt. Anfang November begegnet er einer Karawane, die vom Tanganjikasee kommt, und erfährt, daß vor kurzem ein Weißer in Udjidji eingetroffen sei. Wie elektrisiert fährt Stanley hoch: ein Weißer? Wie sieht er aus? Alt sei er, berichten die Schwarzen, krank sei er und habe weiße Haare im Gesicht. Das kann nur Livingstone sein! Stanley spornt seine Leute zu äußerster Eile an. Aber nicht so sehr die berufsmäßige Neugier des Reporters, sondern die Angst jagt ihn durch die Wildnis: die Angst, Livingstone nicht mehr in Udjidji anzutreffen. Der englische Konsul in Sansibar hat ihm erzählt, daß es recht schwierig sei, mit dem Missionar auszukommen, und daß er sich sicher in den tiefsten Dschungel verkriechen würde, wenn er erführe, daß eine Rettungsexpedition auf dem Weg zu ihm sei. Stanley weiß, daß Nachrichten sich in Afrika erstaunlich schnell verbreiten; noch schneller muß er sein, wenn er den Forscher in Udjidji erreichen will. Um keine Zeit zu verlieren, marschiert er jetzt auch nachts, quer durch den Busch, fern allen Ansiedlungen und fern allen Häuptlingen, die ihn in lange Verhandlungen über den zu entrichtenden Tribut verwickeln könnten.

Am 10. November, 236 Tage nach dem Abmarsch aus Sansibar, erblickt Stanley tiefbewegt zum ersten Male den ungeheuren glänzenden Silberspiegel des Tanganjikasees. In seinem Bericht heißt es:

„Am nächsten Tag erhoben wir uns noch in der Morgendämmerung. Wir packten unsere besten Sachen aus, um bei den Leuten von Udjidji so fein und so vornehm wie möglich

auftreten zu können. Mein Tropenhelm wurde sorfältig mit Kreide geweißt ... dann wurden meine Schuhe geölt und ein weißes Hemd und weiße Tücher hervorgeholt. So hätte ich in der Tat in Bombay spazierengehen können ... Wir treten jetzt den Abstieg an, noch ein paar Minuten, dann werden wir an Ort und Stelle sein, dort, wo wir den vermuten, den wir suchen. Unser Schicksal wird sich in weniger als einer halben Stunde entschieden haben. In Udjidji weiß niemand, daß wir kommen, niemand ahnt, daß wir so nahe sind ... Wir werden sie alle überraschen.

Auf denn, wir sind jetzt nur noch eine Meile entfernt, nun ist es Zeit, unsere Ankunft anzukündigen. ‚Feuern!' läuft es von Mund zu Mund die Karawane entlang ... Sie stopfen ihre Schießeisen halb voll und drücken ab. Die Ladestöcke befördern neue, gewaltige Ladungen in die Läufe. Salve auf Salve donnert. Es klingt wie die Breitseiten eines Kriegsschiffs. Lustig flattern die Fahnen im Wind, voran die Flagge der USA, und niemals erschien mir das Sternenbanner so schön wie hier in der lauen Brise, die vom Tanganjika herüberweht ...

Aufgeregte Araber kommen atemlos herbeigestürzt und wollen mir die Hand schütteln. Aber ich habe keine Geduld, mich ihnen zu widmen ... Wo ist er? Ist er vor uns geflohen? Da stößt mich ein Mann an, ein Schwarzer, und sagt auf Englisch: ‚Guten Tag, Sir!' ‚Hallo, zum Teufel, wer bist du?' – ‚Ich bin Mr. Livingstones Diener', antwortet er und läuft wie besessen fort, ehe ich auch nur ein Wort sagen kann. Hunderte, nein, Tausende umgeben uns. Es ist ein einziger großer Triumphzug ... wir bleiben schließlich stehen, nur ich habe noch einige Schritte zu gehen. Unter einer Gruppe der vornehmsten Araber gewahre ich das Gesicht eines alten weißen Mannes. Er trägt eine Mütze mit goldener Kordel, eine kurze Jacke aus rotem Tuch und dunkle Hosen ... Ich reiche ihm die Hand, wir lüften unsere Kopfbedeckungen, und ich sage: ‚Dr. Livingstone, nehme ich an?' Und er sagt: ‚Ja'."

Acht Monate später erst erscheint dieser Bericht im „New York Herald" und kündet beider Ruhm: den Livingstones sowohl wie den Stanleys. Mit einem Male wird das Interesse an Livingstone wieder wach, jenem Manne, der einst bei seiner eigenen Regierung in Ungnade gefallen und dann doch wieder hinausgeschickt worden ist und von dem man jahrelang so gut wie nichts gehört hat. Mit einem Schlage ist sein Name von neuem in aller Munde, und dazu natürlich der des Amerikaners, der das Kunststück fertiggebracht hat, einen Verschollenen im tiefsten afrikanischen Busch aufzustöbern.

Zwischen dem jungen Reporter und dem erfahrenen Forscher entwickelt sich bald eine echte Kameradschaft. Gemeinsam erkunden sie den nördlichen Teil des Tanganjikasees. Stanley fragt schüchtern, ob Livingstone denn nicht daran denke, nun, nachdem er so lange Jahre unter größten Entbehrungen und Anstrengungen gearbeitet habe, nach England zurückzukehren. Aber damit kommt er bei dem von seiner Aufgabe besessenen Forscher schlecht an:

„Ich würde sehr gern nach Hause fahren, um meine Kinder noch einmal zu sehen. Aber ich bringe es nicht fertig, meine Aufgabe jetzt, wo sie fast gelöst ist, im Stich zu lassen."

Das einzige, was Stanley in seiner Sorge um die geschwächte Gesundheit des Engländers erreicht, ist, daß Livingstone sich ihm anschließt, als der Reporter zur Küste zurückkehrt, um aus einem auf halbem Weg gelegenen Nachschublager die Vorräte aufzufüllen. Hier, in Tabora, versucht Stanley nochmals, Livingstone zur Rückkehr zu überreden; aber der lehnt wiederum entschieden ab. So trennen sie sich denn am 14. März 1872, und der Engländer geht zum Tanganjikasee zurück, um als Krönung seiner Arbeit in Afrika das Kongoproblem zu lösen.

Am 25. August 1872 bricht er von Udjidji auf in Richtung Bangweolosee. Zunächst geht alles gut, aber bald spürt er, daß er sich doch zuviel zugemutet hat; seine Kräfte nehmen zusehends ab. Dazu kommt wohl ein tiefer persönlicher Kummer. Er erfährt, daß eine englische Hilfsexpedition für ihn unterwegs ist, der sein zweiter Sohn Oswald angehört. Aber Oswald ändert im letzten Augenblick seinen Entschluß; bei der Landung an der ostafrikanischen Küste erklärt er, er habe nicht die Absicht, zu seinem Vater zu gehen. Livingstone muß diese plötzliche Absage tief getroffen haben. Gewiß, er selbst hat das Glück seiner Familie für die Erfüllung seiner Lebensaufgabe geopfert; aber daß der Sohn ihm jetzt nicht zu Hilfe kommt, daß er sich dem Vater versagt, das hat wohl Livingstones letzte Kräfte aufgezehrt. An den Ufern des Bangweolosees notiert er drei Tage vor seinem Tode: „Völlig erschöpft. Bleibe hier, um gesund zu werden." Aber dazu ist es zu spät. Als sein treuer Diener Susi am 1. Mai 1873 morgens nach dem Kranken sieht, findet er ihn tot. Wie im Gebet kniet Livingstone vor seinem Bett, den Kopf in den gefalteten Händen. Neben ihm liegt sein Journal.

Sein Leichnam wurde nach England zurückgebracht und in der Westminsterabtei eingesargt. In der Grabschrift setzte ihm das dankbare englische Volk ein dauerndes Denkmal:

„Von treuen Händen über Land und Meer gebracht, ruht hier David Livingstone, der Missionar, der Reisende, der Menschenfreund, geboren am 19. März 1813 in Blantyre, gestorben am 1. Mai 1873 in Ilala, dem Dorfe Tschitambos.

Dreißig Jahre lang war sein Leben in unermüdlicher Anstrengung der Evangelisierung der eingeborenen Stämme, der Erforschung unentdeckter Länder, der Bekämpfung des ruchlosen Sklavenhandels in Innerafrika gewidmet. Möge des Himmels reichster Segen auf jeden herabkommen, der diese offene Wunde der Welt heilen hilft."

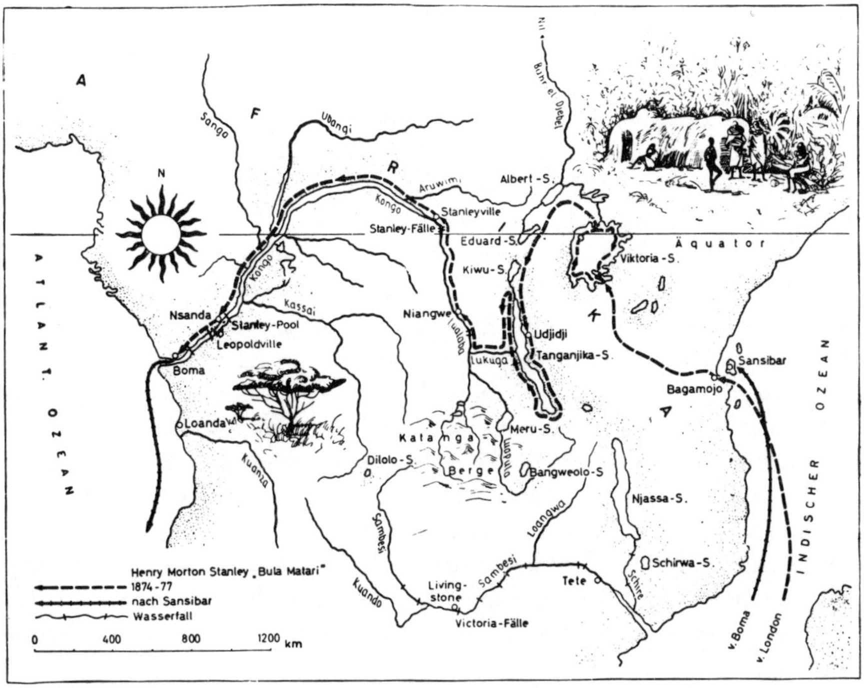

HENRY MORTON STANLEY, DER „BULA-MATARI"

Als der Chefreporter des „New York Herald" Henry Morton Stanley, nach der Auffindung des in Afrika verschollenen Forschermissionars Livingstone nach England zurückkehrt, ist er ein berühmter Mann. Deshalb wird er auch sofort empfangen, als er sich eines Tages bei den Inhabern der Londoner Zeitung „Daily Telegraph" melden läßt. Es gibt eine lange Konferenz, während der Stanley den gespannt lauschenden Sachverständigen den Plan einer neuen Expedition entwickelt. Er will zum Lualaba, jenem geheimnisvollen Fluß, der weit im Süden aus den Katangabergen kommt und auf der Höhe des Tanganjikasees in den nordwestlichen Urwäldern verschwindet. Wo er bleibt, ob er schließlich irgendwo in der Wüste versickert, ob er zum Nil gehört, zum Niger oder zum Kongo, das weiß niemand. Unter den Eingeborenen läuft zwar ein Gerücht um, es sei möglich, den Lualaba hinab bis zum westlichen Meer zu fahren, dem Atlantik also, aber das mag bloßes Geschwätz sein.

Stanley freilich ist fest davon überzeugt, daß es kein Geschwätz ist. 1874 ist nämlich der englische Leutnant Cameron bis nach Niangwe am Lualaba gelangt, und nach seinen Untersuchungen scheint der majestätische Urwaldfluß zum Kongo zu gehören. Dieser Ansicht sind auch die deutschen Geographen; einer von ihnen, Professor Ernst Behm, ist sogar der Ansicht, daß der Lualaba der Oberlauf des Kongo sei. Das gleiche vermutet auch Stanley und weckt damit den heftigen Widerspruch des großen englischen Geographen Professor Coolley. Das sei völliger Unsinn, ausgeschlossen, ganz unmöglich!

Es gibt leidenschaftliche Auseinandersetzungen und heftige Debatten, bis der Inhaber des „Daily Telegraph" auf den Gedanken kommt, Mr. Gordon Bennett, den Besitzer des „New York Herald", zu fragen, was er von Stanleys Plänen halte und ob er sich an den Kosten der Expedition beteiligen würde. Ein ellenlanges Kabel geht aus der Fleet Street in London, wo sich das Verlagsgebäude des „Daily Telegraph" befindet, nach New York, und ein paar Stunden später ist die Antwort da. Sie lautet kurz und bündig: „Yes, Bennett." Das genügt. Die Expedition ist damit gesichert, und Stanley kann darangehen, sich vorzubereiten.

Er stellt einen umfassenden Plan auf. Zuerst will er den Viktoriasee näher erkunden und vermessen, dann zum Tanganjikasee und von dort aus nach Westen gehen, durch ein bisher noch nie betretenes Gebiet, um so zum Lualaba vorzustoßen. Kaum ist dieser Plan genehmigt und veröffentlicht, da beginnen auf Stanley waschkorbweise die Bewerbungen von Leuten herabzuregnen, die ihm bei der Entdeckung Afrikas helfen wollen.

„Ich hätte 5000 Engländer, 5000 Amerikaner, 2000 Franzosen, 2000 Deutsche, 500 Italiener, 250 Schweizer, 200 Belgier, 50 Spanier und 5 Griechen, also etwa 10000 Europäer und halb soviel Amerikaner mitnehmen können!"

notiert er in seinem Tagebuch. Nicht nur alte Kolonialoffiziere melden sich, sondern Bewerber aus allen möglichen anderen Berufen; selbst spiritistische Medien und Magnetiseure fehlen nicht, die versprechen, die Expedition durch ihre Zauberkünste unsichtbar zu machen und die Schwarzen, falls sie sich feindlich stellen, in Schlaf zu versenken. Darauf verzichtet Stanley allerdings; lieber nimmt er zwei Fischer aus der Grafschaft Kent mit, die Gebrüder Pocock, die ihm späterhin bei der Überwindung der afrikanischen Seenregion dann auch wirklich sehr wichtige Dienste geleistet haben.

Mitte November 1874 marschiert die Expedition von Bagamojo in der Nähe von Sansibar ab. 224 Mann sind es, die sich auf den Weg machen, darunter zahlreiche Schwarze, die einst schon Livingstone begleitet haben. Das gewichtigste Stück des recht umfangreichen Gepäcks ist die „Lady Alice" eine in England gebaute, zerlegbare Barkasse, die sich später als überaus praktisch erweisen wird. Obwohl manche Träger noch niemals eine Karawanenreise mitgemacht haben, kommt man gut voran; schon am 27. Februar 1875 ist der Viktoriasee, das erste Reiseziel, erreicht. Sogleich wird die „Lady Alice" zusammengebaut und acht

Tage später kann Stanley darangehen, den See zu erkunden. Das ist keine so ganz einfache und ungefährliche Sache, und niemand von den Trägern meldet sich freiwillig dazu. Auf all seine Fragen hat Stanley nur ängstliches Stillschweigen geerntet. Da gibt ihm einer der schwarzen Karawanenführer den Rat: „Herr, hört auf mit dem Fragen! Befehlt lieber! Eure Leute sind wie Eure Kinder und werden Euch gehorchen. Fragt Ihr sie aber wie Freunde, wird sich niemand melden!“ Es erweist sich sogleich, daß der Mann recht hat. Bald ist die nötige Besatzung für die „Lady Alice“ beisammen, und die Fahrt kann beginnen. Sie hat mancherlei Opfer an Gut und Leben gekostet, aber ihr Ziel wird erreicht: Stanley kann feststellen, daß der nördliche Ausfluß des Viktoriasees einer der wesentlichsten Nilzuflüsse ist.

Nach der Lösung dieses Problems wandte sich Stanley nach Süden. Entlang dem ostafrikanischen Grabenbruch reiste er über den Kiwusee zum Tanganjika. Schon mit Livingstone hatte er begonnen, den See zu umfahren, jetzt vollendete er diese Arbeit in 51 Tagen. Er stieß dabei auf einen recht ansehnlichen Fluß, den Lukuga, der, wie der Forscher bald entdeckte, in den Lualaba mündete, den Schicksalsstrom Livingstones. Nur zu gern wäre er in das Hochland von Katanga marschiert; da mußten die Quellflüsse des Lualaba entspringen. Aber das hätte ihn zuviel Zeit gekostet, und seine Auftraggeber wären sicher nicht damit einverstanden gewesen, wenn er ihnen immer wieder nur von Flüssen mit unaussprechlichen Namen berichtet hätte: Er würde dann auch bald den Namen „Der Flüssesucher“ erhalten, wie Livingstone. Also entschloß sich Stanley, den Lukuga hinab nach Westen zu marschieren.

Von allen Seiten wird er gewarnt, als er diesen Plan bekanntgibt. Die Reise soll durch das Gebiet der Manjemaneger führen; sie sind in ganz Zentralafrika als Menschenfresser berühmt und berüchtigt. Stanley aber läßt sich nicht abschrecken und beweist wieder einmal, daß seine Leute recht haben, ihn „Bula-Matari“ den Steinbrecher, zu nennen. Seine Träger freilich bekommen es mit der Angst zu tun. 38 Mann laufen davon, und die übrigen müssen streng bewacht werden, damit sie nicht gleichfalls abrücken. Aber die Furcht seiner Schwarzen macht auf Stanley keinerlei Eindruck. Er besinnt sich nicht einen Augenblick und marschiert über den Lukuga zum Lualaba. Zwei Jahre nach seiner Abreise von der Küste, im Oktober 1876, gelangt er endlich nach Niangwe. Bis hierher sind auch Livingstone und Leutnant Cameron gekommen; und hier sind sie umgekehrt, weil die Eingeborenen sich geweigert haben, Boote und Ruderer zu stellen. Sie geben nicht einmal Auskunft über den weiteren Verlauf des Flusses. Auch Stanley bringt aus den Schwarzen nichts heraus; er muß selbst entscheiden, nach welcher Richtung er sich wenden will. Und nach langer Überlegung entschließt er sich, nordwärts zu marschieren, den Lualaba hinab.

Diesmal leisten die schwarzen Träger heftigen Widerstand; sie lehnen es mit aller Bestimmtheit ab, die Reise ohne Schutzgeleit zu unternehmen. Es bleibt Stanley also nichts übrig, als sich nach jemandem umzusehen, der ihm Bewaffnete mitgibt. In Niangwe wohnt Scheich Hamed ben Mohammed, genannt Tippu Tip, der einflußreichste arabische Händler von Zentralafrika. Der wittert ein gutes Geschäft und erklärt sich bereit, den Forscher mit seiner Privatarmee von 140 Gewehrschützen und 70 Speerträgern 60 Tage lang zu begleiten: gegen eine Zahlung von 5000 Dollar! So scheint denn alles in schönster Ordnung zu sein, und die Karawane marschiert am 4. November 1876 unter militärischem Schutz ab.

Aber schon am zwölften Tage nach dem Aufbruch von Niangwe weigert sich der Araber, den Vertrag zu erfüllen. In einer so höllischen Gegend sei er noch nie gewesen, keinen Schritt weiter komme er mit. Mit einem Scheck über 2600 Dollar läßt er sich schließlich bewegen, noch zwanzig Tage zuzulegen; aber dann macht er endgültig kehrt.

Verdenken kann man das dem Scheich eigentlich nicht, wenn man liest, was Stanley über diesen Marsch in seinem Tagebuch notiert hat. Zunächst ist er noch ganz hoffnungsvoll; schließlich ist das hier nicht der erste Dschungel seines Lebens, er wird es schon schaffen. Als er jedoch von den Uferhöhen des Lualaba den „Mitamba", den Urwald, erblickt: schwärzlich-grün und dunkel, unermeßlich, soweit das Auge reicht – da beklemmen ihm böse Ahnungen das Herz. Aber nicht umsonst heißt er Bula-Matari. Nach kurzem Zaudern setzt er sich an die Spitze des Zuges und betritt als Erster die grüne Hölle, der er erst nach vielen Monaten entrinnen soll. Schlagartig wird es dunkel, so dunkel, daß Stanley seine eigenen Notizen oft nicht mehr lesen kann:

„Zur Rechten und zur Linken stand etwa sechs Meter hoch wie eine Wand das Unterholz ... Es bestand aus Farnkräutern, Wasserrohr und orchideenähnlichen Pflanzen, mit Stechgras, dicken Ranken wilden Weins, einzelnen Moosen, Akazien und Tamarinden durchsetzt. Dazu kamen Lianen, alle Arten von Palmen, wilde Dattelplantagen und hundert andere Pflanzen, die einander jeden Zentimeter Raums in erbittertem Kampf streitig machten. Ich hatte in meinem bisherigen Leben gewiß schon manche Dschungel gesehen, aber der Marsch durch diesen Wald gehört wegen seiner Bitternisse und Schrecken zu meinen dauernden Erinnerungen. Die beständige Dunkelheit, in der wir lebten, steigerte unser Elend noch; dazu kam dann die auf die Dauer alles durchdringende Feuchtigkeit ... Nichts, nichts als in alle Ewigkeit dieses Verhau ineinandergewachsener Zweige, durch das wir wie die Tiere auf allen vieren mühsam hindurchkrochen. Dabei wimmelte es von Ungeziefer aller Art. Neben Schlangen, wie etwa der dreieinhalb Meter langen Python, sahen wir mehrfach scheußliche grüne Vipern und die schreckliche Puffotter; dazu braune und schwarze Tausendfüßler, unzählbare Mengen

von Käfern und ganze Armeen tiefbrauner ‚Heißwasserameisen', so daß wir zu allem anderen überdies noch gezwungen waren, vorsichtig Fuß vor Fuß zu setzen."

Die Dörfer, auf die die Expedition am Ufer des Flusses trifft, sind fast immer menschenleer; die Bewohner haben sie sichtlich in größter Eile verlassen. Vermutlich halten sie Stanleys Unternehmen für eine Sklavenfangexpedition. Bisweilen klingt es drohend aus dem Dschungel „Oooh-hu-hu", und dann zischt ein vergifteter Pfeil oder ein mit gewaltiger Wucht geschleuderter Speer an dem Forscher vorbei. Mit Grausen sieht er, daß die Dorfstraßen und die Häuser mit Menschenschädeln und -knochen „verziert" sind – nur hier nicht verwundet oder gar gefangen werden! Nur nicht den Kannibalen in die Hände fallen!

Wochenlang quält sich die Expedition durch die Wildnis, bis schließlich selbst der Bula-Matari einsieht, daß es so nicht weitergeht. Die „Lady Alice" wird wiederum zusammengebaut und auf den Fluß gesetzt. 23 Eingeborenenkanus hat Stanley dazukaufen können, und Anfang Januar beginnt die Flußreise. Alle sind froh, daß die mühselige Wanderung durch den Dschungel nun ein Ende hat. Aber sie haben sich zu früh gefreut: Es stellt sich nämlich bald heraus, daß die Flußfahrt nicht weniger schwierig ist. Die Eingeborenen, allesamt Kannibalen, setzen sich heftig gegen die Expedition zur Wehr. Stanleys Dolmetscher rufen ihnen zwar immerfort ihr „Senneneh!", Friede, zu, aber von den Ufern schallt es stets zurück: „Bo-bo-bo! Fleisch! Da kommt Fleisch geschwommen! Ah, ah, Fleisch! Wir werden Fleisch die Hülle und Fülle haben!"

Stanley kann es einfach nicht fassen, daß es Menschen gibt, die ihre Mitmenschen lediglich als leckere Mahlzeit betrachten. Noch empörter wäre er gewesen, wenn er geahnt hätte, daß die Begeisterung der Kannibalen hauptsächlich ihm selbst galt. Europäer verspeisen sie nämlich mit besonderer Vorliebe, weil ihr Fleisch, wie sie aus Erfahrung wissen, wie gesalzen und viel würziger schmeckt als das ihrer schwarzen Brüder.

„Mich und meine Freunde nur als schönen Braten ansehen? Fleisch, wir? Himmel, welch ein Gedanke!"

notiert er halb entrüstet, halb belustigt in seinem Tagebuch. Aber er macht doch, daß er schleunigst weiterkommt, zumal die Wilden alles tun, um zu ihrem ersehnten Braten zu kommen. Alle Tage und fast jede Nacht regnet es Pfeile, als Antwort krachen Stanleys Büchsen. An der Mündung eines von Osten kommenden großen Nebenflusses des Lualaba wird es schließlich ganz schlimm. Die Expedition ist durch die riesigen Baumtrommeln der Neger von Stamm zu Stamm weitergemeldet worden, keinen Augenblick ist man vor einem Angriff aus dem undurchdringlichen Uferdickicht sicher. Und plötzlich, hinter einer Biegung des Stroms, tritt das ein, was Stanley schon längst befürchtet hat: Die Schwarzen sperren den Fluß mit einer ganzen Flotte von Pirogen!

66 *Zusammenstoß Stanleys mit einer großen Eingeborenenflottille*

„Ein ungeheuer großes Kanu fährt gerade auf mein Boot los, als wolle es uns rammen. In einer Entfernung von fünfzig Metern schwenkt es zur Seite, und als es uns fast gegenüber steht, schleudern die Krieger vom Bug heulend ihre sausenden Speere ... Aber diese Geräusche gehen in dem Knattern und Krachen unserer Gewehrsalven unter. Das Blut kocht in unseren Adern. Es ist eine mörderische Welt, und wir fühlen zum ersten Male, daß wir das schmutzige, gefräßige Gesindel hassen, das sie bewohnt. Wir lichten deshalb unsere Anker und verfolgen die Kannibalen stromaufwärts am rechten Ufer entlang, bis wir, um eine Landspitze fahrend, ihre Dörfer zu Gesicht bekommen. Wir setzen nun das Gefecht in den Dorfstraßen mit denen, die gelandet sind, fort und jagen sie in die Wälder."

Nach diesem seinem 28. Gefecht – Stanley hat sorgfältig gezählt – herrscht nun einige Tage Ruhe. Die Fremden haben mit ihren „Feuerstöcken" den Schwarzen einen gehörigen Schrecken eingejagt. Weiter geht die Reise auf dem Fluß, bis dieser eines Tages selbst Halt gebietet: Jäh stürzt er über Felsen in die Tiefe, hier ist kein Weiterkommen für die Boote. Und nun beginnt ein noch böserer Marsch durch den Dschungel. Die Aussicht, dem Tode zu entgehen, ist zu Lande kaum größer als zu Wasser. Denn man muß durch das Gebiet der menschenfressenden Bakomos marschieren, des kriegstüchtigsten Stammes, dem Stanley je begegnet ist. Gedeckt von Scharfschützen kämpft sich die Expedition mit schweren Haumessern Meter um Meter durch den dicht verfilzten Wald vorwärts. Alle 800 Meter werden Bomas, kleine, mit dicken Reisigwänden befestigte Lager, errichtet. Über Stock und Stein müssen die Träger die Kanus weiterzerren; es ist ein wahres Wunder, daß Stanley mit seinen Leuten nach 22 Tagen schwerster Arbeit und dauernder Lebensgefahr tatsächlich das Ende der Fälle erreicht. Am 28. Januar kann er seine Boote jenseits der Katarakte in ruhiges Wasser setzen – wahrscheinlich ziemlich genau an der Stelle, wo heute Stanleyville liegt –, und die Fahrt führt nun ohne allzu große Strapazen stromabwärts. Der Fluß hält noch immer die Nordrichtung ein; Stanley beginnt daran zu zweifeln, daß der Lualaba wirklich der Kongo ist. Aber eines Tages biegt der Strom nach Westen um und behält fortan diese Richtung bei. Stanley ist sehr erleichtert; also hat er doch recht gehabt: Der Lualaba kann nur der Kongo sein. Er hat gewonnen; denn jetzt ist es nur noch eine Frage der Zeit, bis er zum Atlantik kommt. Nun haben sich alle Qual und Mühe, alle Kämpfe und Entbehrungen doch gelohnt.

Frohen Mutes setzt die Expedition ihre Reise fort. Da erlebt Stanley eine Überraschung: Als am Ufer gerastet wird, taucht plötzlich ein abschreckend häßliches, kleines zweibeiniges Lebewesen auf. Ob das ein Mensch ist? Selbst die schwarzen Träger halten es nicht dafür, so seltsam sieht es aus. Stanley berichtet: *„Dieses höchst merkwürdige Exemplar Mensch, offensichtlich sogar ein Krieger, denn er trug einen kleinen Bogen, winzigkleine Pfeile und einen ebenso niedlichen Köcher bei sich, maß bis zum Scheitel ganze 1,38 Meter. Sein Kopf war unverhältnismäßig groß, seine Haut hellbraun. Da er gewaltig krummbeinig und sehr dürr war, glaubte ich nicht anders, er sei eine Mißgeburt, die irgendein Stamm in den Wäldern ausgesetzt hatte; als ich aber hörte, daß er sich als ‚Vatva' bezeichnete, fiel mir ein, daß von einer solchen Zwergenrasse im Innern Afrikas tatsächlich die Rede gewesen war, und ich betrachtete ihn also mit höchstem Interesse... Besondere Aufmerksamkeit erregten seine Pfeile, deren scharfe Spitzen mit einer schwarzen, klebrigen Substanz bestrichen waren. Um zu sehen, ob diese Masse wirklich Gift sei, wickelte ich einen der Pfeile aus den Blätterhüllen, mit denen sie der Zwerg umgeben hatte, und tat so, als wolle ich ihm einen Pfeil mit der Spitze in den Arm stoßen. Furchtbar aufgeregt und entsetzt begann er sofort zu kreischen: ‚Maby, maby!' Böse, böse! was mich nicht mehr daran zweifeln ließ, daß seine Pfeile wirklich mit einem offenbar wirksamen Gift bestrichen waren."*

Stanley ist vor seinem Aufbruch nach Afrika nicht mehr dazu gekommen, den zweibändigen Reisebericht des deutschen Forschers Georg Schweinfurth zu lesen, der 1870 im Gebiet des oberen Nils schwarze Zwergvölker entdeckt hat. Aber der amerikanische Journalist entsinnt sich der Zeitungsberichte über Schweinfurths Forschungen genau und weiß, daß er hier einen Angehörigen der Pygmäen vor sich hat, jener „Däumlinge" – was das griechische Wort bedeutet –, von denen bereits das klassische Altertum berichtet. Anfangs meint er, diese Pygmäen seien entartete Kümmerformen benachbarter Negerstämme; aber bald merkt er, daß der hüfthohe kleine Mensch durchaus keinen verkümmerten Eindruck macht, sondern daß er im Gegenteil quicklebendig und ganz gesund ist. Und Stanley hat mit seiner Ansicht völlig recht. Die Pygmäen sind eine besondere Spielart Mensch, die über die Jahrtausende hinweg ihre Lebenskraft und ihre Eigenart bewahrt hat. Sie finden sich in Äquatorialafrika auch heute noch, im ganzen etwa 80000 Köpfe stark, urtümliche Menschenwesen fern jeder modernen Zivilisation, die genau so leben wie ihre Ahnen in grauer Vorzeit.

Und bald gibt es eine weitere Überraschung, eine freudige noch dazu. Am 8. Februar trifft die Expedition auf ein Dorf, dessen Einwohner sich ganz unerwarteterweise friedlich stellen. Stanley läßt den Häuptling nach dem Namen des Flusses fragen, den er nun schon so lange hinabfährt. „Ikutu ya Kongo!" antwortet der Schwarze. Wie von der Tarantel gestochen fährt Stanley herum: Was hat der Häuptling gesagt: Hat der Dolmetscher auch richtig verstanden? Aber der bleibt dabei: „Ikutu ya Kongo!" Der Fluß heißt Kongo!

Kongo! Kongo! Wie Musik klingt es Stanley in den Ohren. Freilich, noch liegt ein weiter Marsch vor ihm, wieder wird man sich im Dschungel plagen, wieder sich gegen feindliche Eingeborene zur Wehr setzen und Stromschnellen überwinden müssen. Aber wenn schon – da ihm nun selbst die Eingeborenen bestätigen, daß es tatsächlich der Kongo ist, den er hinabfährt, kann ihn das alles nicht mehr schrecken. Er weiß genau, daß er es schaffen wird. *(Bild Nr. 33)*

Von diesem Augenblick an geht alles viel besser, als Stanley nach den Erfahrungen der bisherigen Reise hat erwarten können. Der Fluß ist immer breiter geworden, im Durchschnitt beträgt die Entfernung von einem Ufer zum anderen jetzt etwa 4000 Meter. An manchen Stellen aber weitet er sich bis zur Ausdehnung von fünfzehn Kilometern, und da heißt es mächtig aufpassen, denn auf einer so großen Wasserfläche kann schon ein leichter Wind den flachen Booten, die wie alle Einbäume ohne Kiel oder Seitenschwerter nur durch den Rhythmus der Paddler im Gleichgewicht gehalten werden, gefährlich sein. Die Gefahr des Kenterns läßt sich allerdings mit einigem Geschick vermeiden; sehr viel wichtiger ist, daß sich die Eingeborenen weiter stromabwärts fast durchweg friedlich zeigen. Niemandem fällt es mehr ein, auf die vorüberfahrenden Kanus zu schießen, die Kriegstrommeln schweigen, und immer häufiger erklingt von den Ufern anstatt wilden Geheuls das Wort „Senneneh", Friede! Gegen gute Bezahlung kann man sogar Lebensmittel einhandeln, soviel man braucht.

Besonders freundlich ist der Stamm der Babwende, bei dem die Expedition eines Tages haltmacht. Und doch wäre es gerade hier beinahe um Stanley geschehen gewesen, wenn seine Geistesgegenwart ihn nicht gerettet hätte. Er sitzt friedlich in seinem Zelt und macht Aufzeichnungen. Die Schwarzen sehen ihm zu – und plötzlich bekommen sie es mit der Angst zu tun: Was treibt der Weiße denn da? Das kann doch nur irgendein böser Zauber sein! Gewiß will der Fremde sie behexen, es wird nicht mehr regnen, ihre Felder werden vertrocknen, sie müssen verhungern. Sie rotten sich zusammen, und im Nu sieht der nichtsahnende Stanley sich von sechshundert bis an die Zähne bewaffneten Schwarzen umringt. Sie machen Miene, sein Zelt zu stürmen und verlangen, er solle sein Tagebuch verbrennen. Tief enttäuscht seien sie von ihm, machen sie ihm klar; nur Gutes hätten sie ihm erwiesen, und nun danke er das so schlecht! Wenn er den Zauber aber sofort vernichte, dann solle wieder Freundschaft zwischen ihnen herrschen.

Das Tagebuch verbrennen? Mit all den wichtigen Beobachtungen und Notizen, der Arbeit einer mühseligen Reise von zweieinhalb Jahren? Unmöglich, das bringt er nicht über sich! Aber wenn er den Schwarzen nicht den Willen tut, dann wird er binnen kurzem ein toter Mann sein, das ist ihm ebenfalls klar. Nachdenklich blickt Stanley auf das Buch, das er opfern soll, um sein Leben zu retten; schön in rotes Leder ist es gebunden – rotes Leder? Blitzartig fällt ihm ein, daß ja die Shakespeare-Ausgabe die er in seinem Gepäck mit sich führt, die gleiche Größe und den gleichen Einband hat. Ob es ihm gelingt, die Schwarzen zu täuschen? Sein Herz klopft wie rasend, als er das Buch nimmt, einen Schritt zurück ins Zelt tut und es dort mit dem Shakespeare-Band vertauscht. In hohem Bogen schleudert er ihn in das inzwischen entfachte Riesenfeuer – und jubelnd umtanzen die Schwarzen den verbrennenden bösen Zauber.

Nach diesem aufregenden Erlebnis bei den Babwende hat Stanley nur noch den einen Wunsch, seine Aufzeichnungen und Notizen möglichst bald in Sicherheit zu bringen, damit nicht das ganze Ergebnis seiner Expedition in Frage gestellt wird. Er kürzt daher den Aufenthalt bei den nun wieder ganz beruhigten Schwarzen ab und befiehlt den Aufbruch. Viele Tage lang geht alles gut, dann aber kommen neue Stromschnellen und Wasserfälle; wieder müssen sie mühselig umgangen werden, und das ist hier ganz besonders schwierig, weil die Ufer des Flusses steil bis zu 400 Meter ansteigen. Es hilft nichts, als erst eine Art Straße zu bauen, um die Boote darauf zu transportieren. Obendrein ist Regenzeit; unter Blitz und Donner, so heftig, wie das nur in den Tropen sein kann, prasseln wahre Sturzfluten vom Himmel. Mit der Verpflegung sieht es ebenfalls böse aus: Je weiter die Expedition nach Westen und zivilisierten Gegenden näher kommt, um so höher steigen die Preise. Es bleibt Stanley nichts übrig, als ebenso zu leben wie die Träger und auf Tee, Kaffee, Tabak usw. zu verzichten, nachdem er schon das Fleisch vom Küchenzettel gestrichen hat, weil es nicht mehr zu bezahlen ist.

Alle diese Einschränkungen waren unschwer zu ertragen; wirklich ernsthafte

67 *Beisetzung von Stanleys Begleiter Frank Pocock (nach einer zeitgenössischen englischen Zeichnung)*

Sorgen bereitete den Weißen der Zustand ihres Schuhzeuges, das sich inzwischen in Fetzen aufgelöst hatte. Stanley flickte sich daraus eine Art von Segeltuchschuhen zurecht, sein treuer Begleiter Frank Pocock dagegen ging barfuß. Bald hatte der Guineawurm seine Füße völlig zerfressen: Dieses widerliche Ungeziefer legt seine Eier in jeden kleinen Hautkratzer, und alsbald bilden sich bösartige Geschwüre voller fetter Würmer. Aus dem immer freundlichen und willigen Fischer wurde ein verdrossener, mürrischer Mann, der vor Schmerzen schließlich die Nerven verlor. Da er zu Lande kaum noch vorwärts kam, beharrte er darauf, auch die gefährlichsten Stromschnellen in seiner Piroge zu befahren. Als Fischer an Wildwasser gewöhnt, kannte er keine Furcht. Aber das wurde ihm eines Tages zum Verhängnis; sein Einbaum kenterte, und gierige Wirbel rissen ihn in die Tiefe. Unter einer großen Akazie wurde er begraben. Sein Tod ging Stanley so nahe, daß er sich kaum dazu aufraffen konnte, die Reise fortzusetzen. Schließlich aber siegte doch seine alte Energie; Katarakt auf Katarakt wurde mühselig überwunden, und am 1. August 1877 hatte man endlich die letzte Stromschnelle hinter sich.

Zur großen Freude seiner Leute beschließt der Amerikaner, die nur noch kurze Strecke bis zur Küste in Landmärschen zurückzulegen. Jubelnd stimmen die Schwarzen ihrem Herrn zu; endlich kommt man aus dem furchtbaren Dschungel heraus, über das offene Hügelland läßt es sich gut marschieren. Die Expedition bewegt sich rasch vorwärts; schon am 4. August erfährt Stanley, daß er nur noch wenige Tagemärsche von der Küste entfernt ist. Aber gerade diese gute Nachricht führt den seelischen Zusammenbruch herbei; alle Leute sind fast trübsinnig und so matt vor Hunger, daß nicht einmal der Bula-Matari sie dazu überreden kann, auch nur einen Schritt noch weiterzugehen. Von Nsanda, der letzten Raststation, aus schickt Stanley deshalb einen Läufer nach dem Handelsplatz Boma mit der Bitte, ihm Hilfe zu senden. In seinem Brief schildert er mit bewegenden Worten, wie elend und zermürbt alle seien. Dieser Bericht gelangt in die Hände des Geschäftsführers einer englischen Firma; er fertigt sofort eine ganze Trägerkarawane mit Lebensmitteln ab, die die Strecke nach Nsanda in Eilmärschen zurücklegt.

Stanley hat sich von seinem SOS-Ruf nicht sehr viel erhofft; daß ihm so schnell Hilfe gewährt werden würde, hält er jedenfalls nicht für möglich. Denn schon vier Tage nach Absendung seines Briefes klettern viele schwarze Lastträger nach Nsanda hinab, schwer mit Lebensmitteln bepackt. Am Schluß des Zuges kommen ein paar besonders kräftige Kerle, die vorsichtig große, bauchige Krüge tragen: Rum! Begeisterter Jubel bricht im Lager der Halbverhungerten los. Endlich kann man sich einmal wieder richtig satt essen! Alle fassen neuen Mut, denn nun wissen sie genau: Endlich, endlich ist das Ziel der Reise erreicht!

Am 9. August 1877, genau 999 Tage nach seinem Aufbruch aus Sansibar, trifft Stanley zum ersten Mal wieder mit Weißen zusammen. Er notiert in seinem Tagebuch:

„Als ich ihnen ins Gesicht sah, errötete ich, weil ich mich selbst bei einem großen Erstaunen über ihre blasse, weiße Hautfarbe ertappte. Nachdem ich so lange Zeit nur tiefes Schwarz und allenfalls dunkles Braun gesehen, kam es mir vor, als müßten diese blassen Männer krank sein!“

In Boma wird der Amerikaner, der mit seiner Expedition eine so bewundernswürdige Leistung vollbracht hat, begeistert gefeiert. Die Nachricht von der glücklichen Durchquerung des Dunklen Erdteils von Ost nach West und von der Erforschung des Kongos geht in alle Welt, der Morsetelegraph hat Tag und Nacht keine Ruhe. Natürlich nimmt man an, Stanley werde den Wunsch haben, so schnell wie möglich nach Europa zurückzukehren. Aber mit diesem Vorschlag kommt man bei ihm nicht an: Zuerst muß er dafür sorgen, daß seine braven Schwarzen wieder nach Hause kommen, zu Schiff bis nach Sansibar. Zwar sind sie, als er sie jetzt nach den drei Jahren in seinen Diensten auszahlt, reiche Leute; aber er bringt es nicht übers Herz, sich schon hier von ihnen zu trennen. So treu haben sie zu ihm gehalten in allen Schwierigkeiten, in aller Not und in allen Entbehrungen – nun will er sie selbst in ihre Heimat zurückführen. Er hat sie während der langen Reise zwar oft genug hart anfassen müssen, und deshalb wird er bis zum heutigen Tage mancherorts als Leuteschinder und Fronvogt verschrien. Daß der Bula-Matari das aber keineswegs gewesen ist, beweist die Haltung, die er während des Aufenthalts in Boma seinen Leuten gegenüber einnimmt. Er läßt sie nicht im Stich. Ohne auszuruhen, geht er mit ihnen zwei Tage nach seiner Ankunft auf den Dampfer und bringt sie nach Sansibar zurück.

Natürlich sind diese zwei Tage ungeheuer anstrengend für den eben aus der Wildnis zurückgekehrten erschöpften Mann. Ein Festbankett folgt dem anderen, Empfänge werden veranstaltet, Diners gegeben, Trinksprüche ausgebracht, die Stanley erwidern muß – heilfroh ist er, als er endlich am Nachmittag des 11. August 1877 mit seinen Schwarzen an Bord gehen kann. Er lacht und scherzt mit ihnen über ihre Aufregung: So ein dickes „Eisenkanu", das sich von selbst auf dem Wasser fortbewegt, haben sie noch nie gesehen. Und Stanley ist glücklich und tief zufrieden: Die Expedition ist gelungen, er hat seine Aufgabe gelöst. Am 26. November 1877 landet er mit seinen Getreuen in Sansibar; sie sind wieder zu Hause.

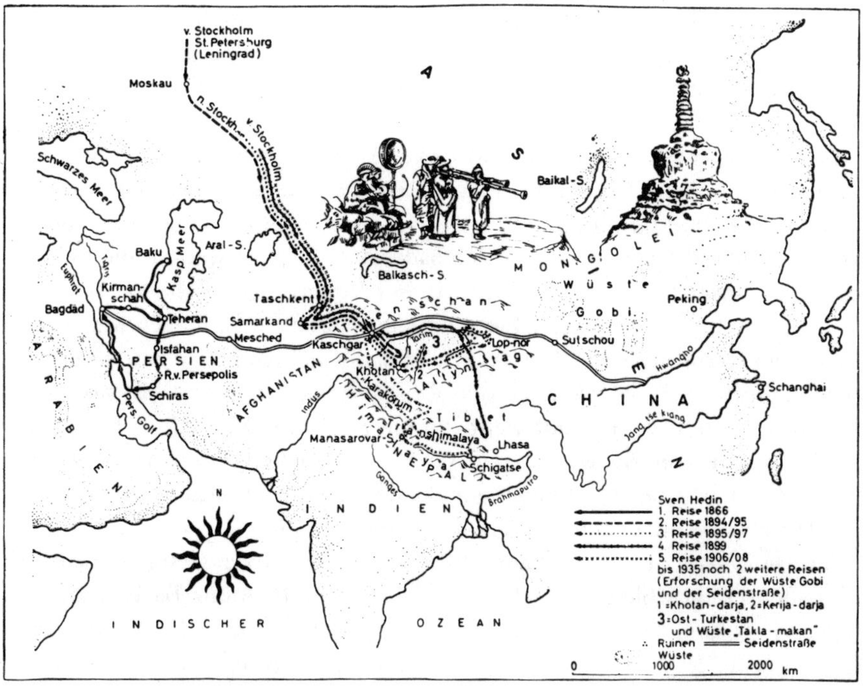

SVEN HEDIN IN ZENTRALASIEN

Bei einem aus Schweden stammenden Ölmagnaten in Baku tritt im Jahr 1885 ein junger schwedischer Student den Posten eines Hauslehrers an. Knappe zwanzig Jahre ist er alt und soll den Sohn des Hauses für 600 Kronen monatlich auf das Abitur in Stockholm vorbereiten. Er heißt Sven Hedin.

Von eh und je hat ihn unter allen Ländern der Erde am meisten Asien interessiert, der riesige Kontinent, in dem es noch so viel zu entdecken und zu erforschen gab. Nun, da er zum ersten Mal im Orient ist, faßt er sogleich den Entschluß, Baku eines Tages als Sprungbrett zu benutzen: Von hier aus wird er das Land seiner Sehnsucht erreichen, das unbekannte, lockende Asien.

Sieben Monate dauert es nur, dann hat er seinen Zögling soweit gefördert, daß er nach Stockholm fahren und dort sein Abitur machen kann. Sven Hedin ist glücklich: Er ist frei und kann nun gehen, wohin es ihn treibt. So schnell, wie er möchte, gelingt es ihm allerdings nicht abzureisen; erst einmal liegt er mit einem heftigen Gelenkrheumatismus über einen Monat im Bett und dann noch ein paar Wochen im Liegestuhl. Er benutzt diese Zeit unfreiwilliger Muße dazu, seine Sprachkenntnisse zu vertiefen. Schon während seiner Hauslehrerzeit hat er eifrig gelernt: Russisch – das er aber bald wieder aufgibt, weil es durchaus nicht in seinen Kopf will –, Persisch und vor allem Tatarisch, das ihm nur so zufliegt. Und kaum kann er sich wieder rühren, ist er auch schon auf und unterwegs.

Als erstes Ziel reizt ihn Persien. Mit zwei Anzügen, zweimal Unterzeug, einer warmen Joppe, einer Friesdecke, einem Revolver, einigen Zeichenblöcken und Karten sowie 700 Mark Reisegeld in der Tasche zieht er los. Üppig ist diese Ausrüstung zwar nicht gerade, aber was schadet das! Es wird schon irgendwie werden, denkt unser Student. Ende April 1886 kommt er nach Teheran, wo ihn ein schwedischer Landsmann freundlich aufnimmt. Der rät dem jungen Mann natürlich ab und warnt ihn nach Kräften. Als er damit keinen Erfolg hat, tut er etwas sehr Vernünftiges: Er hilft Sven Hedins Reisekasse auf die Beine. Mit stolzen 640 Mark geht es nun wohlgemut weiter in die persische Welt. Über Isfahan und Persepolis, der von Alexander dem Großen zerstörten Königsstadt Darius I. (550–486 v. Chr.), des Großherrn der Perser, erreicht er nach neunundzwanzig Reisetagen im beginnenden Sommer den Persischen Golf.

45 Grad Wärme: Es ist nicht auszuhalten hier, findet Sven Hedin und entflieht der heißen Hölle schleunigst auf einem Dampfer in Richtung Bagdad. Da weht kühlere Luft, und überdies ist es eine wahre Märchenstadt. Noch führt keine Bahn hierher; Bagdad hat sich wirklich den ganzen Reiz jener Unberührtheit bewahrt wie vor tausend Jahren, als Kalif Harun al Raschid (reg. von 786–809) leibhaftig durch die Straßen gewandert ist. Die Leute sehen alle aus, als kämen sie direkt aus Tausendundeiner Nacht: der Bettler, der reiche Kaufmann, die verhüllte Haremsdame, der mächtige Fürst. Aber trotz dieser Märchenschönheit rollt leider auch hier das Geld ebenso leicht davon wie anderswo. Nur hundert Mark finden sich noch in der Tasche des Schweden, als er sich wieder auf den Weg macht. Bis Teheran, wo man ihm vielleicht weiterhelfen wird, sind es immerhin 850 Kilometer – aber die muß er irgendwie schaffen. Unverdrossen marschiert Sven Hedin quer durch die Wüste und über hohe Gebirge zur Karawanenstadt Kirmanschah. Der Durst setzt ihm schrecklich zu, er muß nächtlicherweile einen Faustkampf mit Räubern bestehen, Lebensmittel sind kaum aufzutreiben, aber eines Tages hat er Kirmanschah doch glücklich erreicht. Seine Reisekasse weist noch den stattlichen Betrag von fünfzig Pfennigen auf – höchste Zeit also, daß sie aufgefüllt wird.

Und da erlebt Sven Hedin nun wirklich ein Märchen aus Tausendundeiner Nacht. In Reitstiefeln, verstaubt und verschwitzt, läßt er sich bei Agan Hassan, dem reichsten Kaufmann von Kirmanschah, melden. Der hat gerade mit Begeisterung eine Geschichte über Karl XII. von Schweden gelesen und ist ganz beglückt, einen Landsmann des „Eisenkopfes“ kennenzulernen. Er bittet Sven

34 Sven Hedin im Gespräch mit einer Tibetanerin

35 Im tibetanischen Hochland; im Hintergrund der fast 7000 Meter hohe Kangrinpotsche, der Sitz des Gottes Schiwa

36 Julius von Payer, geb. in Schönau bei Teplitz am 1. September 1842, gest. in Veldes am 30. August 1915

37 Adolf Erik Nordenskiöld, geb. in Helsingfors (Helsinki) am 18. November 1832, gest. auf Dalbyö am 12. August 190

38 Fridtjof Nansen, geb. in Store-Fröen bei Oslo am 10. Oktober 1861, gest. in Lysaker am 13. Mai 1930

39 Nansens „Fram" im Packeis; nach einer Driftfahrt von 1055 Tagen befreite sie sich am 13. August 1896 wieder aus dem Eis

Hedin, bei ihm zu bleiben, mindestens sechs Monate, und ihm von dem großen Karl zu erzählen. Aber soviel Zeit hat der junge Student nicht; drei Tage hält er sich als Gast bei Hassan auf, dann gesteht er ihm, daß sein Geld zu Ende ist. Und wie im Märchen erscheint, kaum, daß er dem Herrn des Hauses von seinen Sorgen berichtet hat, ein Diener mit einem großen Lederbeutel voller Silbermünzen, ein Pferd wird vorgeführt, und in Begleitung dreier schwerbewaffneter Soldaten darf Hedin sich den persischen Postreitern anschließen.

16 Stunden lang wird Galopp geritten, dreimal wechselt man die Pferde, danach gibt es einen Ruhetag; und mit immer neuen Pferden geht es dann in 25 Stunden nach Teheran. Das klingt völlig unglaubhaft, aber es ist so, Pferde aus reinem Araberblut traben ungern. Hin und wieder verfallen sie in Schritt, um zu verschnaufen. Aber der Galopp ist die ihnen angeborene Gangart, und wer sie je geritten hat, der weiß, daß sie sich erst richtig wohlfühlen, wenn ihnen der Wind um die Ohren pfeift. Todmüde reitet Sven Hedin Ende Juni 1886 nach fast 3000 Kilometer Reise wieder in die Stadt ein, zur großen Freude seines Landsmanns, der nicht mehr daran glaubte, daß er seinen kleinen Studenten je wiedersehen werde, und der dessentwegen bereits in Todesängsten geschwebt hat.

Auch Sven Hedin ist froh, den zwar hochinteressanten, aber recht anstrengenden Abstecher nach Persien glücklich hinter sich gebracht zu haben. Denn nun wird er anfangen, ernsthaft zu „studieren“, „sich abzumühen“, wenn man das lateinische Wort genau übersetzen will, um sich alle die Kenntnisse anzueignen, die er braucht, wenn er in ein paar Jahren aufbrechen will, um Asien zu erforschen, das für jetzt und immer das Ziel seines Lebens ist. So geht der Student denn brav an die Arbeit, in Stockholm, in Paris und Berlin. So eifrig betreibt er seine Studien, daß er weder von Paris noch von Berlin viel mehr sieht als die Universitäten, die Bibliotheken und die Institute. Beide Städte hat er erst Jahre später richtig kennengelernt. Denn er nimmt sich nicht die Zeit, seine Studienjahre zu genießen, wie andere junge Leute das tun; er muß fertig werden, schnell fertig werden, damit er endlich nach Asien kann.

Anfang der 90er Jahre ist es soweit. 1894 trifft Sven Hedin in Kaschgar in Westturkestan ein. Die schrecklichste Wüste der Erde, die „Takla-makan“ will er durchqueren. Diese Einöde, die nie vorher, soweit die Erinnerung des Menschen zurückreicht, ein Lebender glücklich bezwungen hat, ist sein

68 Stadttor in Kaschgar

Ziel. Zwischen die Gebirgsketten des Tienschan und des Altyn-tag eingebettet, ist sie einer der wenigen letzten weißen Flecken auf den Erdkarten. Welche Lokkung, sie zu erkunden und zu kartieren! Dazu kommt, daß unter den Eingeborenen ein seltsames Gerücht geht: Tief unter den hohen Sanddünen verborgen, erzählen sie, liege eine uralte Stadt, bis an die Kronen ihrer Mauern mit Gold und Edelsteinen angefüllt. Einst hätten Menschen dort gelebt, heute sei sie der Sitz böser Geister, die niemals jemanden lebendig aus der Takla-makan entließen.

Es läßt sich denken, wie der schwedische Wissenschaftler bei diesem Geraune aufhorcht. Silber, Gold und Edelsteine sind ihm natürlich ganz gleichgültig. Aber eine unbekannte, von Sand verschüttete Stadt? Bereits Marco Polo hat davon berichtet, und durch klimatologische Untersuchungen ist mit hoher Sicherheit nachgewiesen worden, daß die Wüstengürtel der Erde erst in verhältnismäßig junger Zeit entstanden sind. Ob an den Erzählungen der Eingeborenen tatsächlich etwas Wahres ist? Das muß er herausbringen, er wird die Geisterstadt entdecken! Am 10. April 1895 kann die Reise endlich beginnen; 500 Liter Wasser nimmt er in Schläuchen mit, denn fünfzehn Tage Marsch sind durch die völlig wasserlose Wüste bis zum Flußbett des Khotan-darja zu bewältigen, eines bedeutenden Stromes, der dem Tarim zustrebt, ihn wegen der ungeheuren Verdunstung seines Wassers aber nur selten erreicht. Erst dort soll es einige Brunnen geben.

Zunächst geht alles gut. Die Wüste erweist sich anfangs als trockene Steppe, die nach zwei Meter Grabung jedoch etwas Wasser hergibt. Dann aber beginnt die Dünenregion; Sandberge von 60 Metern Höhe türmen sich auf, hier findet sich weit und breit kein Tropfen Wasser mehr. Nach Sven Hedins Berechnungen kann es in diesem Gebiet seit vielen Jahren nicht mehr geregnet haben. Aber er ist ja gut versorgt, so daß ihm und seinen Leuten vorerst weder die Hitze noch die Trockenheit etwas ausmachen. Mit Schaudern sehen sie freilich am Fuß der Dünen immer wieder weißgebleichte Schädel, und dem Forscher fallen die Warnungen der Eingeborenen am Rande der Wüste ein: Ihre heiligen Männer haben ihm beim Abmarsch alles Schlechte vorausgesagt.

Es fehlt auch nicht viel daran, daß diese bösen Prophezeiungen tatsächlich eintreffen. Eines Tages stellt der junge Expeditionschef nämlich mit Entsetzen fest, daß das Wasser nicht reichen wird. Die Oasen und Quellen, auf die er gehofft hat, bestehen nur in der Einbildung der Eingeborenen. Aber aufgeben will

69 *Im Sandsturm (Karaburane)*

Sven Hedin trotzdem nicht; er ist überzeugt, daß er sein Vorhaben glücklich zu Ende bringen wird. Als ihn dann aber ein „Karaburane", einer der schweren Sandstürme der Takla-makan, mehrere Tage an Ort und Stelle festhält, wird die Situation bedrohlich. Wieder und wieder fragt sich Sven Hedin, ob er nicht lieber umkehren soll. Aber schließlich siegt der Optimismus zum letzten Mal in seinem Leben: Er befiehlt den Weitermarsch. Und der führt geradenwegs in den Tod. Nach wenigen Tagen ist das Wasser bis auf den letzten Tropfen aufgezehrt. Man versucht einen Brunnen zu graben; aber selbst in vier Meter Tiefe findet sich nur Staub und Sand. Ein Schaf, das einzige, das diesen Durstmarsch überstanden hat, wird geschlachtet; gierig stürzen sich Weiße und Farbige auf das noch warme Blut des Tieres: trinken, nur trinken! Und dann geht es dem Ende zu. Jammernd und schon halb im Wahnsinn bitten die braunen Diener den weißen Herrn, ihnen um aller Seelen Barmherzigkeit willen Wasser zu geben; immer schwächer werden die Verdurstenden. Es ist das erste Mal, daß Sven Hedin diesen schrecklichsten aller Tode mitansieht: Händevoll stopfen sich die Sterbenden Sand in den Mund, selig lächelnd, weil sie ihn für Wasser halten. Hustend, mit furchtbaren Anfällen von Atemnot, ersticken sie langsam.

Gegen Abend tauchen am Horizont langgezogene Schatten auf, es sieht aus wie Wald. Aber schon ist es Nacht, Sven Hedin muß haltmachen. Verzweifelnd gräbt er sich in den ein wenig kühlenden Sand. Lockende Bilder tauchen vor seinem Geist auf: Schwedens Schärenküste – daß es so viel Wasser geben kann! Und dann sieht er die beiden armen Kerle vor sich, die gestern so elend umgekommen sind. Bald wird es auch mit ihm so weit sein, schon fühlt seine Haut sich an wie Pergament. Da fallen ihm die Schatten ein, die er vorhin gesehen hat – wenn das wirklich Wald ist, dann muß da auch Wasser sein. Wasser! Ob der Khotandarja vor ihm liegt, der große Fluß? Wenn er ihn erreicht, dann ist alles gut! Dieser Gedanke gibt ihm die Kraft, sich aufzuraffen. Auf den Spaten gestützt, dann wieder auf allen vieren kriechend, rutscht er die Sanddünen hinauf und hinab, immer in südöstlicher Richtung, und als eben die Sonne aufgeht, hört er feines Plätschern. Wasser – wahrhaftig, Wasser! Es keucht aus ihm; lallend, kindisch, verblödet keucht dieser Rest Mensch immer wieder das eine Wort: Wasser! Dann wirft er sich nieder; langsam kehrt mit dem lauen dicken Sumpfwasser das Leben in ihn zurück. Der Puls beginnt vernehmlich zu schlagen, die steifen Gelenke bewegen sich, die Augen nehmen wieder Formen und Farben wahr – er ist gerettet! Es gelingt ihm, auch Kasim, seinen treuen Diener, den letzten seiner braunen Begleiter, ins Leben zurückzurufen. Dann finden Hirten die beiden am Rande des Waldes und bewahren die eben dem Dursttod Entronnenen vor dem Verhungern. Nachdem sie einigermaßen wieder zu Kräften gekommen sind, kehren Sven Hedin und sein Diener nach Kaschgar zurück.

Die erste Expedition des Schweden geht also dicht am Tod vorbei; aber der Forscher ist dadurch keineswegs abgeschreckt. Er hat viel gelernt während der schrecklichen Tage und Nächte in der Takla-makan; so soll es ihm kein zweites Mal gehen! Und es ist auch nie wieder geschehen. Er hat die Wüste später noch manchesmal durchquert, ohne so unmittelbar in Lebensgefahr zu geraten.

Ende 1895 macht Sven Hedin sich abermals auf den Weg; er muß diesmal die geheimnisvolle Stadt inmitten der Wüste auffinden. Und das gelingt ihm auch. Unter hohen Dünen begraben liegen die Reste langer Häuserzeilen. Sofort wird mit der Ausgrabung begonnen; Fresken befinden sich an den Wänden, eine Unzahl Terrakotten, schön gearbeitete Gebrauchsgegenstände, alte Wasserräder und mancherlei anderes kommt zutage. Irgendwann einmal muß hier eine hohe Kultur geblüht haben, irgendwann haben hier einmal Menschen gelebt und gearbeitet, die ihre Häuser mit wundervollen Bildern schmückten und schöne Geräte schufen. Irgendwann, irgendwie sind sie vergangen, und die Wüste hat allmählich alles zugedeckt. Glücklich und stolz, als erster Europäer die geheimnisvolle alte Stadt aufgefunden zu haben, die später von der berühmten Turfan-Expedition des Berliner Museums für Völkerkunde vollends ausgegraben wird, setzt Sven Hedin seinen Marsch fort.

Bald darauf entdeckte er eine neue Merkwürdigkeit, über die sich schon viele seiner Vorgänger den Kopf zerbrochen hatten: den Fluß Kerija-darja. Die einen behaupteten, es gäbe ihn überhaupt nicht, die Erzählungen der Eingeborenen seien bloße Fabel, die anderen beschrieben seinen Lauf genauestens; wer aber recht hatte, war völlig ungeklärt. Zu seinem Erstaunen stellte Sven Hedin fest, daß beide Ansichten zutrafen. Je nachdem, wann eine Expedition sich in der Gegend des Kerija-darja aufhielt, war er nämlich vorhanden oder verschwunden. Im Juni und Juli, wenn im Gebirge das Eis schmolz, bildete er einen Strom von ansehnlicher Breite. Im Herbst dagegen schrumpfte er bis zum völligen Versiegen zusammen, so daß er nicht mehr aufzufinden war. Im nächsten Jahr suchte sich der Fluß dann zudem meist ein ganz anderes Bett; kein Wunder also, daß die Berichte aller bisherigen Expeditionen sich stets von Grund auf widersprachen.

Viele asiatische Flüsse tun es dem Kerija-darja gleich, und ähnlich verhalten sich auch die Seen Asiens, wie Sven Hedin ebenfalls feststellen kann. Das sozusagen klassische Beispiel dafür ist der Lop-nor, ein weit im Osten der Takla-makan gelegener großer See, in den der Tarim mündet. Jedesmal, wenn die seichte Mulde, die das Seebecken bildet, von den Schlammassen des Wüstenflusses aufgefüllt ist, sucht sich der Strom anderswo eine Vertiefung, in der er zur Ruhe kommt. Die alte Mulde verlandet, wird zu Sumpf, zu Moor und schließlich zur Wüste. Die neue verwandelt sich aus Wüste zu Moor, aus Moor zu Sumpf, aus Sumpf zu See. Mensch und Tier machen diese Wanderungen getreulich mit; freilich vergehen Generationen darüber, aber die alten Wohnstätten werden von der Wüste gewissermaßen mumifiziert, und so findet Sven Hedin in der Umgebung des Lop-nor Siedlungen, die mehr als eineinhalb Jahrtausend alt sein mögen. Der Marsch am Ostufer des einstigen Sees entlang wird ein beschwerliches Unternehmen:

„Das Schilf stand so ... hoch, daß es selbst die Kamele um das Doppelte überragte. Wir verschwanden darin wie in dunklen Gängen und waren froh, wenn wir glücklich wieder hinauskamen. Dabei wurde die Mückenplage unerträglich. Schwarze Wolken dieser verhaßten Insekten verfolgten uns, und wenn die Sonne unterging und wir unser Lager aufschlugen, fielen sie in Milliarden über uns her ... Schließlich zündeten wir einfach das trockene Schilf selbst an, das Feuer verbreitete sich wie ein Präriebrand über einen großen Teil des Sees, und der Rauch legte sich als dichter Schleier über die Gegend. Ich lag die halbe Nacht wach, um mich an der Wut der prachtvollen Flammen zu freuen. Aber in der Nacht mußte ich immer noch Hände und Gesicht mit Tabaksaft einschmieren, um meine Haut vor Insekten zu schützen. Wieviel Tabak mußte ich täglich rauchen, um eine genügende Menge Saft zu erhalten!"

Sieben Tage lang wird marschiert, dann ist der südlichste Zipfel des Sees erreicht. Hier schickt Sven Hedin seine Begleiter voraus. Er selbst mietet sich ein Boot und fährt mit zwei Ruderern den Ausfluß des alten Lop-nor entlang bis zum Tarim, um dort den neuen Lop-nor zu erreichen. Das zuerst tief eingeschnittene Flußbett erweitert sich bald zu mehreren kleinen Seen, und an einem von ihnen wird in einem Dorf haltgemacht. Die Lop-Leute nehmen den Forscher gastfreundlich auf:

„Sie alle hatten noch nie einen Europäer gesehen und sich eine ganz andere Vorstellung davon gemacht, denn sie hatten von meinem Vorgänger Prschewalskij, dem ‚Tschongtura', dem großen Herrn, erzählen hören, der mit zwanzig bis an die Zähne bewaffneten Kosaken, einer großen Karawane von Kamelen und gewaltigem Gepäck ihre Stammverwandten im Süden aufgesucht hatte. Da sie mich nun mutterseelenallein, nur mit zweien ihrer Landsleute in dem ortsüblichen Boot, ohne Diener und Karawane, ihre Sprache sprechend, ihre Speisen essend und fast ebenso arm wie sie vor sich sahen, fanden sie, daß der Unterschied zwischen einem Lop-lik und einem Europäer in Wirklichkeit gar nicht so groß sei!"

70 *Auf dem Tarim*

Nach einer abenteuerlichen Sturmfahrt über die Seenkette traf Sven Hedin wieder auf seine Karawane, rastete ein wenig und reiste

71 *Sven Hedin als tibetanischer Pilger verkleidet*

dann in seinem Boot weiter. Nachdem er auch den neuen Lop-nor erkundet hatte, machte er sich mit seinen Begleitern auf den Rückweg nach Khotan, wo sich sein großes Gepäck und seine Reisekasse befanden. Nach manchen Schwierigkeiten langte er dort Ende Mai 1897 an, und wenig später kehrte er dann nach Stockholm zurück: ein zweiunddreißigjähriger Mann, der sich Weltruhm und das lebhafte Interesse der Wissenschaft erworben hatte.

Im Mai 1899, fast auf den Tag genau zwei Jahre nach seiner Rückkehr, bricht Sven Hedin zu einer neuen Reise auf; diesmal soll es nach Tibet gehen. Tibet, das geheimnisvolle, verbotene Land! Gerade erst haben zwei europäische Forscher ihre Wißbegier mit dem Leben bezahlen müssen, mehrere andere sind an den scharf bewachten Grenzen zur Umkehr gezwungen worden. Wird Sven Hedin mehr Glück haben? Wird es ihm gelingen, in das rätselvolle, gänzlich unbekannte Land vorzudringen? *(Bild Nr. 34)*
Als tibetanischer Pilger verkleidet, den Kopf kahlrasiert, die Haut mit Öl und Ruß gefärbt, überschreitet er eines Tages ungehindert die Grenze. Wenig später hat er sich Lhasa, der heiligen Stadt, auf acht kurze Etappen genähert; da wird er als Europäer erkannt und mit einem militärischen Kordon höflich, aber unerbittlich 1100 Kilometer bis an die Grenze zurückbegleitet! Dieser Mißerfolg wurmt ihn, der schon geglaubt hat, am Ziel seiner Wünsche zu sein, und unablässig beschäftigen sich von nun an seine Gedanken mit dem geheimnisvollen Land. Viele Jahre dauert es, bis er wieder dorthin aufbrechen kann. Von Ostturkestan aus tritt er Mitte August 1906 seine Wanderung an, und schon nach vierzehn Tagen kommt er in eine ganz unbekannte Gegend, die noch nie eines Weißen Fuß betreten hat. Der Marsch ist äußerst mühselig; Flüsse müssen durchwatet und steile Gebirgshänge überwunden werden. Aus der tropischen Hitze der Täler geht es in Schnee und Eis über die Pässe des Karakorum, die auf mehr als 5000 Meter ansteigen; weite Strecken durch völlig einsame, wasserlose Gegenden stellen höchste Anforderungen an Mensch und Tier. Die herrliche Sicht von den Paßhöhen entschädigt freilich nicht nur Sven Hedin, sondern sogar seine Träger und Begleiter für alle Strapazen, die sie in der ungewohnten Höhe bei eisiger Luft und wilden Stürmen auszuhalten haben. Ehrfürchtig und ergriffen blicken sie auf die vergletscherten Gipfel, die sich zum Himmel türmen, wie eine Gralsburg mit Zinnen, Dom und Altan.

Achtzig Tage ist die Karawane unterwegs, ohne auch nur einen Menschen zu Gesicht zu bekommen. Da, am 12. November 1906, erscheinen zwei Tibetaner mit weit hinausgehängter Zunge – um die Fremden das Innere des Mundes sehen zu lassen und so nachzuweisen, daß sie nur die lautere, reine Wahrheit in sich tragen. Sven Hedin ist hocherfreut, denn die beiden schmutzigen Kerle lassen sich dazu bewegen, gegen gute Bezahlung den Viehbestand des Forschers aufzufüllen und die Karawane eine Strecke zu führen:

„... Wie fahrende Ritter der Wildnis kamen sie zu uns, malerisch wild mit dem schwarzen, struppigen Haar, das ihnen auf Schultern und Rücken herabhing und ihnen den Pelz fettig machte; mit langen schwarzen Gabelflinten auf der Schulter, plumpen Säbeln und Messern in Gürtel, auf kleinen, feisten, langhaarigen Pferden. Wild und schmutzig, waren sie doch freundlich und gutmütig, und in ihren uralten, verlausten Pelzen froren sie gewiß nicht. Der ältere trug eine kleine runde Pelzmütze, der jüngere einen Pelzbaschlik, der außer dem Gesicht den ganzen Kopf bedeckte. Sie hatten sich ihren Hauptproviant und allerlei andere Sachen, deren sie auf der Reise bedurften, vorn in den Pelz gestopft, und an dem Gürtel, der den Pelz zusammenhielt, hingen Messer, Pfriemen, Feuerstahl, Tabaksbeutel und Pfeife, die bei jedem Schritt baumelten und gegeneinander schlugen. Sie trugen Filzstiefel, die, ursprünglich weiß, jetzt schwarz und abgenutzt aussahen, hatten aber keine Hosen an – es muß schön frisch sein, bei 20 Grad Kälte hosenlos im Sattel zu sitzen!“

Diese braven Nomaden helfen dem Fremden ohne Argwohn; aber schon sehr bald wird Sven Hedin als jener Europäer erkannt, der bereits vor Jahren den Staat des Dalai Lama in Unruhe versetzt hat. Augenblicklich werden die sonst so liebenswürdigen, hilfsbereiten Tibetaner abweisend. In den Nomadenlagern kommen und gehen unausgesetzt Stafetten – die Ankunft des Fremden wird also sogleich weitergemeldet. Wie lange mag es dauern, dann erscheinen die Garden des Dalai Lama und bringen ihn zur Grenze zurück wie bei seinem ersten Versuch? Enttäuscht denkt der Forscher darüber nach, daß dann ja wieder alle Mühsal, alle Anstrengung vergebens gewesen wäre – da kommt ein Kurier vom Taschi Lama, dem zweithöchsten tibetanischen Priester. Es wird Sven Hedin erlaubt, bis Schigatse am oberen Brahmaputra vorzurücken! Das ist die Rettung in letzter Minute. Denn alle Versuche, von dem zuständigen tibetanischen Gouverneur die Erlaubnis zur Weiterreise zu erhalten, sind gescheitert. Der gestrenge Beamte läßt sich nicht umstimmen. Als Sven Hedin ihm schließlich mit dem Zorn der Götter droht, der sich am nächsten Tag in einer Sonnenfinsternis kundtun werde, meint der Tibetaner nur: Das kenne er

72 *Siegel des Dalai-Lama*

73 Lhasa, das nie erreichte Ziel

schon! Das habe mit den Göttern gar nichts zu tun, es sei vielmehr ganz einfach der Spaziergang des großen Himmelshundes, der durch seine Sprünge zeitweilig die Sonne verdecke. *(Bild Nr. 35)*

Am 17. Januar 1907 marschiert Sven Hedin mit seiner Karawane frohgemut ab, und kaum eine Woche später tauchen im Süden gewaltige, bisher unbekannte Erhebungen auf: Der Transhimalaya liegt vor ihnen. Auf einem 5500 Meter hohen Paß übersteigen sie ihn. Ein eisiger Wind fegt darüber hin, und kurz bevor sie morgens aufbrechen, stellen sie fest, daß eines ihrer Pferde die Kälte der letzten Nacht nicht überstanden hat. Steifgefroren wie in einem Kühlhaus liegt es am Boden. Das bedeutet einen Verlust, der nicht zu ersetzen ist. Trotzdem geht es unaufhaltsam vorwärts. Noch mehrere Pässe werden in großer Höhe überschritten, die Kälte ist schrecklich:

„Wir hatten in der Nacht 32,5 Grad Kälte gehabt, und der Morgen war abscheulich kalt, trübe und stürmisch ... Schon bald waren wir halbtot vor Kälte ... Als es am wärmsten war, hatten wir noch 15,3 Grad Kälte und scharfen Wind gerade ins Gesicht! Man würde sich das Gesicht, besonders die Nase, erfrieren, wenn man nicht die ganze Zeit über in die Öffnung des langen Pelzärmels hineinatmete, wo der Atem aber so schnell Eis bildet, daß einem der Ärmel am Schnurrbart festfriert."

Immer wieder aber, trotz aller Mühsal des Weges und trotz des entsetzlichen Wetters sind Sven Hedin und seine Begleiter überwältigt von der Majestät und Großartigkeit der Landschaft, die nie ein Europäer vor ihnen erblickt hat.

Eines Tages taucht Schigatse vor ihnen auf. Dort wird gerade Neujahr gefeiert, das auf Anfang Februar fällt und gleichzeitig das Fest des wiederkehrenden Frühlings ist. Toller, festlicher Trubel herrscht in der heiligen Stadt. Kammerherrn des Taschi Lama nehmen sich des schwedischen Reisenden an: Auf Befehl seiner Heiligkeit darf Sven Hedin am Neujahrsfest teilnehmen und hat so Gelegenheit, die größte religiöse Feierlichkeit der Tibetaner aus nächster Nähe mitzuerleben.

Nachdem er vom Taschi Lama noch in Privataudienz empfangen worden ist, verläßt er die Stadt Ende März 1907, um sich weiteren Forschungsaufgaben zuzuwenden. Er marschiert nach Westen und sucht die Quelle des Brahmaputra auf, die in 5000 Meter Höhe dem „Thron der Götter" entspringt und die noch kein Reisender vor ihm aufgefunden hat. Mitte Juli steht Sven Hedin an der Grenze zu Nepal auf dem Massiv des Kubi-gangri und erblickt unter sich den breiten Gletscherabfluß, der rauschend in die Tiefe schießt: Das ist er, der Brahmaputra, nach dem Ganges einer der heiligen Flüsse Indiens!

Sven Hedins nächstes Ziel ist der Manasarovar, ein Bergsee unweit des Brahmaputra, in dessen Fluten die Hindus von altersher durch ein Bad die Vergebung aller Sünden zu erlangen suchen:

„Während meines Aufenthalts in Indien hatte ich Briefe von Hindus erhalten, die mich baten, den See und den heiligen Berg Kailas zu erforschen, auf dessen Gipfel einer der Götter der indischen Dreieinigkeit, Schiwa, in seinem Paradies inmitten eines Geisterheeres wohne; und sie sagten mir, daß sie meiner dafür in ihren Gebeten gedenken wollten und daß ihre Götter mich segnen würden ... Der Manasarovar ist der heiligste und berühmteste aller Seen der Erde, ein Ziel der Wallfahrt und der Sehnsucht unzähliger Hindupilger ..."

Nicht allein deshalb interessiert den Schweden der See, sondern vor allem, weil er ihn kartieren und seine Tiefe messen will. Dazu muß er ihn befahren, aber hierbei stößt er auf Schwierigkeiten:

„Als ich unsere Führer fragte, was sie zu einer Bootsfahrt quer über den See meinten, erwiderten sie, ohne sich zu bedenken, daß eine solche Fahrt unmöglich sei; Menschen, die sich auf den See hinauswagten, der das Heim der Götter

74 *Yak-Karawane im Transhimalaya*

sei, müßten dabei umkommen! Und in der Mitte ... sei das Wasser nicht eben wie an den Ufern, sondern es bilde eine durchsichtige Glocke, auf deren Wölbung kein Boot hinauffahren könne; und selbst, wenn es uns gelinge, das Boot hinaufzubringen, werde es auf der anderen Seite in solcher Fahrt hinunterrutschen, daß es kentern müsse, und wir würden, da wir den Zorn des Seegottes geweckt hätten, in den Wellen umkommen!"

Sven Hedin überredet zwei seiner Leute, mit ihm den See zu befahren. Achtzehn Stunden brauchen sie, um das andere Ufer zu erreichen, und messen dabei Tiefen von über 80 Metern. Den beiden Eingeborenen ist das zwar höchst unheimlich, aber der Forscher läßt nicht locker. Zum Staunen der Tibetaner kehren sie schließlich wohlbehalten in das Ausgangslager zurück. In den nächsten Tagen wird der See dann kartiert, und nun bricht Sven Hedin zu seinem nächsten Ziel auf, der Indusquelle. Auch hier ist er der erste Weiße. Nochmals geht es unter wilden Stürmen und bei eisiger Kälte über den Transhimalaya, hungernd und frierend schleppt sich die Karawane dahin, aber auch das wird schließlich geschafft, und nun sind sie wieder tief im verbotenen Land Tibet: Abermals verwandelt sich der Reisende in einen kahlköpfigen, schmutzigen Tibetaner. Aber es nützt ihm auch diesmal nicht viel; zwar entdeckt er noch einen weiteren, bis dahin unbekannten Paß über den Transhimalaya, aber dann sind die tibetanischen Garden ihm erneut auf den Fersen, und wieder wird er höflich, aber bestimmt zur Grenze geleitet. Damit ist der erste „flüchtige Erkundungszug durch eines der größten unbekannten Gebiete der Welt", wie Sven Hedin seine große Leistung bescheiden nennt, beendet. 1908 kehrt er nach Stockholm zurück.

Noch zwei weitere Expeditionen in Asien führt Sven Hedin durch: Er erforscht die Wüste Gobi und geht der schon aus dem Altertum stammenden Seidenstraße nach. Beide Reisen unternimmt er nicht allein und auf eigene Faust, sondern diesmal begleitet ihn ein ganzer Stab von Mitarbeitern: Geologen, Archäologen, Meteorologen, kurzum Wissenschaftler aller Fachgebiete. Beide Reisen beginnen in Peking und führen von dort aus nach Westen, und beide erbringen eine ungeheure Fülle neuer Erkenntnisse. Als Sven Hedin 1935 in die Heimat zurückkehrt, hat sich die Sehnsucht seines Lebens erfüllt: Er ist es, der die letzten weißen Flecke auf der Karte Asiens tilgt, jenes Kontinentes, der ihn von Jugend auf geradezu magisch angezogen hat und der ihm fast zur zweiten Heimat geworden ist.

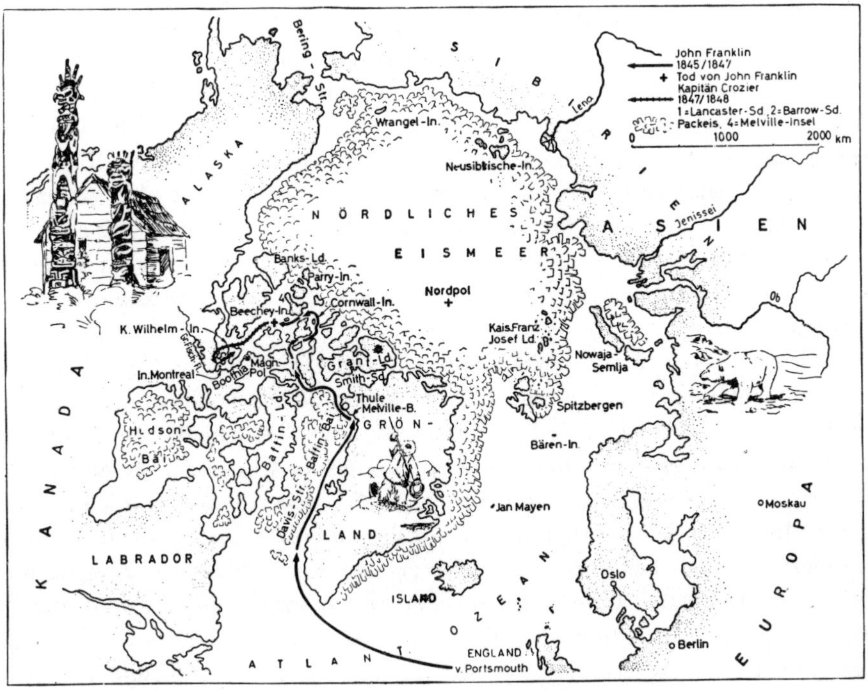

TOD IM ARKTISCHEN EIS

Den Weg von Europa nach Asien hatte Vasco da Gama in östlicher Richtung, um das Kap der Guten Hoffnung, aufgefunden; der westliche Weg über Kap Hoorn war von Magellan entdeckt worden. Beide Strecken hatten sich als durchaus nicht einfach erwiesen, und überdies waren sie auch recht lang. Man kam daher auf den Gedanken, im Norden eine Seeverbindung zwischen der Alten Welt und Asien zu suchen – sie mußte unvergleichlich viel kürzer sein als im Süden, und wenn man Glück hatte, würde sich entweder nördlich um Amerika oder um Europa und Sibirien herum das ferne Ziel sehr viel schneller erreichen lassen als auf dem südlichen Wege.

James Cook hatte seine letzte Reise mit dem Auftrag unternommen, eine nördliche Durchfahrt zwischen Pazifik und Atlantik zu suchen; dafür war eine Belohnung von 20000 Pfund Sterling ausgesetzt worden. Obwohl er bis ins Nördliche Eismeer gelangte, ließ sich die erhoffte Verbindung zwischen beiden Meeren nicht finden, der Preis aber wurde zu Beginn des 19. Jahrhunderts erneuert. Der erste, der auszog, sich ihn zu verdienen, war der englische Kapitän John Ross, derselbe, der im Jahre 1831 gemeinsam mit seinem Neffen James Clarke Ross den magnetischen Nordpol auf der Halbinsel Boothia entdeckte. 1818 ging er mit zwei Schiffen in See, kehrte aber bald unverrichteterdinge zurück. Als nächster machte sich der Engländer William Edward Parry daran, die Nordwestpassage aufzufinden. Er kam erheblich weiter als sein Vorgänger Ross, aber riesige Packeisfelder hinderten ihn, die Fahrt fortzusetzen. Er überwinterte in der Arktis, und es zeugte für seine Umsicht und sein Geschick, daß alle seine Leute den Winter unter so ungewohnten Umständen gut überstanden. Im Hochsommer 1820 kehrte auch Parry in die Heimat zurück; er hatte ebensowenig erreicht wie Ross.

Gleichzeitig mit Parry befand sich ein anderer englischer Marineoffizier, der Leutnant John Franklin, ebenfalls im hohen Norden, und zwar in Kanada. Er begann seine Forschungen zu Lande und stieß bis zum Eismeer vor. Fast neun Jahre hielt er sich in der Arktis auf, und als er schließlich versetzt wurde, war er einer der besten Kenner dieser eisigen Wüstenei. Seit eh und je hatte sein ganzes Interesse der Erforschung des nördlichen Polargebietes gegolten, und so wunderte es denn auch niemanden, daß er sich, inzwischen längst zum Admiral befördert, 1845 zur Teilnahme an einer neuen Expedition meldete, die die Regierung zur Auffindung der Nordwestpassage ausrichtete. Die Admiralität war hocherfreut, daß sich ein so verdienter Mann und genauer Kenner arktischer Verhältnisse bereit fand, die Führung zu übernehmen; wenn überhaupt jemand, so würde es Franklin schaffen! Zwei Schiffe wurden angekauft, die „Erebus" und die „Terror", Segelschiffe, die zusätzlich eine Dampfmaschine von 20 PS besaßen und die sich schon sechs Jahre früher auf einer Antarktisexpedition des englischen Forschers Sir James Clarke Ross bewährt hatten. Am 26. Mai 1845 fuhren sie mit 129 Mann von Portsmouth aus.

Franklin bekam den Auftrag, über den Lancaster- und Barrowsund vorzustoßen und dann in „möglichst gerader Linie die Beringstraße zu erreichen". Man rechnete damit, daß die Expedition mehrmals überwintern müsse; fünf Jahre etwa würde das Unternehmen dauern, und danach war auch der Proviant bemessen. Ende Juli traf die erste Nachricht von Franklin in England ein. Es war ein sehr zuversichtlicher Bericht, den der Admiral einem Walfänger mitgegeben hatte, dem er am 12. Juli in der Melvillebucht begegnet war. Ebenso guten Mutes schrieb Franklin gleichzeitig an einen Freund:

„Ich hoffe, meine teure Frau und Tochter werden nicht besorgt sein, wenn ich zur erwarteten Zeit noch nicht zurück bin ... Sie wissen, daß es mein Wunsch ist, falls wir nach der zweiten Überwinterung unser Ziel noch nicht erreicht haben, einige andere als die geplanten Routen zu versuchen, vorausgesetzt, daß unsere Vorräte und die Gesundheitsverhältnisse unserer Mannschaft das zulassen."

75 Abspecken eines Wals (Kupferstich aus dem Jahr 1650)

Wenige Wochen später, Anfang August, kam eine weitere Nachricht. Der Kapitän eines zurückkehrenden englischen Fangbootes berichtete, daß er die beiden Fahrzeuge der Franklin-Expedition am Abend des 26. Juli 1845 in der Melvillebucht neben einem Eisberg habe ankern sehen. Sieben Offiziere hätten ihn besucht und berichtet, daß an Bord alles wohlauf sei. Alle Herren seien bester Stimmung gewesen.

Und dann erfuhr man fünf Jahre lang nichts, gar nichts mehr von den beiden Schiffen und ihrer tapferen Besatzung. Erst 1850 fanden sich einige unsichere Spuren ihres Verbleibes. Es waren drei Grabinschriften, die eine der zur Unterstützung Franklins ausgesandten Rettungsexpeditionen bei Kap Ridley am Eingang der Wellingtonstraße auffand, wo Franklin offenbar den Winter 1845/46 zugebracht hatte. Da man außer den beiden Berichten der Walfänger im Sommer 1845 nichts mehr von „Erebus" und „Terror" gehört hatte, waren von der englischen Admiralität alsbald gewaltige Anstrengungen gemacht worden, John Franklin aufzufinden. Mehr als vierzig Expeditionen wurden im Lauf der Jahre ausgeschickt, Hunderte von Kupferzylindern und Flaschen mit Nachrichten ausgesetzt; Luftballons ließ man aufsteigen, die nach einer bestimmten Zeit Tausende leuchtend bunter Zettel ausstreuten, weithin sichtbare Felswände wurden mit Inschriften bemalt, unzählige Lebensmitteldepots angelegt, dreihundert Polarfüchse eingefangen, denen man kleine metallene Büchsen mit Nachrichten umhängte, um sie dann wieder laufen zu lassen – und trotzdem blieb alles vergebens: kein Wort, keine Nachricht, kein Lebenszeichen von Franklin und seinen Leuten.

Aber dann kam doch etwas heraus: Eine alte Eskimofrau berichtete, vierzig weiße Männer hätten in einer sehr schwierigen Wanderung über das Eis versucht, die Insel Montreal an der Mündung des Großen Fischflusses zu erreichen. Einer nach dem anderen sei gestürzt und gestorben, nur einer sei bis zur Insel gelangt:

„Er saß am Strande. Er war ein großer, starker Mann. Er hatte den Kopf in die Hände und die Ellbogen auf die Knie gestützt. So saß er unbeweglich da, als ich ihn erreichte. Müde hob er das Haupt, um mich anzureden. Als er den Mund öffnen wollte, klappte das Kinn nach unten, der Kopf fiel auf die Brust, und er starb."

Zunächst wußte man nicht, ob es wirklich Männer der Franklin-Expedition gewesen waren, die die alte Frau gesehen hatte. Als die Amerikaner aber im Jahre 1854 begannen, die Eskimos planmäßig nach dem Admiral und seinen Leuten auszufragen, stellte sich heraus, daß die Eingeborenen in der Nähe des Großen Fischflusses allerhand Gegenstände besaßen, die zur Ausrüstung der englischen Arktisfahrer gehört hatten. Und nun zweifelte man nicht mehr, daß Franklin mit allen seinen Leuten in der Eiswüste des Nordens elend umgekommen war. Am 5. August 1854 gab daher der englische Admiral Walcott im Namen seiner Behörde folgende Erklärung ab:

„Alles, was die Ehre des Landes erheischt, um Sir John Franklin aufzufinden, ist getan worden. Ich bin der Ansicht, daß die Mannschaften des Unternehmens umgekommen und die Schiffe untergegangen sind und beantrage, ihre Namen aus den Listen S.M. Marine zu löschen."

So bitter es war, auf diese Weise den Schlußstrich unter das unglückliche Unternehmen Sir John Franklins ziehen zu müssen, – gegen die Erklärung der englischen Admiralität ließ sich kaum etwas einwenden: Nach so langen Jahren hielt man es für ganz ausgeschlossen, daß irgend jemand von dieser Expedition noch am Leben sein konnte. Nur eine war empört: Jane Franklin, die Frau des Admirals. Sie beschloß, selbst eine Expedition auszurüsten, um sich Gewißheit über das Schicksal ihres Mannes zu verschaffen. Ein solches Unternehmen würde zwar ungeheuer viel Geld kosten, weit mehr jedenfalls, als sie besaß. Aber sie war des festen Willens, dafür zu darben und, wenn es sein mußte, zu hungern. Freunde kamen der unglücklichen Frau schließlich zu Hilfe, und im Frühjahr 1855 ging der 180-Tonnen-Schoner „Fox" in See. Als er zwei Jahre später nach England zurückkehrte, brachte er die Lösung des Rätsels um John Franklins Tod mit: In einer schmalen Metallhülse, die in einem Steinhaufen auf der König-Wilhelm-Insel gefunden wurde, befand sich folgende Mitteilung:

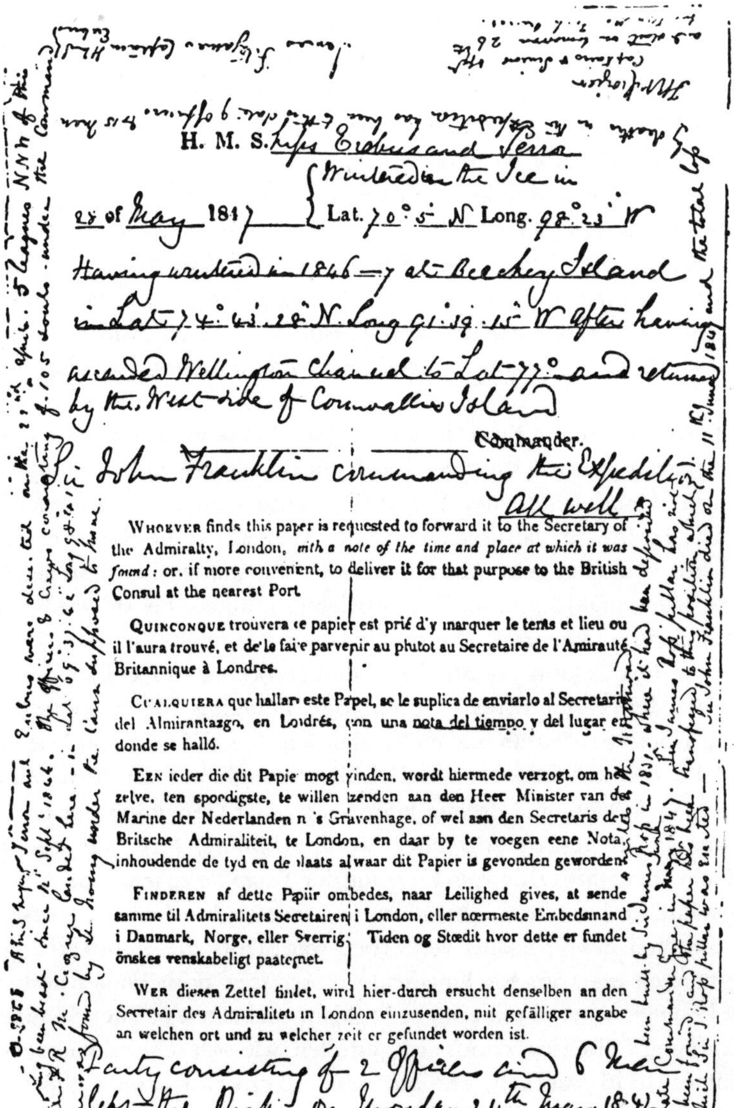

H. M. S. Ships Erebus and Terror

Wintered in the Ice in

28 of May 1847 Lat. 70° 5' N Long. 98° 23' W

Having wintered in 1846–7 at Beechey Island in Lat 74° 43' 28" N. Long 91° 39' 15" W After having ascended Wellington Channel to Lat 77° and returned by the West side of Cornwallis Island

Commander.

Sir John Franklin commanding the Expedition.

All well

WHOEVER finds this paper is requested to forward it to the Secretary of the Admiralty, London, *with a note of the time and place at which it was found*: or, if more convenient, to deliver it for that purpose to the British Consul at the nearest Port.

QUINCONQUE trouvera ce papier est prié d'y marquer le tems et lieu ou il l'aura trouvé, et de le faire parvenir au plutot au Secretaire de l'Amirauté Britannique à Londres.

CUALQUIERA que hallare este Papel, se le suplica de enviarlo al Secretario del Almirantazgo, en Londrés, con una nota del tiempo y del lugar en donde se halló.

EEN ieder die dit Papier mogt vinden, wordt hiermede verzogt, om het zelve, ten spoedigste, te willen zenden aan den Heer Minister van der Marine der Nederlanden in 's Gravenhage, of wel aan den Secretaris der Britsche Admiraliteit, te London, en daar by te voegen eene Nota, inhoudende de tyd en de plaats alwaar dit Papier is gevonden geworden.

FINDEREN af dette Papiir ombedes, naar Leilighed gives, at sende samme til Admiralitets Secretairen i London, eller nærmeste Embedsmand i Danmark, Norge, eller Sverrig. Tiden og Stædit hvor dette er fundet önskes venskabeligt paategnet.

WER diesen Zettel findet, wird hier-durch ersucht denselben an den Secretair des Admiralitets in London einzusenden, mit gefälliger angabe an welchen ort und zu welcher zeit er gefundet worden ist.

Party consisting of 2 Officers and 6 Men left the Ships on Monday 24th May 1847.

Gm. Gore Lieut.

Chas. F. Des Voeux mate.

London John Murray Albemarle Street 1859

76 *Eine Nachricht, die Franklin am 28. Mai 1847 hinterlegte. Man beachte die untersten gedruckten Zeilen (nach McClintock, Voyage of the Fox ..., London 1855)*

„S. M. S. Terror und Erebus überwintern im Eise auf 75 Grad 5 Min. nördlicher Breite und 98 Grad 32 Min. westlicher Länge. 1845/46 überwinterten sie bei der Beechey-Insel, nachdem sie den Wellingtonkanal bis 77 Grad Nord hinaufgegangen und an der Westseite der Cornwall-Insel wieder zurückgekehrt waren. Sir John Franklin führt die Expedition. An Bord alles wohl. 28. Mai 1847."

Ein Jahr später war am Rande eine Nachschrift hinzugefügt worden:
„Erebus und Terror wurden am 22. April verlassen, fünf Meilen nordwestlich von dieser Stelle, nachdem sie seit 12. September 1846 im Eise festgelegen hatten. Offiziere und Mannschaften landeten hier, im ganzen 105 Seelen. Sir John Franklin starb am 11. Juni 1847. Der Gesamtverlust durch Todesfälle betrug bis heute neun Offiziere und fünfzehn Mann ... Morgen, 26. April, Abmarsch nach Backs Fischfluß. 25. April 1848."

Dank der opferbereiten Entschlossenheit Jane Franklins war somit das Schicksal des Admirals geklärt. Weitere Schriftstücke wurden nicht gefunden, und irgendwelche Überlebende der Expedition hatte man auch nicht entdecken können. Die Hoffnung, daß irgendeiner der Mannschaft die Katastrophe überstanden hätte, war zwar sehr schwach, aber es war immerhin schon geschehen, daß Weiße jahrzehntelang unter Eskimos leben mußten, bis sie wieder in ihre Welt zurückkehren konnten. Dieser Gedanke veranlaßte im Jahr 1875 den New Yorker Großkaufmann Morrison dazu, nochmals eine Expedition auszurüsten, die den vermutlichen Spuren John Franklins folgen sollte. Sie traf zwar keine Überlebenden an, sammelte aber eine ganze Reihe von Nachrichten und handelte von den Eskimos vielerlei Gegenstände aus der Ausrüstung der Expedition ein, so daß nun, dreißig Jahre später, das Geheimnis der englischen Unternehmung als geklärt angesehen werden konnte. Jetzt war man in der Lage, sich ein ungefähres Bild vom Hergang der Tragödie zu machen:

Schon während der ersten Überwinterung hatte sich offenbar herausgestellt, daß ein Großteil des Proviants verdorben war. Trotz dieser furchtbaren Entdeckung durften die vom Eis Eingeschlossenen aber noch immer hoffen, sich retten zu können, wenn es ein zeitiges Frühjahr und einen warmen Sommer gab. Diese Hoffnung sollte sich jedoch nicht erfüllen, wie sich sehr bald herausstellte. Der Sommer 1846 war kalt, „Erebus" und „Terror" kamen kaum von der Stelle und mußten ein zweites Mal überwintern. Als die Nächte kürzer zu werden begannen, unternahmen einige Offiziere eine Schlittenreise, um wieder mit bewohnten Gegenden in Verbindung zu kommen. Während ihrer Abwesenheit starb Sir John Franklin; er war 63 Jahre alt und den Strapazen zweier Überwinterungen nicht mehr gewachsen. Und bald folgten ihm immer mehr seiner Offiziere und Mannschaften in den Tod.

Auch der Sommer 1847 ließ sich nicht günstiger an; schon am 24. September

40 Salomon August Andrées Ballon, rechts eine Brieftaubenpost

41 Robert Edwin Peary (geboren am 6. Mai 1836 in Cresson Springs, gestorben am 20. Februar 1920 in Washington) mit seinen Polarhunden

42 Hannes Lindemann vor seiner Piroge, einem Einbaumboot mit Plankenaufsätzen

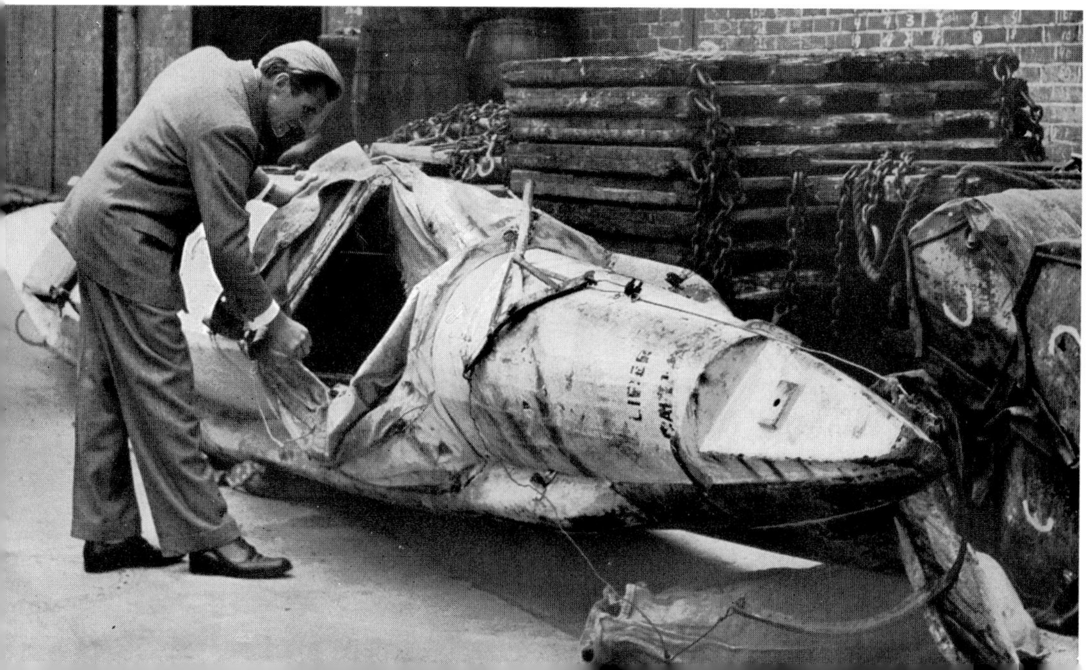

77 *Walroß (nach einem Kupferstich aus dem Jahr 1650)*

saßen beide Schiffe wieder im Eis fest. Und nun begann das Grauen. Der Großteil der Vorräte erwies sich als verdorben, die noch halbwegs genießbaren reichten nicht entfernt aus, die Mannschaft bei Kräften zu erhalten. Bald trat Skorbut auf. Irgend etwas mußte geschehen, wenn man nicht an Ort und Stelle elend umkommen wollte. Kapitän Crozier, nach Franklins Tod Führer der Expedition, griff zu einem letzten verzweifelten Mittel: Er wagte den Versuch, mit Schlitten den Großen Fischfluß und damit das Festland zu erreichen. Bevor es Flugzeuge und Raupenschlepper gab, konnte man in der Arktis nur entweder mit Hundeschlitten oder auf Skiern reisen. Aber Kapitän Crozier hatte weder Hunde noch Schneeschuhe. Es blieb ihm also nichts anderes übrig, als sich zu Fuß übers Eis auf den Weg zu machen, wenn er überhaupt noch etwas unternehmen wollte, um sich und seine Leute zu retten. So verließen denn die Engländer die eingefrorenen Schiffe: zum Marsch in den sicheren Tod. Statt Lebensmittel hatten sie Gold- und Silberbarren auf die Schlitten geladen, in der Hoffnung, bei den Eskimos dagegen Nahrungsmittel eintauschen zu können; schon nach wenigen Tagen sahen sie ein, daß es sehr unklug gewesen war, sich damit zu belasten. Die überladenen Schlitten ließen sich kaum vorwärtsbringen, und Stück für Stück wurde alles nicht unbedingt Lebensnotwendige weggeworfen. Selbst die Kranken mußte man schließlich zurücklassen; 65 Mann kamen während dieses Marsches elend um. Aber auch die restlichen vierzig blieben einer nach dem anderen entkräftet liegen; und der einzige, der das Festland erreichte, starb in dem Augenblick, als eine Eskimofrau ihn auffand.

Über den Weg der Expedition und das Schicksal ihrer Teilnehmer wußte man also, dank der Unternehmung Morrisons, recht gut Bescheid. Nur eines konnte auch sie nicht herausbringen: was aus den Schiffen „Erebus“ und „Terror“ geworden war. Vermutlich hatte sie das Eis längst zerdrückt; sicherlich würde man nie wieder etwas von ihnen sehen oder hören.

Aber es kam anders. In der Nacht vom 21. zum 22. Juni 1907, nach einem stürmischen Tag, schlingerte der alte Kohlentramp „Miss Roseberry“ langsam durch den nördlichen Atlantik. Dem Matrosen im Ausguck hatte der Wachoffizier nachdrücklich eingeschärft, auf Eisberge zu achten, die dieses Jahr besonders weit südlich vordrangen. Weit und breit war aber nichts von ihnen zu sehen; der müde Mann im Vortopp langweilte sich sehr und behielt nur mit Mühe die Augen offen. Aber plötzlich fuhr er hoch: Was war denn das da vorn? „Eisberg steuerbord voraus!“ brüllte er nach unten. Der Rudergänger fiel nach Backbord ab, der Kapitän besah sich den schwimmenden Eisklotz durch sein Nachtglas – aber heftig atmend setzte er es sogleich wieder ab: Eisberg? Das war doch gar kein Eisberg, das war ja ein Schiff, ein total vereistes Schiff! Ein ganz eingefrorenes, offenbar sehr altes Schiff! Vor hundert Jahren hatte man so etwas gebaut; Mastenstümpfe zeichneten sich schwach im Eis ab, Aufbauten sah man an Deck, einen Rest Reling, ein gesplittertes Bugspriet: tatsächlich ein Schiff!

Mit zwei Sätzen ist der Kapitän am Ruder, reißt es herum und steuert genau auf den „Eisberg“ zu. An Bord wird es lebendig, selbst die Freiwache kommt an Deck. Man kann jetzt schon mit bloßem Auge sehen, daß da ein Schiff, ein uralter Kasten, vollkommen eingefroren auf der See schwimmt. Ein Boot wird zu Wasser gelassen, der Erste Offizier geht dicht an den Eisblock heran – da steht ja der Name am Bug, noch gut zu lesen: „Terror“. – Terror – Erebus – ein Geisterschiff erinnert nach sechzig Jahren die Welt an die heldenhafte Fahrt Kapitän Franklins!

Und fast 25 Jahre später hört die Welt noch einmal von jenen unglücklichen Helden. Im Juni 1930, an einem herrlichen Sommertag, lehnt sich der kanadische Flieger Major Burwash aus seiner offenen Maschine, um sich über der König-Wilhelm-Insel zu orientieren. Da erblickt er unter sich zu seiner tiefen Verwunderung eine Anzahl Zelte von höchst altmodischer, ihm ganz unbekannter Form. Er geht hinunter, landet und steht wenige Minuten später an dem einzigen Ort der Erde, auf dem die Zeiger der Weltenuhr immer noch das Jahr 1845 weisen. Er hat das letzte Lager der Franklinexpedition aufgefunden.

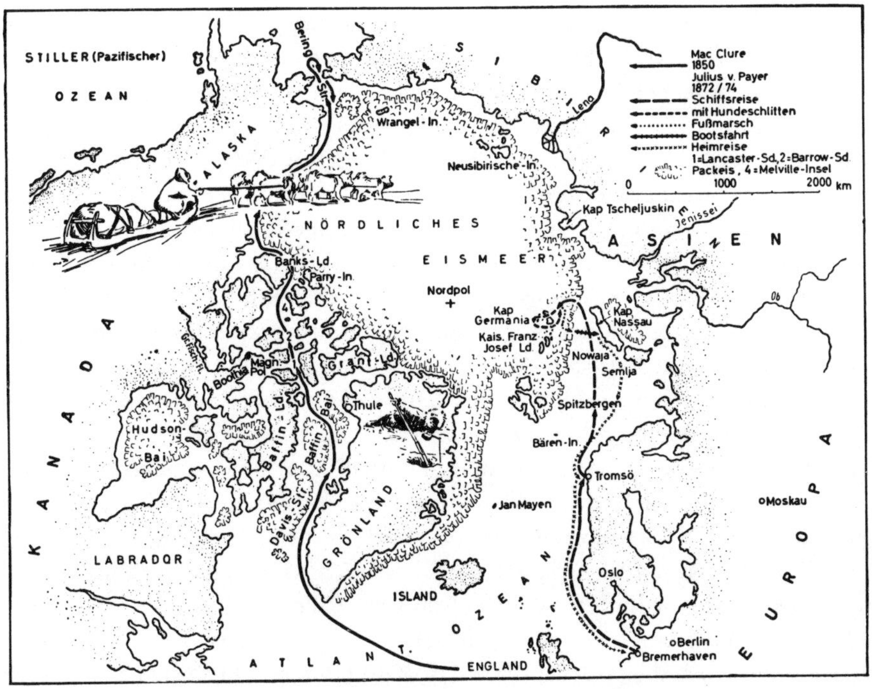

DIE ÖSTERREICHER ENTDECKEN FRANZ-JOSEPH-LAND

Sir John Franklin hatte bei dem Versuch, eine Verbindung zwischen Atlantik und Pazifik im Norden Amerikas aufzufinden, das Leben eingebüßt; wie aus Versehen war von einer der zu seiner Rettung ausgesandten Expeditionen, die unter dem Kommando des Schotten Mac Clure stand, im Jahre 1850 die lange sehnlichst gesuchte Nordwestpassage aufgefunden worden. Unter den Sorgen um Franklins Geschick wurde diese Entdeckung aber kaum beachtet, und der Führer des Unternehmens war sich auch sofort klar darüber, daß diese Wasserstraße nördlich Kanadas kaum je eine praktische Bedeutung für die Schiffahrt haben würde, da sie fast ständig von Eis versperrt war.

Das Interesse der Forscher wie der Allgemeinheit wandte sich daher bald anderen Gebieten der Erde zu. In erster Linie reizte nun der Nordpol. Lange Jahrzehnte hindurch, bis zur zweiten Hälfte des 19. Jahrhunderts, nahmen die Wissenschaftler an, daß sich im hohen Norden ein schiffbares Meer befinde. Wo mächtige Eisberge schwimmen und ihren Weg finden konnten, würden, so glaubte man, auch Schiffe durchkommen. Nordpol und Südpol, Gebiete, die noch keines

Menschen Fuß betreten hatte, gehörten zu den wenigen großen weißen Flecken, die es auf den Karten der Erde noch gab. Das lockte natürlich sehr. Bisher waren die meisten Entdeckerfahrten aus praktischen Gründen unternommen worden: weil man Land brauchte zum Siedeln, weil man Handel treiben wollte oder Gold suchte und weil man bessere und kürzere Wege zu anderen Kontinenten zu finden hoffte. Nachdem die Erde soweit bekannt war, blieben nur noch die Pole zu entdecken, und daran waren vor allem Wissenschaft und Forschung interessiert. Dabei spielten hauptsächlich Engländer, Skandinavier und Deutsche eine Rolle.

Im Jahre 1868 und 1869 gingen erstmals deutsche Schiffe in die Arktis, aber sie waren wenig vom Glück begünstigt. Immerhin brachten sie eine Menge interessanter wissenschaftlicher Beobachtungen mit, die der nächsten in den hohen Norden aufbrechenden Expedition zugute kamen: einer österreichischen unter Führung des Marineleutnants Julius von Payer. Er hatte bereits an den beiden deutschen Fahrten teilgenommen und war daraufhin so überzeugt von der Wichtigkeit der Arktisforschung, daß er alsbald einen „Verein zur Förderung der österreichischen Nordpolexpedition" gründete. Es gelang ihm sehr schnell, die 400 000 Mark zusammenzubringen, die für sein Vorhaben benötigt wurden, und im Juni 1872 war er reisefertig. Auf der Schiffswerft Tecklenburg in Bremerhaven ließ er die „Tegetthoff" bauen, konstruiert nach den Erfahrungen der früheren Polarfahrten. Auch die Ausrüstung war sorfältig durchdacht. Ihrem besonderen Zweck entsprechend wurde die Expedition mit Proviant und allem Lebensnotwendigen für drei Jahre versehen; an verschiedenen weit vorgeschobenen Posten der Arktis hatte man Lebensmitteldepots eingerichtet, und da nach menschlicher Voraussicht die Dauer der ganzen Fahrt höchstens zwei Jahre in Anspruch nehmen konnte, war alles mit der sprichwörtlichen deutschen Gründlichkeit vorbereitet. Ein Zeichen dieser Gründlichkeit ist die Instruktion, die der inzwischen zum Oberleutnant beförderte Kommandant der Expedition erhielt. Sie stellt ungefähr die längste einem Arktisreisenden jemals mitgegebene Fahrtanweisung dar und soll hier auszugsweise wiedergegeben werden. *(Bild Nr. 36)*

„Die Expedition erwartet weder ein offenes Polarmeer noch die Erreichung der Beringstraße. Aber sie hofft, durch die günstige Einwirkung der sibirischen Flüsse auf Wärme und Strömung immerhin tief in das unbekannte Gebiet im Norden Asiens eindringen zu können. Die Erreichung des Poles wird dabei durchaus nicht angestrebt. Es ist zu erwarten, daß die Expedition schwere Kämpfe mit dem Eise bei Kap Tscheljuskin, der Nordspitze Asiens, zu bestehen haben wird; ferner, daß sie dort zum ersten Male überwintert, falls es ihr nicht gelingt, Land im Norden derselben zu entdecken ...

Sollte die Expedition im dritten Sommer weder imstande sein, die Beringstraße zu erreichen, noch die Rückkehr auf demselben Wege auszuführen, dann würde voraussichtlich nichts anderes übrigbleiben, als das Schiff zu verlassen und den Rückzug mittels der

Boote nach Sibirien und über dessen Flüsse nach Europa anzutreten. Würde die Expedition dagegen des Schiffes im Westen von Tscheljuskin verlustig, dann müßte sich dieselbe nach Kap Nassau auf Nowaja Semlja zurückziehen, woselbst Graf Wilczek im Sommer 1872 ein Proviant- und Kohlendepot errichtet hat. Vor der Abfahrt haben sich sämtliche Teilnehmer durch einen Revers freiwillig verpflichtet, auf jede Suchexpedition zu verzichten, falls es nicht gelingen sollte, bis zum Herbst 1874 zurückzukehren. Dies geschieht, um den Förderern dieses nationalen Unternehmens nicht eine Reihe neuer Opfer aufzuerlegen, wie sie England in den Tagen der Franklinexpedition getragen hat."

Mit dieser Anweisung in der Tasche stach Payer in Begleitung seines Kameraden Weyprecht und einiger anderer österreichischer Offiziere am 15. Juni 1872 von Bremerhaven aus in See. In Tromsö wurde kurz Station gemacht. Bald danach geriet die „Tegetthoff" in schwere Eismassen; schon am 12. August war das Schiff von riesigen Eisfeldern vollständig eingeschlossen. Damit riß die Verbindung zur Heimat völlig ab, und mehr als zwei Jahre gelangte keinerlei Nachricht von Schiff und Mannschaft mehr nach Hause.

12. August 1872: Daheim in Österreich herrscht jetzt ein strahlend schöner, warmer Sommer – und hier oben sitzt man nun in Eis und Nebel! Noch darf man hoffen, daß Sonne und Wind die Massen des Packeises zerteilen werden.

Aber diese Hoffnung trügt: Es wird immer kälter, und bald setzen schreckliche Eispressungen ein. Die gewaltigen Eisfelder schieben sich so dicht ineinander, daß sie jedes andere Schiff unweigerlich zwischen sich zerquetscht hätten. Die „Tegetthoff" aber ist nach den Erfahrungen der ersten Arktisexpeditionen konstruiert worden: Auf einem runden Unterwasserschiff sitzen schräge Seitenwände, so daß sie von den andrängenden Eismassen nicht zerdrückt, sondern in die Höhe gehoben wird und verhältnismäßig unversehrt bleibt. Trotzdem – sonderlich behaglich ist den Arktisfahrern bei diesen Eispressungen nicht zumute, zumal inzwischen die Polarnacht begonnen hat und ringsum tiefste Finsternis herrscht. Payer berichtet darüber in seinem Tagebuch:

„Am 8. Oktober kam die Polarnacht, die 109 Tage anhielt. Selbst in dieser Zeit kommt das Eis nie ganz zur Ruhe. Wenn auch in der nächsten Umgebung keine Bewegung zu sehen ist, so kocht und braust es doch fortwährend rings um uns herum ... Bald kommt das Geräusch von dieser, bald von jener Seite, bald hört man es wieder dicht unter den Füßen, so daß man jeden Augenblick erwartet, den Boden unter sich weichen zu sehen ... Im Schiff selbst ist es unheimlich still ... Unter dem Druck des angepreßten und gegen die Bordwand geschobenen Eises singt und jammert es beständig vom tiefsten Baß bis zum höchsten Tenor, und jeder Kälteriß im Eichenholz knallt wie ein Schuß durch das ganze Schiff."

Auch im Frühjahr und Sommer 1873 ändert sich nichts an der Lage; eingeschlossen von unabsehbaren Eisfeldern trieb die „Tegetthoff" langsam, aber unaufhaltsam in nordöstlicher Richtung, in Gegenden, die noch nie ein Schiff befahren hatte. Schon fürchtete Payer, daß auch der zweite Winter die Expedition untätig im Eis festhalten würde, da gab es am 30. August 1873 plötzlich eine Überraschung: Der Nebel, der sich seit Wochen kaum einmal flüchtig gelichtet hatte, riß auf, und in der Ferne zeigten sich rauhe Felswände, von der Sonne hell überstrahlt:

„Im ersten Staunen standen wir alle gebannt und voller Unglauben da; dann brachen wir, hingerissen von der greifbaren Wirklichkeit unseres großen Glückes, in den lauten Jubelruf aus: ‚Land, Land, endlich Land!'... Im Nu hatte sich die Nachricht der Entdekkung verbreitet. Alles war auf Deck geeilt, um sich mit eigenen Augen Gewißheit zu verschaffen, daß unsere Expedition einen unwiderleglichen Erfolg zu verzeichnen hatte."

Land – man kann sich vorstellen, was diese Entdeckung für die Männer bedeutete, die nun schon über ein Jahr im Eis festsaßen! Hier oben die ersten zu sein, die neue Eintragungen in die Karten machen konnten, das war schon etwas, das entschädigte für die Mühen, Sorgen und Entbehrungen der letzten Monate. Zu Ehren ihres Kaisers gaben die Österreicher den fernen, sonnenüberglänzten Bergen den Namen Kaiser-Franz-Joseph-Land.

Natürlich wollte Payer das Land, das nur wenige Meilen entfernt greifbar nahe vor ihm lag, näher untersuchen. Am liebsten wäre er gleich dorthin aufgebrochen, aber ehe er mit den dafür notwendigen Vorbereitungen fertig war, kam wiederum die Polarnacht. Erst Mitte März 1874 konnte der Expeditionsführer seinen Plan in die Tat umsetzen. Auf Hundeschlitten ging es über das Packeis zum Festland hinüber. Am Fuß des Gletscherbruchs ließ Payer die meisten seiner Leute zurück, um nicht das ganze Unternehmen zu gefährden. Denn mehrere seiner Begleiter waren von den Strapazen in der eisigen Kälte bereits so erschöpft, daß er ihnen keine weiteren Anstrengungen zumuten konnte. Mit nur drei Mann und einigen Hunden machte er sich dann auf den Weg über das Inlandeis. Zunächst kam die kleine Gesellschaft ganz gut vorwärts; aber bald wies das Eis breite Spalten und tiefe Risse auf, der Marsch wurde immer beschwerlicher. Zehn Kilometer waren sie von dem Lager der Zurückgebliebenen entfernt, da ereignete sich das Furchtbare:

„Die Schneedecke öffnete sich unterhalb des Schlittens. Lautlos stürzten Zaninovich, die Hunde und der Schlitten in die Tiefe. Von unten her jammerten Mensch und Tier. Dies waren die für mich wahrnehmbaren Eindrücke des kurzen Vorganges, als ich, der ich voranging, vom Seil zurückgerissen wurde. Ich zweifelte nicht, daß ich ebenfalls sogleich in den finstern Abgrund hinter mir hineingerissen würde. Aber eine wunderbare Fügung klemmte den Schlitten in etwa zehn Meter Tiefe zwischen den Eiszacken des Gletscherspalts ein, und zwar genau in dem Augenblick, wo ich durch den mit drei Zentnern Gewicht belasteten Zugstrang bis dicht an den Rand des Abgrunds geschleu-

dert wurde. Als sich der Schlitten festgeklemmt hatte, lag ich, vom straff gespannten und in den Schnee einschneidenden Seil regungslos an den Rand des Spaltes gedrückt, auf dem Bauch. Die Situation war um so grauenhafter, weil gerade ich, der ich ja von den Teilnehmern des Ausfluges allein über Gletschererfahrung verfügte, unfähig geworden war, mich zu regen; überdies beschwor mich Zaninovich, als ich hinabrief, ich wolle mein Zugseil durchschneiden, das ja nicht zu tun, weil der Schlitten sonst hinabstürzen und ihn töten müsse. Eine Zeitlang blieb ich also liegen und sann nach, was zu tun sei ... Inzwischen war auch Orel herangekommen; obgleich er niemals einen Gletscher betreten hatte, schritt er doch unerschrocken bis an den Rand des Spaltes, legte sich auf den Bauch, sah in den Abgrund hinab und berichtete kaltblütig: ‚Zaninovich liegt auf einem Schneeabsatz des Spaltes, von dunklen Klüften rings umgeben. Die Hunde hängen noch in den Zuggurten des Schlittens.' Ich bat Orel darauf um sein Messer, damit ich die Zuggurte auf meiner Brust durchschneiden könne. Er warf mir das Messer trotz seiner bedenklichen Lage mit großer Geschicklichkeit zu, und ich konnte mein Vorhaben ausführen. Der Schlitten machte darauf einen kurzen Ruck in die Tiefe, blieb dann aber sofort wieder stecken. Ich rief Zaninovich hinab, daß ich Hilfe holen werde, daß er aber vier Stunden aushalten und dafür sorgen müsse, daß er nicht erfriere."

Nun galt es, möglichst schnell Hilfe herbeizuholen. Im Nu hatte Payer seine warme Überkleidung abgeworfen und raste los: in halsbrecherischer Hetzjagd über die Eisbarre, durch knietiefen Schnee und den Gletscherbruch hinab zum zehn Kilometer entfernten Lager. Vier und eine halbe Stunde brauchte er für Hin- und Rückweg, dann hatte er es geschafft. Zaninovich, Hunde und Schlitten wurden heraufgeholt, allerdings im letzten Augenblick; denn die Erfrierungen des Matrosen waren so stark, daß er kaum noch eine Viertelstunde länger lebend in seinem Eisgefängnis hätte aushalten können.

Die weitere Reise verlief ohne Zwischenfall. Am 12. April 1874 gelangte die Gruppe nach Kap Germania auf 82 Grad. Hier wurde die österreichische Flagge gehißt und in einem Steinhaufen ein Dokument niedergelegt, das die Erreichung dieses nördlichsten Punktes späteren Entdeckungen gegenüber beglaubigen sollte. Es lautet:

„Die Teilnehmer der österreichisch-ungarischen Nordpolexpedition haben hier in 82 Grad 5 Minuten ihren nördlichsten Punkt erreicht und zwar nach einem Marsch von 17 Tagen von dem unter 79 Grad 51 Minuten Nord im Eise eingeschlossenen Schiff aus. Sie beobachteten offenes Wasser in geringer Ausdehnung längs der Küste. Es war indessen von Eis umsäumt, das sich in Nord- und Nordwestrichtung bis zum Lande erstreckte, dessen Zusammenhang und Gliederung sich jedoch nicht ermitteln ließ. Sofort nach der Rückkehr zum Schiff und nach stattgehabter Erholung daselbst wird die gesamte Mannschaft dieses verlassen und nach Österreich-Ungarn zurückgehen. Dazu zwingen sie die rettungslose Lage des Schiffes und Krankheitsfälle ..."

Nun hieß es zunächst einmal, glücklich wieder zum Schiff zurückzukommen. Die „Tegetthoff" lag bei 79 Grad. Das waren immerhin einige hundert Kilometer Marsch über sommerliches Eis. Was es damit auf sich hatte, berichtete Payer: *„Als wir auf die Eisfläche des Meeres hinabstiegen, brachen wir, peinlich überrascht, überall tief in schneebedeckte Wassertümpel ein, welche uns gänzlich durchnäßten; erst nach längerem Irregehen fanden wir abends eine trockene Lagerstelle. Wir zogen einem heftigen, unseren empfindlichen, erfrorenen Nasen höchst unangenehmen Wind entgegen und bemühten uns stundenlang, unsere Fußsohlen durch heftige Bewegung der Füße vor Erfrieren zu schützen. Als dies einigermaßen gelungen war, nahm die Erweichtheit des Schnees so zu, daß wir Schritt für Schritt tief einsanken. Es kam noch schlimmer; Wasser füllte die tieferen Schneelagen, drang in die Stiefel ein, und wir taten jeden Schritt mit mißtrauischem Zögern, in beständiger Furcht vor unsicheren Abgründen . . ."*

Aber es wurde noch böser. Das Eis geriet in Bewegung, und plötzlich stand der kleine Trupp Polarfahrer am Rand einer riesigen Scholle. Unermeßlich, so weit das Auge reichte, dehnte sich offenes Wasser vor ihnen. Was sollte nun geschehen? Boote hatten sie nicht, die Lebensmittel waren bereits knapp. An anderer Stelle nach begehbarem Eis suchen? Das hätte zuviel Kräfte gekostet, das konnte Payer seinen ohnehin erschöpften Leuten nicht zumuten. Es blieb also nichts übrig als abzuwarten, ob das Eis sich wieder schließen würde, was zum Glück auch nach mehreren Tagen tatsächlich geschah! Von Scholle zu Scholle ging der Marsch weiter. Freilich, jeder wußte, daß ein unvorsichtiger Schritt den Tod bedeuten konnte, und die Hoffnung, die „Tegetthoff" lebend zu erreichen, war nicht mehr groß. Dazu kamen jetzt Schneestürme auf:

„So furchtbar auch das Wetter war, wir durften nicht daran denken, das Zelt aufzuschlagen, sondern mußten marschieren, marschieren, marschieren, um einen Ausweg zu finden, bevor der Wind alle Brücken unseres Rückweges durchriß. Entlang ungeheurer Gletschermauern zogen wir, vom dichten Schnee umwirbelt, dahin; oft im Kreis umhertappend, entgingen wir nur mit Not den Abgründen. Kaum vermochten wir Atem zu schöpfen und uns gegen den Wind zu halten. Unsere Kleider waren im Nu dicht mit Schnee bedeckt, das Gesicht mit Eisrinden, Augen und Mund verschlossen, das dunkle Meer dem Blick entzogen . . . Je hundert Schritt wurde für Augenblicke gehalten, um, uns umwendend, die erstarrten Glieder zu erwärmen und das fest anklebende Eis aus dem Gesicht zu entfernen, wobei wir die Augenbrauen mit ausrissen. Nicht eher konnten wir rasten und das Nachlassen des Sturmes abwarten, als bis diese gefährliche Stelle überwunden war. Dies geschah erst nach siebenstündigem Marsch. Dann erst schlugen wir das Zelt auf, völlig erschöpft, weiß, durchnäßt, von Eis starrend. Trotz unseres Hungers mußten wir uns schlafen legen ohne zu essen; denn unter den herrschenden Verhältnissen konnte von dem geringen Vorrat, der uns noch geblieben, auch nicht ein Stückchen Brot ausgegeben werden. Unsere Aussichten waren sehr düster."

Aber schließlich gelang es Payer und seinen Leuten doch, zur „Tegetthoff" zurückzukehren. Voller Freude sahen sie eines Tages die drei schlanken Masten ihres Schiffes vor sich! Nun würde man sich erst einmal von den Strapazen der letzten Monate erholen können. Lange Ruhe gönnte Julius von Payer seiner Mannschaft freilich nicht. Er hatte beschlossen, den Sommer zu nützen, um zu Fuß über das Eis nach Nowaja Semlja zu marschieren. Von dort aus mußte es möglich sein, mit irgendeinem Walfänger die Heimat wieder zu erreichen. Er war sich klar darüber, daß dieser Entschluß ein ungeheures Risiko bedeutete. Ob es gelingen würde, in bewohnte Gegenden zurückzugelangen, war völlig ungewiß. Franklins Schicksal stand drohend vor ihm. Allein er hatte keine andere Wahl. Denn wenn auch bisher alles gutgegangen war mit der „Tegetthoff", ob sie noch lange den Eispressungen standhalten würde, war sehr zweifelhaft.

Mitte Mai 1874 brach man auf, und zunächst ging alles schief. Die Wanderer kamen auf den Eisschollen nicht vorwärts, denn dauernde Südwinde trieben sie unaufhaltsam nach Norden zurück. Nach zwei Monaten und einem Marsch, der übermenschliche Anstrengungen mit sich gebracht hatte, waren sie erst etwa fünfzehn Kilometer von der „Tegetthoff" entfernt. Mitte Juli 1874 vermerkt Julius von Payer niedergeschlagen in seinem Tagebuch:

„Es gewann den Anschein, als stünde uns nach langem Kampf mit der Übermacht des Eises nichts anderes bevor als die verzweiflungsvolle Rückkehr zum Schiff und ein dritter Winter daselbst, jeder Hoffnung bar, sicher allein der Untergang."

Verzweifelt und hoffnungslos kämpfen sich die Polarforscher mühselig über das Eis weiter. Plötzlich schlägt der Wind um, ein eisiger Sturm aus Nordost bricht los. Trotz der Kälte, die er mit sich bringt, wird er von den Männern jubelnd begrüßt, denn er treibt die Eisschollen in rascher Fahrt nach Süden! Endlich wird die Entfernung vom Schiff merklich größer, die zum Land immer kleiner, und in den nächsten zwanzig Tagen werden 450 Kilometer zurückgelegt.

Am Morgen des 14. August 1874 erreichte die Expedition die Eisgrenze. Unermeßlich weit erstreckte sich vor ihnen die offene See; ein steifer Nord wehte, die auf Schlitten mitgeführten Boote wurden ins Wasser geschoben, und vor dem Wind segelten sie mit rauschender Bugwelle nach Süden. Schon vier Tage darauf landeten sie in Nowaja Semlja, noch mitten in der Fangsaison. Der ungewöhnlich heiße Sommer dieses Jahres hatte die Eisgrenze weit nach Norden vorgeschoben, zwei russische Walfänger waren ihr gefolgt und stießen in einer Bucht auf die kleine Flottille der österreichischen Arktisfahrer. Wenig später konnten die ausgemergelten Männer die Rückfahrt in die Heimat antreten. Ihr Ziel, die Entdeckung der Nordostpassage, hatten sie nicht erreicht. Aber sie waren Schrittmacher auf einem Wege gewesen, den bald darauf ein Glücklicherer durchmessen sollte.

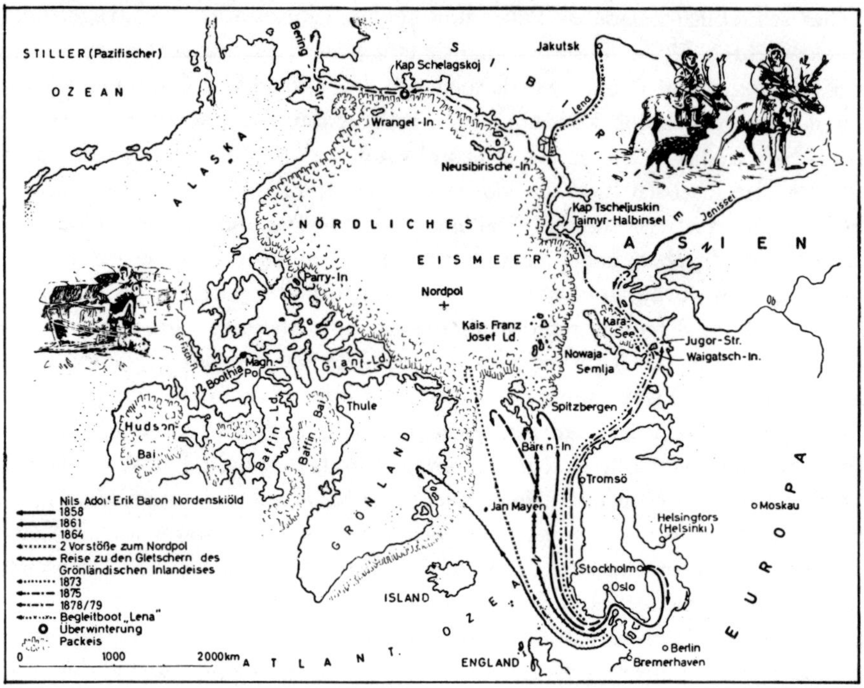

DIE BEZWINGUNG DES NÖRDLICHEN EISWEGES

Einer der hervorragendsten Arktisforscher aller Nationen war Nils Adolf Erik Baron Nordenskiöld. Als Sohn eines sehr bekannten Gelehrten im Jahr 1832 zu Helsingfors in Finnland geboren, mußte er seine Heimat als junger Mann aus politischen Gründen verlassen; er wandte sich nach Stockholm. 1858 nahm er an einer Expedition nach Spitzbergen teil, und sogleich zog ihn die Arktis in ihren Bann. Sie sollte ihn bis zum Ende seines Lebens nicht mehr loslassen.

Bereits 1861 ging er zum zweiten Mal in den hohen Norden, 1864 leitete er selbst eine Expedition nach Spitzbergen mit der Absicht, dort zu überwintern. Das ließ sich allerdings nicht durchführen, denn der mitgenommene Proviant reichte nicht aus, da man ihn mit der Besatzung von sieben schiffbrüchigen Walfängerbooten teilen mußte. Es blieb also nichts übrig, als vorzeitig zurückzukehren. In den Folgejahren brach Nordenskiöld immer wieder zu Reisen in die Polargebiete auf, zweimal machte er einen Vorstoß zum Nordpol, ohne ihn jedoch zu erreichen; dazwischen unternahm er, ein unerhörtes Wagnis, seine erste Fahrt zu den Gletschermassiven des grönländischen Inlandeises.

Auf seinen Reisen hatte er nicht nur selbst unendlich viel gesehen und erlebt, er benutzte auch jede sich bietende Gelegenheit, von Walfängern und Fischern mehr über den hohen Norden zu erfahren. Besonders lebhaft interessierten ihn die Verhältnisse an der Küste Sibiriens und die Frage, ob es dort einen Seeweg zum Pazifischen Ozean gebe. Marco Polos Cathay, China, das lockende Ziel, das Kolumbus einst auf westlichem Kurs zu erreichen hoffte – auch über den nördlichen Weg hatte man, freilich bisher immer vergeblich, versucht, es aufzufinden. Nun war es natürlich nicht mehr China, das Nordenskiöld reizte; aber Handelswege nach Sibirien zu öffnen, diesem reichen Land, das von allen Verbindungen ja noch immer völlig abgeschnitten war, das stellte eine Aufgabe dar, die Wissenschaftler wie Kaufleute gleichermaßen fesseln mußte. *(Bild Nr. 37)*

Nordenskiöld ging ganz systematisch vor. Zunächst unternahm er einige Kundfahrten. 1873 querte er das Karische Meer, zwei Jahre später stieß er bis zur Jenisseimündung vor. Dann war er soweit, daß er dem König von Schweden seinen Plan zur Entdeckung der Nordostpassage vorlegen konnte. Fest überzeugt davon, daß er sie auffinden würde, gewann sich Nordenskiöld zwei reiche Gönner: den schwedischen Baron Dikson und den gleichfalls sehr wohlhabenden russischen Kaufmann Sibirjakow. Beide setzten sich mit Nachdruck für den Forscher ein und erklärten sich bereit, einen erheblichen Teil der für die Expedition benötigten Mittel aufzubringen. Als Nordenskiöld 1876 Gelegenheit hatte, seinen Plan dem König vorzutragen, war auch dieser einverstanden; der große Gelehrte brauchte sich um das Zustandekommen seiner Reise nicht mehr zu sorgen.

Zunächst muß der Schwede ein geeignetes Schiff beschaffen. Nach langem Suchen findet er einen Walfänger aus eisenhartem Holz mit Stahlblechverkleidung, die in Bremerhaven gebaute „Vega". Sie hat eine Dampfmaschine von 60 PS; 6–7 Seemeilen kann man damit in der Stunde schaffen. Außerdem ist sie auch noch besegelt. Dann wird die Ausrüstung zusammengestellt. Und hier zeigt sich, daß Nordenskiöld ein Fachmann von hoher Klasse ist. Von Schuhen und Strümpfen bis zu Schlitten, Booten und Proviant ist alles so sorgfältig durchdacht, daß seine Inventarlisten noch vielen späteren Expeditionen als Vorbild und Muster gedient haben. Am 22. Juni 1878 ist es endlich soweit. Nordenskiöld ist 54 Jahre alt, als er sein Unternehmen startet, und seine Freunde mögen sich Sorgen gemacht haben, ob er in diesem Alter den Strapazen der Expedition gewachsen sein werde. Aber er ist ja fast jedes Jahr in der Arktis gewesen, viele Male hat er dort überwintert, er wird es schon schaffen.

Die Karasee steckt um diese Jahreszeit noch voller Eis; Nordenskiöld kann sich also Zeit lassen. Nach zwei Monaten ist die Jugorstraße erreicht, jene schmale Durchfahrt zwischen der Waigatschinsel und dem Festland. Nur ein paar Samojeden leben dort in der Einsamkeit. Die „Vega" wirft Anker, und nun gehen die Wissenschaftler, die an der Expedition teilnehmen, ans Werk. Geologen, Ethnologen, Zoologen und Botaniker finden hier in dieser noch nie erforschten Gegend ein großartiges Betätigungsfeld und stürzen sich begeistert in die Arbeit. Nordenskiöld sammelt indessen alles, was er an Nachrichten über Rentiere, Eisbären, Walrosse, Fische usw. in Erfahrung bringen kann. Denn er weiß ja, daß seine Gönner und Geldgeber nicht nur an der wissenschaftlichen Erforschung dieser Gebiete, sondern auch an den Handelsmöglichkeiten interessiert sind, die sich durch die Eröffnung der Nordostpassage ergeben können.

Am 1. August geht es weiter in die Karasee. Nordenskiöld hat Glück, das Wasser ist offen, nicht einmal Treibeis gibt es. Das widerspricht durchaus den Erfahrungen früherer Reisender, und der Forscher notiert in seinem Tagebuch:
„Es scheint, daß der schlechte Ruf des Karischen Meeres durch die Schwierigkeiten begründet worden ist, denen frühere Expeditionen ausgesetzt waren, Schwierigkeiten, welche zu nicht geringem Teil durch die schlechte Beschaffenheit der Fahrzeuge und durch Mißgriffe bei ihrer Ausrüstung bedingt waren."

Hierin täuscht er sich allerdings. Er selbst hat zwar die Karasee eisfrei vorgefunden, aber das sind ausnahmsweise günstige Verhältnisse; denn auch nach ihm werden um die gleiche Zeit dort immer wieder einzelne Schiffe oder ganze Konvois vom Eis eingeschlossen. Das gute Wetter hielt an, und am 19. August 1878 konnte Nordenskiöld voller Stolz in seinem Journal vermerken:
„Wir hatten ein jahrhundertelang vergebens erstrebtes Ziel erreicht: Zum ersten Mal lag ein Fahrzeug an der nördlichen Spitze der Alten Welt vor Anker!"

Die „Vega" ankerte an der Taimyr-Halbinsel, dem „Promontorium Tabin", wie 150 Jahre zuvor der russische Steuermann Tscheljuskin diesen nördlichsten Punkt Asiens genannt hatte. Es gelang ihm als erstem, dorthin zu kommen, aber nicht zu Schiff – das war im Eis zerquetscht worden – sondern vom Lande aus mit Hundeschlitten. Sorgfältig kartierte er diesen entlegenen Erdenfleck, aber niemand glaubte ihm damals, daß er tatsächlich so weit nördlich vorgedrungen war. Nordenskiöld verglich das Land mit Tscheljuskins Karten und stellte fest:
„Daß Tscheljuskin wirklich hier gewesen ist, davon zeugt die auf den Karten ganz richtige Darstellung des Vorgebirges, welches mit Recht seinen Namen trägt."

„Welches mit Recht seinen Namen trägt": Unter feierlichem Flaggensalut tauft der Schwede das Promontorium Tabin auf den Namen seines russischen Vorläufers, es gibt eine eindrucksvolle Festlichkeit an Bord mit vielen Trinksprüchen. Aber schon am nächsten Tag geht es weiter zur Lenamündung. Hier trennt sich Nordenskiölds Begleitboot „Lena" von der Expedition, fährt den Fluß hinauf und trifft drei Wochen später in Jakutsk ein. Zum ersten Mal ist eine Schiffsverbindung zwischen Westeuropa und Sibirien geglückt. Die Russen feiern das Ereignis begeistert mit Dankgottesdiensten und Volksfesten.

Die „Vega" setzt indessen ihre Fahrt fort. Am 28. August kommen die Neusibirischen Inseln in Sicht, am 6. September Kap Schelagskoj unweit der Beringstraße. Nordenskiöld weiß, daß er damit so gut wie gewonnen hat: Das Meer hier oben ist in der Regel bis Mitte Oktober eisfrei. So läßt er sich Zeit, es wird nur tagsüber gefahren, da die Nächte schon sehr dunkel sind.

Nachdem von der Jugorstraße an nirgendwo an Land Menschen gesichtet worden sind, ist der Forscher überrascht, als am Kap Schelagskoj zwei Fellboote mit Tschuktschen an die „Vega" herankommen. Die Insassen können zwar nicht Russisch, aber von amerikanischen Walfängern haben sie ein paar englische Brocken aufgeschnappt und machen den Fremden klar, daß ihr Dorf gar nicht weit entfernt sei; sie sollten doch bei ihnen ankern.

Das geschieht auch; die Tschuktschen kommen an Bord und werden reichlich bewirtet. Als es am 7. September weitergehen soll, liegt der Nebel so schwer über dem Meer, daß an Aufbruch gar nicht zu denken ist. Erst am 11. September beginnt die Fahrt wieder, aber es geht nur langsam voran; in den kalten Nächten sind die Treibeisschollen zusammengefroren, mit Äxten muß der Weg freigehauen werden. Am Abend fällt Nebel ein und wird rasch so dick, daß die Expedition abermals liegenbleiben muß; sechs Tage kann sie sich nicht vom Fleck rühren. Endlich klart es dann wieder auf, aber in der Nacht zum 28. September gibt es scharfen Frost. Die 60 PS der kleinen Dampfmaschine werden mit dem Eis nicht mehr fertig; wenn nur der Wind nach Süden umspränge! Dann würde die „Vega" schnell wieder frei sein. Aber das tut er nicht; und nun muß sich Nordenskiöld eingestehen, daß ihm nichts anderes übrigbleibt, als zu überwintern.

Die Expeditionsteilnehmer richten sich auf den Winter im Eis ein. Die „Vega" wird an einem riesigen Grundeisblock vertäut, 1400 Meter vom Lande entfernt. Dann errichtet man an der Küste ein Proviantlager für den Fall, daß die „Vega" doch der Eispressung zum Opfer fällt. Die Wissenschaftler gehen ihrer Arbeit nach oder unternehmen kleine Jagdausflüge. Bald kommt es zu engem Kontakt mit den Eingeborenen in den nahen Tschuktschensiedlungen:

„Es währte gar nicht lange, so wurde die ‚Vega' eine Station, wo jeder durch die Gegend Kommende sich einige Stunden mit seinem Hundegespann aufhielt, teils, um seine Neugierde zu befriedigen, teils um für gute Worte oder Waren etwas warmes Essen, Tabak oder bei schlechtem Wetter einen Rum einzutauschen."

Die Tschuktschen übernehmen es gern, Post für die Fremden zu besorgen. Nordenskiöld übergibt ihnen am 18. Oktober einen langen Brief; erst am 16. Mai 1879 trifft er in Stockholm ein, gerade noch rechtzeitig, um die beginnende Sorge über das Schicksal der Expedition zu besänftigen!

Und dann werden die Rentiertschuktschen besucht, die als Nomaden weit im Innern des Landes leben und kaum jemals von Europäern erreicht worden sind.

Leutnant Palander, Kapitän der „Vega“, nimmt an dieser Kundfahrt teil und berichtet über den Aufenthalt bei den Eingeborenen:

„Als wir vor das Zelt traten, war die Rentierherde in geschlossenem Trupp in Anmarsch. An der Spitze ging ein altes Tier mit mächtigem Geweih, welches auf unseren Wirt zuschritt und ihm dadurch einen guten Morgen wünschte, daß es seine Nase gegen dessen Hände rieb. Die übrigen Rentiere stellten sich unterdessen in fast militärischer Weise in Reih und Glied auf. Der Eigentümer ging nun von einem Tier zum anderen, und bei jedem wiederholte sich der Gruß des Nasenreibens. Gleichzeitig aber untersuchte der Mann jedes Tier auf das genaueste. Nachdem dies geschehen war, gab er ein Zeichen, die ganze Herde machte kehrt, und, den Alten an der Spitze, marschierte sie in gedrängter Ordnung wieder zurück zu ihrem Weideplatz.“

Nordenskiöld interessiert dieses Erlebnis besonders, weil er selbst bei einer seiner Arktisreisen einen Versuch mit Rentieren unternommen hat; er ist aber mit ihnen gar nicht zurechtgekommen und hält sie für unzähmbar. Zu seinem Erstaunen hört er nun, daß den Tschuktschen gelungen ist, was ihm nicht glückte.

Die Überwinterung vergeht für die Expedition ohne ernsthafte Sorgen. Im Schiff ist es überall warm, es gibt weder Fieber und Erkältungen noch Skorbut, denn natürlich hat Nordenskiöld ausreichend Frischproviant mitgenommen, dazu Sauerkraut, Zwiebeln, Fleischextrakt und Früchte. Die Gefangenschaft im Eis dauert erheblich länger, als der Schwede angenommen hat; seine Hoffnung, bereits der April werde Frühlingswetter bringen, erfüllt sich nicht. Drei weitere Monate muß er sich noch gedulden: Erst am 18. Juli 1879 gerät das Eis rings um das Schiff endlich in Bewegung. 294 Tage haben sie stilliegen müssen, jetzt kann es endlich weitergehen. Schon zwei Tage später umschiffen sie die Ostspitze Asiens, und voller Jubel vermerkt Nordenskiöld in seinem Tagebuch:

„Somit war das große Ziel glücklich erreicht, nach welchem seit mehr als 300 Jahren so viele Nationen vergeblich gestrebt, das so viele erfahrene und tüchtige Seeleute für unerreichbar erklärt hatten: die Nordostpassage war zum ersten Mal vollendet. Man möge es uns vergeben, daß wir mit einem gewissen Stolz unsere blaugelbe Fahne am Mast emporsteigen sahen und die schwedischen Salutschüsse in dem Sunde abfeuerten, wo die Neue und die Alte Welt einander die Hände zu reichen scheinen.“

Seitdem ist die Nordostpassage von manchem Schiff überwunden worden. Die Russen haben alles getan, was in ihrer Macht steht, um den nördlichen Eisweg wenigstens im Sommer passierbar zu machen, und unter Führung von riesigen Eisbrechern kreuzen große Konvois in den einst so stillen Gewässern. Aber auch heute noch geschieht es immer wieder, daß einzelne Schiffe vom Eis gepackt und wie Konservendosen zerdrückt werden. Für den Weltverkehr wird die Nordostpassage daher nie Bedeutung haben; als innerrussischer Handelsweg dagegen hat sie ihre Nützlichkeit längst erwiesen.

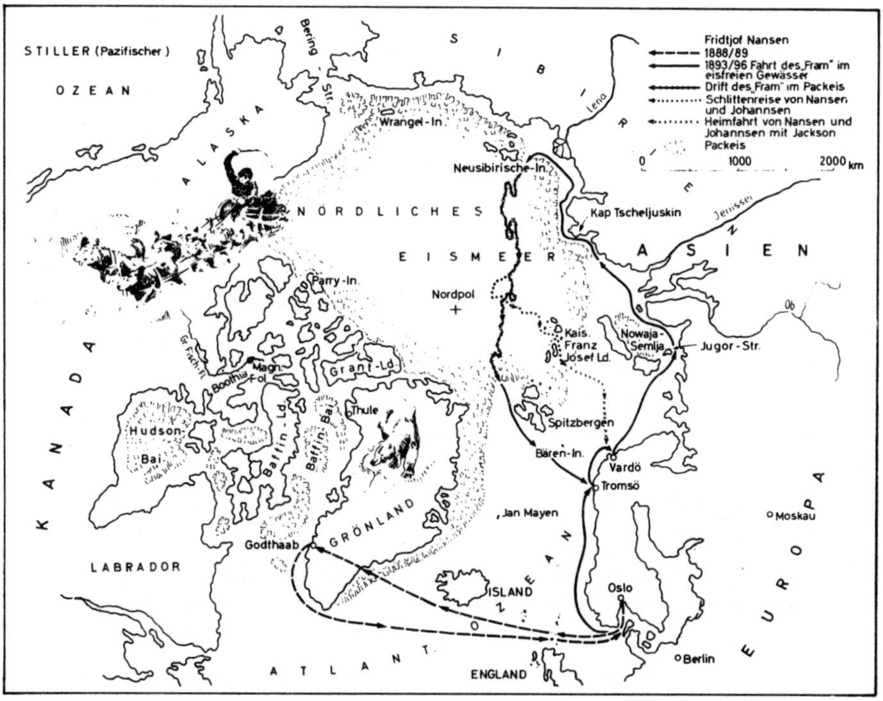

IN SCHNEE UND EIS

Fridtjof Nansen, Norweger von Geburt, machte seine erste Bekanntschaft mit der Arktis im Jahr 1888. 27 Jahre war er alt und wohlbestallter Konservator am Museum zu Bergen, als er endlich hinauskonnte; von Jugend auf hatte seine ganze Sehnsucht dem eisigen Norden gegolten, und nun gelangte er zum ersten Mal ans Ziel seiner Wünsche. In Grönland geschah das, und gleich diese erste Fahrt war eine recht ernsthafte Sache. Er hatte sich nämlich nichts Geringeres vorgenommen als eine Überquerung des grönländischen Inlandeises von Ost nach West. Nordenskiöld, von dem dieses wissenschaftlich so interessante Gebiet bereits zweimal untersucht worden war, ermutigte ihn dazu, zumal der junge Enthusiast sich schon bei den Vorbereitungen für sein Unternehmen als außerordentlich umsichtig und geschickt erwies. Mit fünf Kameraden, wie er selbst gute Skiläufer, gewandt und für die Sache begeistert, startete Nansen im Mai 1888 an Bord eines Robbenfängerschiffes.

Dessen Kapitän hatte mit dem jungen Norweger verabredet, daß er ihn und seine Kameraden zwar mitnehmen würde, daß er sich aber beim Robbenfang dadurch nicht stören lassen wolle. Wenn Nansen auf eine schnelle Überfahrt nach Grönland gehofft hatte, mußte er bald einsehen, daß das ein Irrtum war. Schweres Eis hatte die grönländische Ostküste blockiert. Vier Wochen lang kreuzte der Robbenfänger vor dem Lande hin und her, aber es war unmöglich zu ankern. Schließlich verloren die sechs Arktisreisenden die Geduld. Am 18. Juli 1888 gingen sie in die Boote, um die Küste, koste es, was es wolle, zu erreichen. Die war zwar nur wenige Meilen entfernt, aber es wurde eine schlimme Sache; Wind und Strömung trieben die leichten Fahrzeuge immer wieder ab. Zuletzt schob sich das Packeis derartig zusammen, daß die sechs Männer ihre Boote aus dem Wasser nehmen und auf das Eis setzen mußten. Und auf diesem kalten Floß wurden sie nun immer weiter von der beabsichtigten Landestelle fortgeführt; erst am 11. August nach überaus gefährlichen Tagen und Nächten in tosender Brandung erreichten sie den von Nansen vorgesehenen Punkt und konnten ihren Marsch westwärts antreten.

Das grönländische Inlandeis steigt auf annähernd 3000 Meter Höhe an und wird in Küstennähe von zahlreichen Spalten durchzogen. Da der Schnee in der Sonnenwärme des Tages aufweicht und nicht mehr trägt, ist es während des Sommers praktischer, die lange Dämmerung der Nächte zur Reise zu benutzen und tagsüber zu schlafen. Auch Nansen macht diese Erfahrung und stellt zu seiner Freude fest, daß sie auf diese Weise viel schneller vorankommen. Aber nun brechen entsetzliche Stürme herein, die die sechs Reisenden zwingen, tagelang in ihren Zelten zu bleiben. Dazu wird es recht kalt, und bereits nach einer Woche Marsch in einer Höhe von etwa 1000 Meter findet sich keine Spur Trinkwasser mehr:

„Wir hatten schon die Trinkwassergrenze überschritten und sollten keines mehr finden, bis wir die Westküste erreichten. Wir können unseren Durst nur mit dem Inhalt unserer Zinnflaschen löschen, die wir auf der bloßen Haut oder unter unseren Kleidern tragen, um das Wasser durch unsere eigene Körperwärme aufzutauen“,

berichtet Nansen in seinem Tagebuch. Die Schlitten, mit Proviant und Ausrüstung beladen, jeder etwa 100 Kilogramm schwer, über das holprige Eis zu ziehen, ist eine Qual; aber trotzdem bleiben die sechs Männer ihrem Wahlspruch treu: Tod oder die Westküste! *(Bild Nr. 38)*

Als sie Mitte September eine Höhe von 2800 Metern erreicht hatten, fiel die Eisfläche vor ihnen etwas ab. Da ein frischer achterlicher Wind stand, kamen sie auf den Gedanken, auf ihren Schlitten, mit dem Zeltboden und geeigneten Stükken Persenning, Segel anzubringen. Und diese Idee bewährte sich vorzüglich. Nansen hat das wie folgt geschildert:

„Einer mußte auf Schneeschuhen vor dem Schlitten stehen und ihn mit Hilfe einer Stange steuern. Zu diesem Zweck befestigten wir ein Bambusrohr zwischen den beiden Schlitten,

der Steuermann nahm es in die Hand und hielt sich das Gefährt auf diese Weise vom Leibe, während er selber vorwärtsgeschoben wurde ... Nun konnte die Fahrt beginnen ... Ich klammerte mich hinten an dem einen Schlitten fest, auf meinen Schneeschuhen stehend und mich an der Rückwand des Schlittens haltend, so gut ich konnte ...
So sausten wir dahin über den unebenen Schnee, über Höhen und Tiefen hinweg, daß einem Hören und Sehen verging. Die Schlitten glitten über alle Unebenheiten hinweg, die Spitzen der Schneeschanzen oft nur wie im Tanz berührend. Ich hatte alle Mühe, mich dahinten festzuhalten ... Die Fahrt wurde schneller und schneller, die Schlitten berührten jetzt den Schnee kaum mehr ... Mit wachsender Geschwindigkeit ging es vorwärts ... Auf diese Weise ging es vorzüglich, und diese Schneeschuhfahrt ist ohne Zweifel die amüsanteste, die ich jemals mitgemacht habe!"

Das Steuern eines solchen Gefährts war besonders schwierig:
„Es ist sehr spannend, vorn zu stehen und zu steuern, man muß auf das genaueste achtgeben und darf vor allen Dingen nicht fallen, denn sollte dieser Fall eintreten, so würde in blitzschneller Fahrt das ganze Gefährt über den Unglücklichen hinwegsausen ... So etwas darf nicht geschehen – man muß jede Bewegung berechnen, jeder Muskel muß angespannt sein, und die Schneeschuhe müssen gut zusammengehalten werden, während die Hand die Steuerstange sicher umschließt und das Auge unverwandt vorwärtsspäht."

Ganz ungefährlich ist diese Art zu reisen also gewiß nicht, aber sie hat natürlich den Vorteil, daß man sehr viel schneller vorwärtskommt als zu Fuß. Es dauert darum auch nicht lange, bis plötzlich der Jubelruf: „Land voraus!" ertönt:
„Durch das Schneegestöber hindurch, das gerade ein wenig schwächer geworden ist, schimmert über der Schneefläche im Westen ein länglicher dunkler Berggipfel, und südlich davon ein kleinerer. Wir stimmten alle in den Jubel ein, das Ziel, für das wir so lange gekämpft hatten, lag endlich sichtbar vor unseren Augen!"

Nun kann die Westküste Grönlands nicht mehr sehr weit entfernt sein! Während das mächtige Eis bisher alle Berge verdeckt hat, durchbrechen jetzt zum ersten Mal seit langen Wochen hohe Felsen die von Urzeiten her gefrorenen Massen. Man kann sich das Glück der sechs Arktisfahrer vorstellen, als vom ersten Schlitten, der wie ein Schiff durch den stäubenden Gischt des Schnees vorwärtssaust, die Landsichtung gemeldet wird!

So gut und glatt die Wanderung trotz aller Mühsal und Anstrengung bisher verlaufen war – gerade an diesem 19. September wäre das fast überwundene Inlandeis Grönlands um ein Haar zum Grab der kleinen, tapferen Gemeinschaft geworden:
„Es begann schon zu dunkeln, als ich plötzlich durch das Schneegestöber und die Finsternis hindurch vor mir auf dem Schnee etwas Dunkles erblickte. Ich hielt es für eine gewöhnliche Unebenheit im Schnee, achtete nicht darauf und segelte ruhig weiter. Wenige Schritte davon entfernt entdeckte ich jedoch meinen Irrtum, schnell wie ein Gedanke

drehte ich das Steuer, so daß die Schlitten gegen den Wind wendeten. Es war auch die höchste Zeit, denn wir befanden uns hart an einer breiten Spalte – eine Sekunde weiter, und wir wären verschwunden, um nie wieder das Licht des Tages zu erblicken!"

Am 24. September war die eisfreie Westküste Grönlands erreicht; alle Teilnehmer der Wanderung genossen es, statt Eis und Schnee endlich wieder einmal Erde und Steine unter den Füßen zu spüren und den Duft der Wiesen und des Heidekrauts zu atmen. In Godthaab wurden sie gastfreundlich aufgenommen und schlossen mit der grönländischen Bevölkerung bald Freundschaft. Leider war das letzte Schiff nach Europa schon fort; sie mußten also den Winter über bei ihren neuen Freunden bleiben; Nansen benutzte die Zeit dazu, deren Lebensgewohnheiten und die Natur ihres Landes zu studieren. Am 30. Mai 1889 traf er mit seinen Kameraden wieder in Oslo ein, begeistert empfangen und mit Jubel begrüßt.

Sie hatten eine ungeheure Leistung vollbracht. Zum ersten Mal war es gelungen, eines der größten Eismassive der Welt mit Ski und Schlitten zu überwinden. Und das war nicht nur eine großartige sportliche Tat; während seiner Reise hatte Nansen vielmehr wichtige Kenntnisse und Erfahrungen sammeln können, die für alle späteren Arktisreisen von allerhöchster Bedeutung waren. Damit brach eine neue Ära in der Polarforschung an, die später Männer wie der Däne Knut Rasmussen und der Norweger Roald Amundsen zur Vollendung brachten. Während eines Vortrages hatte Nansen die Gedanken, die ihn bewegten, in einem knappen Satz folgendermaßen zusammengefaßt: „Ich glaube, daß wir den sichersten und leichtesten Weg zum Pol finden werden, wenn wir uns auf die Kräfte der Natur selbst verlassen und versuchen, mit ihnen, nicht gegen sie, zu arbeiten." Das hieß also mit anderen Worten, daß man sich genau den gleichen Lebensbedingungen, wie sie für den Eskimo gegeben waren, mit genau derselben Elastizität anpassen mußte. War es den Eskimos möglich, die Winternacht, Eispressungen, Stürme, Hunger und Kälte nicht nur zu ertragen, sondern unter all diesen erschwerenden Umständen weite Wanderungen ungefährdet zurückzulegen, so mußte das weißen Menschen mit ihren zehnmal wertvolleren Hilfsmitteln erst recht möglich sein. Von diesen Voraussetzungen ausgehend, hatte Nansen die Methode gewählt, wie die Eskimos selbst mit ganz leichten Schlitten in das Eis vorzustoßen. Das gelang ohne den geringsten Zwischenfall, und natürlich war diese Grönlanddurchquerung der stärkste Zeuge für die Richtigkeit der Anschauungen, von denen der Norweger ausging.

Wie seinerzeit Forscher aller Nationen dem Bann Afrikas erlegen waren, so ging es nun jenen Reisenden, die im hohen Norden geweilt hatten: Die Arktis ließ sie nicht mehr los. Auch Nansen hielt es nicht lange zu Hause und am Schreibtisch, nachdem er von der Grönland-Expedition glücklich heimgekehrt war. Sehr bald trug er sich mit neuen Plänen, deren letztes Ziel die Entdeckung des

Nordpols sein sollte. Alles, was bisher in dieser Richtung versucht wurde, war fehlgeschlagen. Man hatte zwar den 80. Grad erreicht, aber weiter war noch niemand gekommen. Nansen beschloß, andere Wege einzuschlagen als seine Vorgänger. Eines Tages nämlich fiel ihm ein Zeitungsartikel in die Hand, der von Wrackstücken berichtete, die an der grönländischen Küste angetrieben worden waren: Sie seien als Reste der „Jeanette" erkannt worden, die bei den Neusibirischen Inseln verschollen war. Wie elektrisiert sprang Nansen auf: Das war die Lösung des Problems, über das er sich so lange schon den Kopf zerbrochen hatte, das war der Weg zum Pol. Man ließ sich vom Eis treiben. Wenn Wrackstücke über den Pol hinweg nach Grönland geschwemmt wurden, dann mußte das mit einem Schiff auch möglich sein.

Für Nansens Zeitgenossen hörte sich das aberwitzig an. Es hieß doch, gerade das zu tun, was man bisher nach Möglichkeit hatte vermeiden wollen: nämlich sich mit seinem Schiff einfrieren zu lassen. Nachdrücklich setzte sich der junge Forscher für seinen Plan ein:

„Gerade das Hindernis der Schiffahrt, das Packeis, wird zum Beförderungsmittel. Man bringt das Schiff an der richtigen Stelle hinein, läßt es einfrieren und dann mit der Eisdrift weitertragen; geht sie über den Pol oder in seiner Nähe vorüber, so nimmt sie das Schiff mit, und dann ist die Hauptsache, es so behaglich und widerstandsfähig gegen die gefährlichen Eispressungen zu bauen wie irgend möglich. Deshalb muß es ein kleines Fahrzeug sein, das vom Druck des Eises leicht emporgehoben wird, stark gebaut und mit schrägen Seitenwänden, damit das Eis bei seinem Ansturm keinen Widerstand finden und das Schiff zerdrücken kann ... Während der Drift ist das Schiff nicht Fahrzeug, sondern Wohnung; es muß deshalb mit jeder erdenklichen Bequemlichkeit ausgerüstet sein ... Sollte das Schiff den Eispressungen doch nicht gewachsen sein, so fährt die Besatzung eben auf einer Scholle weiter, auf der vorher Depots angelegt worden sind. Kommt die Scholle schließlich in offenes Wasser, nun, dann rettet man sich in den Booten."

Das klang alles ganz logisch und einleuchtend, zumal schon dreißig Jahre früher der deutsche Geograph Petermann die Theorie aufgestellt hatte, daß von Sibirien über den Pol eine starke Strömung in Richtung Grönland führe; aber Nansens Vorhaben stand so völlig im Gegensatz zu den bisherigen Methoden der Polarforschung, daß nur sehr wenige Wissenschaftler sogleich dem Gedanken zustimmten. Die norwegische Regierung hatte zum Glück mehr Vertrauen zu Nansen: Sie billigte sofort den größten Teil der erforderlichen Mittel, und der Rest der benötigten 540000 Kronen wurde durch eine Sammlung unter Freunden des jungen Forschers zusammengebracht. Schon Mitte 1890 konnte er mit den Vorbereitungen für seine Fahrt beginnen.

Das Wichtigste dabei war natürlich das Schiff; nach einem von Nansen selbst konstruierten Modell wurde es in Bergen gebaut und lief im Herbst 1892 vom

Stapel. Es erhielt bei der Taufe den Namen „Fram“, d. h. Vorwärts; dabei sah es keineswegs so aus, als ob es gut vorwärtskommen würde! Ungewöhnlich plump lag es mit seinen merkwürdig schrägen Seitenwänden auf dem Wasser, noch dazu waren Bug und Heck bauchig ausgestülpt, überaus hoch ragte die Takelage aus dem Rumpf hervor – nein, schön anzusehen war das Schiff nicht, und es widersprach allen Erfahrungen des Schiffbaues! Innen freilich konnte es sich sehen lassen: Statt der ewig rußenden Petroleumlampen brannte elektrisches Licht, Wände und Fußböden waren mit dicken Korkplatten verkleidet, um die Feuchtigkeit abzuhalten, und Bug wie Heck hatte man mit starken Eisenplatten gepanzert. Es gab bequeme Kojen, eine große, gemütliche Messe und eine umfangreiche und vielseitige Bibliothek; die Einrichtung entsprach also vollständig Nansens Forderung, daß das Schiff für die Zeit der Drift eine sichere und behagliche Wohnung sein müsse.

Am 24. Juni 1893 segelte Nansen ab, über Tromsö und Vardö der Küste entlang. Die „Fram“ machte ihrem Namen alle Ehre: Am 19. September schon waren die Neusibirischen Inseln erreicht. Und hier drehte das Schiff auf Nordkurs, dem Packeis direkt entgegen. Anfang Oktober begannen die Eispressungen. Sehr anschaulich berichtet Nansen davon:

„Es ist das eines der großartigsten Schauspiele, die ich kenne. Zuerst rumpelt und holpert es in der Ferne wie bei einem Erdbeben. Das leise Donnern kommt rasend schnell näher und erstarkt dabei zu einem förmlichen Gebrüll; es knarrt, jault, kracht und knallt, daß einem Hören und Sehen vergeht. Plötzlich wirft sich das Eis, nicht weit voraus, in die Höhe. Meterdicke Schollen und Blöcke, oft über fünf Meter stark, werden unter Zittern und Ächzen in die Höhe gepreßt, wirr übereinandergeschoben und zu wahren Eistürmen aufgehäuft. Man begibt sich eilends etwas weiter zurück, um nicht in diesen donnernden Mahlstrom hineinzugeraten. Da birst plötzlich das Eis vor unseren Füßen; ein gähnend schwarzer Abgrund ... tut sich auf, und man springt äußerst erschrocken in eine andere Richtung. Aber hier ist es nicht anders. Wieder türmen sich haushohe Eisblöcke schwankend empor, wieder drohen schwarze Abgründe rings um einen, und schließlich gibt es keinen anderen Ausweg, als über die in voller Bewegung befindlichen Blöcke hinweg den Versuch zu machen, dem Zentrum der Pressung zu entgehen.“

Unverrückbar fest steckte die „Fram“ im Eis. Eine Windkraftturbine sorgte für elektrischen Strom, freilich nur, wenn der Wind kräftig genug blies. War Windstille, dann saß die gesamte Mannschaft bei Petroleumlampen und freute sich der Ruhe. Denn für gewöhnlich hatten die Männer alle Hände voll zu tun; Nansen hielt darauf, nach einem genau ausgearbeiteten Plan seine Leute ständig zu beschäftigen. Er wußte genau, daß Untätigkeit der ärgste Feind einer im Eis eingeschlossenen Mannschaft ist, und sorgte deshalb dafür, daß jeder genug Arbeit hatte, damit Langeweile und Unzufriedenheit nicht aufkommen konnten. Da gab es zu putzen und zu polieren, da wurden Teile der stillgelegten Schiffsmaschine eingefettet, der Schiffstischler hatte im Salon der „Fram" seine Werkstatt aufgeschlagen, die Mechaniker arbeiteten im Maschinenhaus, die Grobschmiede neben dem Schiff auf dem Eis, der Schiffsklempner im Kartenzimmer. Schuhmacher, Segelmeister und andere Handwerker schafften in der großen Messe. „Von den empfindlichsten Dingen bis herab zu den Holzschuhen und Axtstielen gab es nichts, was nicht an Bord der ‚Fram' selbst gemacht werden konnte", berichtet Nansen in seinem Tagebuch. Auch die wissenschaftlichen Apparate mußten dauernd kontrolliert und instandgehalten werden.

Aber nicht nur für Arbeit, sondern auch für Zeitvertreib sorgte der umsichtige Nansen. In bestimmten Abständen wurden Unterhaltungsabende veranstaltet, zu denen jeder etwas beisteuern mußte und die sehr vergnügt verlaufen zu sein schienen. Dabei gab es keinen Tropfen Alkohol. Erst viele Monate später, als alle sich an das Polarleben hinreichend gewöhnt hatten und keiner mehr eines Anregungsmittels bedurfte, erlaubte der unerbittliche Expeditionschef hin und wieder seinen Leuten einen Schluck Kognak. Das stellte dann immer ein großes Ereignis dar; sie waren inzwischen alle zu einer festgefügten Gemeinschaft zusammengewachsen, in der jeder sich auf jeden verlassen konnte.

Winternacht, 30–40 Grad unter Null. Die Kälte läßt sich, da fast nie Wind herrscht, leidlich ertragen. Schlimmer ist es schon mit der dauernden Dunkelheit. „Ich glaube, ich werde noch Feueranbeter!" notiert Nansen. Aber dann wird er entschädigt: Das Nordlicht, dieses Farbenwunder am arktischen Himmel, schlägt ihn und die ganze Mannschaft in seinen Bann. „Worte können die Pracht nicht beschreiben, die sich dem Auge darbietet", erzählt er Mitte Dezember in seinem Tagebuch. „Wie vielfarbig glühende Feuermassen leuchtet es über den ganzen Himmel; dicht ineinander verschlungen, huschen violette und karmesinrote Schlangen aus blendendem Licht über den zuweilen gelben, zuweilen grünen Hintergrund, werden samtblau, dann stahlhart in ihrem zuckenden Spiel, bis sie schließlich erlöschen." Eine funkelnde Phantasmagorie, ein Zauberstück von Farben nennt Nansen stammelnd das Unbeschreibliche, Unbegreifliche und Ungeklärte. Wie ein loderndes Feuerwerk sei das Ganze gewesen, so unsagbar schön, daß man immer erwartet habe, nun werde etwas völlig Außergewöhnliches eintreten, der Himmel sich öffnen und sich der Erde neu vermählen. Aber wenn dieser himmlische Glanz sich einem Höhepunkt genähert, so gewaltig, daß einem der Atem stockte, sei plötzlich die ganze sprühende Palette mit einer eleganten Auflösung in sich zusammengesunken. Wieder habe nun die schwarze Nacht gestarrt und die unzähligen Sterne am Firmament, die, nach einer alten Eskimosage, nichts anderes seien als undichte Stellen im Hause der Sonne, die sich von dem unermüdlichen Strahlen des Sommerhalbjahres in ihren vier Wänden ausruhe. Und jetzt, da das Glühen unter den Sternen zu Ende, habe man plötzlich gemerkt, daß man bei minus 35° nur in Hemd und Hose aus der warmen Koje nach oben gestürzt sei und jämmerlich schlotternd zu frieren begonnen habe. Aber eben in dem Augenblick, in dem man die Hand an das Geländer des Niederganges unter Deck gelegt, sei das Himmelsfeuerwerk mit meisterlicher Eleganz wieder entflammt. Und wieder habe man staunend und ergriffen eine Viertelstunde nach der anderen an Deck zugebracht. Ringsum in der Weite nichts als Tod und Eis, das in dem Glanz des Firmamentes in Myriaden und Abermyriaden von kleinen Schneediamanten aufblitzt. Darüber die Glocke des Himmels, schweigend, unnahbar, unendlich.

Inzwischen hatte die Drift nach Norden mit voller Kraft eingesetzt. Am Heiligabend war der 79. Grad Nord überschritten, ein kräftiger Südwind trieb die Scholle, in der die „Fram" eingefroren war, schnell in nördlicher Richtung weiter. Anfang Februar 1894 stand man am 80. Grad – würde man den Nordpol erreichen? Das war die brennendste Frage und der Gegenstand aller Unterhaltungen an Bord. Aber dann trat ein Stop ein, und monatelang rührte die „Fram" sich kaum vom Fleck. Erst im Hochsommer überschritt man den 82. Grad, aber hier pendelte das Schiff dauernd hin und her, ein wenig nördlich, dann wieder südwärts. Die gesamte Besatzung fand sich täglich vor dem Kartenhaus ein, wenn die Höhe genommen wurde; immer wieder hieß es: Rückdrift. Die Stimmung begann zu sinken.

„Diese untätige, tote Monotonie drückt auf unser aller Stimmung. Kein Kampf, gar keine Möglichkeit eines Kampfes! Alles ist still und starr unter der Decke des Eises. Was gäbe ich nicht für einen einzigen Tag des Kampfes – ja, selbst für einen Augenblick der Gefahr!" heißt es zu dieser Zeit in Nansens Tagebuch. Ein Jahr war er nun schon unterwegs, und in dieser langen Zeit hatte man nur etwa 350 Kilometer nach Norden zurückgelegt. Jetzt kam die zweite Polarnacht, die zweite Überwinterung. Nansen war fest entschlossen, irgend etwas zu unternehmen, um die qualvolle Untätigkeit zu beenden. Seine Märsche über das grönländische Eis fielen ihm ein – warum sollte so etwas nicht auch vom Schiff aus möglich sein? Die „Fram" war auf 83 Grad Nord gefangen, niemand wußte, wann sie wieder anfangen würde zu treiben; sollte man nicht versuchen, den Pol zu Fuß zu erreichen? Ein sehr verlockender Gedanke, aber auch ein ungeheures Wagnis! 780 Kilometer betrug die Entfernung, hin und zurück also etwa 1560 Kilometer, wobei es noch durchaus fraglich war, ob es gelingen würde, das Schiff wiederzufinden, das ja inzwischen vielleicht von der Drift mitgenommen wurde. Eine Stecknadel in einem Sandhaufen zu suchen, würde wahrscheinlich einfacher sein! In schlaflosen Nächten überdachte Nansen immer wieder die Frage, ob er das Unternehmen wagen sollte oder nicht. Nicht seiner selbst wegen war er so unschlüssig, sondern

in Rücksicht auf seine Kameraden; fast alle hatten Familie, Frau und Kinder. Durfte er sie solchen Gefahren aussetzen?

Aber jede Tat war besser als das ewige Stillsitzen und Warten, und so faßte Nansen denn schließlich den Entschluß, mit Leutnant Johannsen, 28 Hunden, drei Schlitten und zwei Kajaks zum Pol aufzubrechen. Den Winter über wurde alles bis aufs kleinste gewissenhaft vorbereitet. Da war zunächst die Frage der Bekleidung: Bei 40 Grad minus erwiesen sich Wolfspelze, wenn man marschieren mußte, als zu warm. Also wurde gewöhnliche Winterkleidung bereitgestellt. Dann ließ Nansen ausprobieren, wieviel Petroleum nötig war, um aus Eis kochendes Wasser zu machen. Weiterhin mußte entschieden werden, welche Schlafsäcke mitgenommen werden sollten und wieviel ihr Gewicht betrug; schließlich galt es, sich über die benötigten wissenschaftlichen Apparate schlüssig zu werden: So ging es fast den ganzen Winter über. Der Proviant reichte für hundert Tage; länger wollte Nansen auf keinen Fall unterwegs sein.

Und dann begann der Marsch, ein waghalsiges Experiment, das auf Tod und Leben ging, wie alle wohl wußten. Elf Kilometer wurden am ersten Tag geschafft, neun am zweiten, und fünfzehn am dritten. Manchmal war das Eis flach und eben wie ein Tisch, man kam mit weit ausgreifenden Schritten rasch vorwärts. Dann aber türmten sich Eisbarrieren auf, wild zerklüftete Eisbrocken versperrten den Weg, viele hundert Meter mußten die Schlitten getragen werden. Oft hatten sich weite Rinnen im Eis gebildet, die trotz der Temperatur von minus 40 Grad nur eine so dünne Eisschicht trugen, daß man sie nicht überqueren konnte, sondern lange Umwege machen mußte. Und nach 10 Tagen begann die große Müdigkeit, unter der alle Polarfahrer zu leiden haben.

„Manchmal waren wir so schläfrig, daß uns die Augen zufielen und wir im Weitergehen schliefen. Der Kopf sank uns herab, wir schliefen fest und schraken wieder hoch, wenn wir auf den Schneeschuhen vornüber stolperten“,

notierte Nansen. Allmählich wurde auch die Kälte hinderlich, zumal die Anzüge bald steif gefroren waren und nur abends im Schlafsack auftauten. Frostklappernd lagen dann die beiden Männer, eng aneinandergedrückt, trotz der großen Müdigkeit stundenlang wach. Ungeachtet all dieser fast übermenschlichen Anstrengungen ging es aber rüstig vorwärts, bis schließlich Ende März das Eis so brüchig wurde, daß an ein Weiterkommen nicht mehr zu denken war. Am 8. April maßen die beiden Polarwanderer 86 Grad 10 Minuten Nord: Hier wurde beschlossen umzukehren. So schwer Nansen der Entschluß gefallen sein mag, nach all den Mühen, die er und sein Kamerad auf sich genommen hatten: Es wäre Selbstmord gewesen weiterzugehen. So weit nördlich war nie vor ihnen ein Mensch gelangt, und der Pol lag dicht vor ihnen. Dennoch hieß es jetzt: Umkehr!

In Richtung auf Franz-Joseph-Land setzten sie ihre Reise fort und erreichten es am 16. August. Die Tage begannen schon kürzer zu werden; was das hieß, war ihnen beiden klar: Es bedeutete eine neue Überwinterung, und diesmal nicht in ihrem behaglich ausgestatteten Schiff, sondern auf einer einsamen Felseninsel. Nahrungssorgen brauchten sie sich freilich nicht zu machen. Es gab mehr Bären, als ihnen lieb war, und oft genug gerieten sie in recht unerwünschte und gefährliche Abenteuer. Nach Art der Eskimos bauten sie sich eine Eishütte, in der sich ganz leidlich leben ließ, und verbrachten nun den Winter schlafend, jagend und mit der Beobachtung ihrer Instrumente.

Zu Beginn des kurzen Polarsommers, Anfang Juni 1896, hört Nansen plötzlich Hunde bellen. Hunde? Da müssen doch Menschen in der Nähe sein! Menschen – kaum zu glauben hier in dieser Einöde! Ob das wohl Engländer sind? Als die „Fram" ausfuhr, hatte Nansen davon gehört, daß die Briten eine Polarexpedition vorbereiteten. Ein Mr. Jackson sollte ihr Führer sein, hieß es damals. Das Gebell wird immer lauter; Nansen sieht sich plötzlich von einer ganzen Meute umringt. Und da kommt auch schon, kräftig englisch fluchend und auf die Hunde schimpfend, ein Mann angelaufen. Sehr amüsant schildert Nansen diese Begegnung; dem Fremden gegenüber, der frisch rasiert ist und nach guter Seife duftet, kommt er sich verdreckt und wie ein Barbar vor:

„...ein Wilder, mit schmutzigen Lumpen bekleidet, von Öl und Ruß über und über beschmiert, mit langem, ungekämmtem Haar und zottigem Bart, schwarz vom Rauch, mit einem Gesicht, dessen natürliche helle Farbe nicht mehr zu erkennen war."

Die beiden Männer unterhalten sich über alle möglichen Dinge, dann fragt der Fremde etwas verlegen: „Entschuldigen Sie – nicht wahr, Sie sind doch Nansen?" Und als der Forscher das bejaht, antwortet der Engländer: „By Jove, ich freue mich ganz närrisch, Sie zu sehen!" Es ist tatsächlich Mr. Jackson, den Nansen da in der eisigen Öde getroffen hat, und er führt sogar Post von daheim für den Chef der „Fram" mit: Eine größere Freude hätte er dem gar nicht machen können! Der Händedruck, mit dem Nansen dem Engländer dankt, besiegelt eine Freundschaft für das ganze Leben.

Später erzählte Mr. Jackson, er habe immerfort überlegt, daß es eigentlich nur Nansen sein könne, den er hier antraf; aber dann sei er wieder unsicher geworden. Der Norweger sei doch hellblond gewesen, und dieser Vagabund hier war schwarz wie die Nacht. Als die Lage sich zum Vergnügen aller Beteiligten geklärt hatte, lud der gastfreie Brite Nansen und seinen Begleiter sofort in sein eigenes Winterlager ein; er habe dort „eine ganze Menge Platz". Nachher erwies sich freilich, daß die Engländer infolge dieses Zuwachses erheblich zusammenrücken mußten, aber sie taten es mit Freuden. Der erste Wunsch der beiden Polarfahrer war der nach einem warmen Bad und einem Rasiermesser; er wurde ihnen sogleich erfüllt. Gewaschen und ohne ihre schon gewaltig langen Bärte kamen sie sich wie neugeboren vor, und Nansen sah nun auch wieder so aus, wie Mr. Jackson ihn sich nach den Bildern, die er von ihm kannte, vorgestellt hatte. In Ruhe konnten die beiden Norweger jetzt das Schiff der Engländer abwarten, das sie mit nach Hause nehmen sollte. Übrigens machte Nansen noch eine erstaunliche Entdeckung: Auf der Waage, die sich in der Blockhütte der Briten befand, stellte er fest, daß er trotz der ungeheuren Anstrengungen der letzten Monate ganze zwanzig Pfund zugenommen hatte!

Ende Juli traf das Expeditionsschiff Jacksons ein, und am 13. August 1896 landete Nansen mit seinem Begleiter in Norwegen, nach drei Jahren und zwei Monaten. Man hatte ihn zu Hause schon fast aufgegeben. Jubelnd und erleichtert vernahm man jetzt die Kunde von seiner glücklichen Heimkehr. Und wenige Tage später meldete ein zweites Telegramm, daß die „Fram“ wohlbehalten in Tromsö eingelaufen war!

Damit war allen Zweiflern endgültig Genüge getan; auch die kritischsten Wissenschaftler mußten sich jetzt von Nansen und seinem „Ich hab's gewagt!“ geschlagen geben. Der nur wenigen Fachleuten bis dahin bekannte Norweger hatte seinen Plan durchgeführt; zwar war auch er nicht bis zum Pol vorgedrungen und mußte sich mit dem Ruhm begnügen, derjenige Forscher zu sein, der am weitesten nach Norden gelangte. Aber die Idee, von der Nansen sich hat leiten lassen, war richtig gewesen; es ging tatsächlich quer über den Pol hinweg ein breiter Eisstrom, der es bei einer Wiederholung dieser ersten Fahrt und mit ein wenig mehr Glück durchaus möglich machen konnte, den Pol wirklich zu erreichen.

Aber vielleicht war das noch nicht einmal das wichtigste Ergebnis der Fram-Expedition. Vor allem hatte sie durch ihre zahlreichen Tiefenmessungen nachgewiesen, daß das Polarbecken nicht, wie bisher angenommen wurde, eine Flachsee, sondern ein nur von wenigen kleinen Inseln unterbrochenes tiefes Meer bildete, dessen Boden 3–4000 Meter unter dem Meeresspiegel lag. Daraus ergab sich mit zwingender Notwendigkeit, daß auch der Pol selbst kaum auf einem Festlande, sondern vielmehr mitten im Meer, allerdings in einem seit Urzeiten vereisten Gebiet lag. Sehr eingehende meteorologische Untersuchungen vervollständigten das durch die Fram-Expedition bis in viele Einzelheiten bekanntgewordene Bild der Arktis; zu entdecken gab es in diesen nördlichen Gebieten nun nicht mehr so viel, daß es gelohnt hätte, wie bisher Expedition um Expedition, Leben um Leben zu ihrer Erkundung einzusetzen.

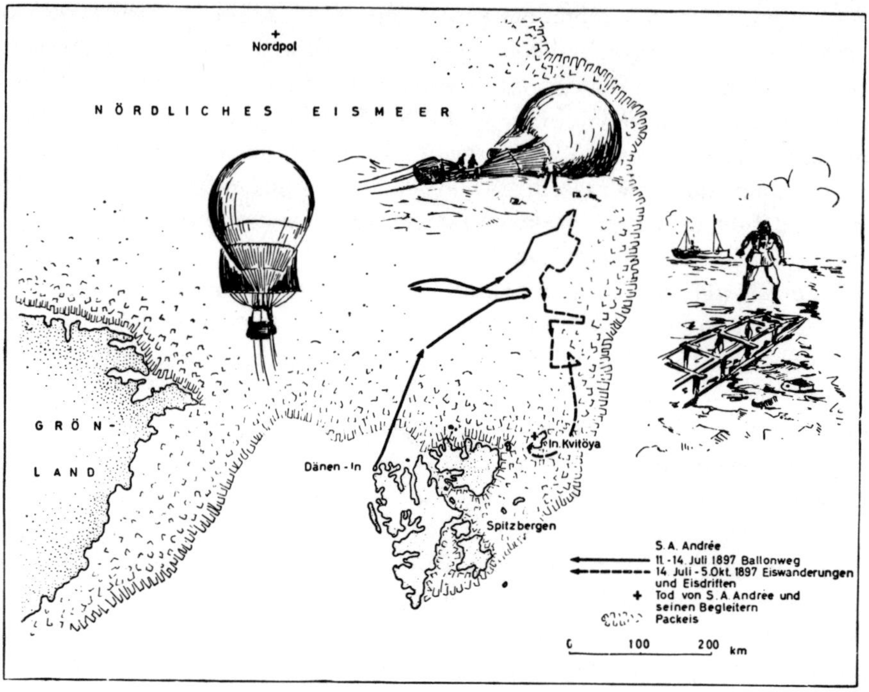

IM FREIBALLON ÜBER DER ARKTIS

16. März 1894. Die Sitzung der Schwedischen Gesellschaft für Anthropologie und Geographie zu Stockholm war beendet, und der Saal hatte sich geleert. Nur in der Ecke nahe dem Präsidentenstuhl stand unter dem Bilde des Königs noch eine Gruppe von Herren zusammen, die bedächtig begannen, ihre zwei Stunden hindurch entbehrten Zigarren in Brand zu setzen, um dann den Heimweg durch die nebelverhüllten Straßen Stockholms anzutreten. Man sprach über Nansens tolles Driftunternehmen und darüber, daß auch diese Expedition wohl nur neue Kosten verursachen, vielleicht sogar Menschenleben fordern würde, ohne daß ihr ein entscheidender Erfolg beschieden sein werde. Irgendwie war die Arktisforschung auf einem toten Punkt angekommen; wenn man 50 Jahre zurückdachte und dabei überschlug, welche Ergebnisse inzwischen erzielt worden waren, mußte man bedenklich werden. Seit Franklin war man eigentlich nicht sehr viel vorangekommen.

„Kommen Sie mit, Andrée!" klang es vom Korridor zu der Gruppe am Präsidentenstuhl herüber. Ein hochgewachsener Mann mit verwettertem Gesicht, in derbem Radmantel und mit klobigem Stock, lehnte im Türrahmen und sah aus meergewohnten Augen durch den Qualm des halben Dutzends Zigarren zu Oberingenieur S. A. Andrée herüber.

„Sofort, Baron", gab der zurück, schüttelte ringsum die Hände, die sich ihm entgegenstreckten, und querte den Saal zur Tür. Er ahnte nicht, daß sich in diesem Augenblick sein Schicksal entschied und daß ihm die Nornen zubestimmt hatten, wie so viele Männer vor ihm und noch so manche nach ihm, den Eistod zu sterben.

Nordenskiöld, der berühmte Bezwinger der nordöstlichen Durchfahrt, war in angeregtester Stimmung. Er begann während des gemeinsamen Heimweges sofort mit dem Thema, das auch ihn bewegte: Trotz aller im einzelnen hervorragenden Leistungen wäre die Polarforschung seit vielen Jahren nicht einen Schritt vorangekommen. Man müßte sich ernsthaft überlegen, welche Wege etwa noch eingeschlagen werden könnten, um endlich wieder einen Erfolg zu erzielen. In allen anderen Wissenszweigen, namentlich in denen der Technik, überstürzten sich die Entdeckungen. Nur in der Geographie sehe es traurig aus, und es beginne als natürliche Folge des völligen Mangels an wirklichen Leistungen allgemach an dem jungen Nachwuchs zu fehlen, den jede Wissenschaft so dringend brauche. Er habe sich in den letzten Monaten wiederholt mit der Frage beschäftigt, ob und inwieweit man wohl Ballons, Fesselballons im besonderen, in der Arktisforschung verwenden könne, und da Andrée ja Ballonfachmann sei, wäre er ihm dankbar, wenn er sich zu dieser Frage äußere.

An sich war dieser Gedanke nicht neu. 1840 hatte eine französische Spitzbergen-Expedition einen Fesselballon eingesetzt, und einige dreißig Jahre später erörterte der damalige deutsche Generalpostinspektor Heinrich von Stephan im Zusammenhang mit dem Plan, auch Deutschland in dem Kampf um die Erreichung des Nordpols einzuschalten, die Möglichkeit, dabei den Luftweg zu wählen. Andere, vor allem der österreichische Arktisforscher Julius von Payer, folgten ihm darin, und wenig später regte der Amerikaner Kapitän G. Tyson, zweiter Offizier der „Polaris"-Expedition von 1871–73, internationale Ballonfahrten zum Pol an, die von verschiedenen Startpunkten aus unternommen werden sollten. Aber keiner dieser Männer, die etwa um dieselbe Zeit unabhängig voneinander auf dieselbe Idee kamen, war Fachmann. Die Arktis und das Eis kannten sie, die Luft aber nicht. Niemand von ihnen war je geflogen. S. A. Andrée indessen hatte sich sowohl im Eis wie zur Luft bewährt. Als wissenschaftlich geschulter Kopf erkannte er schon früh, welche Möglichkeiten der Ballon und die Luftfahrt boten; als Angehöriger der schwedischen Polarstation auf Spitzbergen lernte er auch das Eis und seine Gefahren kennen. Nordenskiöld wußte das, und natürlich interessierte es ihn auf das lebhafteste, die Meinung des Mannes zu hören, der ihn durch die nächtlichen Straßen von Stockholm nach Hause begleitete.

Das ist jetzt Andrées große Stunde. Sohn eines kleinen Apothekers aus dem Norden, 1854 geboren und noch keine vierzig Jahre alt, geht er hier Seite an Seite mit dem großen Nordenskiöld und wird nach seiner Meinung gefragt! Um seine Meinung über eine Frage, die ihm so sehr Angelegenheit des Herzens und aller Hoffnungen ist. So kommen ihm jetzt die Worte behend vom Munde. Mit Fesselballons sei das so eine Sache. Gewiß, die Eisbarriere der Arktis, von der der Herr Baron eben gesprochen habe, könne man damit natürlich leicht überwinden; wahrscheinlich werde man dabei nicht nur recht bedeutungsvolle photographische Aufnahmen machen und auf diese Weise ein Gebiet von vielen Quadratkilometern kartographisch festlegen, sondern den Ballon auch zum Transport der für die Eiswanderung notwendigsten Gegenstände benutzen können. Man bleibe aber dabei im Grunde doch festgenagelt an einer Stelle; die Unkosten seien immerhin nicht unbedeutend, und er glaube nicht, daß Nordenskiölds Gedanke sehr große Möglichkeiten in sich schließe. Etwas anderes wäre es schon, wenn man Freiballons benutze. Und, wenn er seine Meinung offen heraussagen dürfe: Warum sollte man nicht mit einem solchen Freiballon bis zum Pol gelangen?

Nördenskiöld war von dieser Frage überrascht, und auf das lebhafteste interessiert antwortete er: „Hören Sie, Andrée, das klingt nicht übel! Machen Sie weiter und denken Sie an mich, wenn es Ernst wird. Sie können auf mich zählen!" Das Schicksal selbst gab Nordenskiöld diese Antwort. Da ihn nun der alte Polarveteran angehört und ermuntert hatte, war es um Andrée geschehen. Seine Idee – es braucht nicht gesagt zu werden, daß sie ihrer Zeit um runde 40 Jahre vorauslief – ließ ihn nicht mehr los, und im Februar 1895 war er soweit, damit vor die Öffentlichkeit gehen zu können. Das geschah vor derselben Gesellschaft, deren Sitzung er ein Jahr zuvor mitgemacht hatte. Atemlose Spannung lag über dem dichtgefüllten Auditorium; eine Viertelstunde nach Beendigung des Vortrages raste schon eine kurze Depesche über dessen sensationelles Ergebnis von Stockholm durch das Kabel nach New York, und in den nächsten Tagen hatte kein Redakteur Sorgen um seine Schlagzeilen. Alle Blätter der Erde beschäftigten sich eingehend mit Andrées Idee. Polarfahrer und Ballonpiloten wurden interviewt, plötzlich war Andrées Name in aller Munde.

„Ist es nicht endlich höchste Zeit", so hatte S. A. Andrée ausgeführt, „die Frage der Polarforschung noch einmal von Grund auf zu durchdenken und sich dabei zu überlegen, ob nicht andere bisher noch gar nicht erprobte Hilfsmittel für das Vordringen in jene Gebiete vorhanden sind? Ich für meine Person glaube, daß die Zeit hierfür gekommen ist. Denn dieses gesuchte Hilfsmittel, das für den fraglichen Zweck geradezu wie geschaffen erscheint, ist uns allen wohlbekannt. Es ist der Luftballon – nicht das lenkbare Luftschiff, von dem alle träumen, das bisher aber noch keiner erfunden hat, sondern der Freiballon, den wir schon haben und dessen unschätzbaren Wert man nur deshalb übersieht, weil man immer nur seine Mängel hervorkehrt. Ich behaupte: Es ist durchaus möglich, mit einem solchen Ballon die Fahrt über den Pol zu einem glücklichen Ende zu führen. Die Erfordernisse und Voraussetzungen des Gelingens scheinen mir folgende zu sein:

1. Der Ballon muß die nötige Tragkraft für eine Besatzung von drei Mann, für alle bei der Beobachtung notwendigen Instrumente, ferner für Verpflegung und anderen Bedarf auf vier Monate und endlich für den nötigen Ballast haben. Ich schätze, daß die Zuladung etwa 3000 Kilogramm betragen dürfte.
2. Die Ballonhülle muß eine Widerstandskraft haben, daß sich der Ballon trotz des unvermeidlichen Gasverlustes 30 Tage in der Luft halten kann.
3. Die Füllung des Ballons muß an Ort und Stelle, das heißt also im Polargebiet selbst, erfolgen.
4. Der Ballon muß in begrenztem Rahmen gelenkt werden können."

Die für uns vielleicht erstaunlichste Voraussetzung, die Andrée als gegeben bezeichnet, ist die der Lenkbarkeit des Ballons. Natürlich kann die Ausnützung der Windrichtungen in den verschiedenen Höhenlagen einen geschickten Ballonführer durchaus befähigen, bestimmte Ziele anzusteuern und sich ihnen mit überraschendem Erfolg zu nähern. Aber dafür braucht er genaue Wetterkarten, und die gab es zu Andrées Zeiten in der Arktis natürlich noch nicht.

Er dachte sich die Sache auch einfacher: Schleppseile, die von dem treibenden Ballon auf der Erde nachgezogen werden, sollten diesen dem Wind gegenüber in einer bestimmten Drehachse festhalten, während am Ballon selbst gesetzte Segel eine Abweichung von der Windrichtung hervorzurufen bestimmt waren. Das konnte natürlich nur geschehen, wenn der Ballon langsamer flog, als die Geschwindigkeit des Windes war; denn nur dann vermochte die Luftbewegung auf die Segel einzuwirken und den Ballon dadurch aus der unmittelbaren Windrichtung zu drücken. Diese Verlangsamung der Fluggeschwindigkeit wurde wiederum durch die schon erwähnten Schleppseile herbeigeführt. Andrée und andere Ballonfahrer hatten dieses Verfahren, das man „guideropieren" nannte, wiederholt erprobt und dabei festgestellt, daß sich Abweichungen aus der Windrichtung erzielen ließen, die bis zu etwa 30 Grad gingen. Freilich, noch niemand hatte Versuche angestellt, wie das „guideropieren" bei starken Winden, wie sie in der Arktis doch häufig sind, funktioniere. Andrée, ehrgeizig und furchtlos wie er war, verließ sich darauf, daß es mit ein wenig Glück schon gehen werde. Aber er kannte die Arktis nicht gut genug. Und das wurde ihm und seinen beiden Mitfahrern zum Verhängnis.

Noch eine andere Gefahrenquelle kam hinzu, die uns heute wohlbekannt ist und die an sich auch Andrée einkalkuliert hatte, der er aber in ihrem vollen Umfang nicht zu begegnen wußte: die Vereisung der Luftfahrzeuge nämlich. In gemäßigten Breiten spielt dieses Problem keine wesentliche Rolle, zumal in Europa nicht, wo die reinen Flugstrecken wegen der dichten Besiedlung des Landes doch immer nur verhältnismäßig kurz zu sein pflegen. Etwas anderes ist das in polaren Höhen, und lange Zeit hindurch ist die Vereisung eine ernste Gefahr gewesen.

Auch Andrée hatte sich damit beschäftigt. Er dachte daran, daß Schnee fallen und den Ballon herabdrücken könne. Um das zu verhindern, hatte er ihm eine Art Mütze aus Ballonseide aufgesetzt, die von der Gondel aus geschüttelt werden konnte, so daß der Schnee herabfiel. Diese Einrichtung bewährte sich auch durchaus; wogegen es jedoch keine Abhilfe gab, war die im dichten Nebel erfolgende Vereisung des ganzen Ballons. Neben anderen Umständen sollte der dadurch bedingte Auftriebsverlust schließlich vorzeitig zur Landung führen; aber wir werden davon noch hören.

128000 Kronen Gesamtkosten hatte Andrée bei seinem Vortrag vor der Schwedischen Geographischen Gesellschaft für die geplante Expedition berechnet; schon wenige Tage später ging ihm ein Scheck über die Hälfte dieser Summe zu. Er war unterzeichnet mit dem berühmten Namen: Alfred Nobel. Natürlich machte das Beispiel dieses großen Mannes Schule. Ziemlich rasch war die benötigte Summe beisammen, und am Heiligen Abend 1895, gewissermaßen als Weihnachtsgeschenk für sich, konnte Andrée seinen Ballon in Auftrag geben.

Nach seinen Berechnungen mußte der Ballon bei etwa 4300 Kubikmeter Inhalt eine Tragfähigkeit von 3000 Kilogramm haben, was theoretisch mehr als hinreichend war, um drei Mann Besatzung mit Booten, Schlitten, Lebensmitteln und Instrumenten in etwa sechs Flugtagen über den Pol zu tragen. Um ganz sicherzugehen, waren die Bauberechnungen so vorgenommen, daß die Schwebefähigkeit etwa einen Monat betrug. Unter dem Ballon hing eine durch festes Segeltuch gegen Wetter und Wind geschützte Gondel mit drei Schlafplätzen. An ihr waren die langen Schleppseile befestigt, mit denen Andrée seinem Luftfahrzeug eine gewisse Steuerbarkeit geben zu können hoffte.

Ein knappes halbes Jahr nach Baubeginn, im Sommer 1896, brach Andrée dann nach der Dänen-Insel an der Nordwestecke von Spitzbergen auf, einem Punkt, der nur noch 1100 Kilometer vom Pol entfernt war. Ein hohes, achtstöckiges Holzhaus entstand, in dem der „Oernen", der „Adler", wie Andrées Ballon hieß, gefüllt werden sollte. Allein das Wetter machte einen Strich durch die Hoffnung, bald starten zu können. Entgegen Andrées Annahme, es wehe um diese Jahreszeit ein ziemlich gleichmäßiger Südwind, blies es wochenlang aus allen möglichen anderen Himmelsrichtungen. Schon Otto Sverdrup, der Kapitän der „Fram“, hatte bei seiner Rückkehr ernste Bedenken gegen Andrées Plan geäußert und mit Nachdruck geltend gemacht, daß die meteorologischen Voraussetzungen, auf denen er aufgebaut war, nicht stimmten. Nun erhielt Andrée eine Bestätigung dieser Ansichten.

Aber das beeindruckte ihn wenig. Zwar brach er das Unternehmen 1896 ab, aber Mitte Mai 1897 ging er abermals nach Spitzbergen.

Am 30. Mai traf die kleine Expedition mit dem schwedischen Kanonenboot „Svensksund“ auf der Dänen-Insel ein. Der schon im Vorjahre erbaute Ballonschuppen hatte Wind und Wetter erfolgreich getrotzt, und sofort machte sich Andrée an die Füllung seines „Oernen“. Diesmal ging alles gut; Anfang Juli stand der Ballon rund und prall in seinem Haus, nun brauchte nur noch ein kräftiger Südwind zu kommen, und der Flug zum Pol konnte beginnen.

Die Besatzung bestand aus drei Mann. Der Leiter der Expedition war S. A. Andrée, Oberingenieur beim schwedischen Patentamt in Stockholm; sein nächster Mitarbeiter hieß Nils Strindberg, Assistent für Physik an der Stockholmer Technischen Hochschule und begeisterter Photograph, und der dritte Mann an Bord war Knut Fraenkel, Diplomingenieur mit dem Spezialfach Straßenbau. Für die Ballonfahrt hatte er sich durch eifrige Beschäftigung mit der Meteorologie besonders vorbereitet; wie Strindberg besaß auch er schon Erfahrungen in der Führung von Freiballons, so daß die Unternehmung in dieser Hinsicht volles Vertrauen verdiente. Der älteste an Bord war Andrée, der kurz vor Vollendung des 43. Lebensjahres stand; dann kam Fraenkel mit 27 und schließlich Strindberg mit 25 Jahren. Alle waren sie völlig vom Gelingen ihrer Fahrt überzeugt; niemand von ihnen zweifelte jedenfalls, daß sie die Heimat wiedersehen würden, und im festen Vertrauen auf sein Glück hatte sich Strindberg wenige Monate vor Beginn des Fluges verlobt. Während Andrées Gedanken auf der Fahrt seiner Mutter gehörten, die ihn nach dem frühen Tod des Vaters großgezogen hatte, gingen Strindbergs Träume zu Ann Charlier, seiner Braut in Stockholm. Die ersten Tage und Wochen kehrte ihr Name in seinem Notizbuch auf fast allen Seiten wieder; mit dem Abnehmen der Lebenskräfte schwand die Erinnerung an sie in die innersten Bezirke seiner Seele zurück. In der ganzen Polarforschung gibt es kaum etwas so Erschütterndes wie dieses Tagebuch von Nils Strindberg. Es ist wie das Erlöschen eines Lämpchens, das kleiner und kleiner brennt und das endlich langsam stirbt.

Aber vorläufig ist vom Sterben nicht im geringsten die Rede. Nach langen Tagen ungünstigen Wetters bricht am 10. Juli 1897 endlich ein strahlend klarer Tag an, der kräftigen Südwind mit sich gebracht hat. Alles spricht dafür, daß jetzt eine Schönwetterperiode folgen werde, und die drei Ballonfahrer sind in bester Stimmung. Der 10. Juli vergeht, weil man aus Gründen größerer Sicherheit lieber abwarten möchte, wie sich der nächste Tag anläßt. Um 3 Uhr morgens wird Andrée am 11. Juli geweckt. „Wunderbares Wetter", wird dem aus tiefem Schlaf Auffahrenden berichtet. Er ist im Handumdrehen in den Kleidern und am Strande. Wirklich, prachtvolles Wetter! Klar und freundlich wölbt sich ein dunkelblauer Himmel über dem Meer; der Südwind nimmt von Minute zu Minute zu und hat schon gegen 4 Uhr früh die Stärke einer recht hübschen Brise erreicht. Stetig und gleichmäßig kommt er aus weit, ach so weit entfernten südlichen Breiten. Unwillkürlich gehen die Gedanken des einsamen Mannes, der, während seine Gefährten noch schlafen, hier am Ufer auf und ab patrouilliert und nach Wind und Wetter sieht, dorthin, wo dieser Südwind herkommt: nach Hause. Es scheint, als ob Andrée der einzige war, der sich in schwerem Abschied von der Welt löste. Er bittet sich für den Entschluß, ob die Fahrt gewagt werden solle oder nicht, eine Stunde Bedenkzeit aus, geht schweigend und allein auf sein Zimmer und schreibt seiner Mutter: „Sei unbesorgt, Du Liebe! Dein Herz wacht über mich!"

Der Vormittag verstreicht, ohne daß eine Entscheidung fällt. Es ist nicht ganz klar, welchen Grund das hat. Offenbar ist Andrée dem schweren Entschluß zunächst ausgewichen. Augenzeugen des Aufstieges berichten, er sei sehr nachdenklich gewesen. Auch Fraenkel hat offenbar eine gewisse Zeit gebraucht, im Ernst der Stunde den letzten Schritt zu wagen. Nur Strindberg ist unbekümmert; in der langen Jugend nordischer Menschen ist er ein halber Knabe geblieben mit der hellen Freude am bedingungslosen Einsatz in gefährlichen Situationen. Auch er hat am frühen Morgen Briefe geschrieben, an seine Braut natürlich. Die Nachricht soll über einem Landvorsprung der Insel abgeworfen werden. In der Aufregung der Abfahrt, die nicht so ganz glatt geht, vergißt er es. So wirft er die Nachricht über der offenen See als Flaschenpost ab.

Vorher hat sich noch manches ereignet. Gegen Mittag scheint Andrée endlich entschlossen, den Flug zu wagen. Die Ballonhalle wird abgebrochen; nach und nach erscheint immer mehr von der runden Kugel des Ballons, die leise im Wind hin und her schwankt. Die drei Männer besteigen die Gondel. Ein Riß in der Ballonhülle wird geflickt. Rasch macht einer der Freunde Strindbergs noch eine Aufnahme. Nils denkt einen Augenblick an seine Braut und daran, wie die Fahrt wohl ausgehen werde. Die Augen werden ihm feucht; es ist doch wohl so etwas wie ein Abschied vom Leben, was ihm in diesem Augenblick mit scharfem Schnitt durch die Seele fährt. Aber gleich hat er sich wieder in der Gewalt. Ein helles Kommando: „Leinen frei!" Die Leinen, die den Ballon festhalten, werden gekappt, und mit leichtem Ruck stößt der „Adler" in sein Element. Ein „Hoch!" der Zurückbleibenden; schwach klingt aus der Gondel des sich schnell erhebenden Ballons ein „Hoch!“ auf Schweden zurück, und mit zischendem Klatschen fallen die Schleppseile in das leicht gekräuselte Wasser des Hafens. Schon hat sich der „Adler“ 100 bis 150 Meter entfernt, als er plötzlich einen heftigen Ruck erhält und schnell zu sinken beginnt. Vom Ufer aus sieht man, daß die Schleppseile, von deren Bedeutung für das glückliche Gelingen der Fahrt Andrée so viel erzählt hat, sich zur Hälfte vom Ballon lösen und ins Wasser fallen. Die Gondel taucht leicht ins Meer, die Polarfahrer werfen Ballast aus, und nun hebt sich der „Oernen“ rasch in größere Höhen und entschwindet bald in einer Wolke. Niemand hat ihn je wieder gesehen. *(Bild Nr. 40)*

Vier Tage später. Ole Hansen, der Eigner des norwegischen Walfängers „Alk“, hat an diesem 15. Juli 1897 einen schweren Tag hinter sich. Energisch schnarchend liegt er seit zehn Uhr abends in der Koje, fest entschlossen, nach den Anstrengungen der Waljagd einen tüchtigen Schlaf zu tun. Der Maat spielt Rudergänger, kaut seinen Priem, summt sich eins, döst vor sich hin. Der „Alk“ findet auch allein seinen Weg; der Kompaß spielt hier oben sowieso verrückt, und es ist ja auch ziemlich egal, wohin man kommt. Ehe es nach Tromsö zurückgeht, läuft noch mancher Tag mit der Sonne das westliche Meer hinab.

Holla, was ist denn das da für ein Vogel auf der Gaffel? Tauben, Brieftauben insbesondere, hat der Maat sein Lebtag nicht gesehen. Möwen, na ja! Aber das ist keine Möwe. Der Maat pfeift. Sven, der Junge, kommt ungekämmt und verschlafen den Niedergang hoch.

„Den Alten wecken!“ befiehlt der Maat. „Verrückter Vogel oben auf der Gaffel, weiß nicht, wird uns Unglück bringen! Soll ihn abschießen!“

Sven geht. Nach einer Weile taucht Ole Hansen prustend aus dem Niedergang auf, die Vogelflinte in der Rechten. Richtig, da oben ist ja das Vieh!

„Verdammter Unglücksvogel! Wirst mir die Wale vertreiben!“

Schon peitscht der Schuß. Der sonderbare Vogel kippt von der Gaffel und klatscht laut ins Wasser. Ole Hansen geht in seine Koje zurück, der Maat steht hinter dem Ruder. Als es Morgen wird, kommt ein Robbenfänger über der Kimmung auf. Der „Alk“ hält auf ihn zu, weil der Priem zu Ende geht und weil man hier oben nie weiß, wann man jemanden trifft.

„Sonderbarer Vogel?“ fragt der Schiffer von drüben zurück, als ihm Ole Hansen knurrend von seiner gestörten Nachtruhe erzählt.

„Sonderbarer Vogel? Brieftaube vielleicht? Von Andrée vielleicht?“

Ole Hansen steht hinter dem Ruder. Der „Alk“ hat gedreht; er läuft jetzt mit jeder Umdrehung, die in der Schraube steckt, den Weg zurück, den er seit zwei Uhr morgens gemacht hat. Die sieben Mann Besatzung hängen über Bord und suchen voraus die See ab. Der sonderbare Vogel! Verdammt, wenn das eine der Brieftauben von Andrée wäre! Boote aufs Wasser! Hier irgendwo muß es gewesen sein. Die Boote schwenken aus, gehen klatschend aufs Meer. Suchend pendeln sie kreuz und quer in der leichten Dünung. Endlich finden sie den Vogel von heut nacht. Weiß Gott, eine Brieftaube! Unter den Schwungfedern steckt eine leichte Hülse. Laß sehen, da steht doch etwas gedruckt. Ole Hansen liest: „Von Andrées Polarexpedition an Aftonbladet, Stockholm. Hülse seitlich öffnen, zwei Briefe herausnehmen. Den stenographischen an Aftonbladet senden, den anderen telegraphisch."

In der Hülse lag nur eine kurze Notiz (siehe Bild Nr. 40), der stenographische Bericht fehlte. Die Notiz lautete:

„Von Andrées Polarexpedition an Aftonbladet, Stockholm 13. Juli 12.30 mittags. 82 Gr. 2', 15 Gr. 5' ö. L. Gute Fahrt. An Bord alles Wohl. Dies ist die dritte Taubenpost.
Andrée."

Es dauert Wochen, bis der „Alk", der seine Fahrt dieser unbedeutenden Notiz wegen natürlich nicht plötzlich abbrechen kann, wieder an Land ist. Dann aber rauschen Depeschen in allen Drähten. Zwischen Nachrichten von Unglücksfällen, Hoffesten, Mißgeburten und Wahlreden bringen die Zeitungen diese armselige kleine Notiz, die für lange, lange Zeit die letzte Nachricht von dem tollkühnen Unternehmen der drei Schweden geblieben ist. –

Tage vergehen, Tage reihen sich an Tage. Werden zu Wochen. Werden zu Monaten. Werden zu Jahren. Winter kommen, Winter gehen. Schnell eilen die kurzen Sommer dahin, unendlich lange Herbsttage ziehen über Stockholm, ziehen über Schweden. Die Zeitungen haben andere Sensationen. Es ist still geworden um den „Oernen" und seine Mannschaft. „Keinerlei Nachricht von Andrée!"

Noch ist das zweite Jahr nach Andrées Start nicht ganz herum, da meldet das Isländische Ministerium in Kopenhagen:

„Am 14. Mai 1899 wurde im Kollafjord an der Nordküste von Island eine Flaschenpost der Andrée-Expedition aufgefunden, die folgenden Inhalt hat:
‚Diese schwimmende Boje Nr. 7 wurde von Andrées Ballon um 10.55 Uhr Nm, Greenw. am 11. Juli 1897 bei etwa 82 Grad Nord und 25 Grad Ost abgeworfen. Wir fliegen in 600 Meter Höhe. All well. Andrée. Strindberg. Fraenkel."

„Nachricht von Andrée!" „Nachricht von Andrée!" Die Texter der Zeitungen haben nichts zu tun. Die Schriftleiter machen sich ihre Schlagzeilen allein. Einen Tag, zwei Tage. Dann ist die Sensation vorbei. Andrée? Andrée? Mein Gott, Andrée? Wer war das doch eigentlich?

Die Tage rauschen dahin. Das zweite Jahr geht zu Ende, das dritte hat sich gerundet. Man schreibt den 31. August 1900. Es ist ein schöner, warmer Tag. Über Lögsletten bei Skärvö in Nordnorwegen spielen die Mücken in der Nachmittagssonne. Eine alte Strandgutsammlerin geht am Meer entlang; vielleicht hat der liebe Gott etwas an das Ufer geworfen, das man beim Kaufmann im Dorf zu Geld machen kann.

Aber es scheint heute nichts zu sein. Murmelnd gehen leise Beschwörungen aus dem zahnlosen Mund der Alten, die, vom Finnmarkenwetter gebeugt, langsam an ihrem Stock den Strand entlanghumpelt.

Sieh da, sieh da, vorne liegt ja etwas Rundes im Schaum der Brandung! Wird ein Korkstück sein, haha, ein Korkstück, wie es die Fischer an ihren Netzen haben. Ist gut, das Stück, ist gut. Bringt auch ein paar Pfennig, das Stück, haha!

Ist kein Kork, was da liegt. Ist kein Kork.

Langsam kommt die Alte näher. Neugier kneift die Lider ihrer stahlblauen Augen zu kleinen Schlitzen zusammen. Mummelnd gehen die Kiefer in dem zerfurchten Gesicht.

Ist eine Boje, was da liegt. Eine Boje. Kann gut sein, kann Geld bringen, kann nichts sein. Jetzt hat sie das runde Ding in ihren gichtigen Händen.

„A-N-D-R-E-E" buchstabiert sie verständnislos; aber es ist etwas an diesem runden Ding, das sie erregt. Sie macht sich heimwärts. Der Kaufmann wird es wissen, der Lehrer vielleicht. Und der Lehrer weiß es. Andrée! Er macht die Boje auf, verletzt sich an dem Draht, mit dem sie umsponnen ist, den Finger. Ein Bote wirft sich aufs Pferd. Stunden später rauscht es leise in den Drähten der Telegraphen:

Schwimmboje Nr. 4.

Die erste, die abgeworfen wird. 11. Juli 10 Uhr vormittags. Unsere Reise verlief bisher gut. Wir fliegen in etwa 250 Meter Höhe, anfangs in nördlicher Richtung mit 10 Grad Ost, dann Nord mit 45 Ost. 5.40 Nm. Greenw. Vier Brieftauben abgesandt. Sie flogen westlich. Wir sind jetzt über sehr zerklüftetem Eis. Wetter sehr gut, Stimmung ausgezeichnet. *Andrée. Strindberg. Fraenkel.*

Das ist die letzte Nachricht, die von Andrée eintreffen sollte. Er gilt längst als verschollen; lebte er noch, er hätte irgendwie Gelegenheit gefunden, eine Mitteilung in die bewohnte Welt gelangen zu lassen. Drei Jahre sind eine lange Zeit; sie so ganz ohne Hilfsmittel zu überstehen, wie das Andrée und seine Begleiter tun müßten, ist kaum denkbar. Ja, wenn es Nansen wäre! Aber weder Andrée noch Strindberg noch Fraenkel haben hinreichende Polarerfahrungen. Da ist nichts mehr zu helfen, zu retten; sie sind tot, verhungert, erfroren.

Und weiter laufen die Jahre. Das erste Jahrzehnt des 20. Jahrhunderts geht zu Ende. Dutzende von Arktisexpeditionen haben das Eis nach allen Himmelsrichtungen gekreuzt und gequert: nichts von Andrée. Die „Titanic" läuft auf einen Eisberg; jetzt werden feste Stationen im ewigen Eis geschaffen, die nichts anderes zu tun haben, als meteorologische Beobachtungen zu machen. Jeder

Winkel dort oben ist so erforscht, daß es kaum noch weiße Flecke auf den Karten gibt: nichts von Andrée! Der erste Weltkrieg kommt. Millionen von Männern sterben einen Tod, viel gräßlicher und furchtbarer als das Sterben im Eis: Andrée ist vergessen. Wieder vier Jahre weiter, und der Friede ist da. Ein Irrsinnstaumel geht über die Menschheit, die Welt giert nach Leben; da ist keine Zeit, der Toten zu gedenken. Und wer denkt noch an Andrée? Motoren donnern über dem Eis; Flugmaschinen rasen zum Nord- und zum Südpol. Andrées unzeitig frühe Hoffnung geht ein Menschenalter später in Erfüllung. Jetzt ist in den Zeitungen manchmal wieder die Rede von ihm und seiner Pioniertat.

Und in diesem Augenblick begann eine Stimme aus dem ewigen Eis zu reden: Andrées Stimme! Nach 33 Jahren erscholl sie aus den seit Urzeiten gefrorenen Ufern der Insel Kvitöya (Hvitö) östlich von Spitzbergen über die ganze Welt hin:

Der Sommer 1930 ist warm und trocken. Während Hvitö sonst auch in der guten Jahreszeit meist dick unter Eis und Schnee vergraben liegt, zieht sich jetzt längs seiner Küsten ein breiter schneefreier Streifen hin, und als Dr. Gunnar Horn, Führer einer norwegischen Expedition nach Franz-Joseph-Land, am 6. August 1930 im Glas feststellt, daß auch das Meer offenbar völlig eisfrei ist, dampft er auf die Insel zu, ankert und schickt zwei Boote an Land. Auf einer kleinen Landerhöhung findet einer der Matrosen einen Bootshaken und dicht dabei, noch halb von Schnee bedeckt, ein leichtes Segeltuchboot mit der Aufschrift „Andrée Polarexpedition 1896“. Der junge Mensch, etwa zwanzig Jahre alt, hat natürlich niemals etwas von Andrée gehört, aber selbstverständlich meldet er den Fund dem Expeditionschef. Der weiß über Andrées Unternehmen gut Bescheid, springt ins Dingi und pullt an Land. Ein Notizbuch wird entdeckt, das Journal des Unternehmens, in dem Andrée alle Beobachtungen seit Verlassen des Ballons notiert hat, und unweit davon lehnt an einem Felsblock, von Eis überkrustet, eine Leiche, der der Kopf fehlt. Es ist Andrée, das Monogramm A an der Innentasche seines Anoraks beweist es. Fünfzig Schritt entfernt liegt ein zweiter, notdürftig mit Steinen zugedeckter, steif gefrorener Körper, der als Nils Strindberg identifiziert wird. Einige Wochen später stoßen Suchkommandos anderer Schiffe auch auf den Leichnam Fraenkels: Das Todeslager der Andrée-Expedition ist aufgefunden.

Neben den Leichen der drei Männer liegen ihre Tagebücher, die die Geschichte ihrer Todesfahrt fast bis zum letzten furchtbaren Augenblick enthalten, und unter den Schlitten finden sich die von ihnen belichteten Filmpacks, die sich bei der Entwicklung als so frisch erweisen, als seien die Aufnahmen erst vor wenigen Tagen gemacht. In der ganzen Forschungsgeschichte der Welt gibt es kaum eine Expedition, deren Ablauf so sehr von Grauen und Erschütterung durchsetzt ist wie diese. Man hat manche Tagebücher längst verschollener Toter aufgefunden, aber niemals haben die Toten auch noch die Illustration zu ihrem Sterben geliefert. Und niemals vorher ist jenes Zusammentreffen so seltsamer Umstände erfolgt, das der Auffindung des letzten Lagers der Andrée-Expedition einen besonders gespenstischen Hintergrund gibt. Denn die Insel Hvitö gehört keineswegs zu den unbesuchten Inseln um Spitzbergen; in ihrer unmittelbaren Nähe liegt ein ausgesprochenes Walroßparadies, und jedes Jahr wimmelt es hier von Fangdampfern. Freilich ist die Landung auf dem Eiland selbst nur bei gutem Wetter möglich; aber sicherlich haben viele Dutzende von Dampfern im Lauf der Jahre hier haltgemacht, um ihre Frischwasservorräte zu ergänzen oder irgendeine andere Besorgung zu erledigen. Man hat auf dieser Insel zweimal jede Schneewehe durchsucht; einmal, als 1898 der Schwede Nathorst eine Rettungsexpedition für Andrée ausrüstet und dabei auch Hvitö durchforschen läßt. Und dann etwa dreißig Jahre später, im Sommer 1929, als man der „Nobile"-Expedition Hilfe bringen will. Keine dieser beiden Hilfsunternehmungen, die ja doch kein anderes Ziel haben als zu suchen und nur zu suchen, findet auch nur das geringste. Und erst jetzt waren Andrée und die Seinen wieder auferstanden. Jetzt, da eben Amundsen über den Nordpol geflogen. Jetzt, da Nobile verunglückt. Jetzt, da der „Graf Zeppelin" in die Arktis will: Jetzt, jetzt ist es Zeit für die drei Pioniere, sich zu melden. Das Kanonenboot „Svensksund", mit dem sie damals ihre Fahrt nach Spitzbergen angetreten haben, soll mit Beginn des Herbstes abgewrackt werden. Nun ist für die drei der Tag der Heimkehr gekommen: So geht die „Svensksund" noch einmal hinaus, ihre alten Gäste zur letzten Ruhe zu holen.

Wir können heute an Hand der Tagebücher und Notizen der „Oernen"-Leute ihren Reiseweg fast bis zum Augenblick ihres Todes verfolgen. Es ist wenig darüber zu sagen. Schon in dem Augenblick, in dem sich über dem Hafen der Dänen-Insel die Schlepptaue lösten und ins Wasser fielen, war das Unternehmen so gut wie gescheitert. Andrée hatte von diesem Augenblick an auch nicht die leiseste Möglichkeit, den „Oernen" irgendwie zu steuern. Der war zum reinen Freiballon geworden, der dem Winde bedingungslos folgen mußte. Und wie die Eisdrift in diesen Breiten völlig unberechenbar war, so auch der Wind. Nachdem der Flug zunächst, das heißt bis zum Morgen des 12. Juli, in nordöstlicher Richtung ging, sprang der Wind plötzlich nach Osten um und trieb den „Oernen" fast genau nach Westen. Wolken kamen auf. In ihrem Schatten fiel die Temperatur, das Gas im Innern des Ballons kühlte sich ab, und während man bis dahin in einer Höhe von mehr als 500 Metern flog, sank der „Oernen" nun immer tiefer. Ballast wurde abgegeben, um wieder höher zu kommen. Aber alles war umsonst. Die Vereisung der Ballonhülle machte furchtbare Fortschritte; alle Mittel, den Ballon in die Höhe zu bringen, versagten.

So beginnt das „Stempeln“, wie es Strindberg nennt. In unregelmäßigen Abständen stößt die Gondel auf das Eis nieder, erhebt sich durch den Rückstoß für eine Zeitlang zu neuem Flug, stößt wieder herab, wird aufs neue emporgehoben. Das fängt schon am Nachmittag des 12. Juli an. Am 13. wird es ganz schlimm; die drei Männer an Bord wissen, daß ihr Flug gescheitert ist. Da plötzlich kommt die Sonne durch die Wolken; noch einmal glauben sie an die Möglichkeit eines Höhenfluges. Erneut wird Ballast abgeworfen; diesmal sind es sogar Lebensmittel, die nach unten sausen. Und wirklich steigt der „Adler“ für einige Stunden, und es geht wieder nach Norden. Am Nachmittag beginnt das „Stempeln“ von neuem; in wilden Sprüngen, die die Ballonfahrer ganz seekrank machen, jagt der „Oernen“ über das Eis. So geht der 13. Juli zu Ende. Der nächste Tag bricht an; es hat sich nichts geändert. Immer wieder vermerkt Andrée in seinem Notizbuch: „touch, touch“, wenn eine neue Eisberührung erfolgt. Um 8 Uhr morgens sieht er, daß es keinen Sinn hat, den Flug fortzusetzen. Er zieht die Reißleine, das Gas entweicht aus dem Ballon, die Fahrt ist zu Ende. Erschöpft und hungrig landen die drei Männer bei etwa 83 Grad nördlicher Breite und 31 Grad östlicher Länge, etwa 300 km von Spitzbergen entfernt, auf dem Treibeis.

Treibeis ist so ungefähr der gefährlichste Grund und Boden, auf den der Mensch seinen Fuß setzt. Riesige Schollen fest zusammenhängenden Eises liegen neben mosaikartigen Eissplittern, die, unter dem Druck der großen Blöcke bald zu scharfkantigen, meterhohen Wällen getürmt, bald in weiten Rissen lose zusammengefroren und von Eisschlamm überdeckt, teuflische Fallen bilden, in denen Männer und Schlitten immer wieder versinken. Größere Flächen offenen Meeres, auf denen das Boot der Expedition hätte benutzt werden können, gibt es nicht. Hunderte von Kilometern weit dehnt sich die Eiswüste nach allen Seiten: Aber es hilft ja nichts, man muß sie irgendwie überwinden.

So beginnt der Eismarsch, orientiert nach dem nächstliegenden Lande, der Felswüste von Franz-Joseph-Land; es sind 350 Kilometer, die zurückgelegt werden müssen, 350 Kilometer einer, wie Nansen festgestellt hat, unentwegten nordwestlichen Eisdrift. Aber auf Kap Flora warten Lebensmittelvorräte und Depots mit anderen nützlichen Dingen; außerdem hat dort ja auch Nansen überwintert. So wagen sie also den Entschluß, gegen die Drift zu marschieren. Aber auch hierbei haben sie ausgesprochenes Wetterpech; während Nansen aus Gegenden, die von diesen nicht allzu weit entfernt sind, berichtet hat, daß die Drift unter dem Einfluß nördlicher Winde gelegentlich lange nach Süden umschlagen kann, ist in diesem Jahr davon überhaupt nicht die Rede. Gleichmäßig zieht das Eis nach Norden. So geht es vierzehn Tage. Trotz unerhörter Marschleistungen – fast durchweg bleiben die drei Tag für Tag sechzehn Stunden in

Bewegung – haben sie sich schließlich von der Landungsstelle des „Oernen“ nur ein paar armselige Kilometer fortbewegt.

„Das sieht wirklich nicht ermutigend aus“, notiert Andrée in seinem Tagebuch neben der Angabe der Polhöhe. Früher als sonst brechen die drei heute – es ist der 31. Juli 1897 – ihren Marsch ab und kriechen ins Zelt. Strindberg setzt seine Brieffolge an die ferne Verlobte fort; sechs Tage sind es her, seit er zum letzten Mal an sie geschrieben hat. Während sein Tagebuch sonst jeden Tag irgendein Liebeswort, irgendeine noch so kurze Bemerkung enthält, sind es nun sechsmal vierundzwanzig Stunden gewesen, seit er zum letzten Mal Zeit und Kraft dazu gefunden hat. Aber auch heute wird er offenbar gestört; vielleicht sind ihm auch die Augen zugefallen: Sein Brief umfaßt nur wenige kurze Zeilen. Es sind die letzten, die er überhaupt an seine Braut richtet. Die von Stunde zu Stunde verzweifelter werdende Lage der Expedition lähmt ihm Hand und Herz.

Am 3. August wird bei gutem Wetter eine neue Ortsbestimmung vorgenommen; es zeigt sich, daß man seit dem 14. Juli nur etwa 70 Kilometer zurückgelegt hat. Es ist sinnlos, weiter auf Franz-Joseph-Land loszumarschieren; sie werden die Depots auf Kap Flora niemals erreichen. So richten sich ihre Hoffnungen jetzt auf die Depots, die auf der Inselwelt nördlich von Spitzbergen lagern. Es ist ein Marsch von mindestens sieben Wochen; ihre Lebensmittelvorräte reichen keinesfalls so lange aus. Treffen sie unterwegs keine Bären oder Seehunde, müssen sie verhungern. Das alles ist ihnen klar; es ist auch sehr zweifelhaft, ob sie bei ihrer zunehmenden Erschöpfung überhaupt imstande sein werden, so lange zu marschieren. Aber noch sind sie nicht soweit, daß sie bereit wären, sich verloren zu geben. Gott sei Dank scheint wenigstens die Sonne; zwar werden die Tage schon merklich kürzer, und die Nächte sind oft schneidend kalt. Aber sie sehen doch wenigstens, wohin sie gehen.

So vergeht der August. Noch immer sind Andrées Tagebuchaufzeichnungen voller Humor. Strindberg hat das Schreiben schon lange aufgegeben, und wer genauer hinsieht, findet auch zwischen den Zeilen der Aufzeichnungen, die der Expeditionsführer vornimmt, Spuren nackter Verzweiflung. Fraenkel renkt sich das Knie aus und hat heftige Schmerzen; zwar schnappt das Gelenk schon nach wenigen Augenblicken wieder ein, aber die Märsche werden nun doch immer kürzer. Manchmal fallen die Männer nachts vor Überanstrengung in krampfartige Zustände, aus denen sie, zu Tode erschöpft, schweißgebadet wieder erwachen. Auch Strindberg ist fertig; seine Füße schmerzen, Magen und Darm machen nicht mehr mit, die Nerven lassen nach. Einmal gibt es auch Streit unter den Kameraden. Andrée verzeichnet nicht, worum es geht. Aber es ist doch wohl ein Zeichen dafür, daß sich das Ende nähert, und es scheint, als wenn Andrée sich darüber klar ist. Seit dem 9. September hören seine persönlich gefärbten Notizen ganz auf; lediglich astronomische Beobachtungen und meteorologische Bemerkungen werden noch festgehalten.

Noch einmal kommt Hoffnung auf. Am 15. September wird Land gesichtet, vermutlich die Insel Kvitöya (Hvitö). Sie ist es in der Tat. Die Scholle, auf der die drei Todgeweihten inzwischen ihr Lager aufgeschlagen haben, treibt immer näher an Land; das Wetter ist sonnig und klar, und die Ortung ergibt, daß man tatsächlich nicht mehr weit von Spitzbergen entfernt steht. Dazu haben auch die Nahrungssorgen aufgehört. Es hat richtige Schlachten mit den Eisbären gegeben; trotz tagelanger Arbeit ist nur ein Teil der Beute abgebalgt und zerwirkt. Nun hält man es im schlimmsten Fall bis zum Frühjahr aus. Anfang Oktober 1897 wird die immer kleiner gewordene Scholle an Land getrieben, der Umzug ist beschlossene Sache und wird am 5. Oktober ausgeführt. In Andrées zweitem Tagebuch, das er in der Brusttasche trägt und das bei seiner Auffindung noch in den Kleidungsstücken steckt, finden sich von diesem Augenblick an nur noch ganz knappe Bemerkungen, die fast unleserlich sind. Seit dem 3. Oktober hören auch Fraenkels meteorologische Eintragungen auf. Nur Strindbergs Notizbuch enthält noch bis zum 17. Oktober für jeden Tag ein paar kurze Stichworte. Dann verstummt auch er. Offenbar ist an diesem 17. Oktober der Tod ins Lager eingezogen.

Sehr merkwürdig war, daß Andrées Expedition, wie aus den neben den Leichen gemachten Funden hervorging, nicht nur über ausreichende Nahrungsmittel, sondern sogar über große Mengen Feuerungsmaterial verfügte. Nicht nur der Primuskocher war noch so in Ordnung, daß die Mannschaften des Walfängers „Bratvaag" ihn sofort wieder in Gang setzen konnten, es lagen ringsum verstreut auch zahlreiche Treibholzstücke, so daß nach diesem Befund geschlossen werden mußte, die Expedition hätte recht gut durch den Winter kommen können. Dagegen machte die Mannschaft des Walfängers bei der Untersuchung der Leichen die erstaunliche Entdeckung, daß alle drei offenbar viel zu leicht angezogen waren. Mit Entsetzen stellten sie fest, daß Andrée und seine Leute mit gestrickten Fingerhandschuhen, Baumwollhemden und dünnen Socken bekleidet waren – und so etwas trägt man in der Arktis nicht. Es galt zunächst also als sehr wahrscheinlich, daß sie einfach erfroren und den Tod gestorben waren, der auch in südlicheren Breiten jeden Winter wieder Menschen zu sich nimmt.

Dieser Vermutung stand freilich die Tatsache im Wege, daß Andrée die Arktis ja kannte, nicht so gut wie Nansen oder Nordenskiöld, aber doch so genau, daß er über ihre Tücken hinreichend Bescheid wußte. Also tauchte der Gedanke auf, die drei erschöpften Männer hätten ihrem Leben selbst ein Ende gemacht – während andere Sachverständige vermuteten, eine Kohlenoxydgasvergiftung, hervorgerufen durch ihren defekten Kochherd, hätte sie hinweggerafft. Keine dieser Annahmen konnte indessen bewiesen werden, und lange Jahrzehnte hindurch blieb der Untergang der Andrée-Expedition ein ungeklärtes Rätsel. Es wurde erst 1953, und zwar durch einen reinen Zufall gelöst.

1944/45, während des zweiten Weltkrieges, entsendet das OKM, das deutsche Oberkommando der Marine, verschiedene meteorologische Expeditionen nach Ostgrönland, Franz-Joseph-Land und Spitzbergen. Es sind Geheimunternehmen, die deutsche Öffentlichkeit erfährt nicht das geringste davon, desto mehr aber wissen die westlichen Alliierten. Und sie verstehen auch recht gut, weshalb die Deutschen alles daransetzen müssen, in Grönland und Spitzbergen Observatorien aufzubauen. Für ihre Geleitzugschlachten gegen die Konvois, die von Amerika und England nach Rußland, nach Archangelsk gehen, ist es lebenswichtig zu wissen, wie das Wetter sein wird. In Grönland klappt alles, auf Spitzbergen und Franz-Joseph-Land gibt es aber Schwierigkeiten: Ein großer Teil der Männer wird krank, tollkühne Flugzeugbesatzungen holen sie ab und bringen sie nach Oslo.

Anfangs stehen die deutschen Militärärzte vor einem Rätsel. Ihre Patienten erbrechen, haben Durchfall und Leibschmerzen, sie sind fiebrig, Schluckbeschwerden und Muskelschmerzen treten auf, ein heftiger Schnupfen mit schwerer Heiserkeit gesellt sich dazu, es gibt unter schrecklichen Atemstörungen die ersten Todesfälle. Diese und jene Erscheinungen im Krankheitsbild lassen auf Typhus schließen. Aber sehr bald gibt die mikroskopische Untersuchung Aufschluß darüber, um was es sich handelt: Es ist Trichinose, hervorgerufen von der Trichina spiralis, einem Fadenwurm, der nach dem Genuß kranken tierischen Fleisches in den menschlichen Körper übergeht, um dort sein nach vier bis sechs Wochen tödlich endendes Verseuchungswerk zu beginnen.

Ein Zufall spielt lange nach dem Krieg die Untersuchungsergebnisse der deutschen Militärärzte aus dem Lazarett von Oslo dem Kopenhagener Arzt Dr. Tryde in die Hände. Und ein anderer Zufall, eine flüchtige Erinnerung an früher Gelesenes, läßt ihn nach den Tagebüchern Andrées greifen. Da findet er, was er gesucht hat. Andrée klagt in einer Aufzeichnung vom August 1897, ziemlich bald nach einem ausführlichen Bericht über den Abschuß von Eisbären, deren Fleisch die gestrandeten Ballonfahrer natürlich genießen, über eine Art von Schnupfen, der ihn und seine Begleiter überfallen habe.

Schnupfenviren gibt es in der Arktis nicht. Erkältungskrankheiten, wie sie in Europa so häufig sind, finden sich in den Polargebieten nur dort, wo Touristen erscheinen: in Südwestgrönland beispielsweise. Daß die Leute der Andrée-Expedition auf Kvitöya (Hvitö) an Schnupfen leiden, muß andere Gründe haben.

Trichinose? Sind die von ihnen geschossenen und verzehrten Eisbären vielleicht Trichinenträger gewesen?

Dr. Tryde nimmt den nächsten Zug nach Stockholm. Als er im dortigen Andréemuseum seinen Verdacht äußert, zeigt man ihm sofort die Stücke, die von Hvitö überführt worden sind. Neben vielen anderen Dingen gehören auch Eisbärknochen dazu. Tryde macht am Mikrotom Präparate, legt sie auf den Objektträger seines Mikroskops, fingert am Spiegel und findet, 56 Jahre nach dem Tod des Eisbären, den die Andrée-Leute erlegt haben, jenen Haarwurm, jene Trichina spiralis, die wahrscheinlich den Tod Andrées, Strindbergs und Fraenkels verursacht hat. Das ist etwas völlig Neues. Daß Eisbärenleber wegen ihres hohen Gehaltes an Vitamin A für Menschen ungenießbar ist, hat man gewußt. Daß Eisbärenfleisch gefährlich werden kann, weil es möglicherweise trichinös verseucht ist, weiß bis zu den Untersuchungen der Deutschen niemand. Dr. Trydes Forschungen machen die Skandinavier natürlich hellhörig. Überaus gründlich prüfen sie ihren arktischen Einflußbereich, und es ergibt sich dabei, daß im Gebiet Franz-Joseph-Land – Spitzbergen zahlreiche Eisbären, wohl als Folge ihrer Berührung mit der Zivilisation, Trichinenträger sind.

„Wird es lange dauern, bis wir Nachfolger bekommen?" hat Andrée am Abend des 12. Juli 1897 in seinem Journal gefragt. Er schreibt das nieder mitten in den unablässigen Eisberührungen der Gondel seines Ballons, jenen krachenden Stößen, die ihn das Schlimmste befürchten lassen. Und sicherlich hat er eingesehen, daß sein Gedanke, so durchführbar er bei ein wenig Wetterglück gewesen wäre, der technischen Entwicklung seiner Zeit um einige Jahrzehnte vorausgeeilt ist. Dreißig Jahre vergehen, ehe der Nordpol aus der Luft erreicht wird. Und wieder dreimal zehn Jahre verrauschen, bis der nördlichste Punkt der Erde auf dem Fluge von Europa nach Westamerika nur noch einen Ort der Erinnerung an große Leistungen tapferer Männer darstellt, gerade eben interessant genug, um aus dem druckgesicherten Fenster der Kabine nach unten zu schauen. Kvitöya (Hvitö) liegt weit östlich der Route, die die SAS und andere Fluggesellschaften befliegen. Aber jeder von uns, der morgen oder übermorgen nach Frisco oder Tokio startet, sollte eine Flugstunde vor dem Pol Augen und Gedanken nach Osten wenden, jenem Eiland zu, das den ersten Flugpionieren der Arktis das Grab bereitet hat.

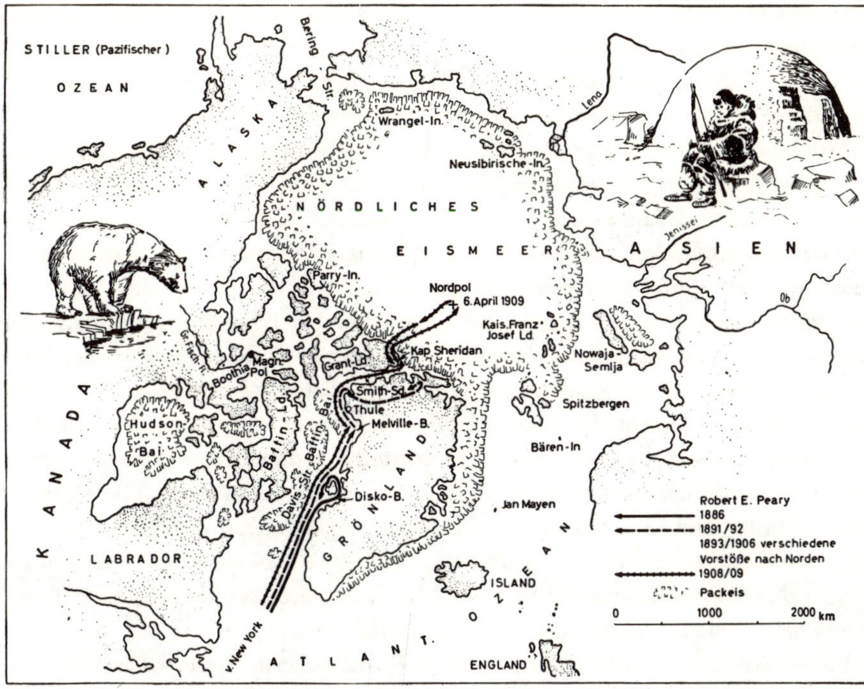

AIGISHU, DER GROSSE NAGEL

Während des ganzen 19. Jahrhunderts hatten Forscher der verschiedensten Nationen verbissen darum gekämpft, den Nordpol zu erreichen, immer in der Annahme, daß dieser Punkt auf einem Festland liegen müsse und daß man zugleich mit ihm einen neuen Kontinent auffinden würde. Nachdem Nansen mit seiner „Fram"-Drift den 86. Breitengrad erreicht und durch ozeanologische Untersuchungen bewiesen hatte, daß es im hohen Norden keinerlei festes Land gab, daß der nördlichste Punkt der Erde vielmehr in einem mehrere tausend Meter tiefen, völlig vereisten Meer liegt, verlor der bisher so heiß ersehnte Pol für die Wissenschaft ein wenig an Interesse. Viel Neues würden weitere Expeditionen auch nicht erbringen. Trotzdem machten sich, freilich in sehr viel geringerer Zahl als früher, immer wieder Menschen auf, um unter Einsatz ihres Lebens den Nordpol zu erreichen. Sie taten das weniger aus Gründen der Forschung als aus sozusagen sportlichem Ehrgeiz. Noch weiter nördlich zu gelangen als ihre Vorgänger war ihr Bestreben; gelegentlich wurden dabei zwar auch kleine bis dahin unbekannte Inseln, Klippen und Schären entdeckt, aber das kümmerte diese

Polbesessenen nicht sehr. Ihr einziger Ehrgeiz bestand darin, den nördlichsten Punkt unserer Erde aufzufinden.

Diese Polbesessenheit bestimmte auch das Leben Robert E. Pearys, der 22 Jahre daran setzte, sein Ziel zu erreichen. 1856 in Pennsylvania geboren, war er ein befähigter Ingenieur der amerikanischen Kriegsmarine. Bald aber gab er Beruf und Stellung auf: Nordenskiölds Berichte über seine Erkundungsvorstöße in das grönländische Inlandeis hatten es ihm so angetan, daß er beschloß, sich fortan der Arktisforschung zu verschreiben. 1886 ging er zum ersten Mal nach Grönland; mit einem einzigen Gefährten, einem Dänen, unternahm er eine Fahrt entlang dem Inlandeis in der Nähe der Disko-Bai. 1891 brach er abermals nach Grönland auf, diesmal mit mehreren Wissenschaftlern und seinem treuen Matthew Henson, einem Neger, der Pearys sämtliche Fahrten mitmachte. Auch seine Frau nahm der Forscher diesmal mit, die sich bald als ausgezeichnete Mitarbeiterin erwies. Sein Plan ging dahin, den Norden Grönlands zu erkunden, der zu jener Zeit auf den Karten noch als weißer Fleck eingezeichnet war; als lockendes Ziel im Hintergrund stand auch hier für Peary schon der Pol. Im April 1892 startete er mit drei seiner Gefährten, am 4. Juli hatte er die Nordostküste Grönlands erreicht. Nach einer Eiswanderung von 2250 Kilometer langte der kleine Trupp wohlbehalten wieder im Ausgangslager an. *(Bild Nr. 41)*

Bei der Rückkehr nach Amerika wurde Peary begeistert empfangen, und sogleich schmiedete er Pläne für die nächste Reise, die ihn noch näher an den Pol heranführen sollte. Er hatte sich inzwischen den Lebensgewohnheiten der Eskimos so völlig angepaßt, daß er mit der Arktis fast ebenso gut fertig wurde wie diese selbst. Die Eskimos halfen dem Forscher getreulich, wann immer er ihre Unterstützung brauchte; sie begleiteten ihn auch auf den meisten seiner Fahrten ins Ungewisse, obwohl sie nicht recht begriffen, was den Weißen immer wieder nach Norden zog. Aigishu nannten sie den Pol, den „Großen Nagel“, den der Gott des Eismeeres im Schnee befestigt hatte – er mußte wohl einen großen Wert haben, wenn der weiße Mann nicht aufhörte, ihn zu suchen!

1893 ging Peary abermals hinaus, wiederum begleitet von seiner Frau. Am 12. September schenkte sie einer Tochter das Leben; unter allen weißen Menschen hat dieses kleine Mädchen das Licht unserer Welt wohl am weitesten nördlich erblickt: auf 77 Grad nämlich! Anfang März 1894 brach Peary mit einigen Begleitern von neuem auf, hatte aber diesmal Pech: Das Wetter und die Eisverhältnisse waren so ungünstig, daß er das Unternehmen abbrechen mußte. Und mit der nächsten Expedition ging es nicht besser. Diese Fahrt war Pearys Feuerprobe. Halb verhungert, nach Verlust sämtlicher Schlitten und Hunde, nachdem er sich sieben erfrorene Zehen selbst amputieren mußte und um ein Haar der Gefahr entging, sich von seinem linken Unterschenkel trennen zu müssen, den der kalte Brand ergriffen hatte; so kam er zurück. Aber seinen stählernen Nerven machte das alles nichts aus. „Das arktische Fieber hat mich nun erst recht ergriffen", berichtete er, und 1898 war er schon wieder im Polargebiet. Diesmal erreichte er beinahe 84 Grad Nord und wurde nur durch eine im letzten Augenblick einsetzende Verschlechterung des Wetters daran gehindert, den Pol schon jetzt zu finden. Ebenso erfolglos blieb seine nächste Reise im Jahr 1901, und als er aus der Winternacht in das Jahr 1902 hinüberging, schien sein Mut nun doch endgültig gebrochen. „Das Spiel ist vorbei", notierte er. „Mein sechzehnjähriger Traum ist zu Ende. Ich habe nach bestem Können gekämpft. Ich glaube, daß das, was ich getan habe, gut getan ist. Aber ich vermag nicht, Unmögliches zu tun." Aber nur kurze Zeit dauerte diese Niedergeschlagenheit. 1902 versuchte er es wieder, wieder erfolglos; 1906 versuchte er es abermals, abermals erfolglos; und dann kam endlich das große Jahr 1909, das ihm den fast ein Menschenalter hindurch erträumten und vergeblich erkämpften Erfolg brachte.

Am 6. Juli 1908 verläßt Peary auf dem für diese Unternehmung umgebauten und mit besonders starken Maschinen versehenen Dampfer „Roosevelt" den Hafen von New York: Ein letztes Mal noch will er versuchen, den Pol zu erreichen; wenn es diesmal nicht gelingt, wird er sich wohl oder übel geschlagen geben müssen. Denn er ist inzwischen ein Mann von immerhin 52 Jahren geworden, und die unablässigen Kämpfe mit Kälte, Eis und Schneestürmen sind nicht spurlos an ihm vorübergegangen. Aber vielleicht wird sein lebenslanges Ringen doch noch belohnt. Über die Melvillebai stößt er bis zum Kap Sheridan vor, das er sich zum Winterlager auserkoren hat und das er Anfang September erreicht. Es ist schon ziemlich kalt, das Thermometer zeigt mehr als 30 Grad unter Null; die Dämmerung, die der Polarnacht vorausgeht, senkt sich über das Eis. Unter diesen Umständen ist es äußerst schwierig, die gesamte Ausrüstung an Land und in die Eishöhlen zu befördern, die Peary nach dem Vorbild der Eskimos hat errichten lassen und die sich als äußerst praktisch erweisen.

Einige der Begleiter Pearys sind zum ersten Mal in der Arktis. Sie leiden schwer unter der dauernden Dunkelheit der Polarnacht, sind bedrückt und niedergeschlagen. Peary kennt diesen Zustand aus eigener Erfahrung:

„Ich möchte es lebhaft bezweifeln, daß sich jemand, der sie nicht einmal vier Monate lang durchgemacht hat, eine Vorstellung davon bilden kann, was solch eine ewige Nacht bedeutet. Nur wenn man selbst einmal bei Lampenlicht aufgestanden, beim Licht der Lampe zu Bett gegangen, wieder bei Lampenlicht aufgestanden und zu Bett gegangen ist, Tag für Tag, Woche für Woche, Monat für Monat – nur dann weiß man, wie unsagbar schön die Sonne ist. Scheint nicht gerade der Mond, oder sind die Sterne wie meist von Wolken verhängt, dann ist die Dunkelheit so schwarz, daß man sie mit Händen greifen könnte. 120 endlose Tage ist Nacht, nichts als sturmdurchtobte, bitterkalte Nacht."

Das beste Mittel gegen die Bedrückung durch die arktische Winternacht ist rastlose Arbeit, das weiß Peary so gut wie andere Polarforscher vor und nach ihm. Er hat sich deshalb eine kluge Methode ausgedacht, seine Leute dauernd zu beschäftigen und in Atem zu halten: Nacheinander gehen kleine Trupps in Richtung auf den von hier aus noch 810 Kilometer entfernten Pol ab, um Lebensmitteldepots anzulegen und dann schleunigst zum Hauptlager zurückzukehren. So vergeht der Winter mit Vorbereitungen für Pearys Marsch, die Teilnehmer des Unternehmens bleiben dabei gesund und guter Dinge.

Am 22. Februar 1909 bricht der Haupttrupp unter Führung Pearys zum Pol auf. Sieben Weiße, siebzehn Eskimos mit 133 Hunden und neun Schlitten gehen mit. Noch herrscht die Polarnacht, im Dunkeln muß jeder Schritt vorsichtig ertastet werden. Die Kälte erreicht 59 Grad; selbst im Schlafsack wird niemand mehr warm. Heftige Nordwinde treiben das Eis südwärts, so daß die Expedition trotz Tagesmärschen von 12–14 Stunden kaum vorwärts kommt. Die Stimmung sinkt, selbst die getreuen Eskimos beginnen zu verzagen. Und mehr als einmal verliert auch Peary fast den Mut: Wird es auch diesmal nicht möglich sein, den Pol zu erreichen, um den er 22 Jahre lang gekämpft hat?

Zum Glück findet er die im Winter angelegten Depots unversehrt vor. Das ist eine große Hilfe; wie wird es aber über die letzten 400 Kilometer gehen, auf denen keine Lager errichtet worden sind? Davor graut selbst dem erfahrenen Peary. Dazu kommt, daß das Eis zusehends schlechter wird; schwere Eispressungen haben hohe Wälle aufgetürmt, Schlitten und Gepäck müssen unter unmenschlichen Anstrengungen hinübergeschafft, breite Spalten in weiten Umwegen umgangen werden. Aber Peary hat seinen alten Mut und seine Zuversicht wiedergefunden; so nahe war er dem Pol noch nie, diesmal muß er es schaffen!

Seine Besessenheit zwingt die anderen vorwärts; stolpernd taumeln sie in tödlicher Erschöpfung, mit dem einen heißen, glühenden Wunsch: schlafen zu dürfen, hinein in das Dämmern der sinkenden Nacht. Es ist so kalt, daß das Petroleum zu einer schmierigen, weißen Masse erstarrt; niemand wagt mehr, nachts in den steifgefrorenen Schlafsack zu kriechen. Ende März wird endlich das Eis besser; anhaltende Winde aus südlichen Richtungen wehen, an manchen Tagen kann Peary erfreut feststellen, daß sie die gewaltige Strecke von 50 Kilometern zurückgelegt haben. Am 1. April steht die Expedition auf 87 Grad 47 Minuten Nord – immer noch fast 200 Kilometer bis zum Pol! Viel zu langsam geht das für den ungeduldigen Forscher; mit nur einem Begleiter eilt er den Gefährten voran.

„Jetzt kam die Zeit, für die ich all meine Energie aufgespart hatte, die Zeit, für die ich 22 Jahre gearbeitet hatte, für die ich ein einfaches Leben geführt, für die ich trainiert hatte wie zu einem Rennen“,

schrieb er später über diesen letzten Abschnitt seiner Expedition. Das Eis ist gut, trotzdem verfolgt ihn die Sorge, es könne wieder schlecht werden oder der knappe Proviant nicht reichen. So hetzt er mit seinem Gefährten vorwärts, so schnell es eben gehen will. Als am 6. April die Sonne hochkommt und der Standort festgestellt wird, ergibt sich, daß der Pol in unmittelbarer Nähe liegt: *„Endlich am Ziel! Der Traum dreier Jahrhunderte ist endlich erfüllt, ist mein! Es wird mir schwer, mir darüber klarzuwerden. Das alles ist so alltäglich, so wenig ungewöhnlich wie nur möglich. Die Erreichung des Pols war das Ergebnis tage- und wochenlanger Eilmärsche, körperlichen Unbehagens, ungenügenden Schlafes und folternder Angst. Vielleicht hätte es nicht so sein sollen; aber als ich nun gewiß wußte, daß wir unser Ziel erreicht hatten, da wünschte ich nichts sehnlicher, als zu schlafen!"*

Dreißig Stunden wandert Peary mit seinem Begleiter auf der riesigen Scholle umher, die den Pol umgibt. In eine Spalte zwischen zwei Eisblöcken legt er eine Flasche, die die folgende Urkunde enthält:

90 Grad Nord, Nordpol, den 6. April 1909

Ich habe heute die Staatsflagge der Vereinigten Staaten von Amerika an dieser Stelle gehißt, die nach meinen Feststellungen die nordpolare Achse der Erde ist, und habe im Namen des Präsidenten der Vereinigten Staaten von Amerika förmlich von der ganzen Gegend und Umgegend für diese Besitz genommen. Ich hinterlasse diese Urkunde und die Skizze der Vereinigten Staaten als Besitzzeichen.

Robert E. Peary von der Marine der Vereinigten Staaten

Bei minus 40 Grad wird dann eine Tiefenlotung vorgenommen, aber das 2750 Meter lange Kabel ergibt keinen Grund. Das Polarbecken ist also wirklich ein Tiefmeer, Land zeigt sich nicht, und mit dieser sehr bescheidenen wissenschaftlichen Ausbeute kehrt Peary von seiner Fahrt wieder heim. Nach einem sehr glücklichen und vom Wetter begünstigten Rückmarsch trifft er am 23. April 1909 im Hauptlager am Festland ein. Kühl und nüchtern konstatiert er:
„Mein Lebenswerk ist vollbracht. Die Tat, die ich mir von Anfang an als Ziel gesetzt, von der ich glaubte, daß sie geschafft werden könne und daß ich es sein werde, der sie vollbringe, diese Tat ist jetzt getan. Ich bin zufrieden!"

Daß er keine neuen wissenschaftlichen Nachrichten, sondern nur die Bestätigung längst vermuteter und mit gutem Grund vermuteter Annahmen mit nach Hause bringt, bekümmert ihn nicht sehr. Er hat ja von Anbeginn seiner Reisen an niemanden darüber im Zweifel gelassen, daß es nicht wissenschaftliche Absichten seien, die ihn den Pol suchen lassen. Es schert ihn jetzt wenig, wenn die Herren Wissenschaftler an ihm herumnörgeln. Er hat den Pol erreicht und damit basta. Und dieser Schlußpunkt unter seine Arktiszeit war endgültig. Er ging nie wieder in die weiße Einöde hinaus, sie hatte ihm nichts mehr zu sagen.

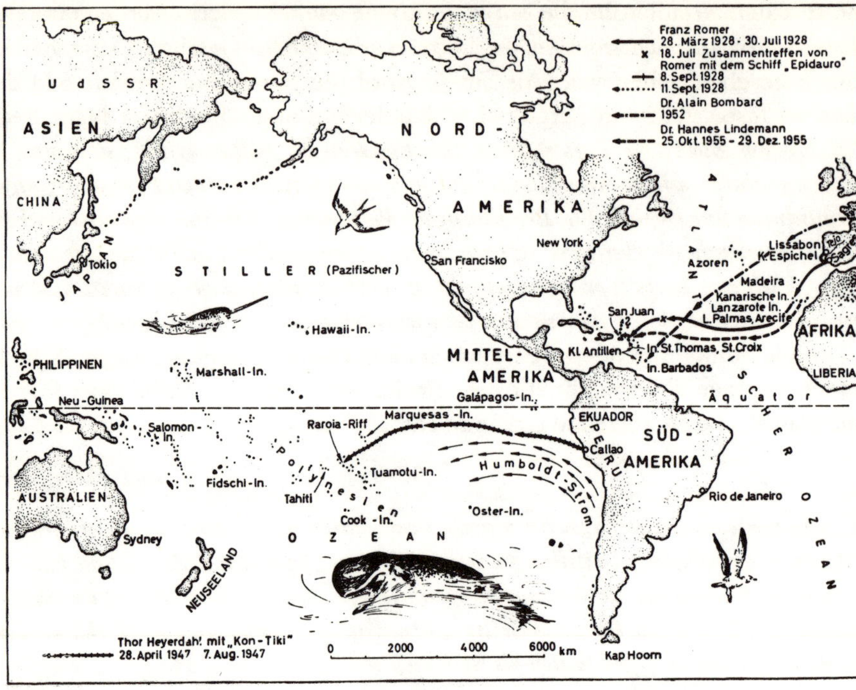

MIT FALTBOOT, FLOSS UND EINBAUM ÜBER DEN OZEAN

Franz Romer

„Leinen los!" kommandierte der Mann. Vorn und achtern wurden die Fangleinen von den Klampen gelöst, kamen leise sausend an der hohen Kaimauer entlang nach unten und schlugen mit hellem Getrommel auf die straffgespannte Bootshaut. Es klang wie ein Signal, wie ein Angriffssignal aus jener Zeit, als die Tamboure mit wirbelnden Schlegeln zum Sturm riefen. Ein kräftiger Paddelschlag an Steuerbord machte das Boot von den Duckdalben frei, dem schweren Gebälk am Kai, die Strömung des Tejo nahm es in ihre Arme, und bald lag Kap Espichel am Ausgang der Bai von Lissabon hinter ihm.

Man schreibt den 28. März 1928, und die alten Mitglieder des „Club Naval", die dem kleinen Boot tejoabwärts das Geleit geben, werden diesen Tag niemals vergessen. Zum ersten Mal versucht ein kühner Seemann, den Atlantischen Ozean in einem Faltboot zu überqueren. Mit Einhand-Segeljachten, hochseefähigen Fahrzeugen, die so getakelt sind, daß sie von einem Mann bedient werden können, sind solche Fahrten schon mehrfach durchgeführt worden. In einem Faltboot hat es noch niemand gewagt; die Aussichten, es zu schaffen, stehen bestenfalls eins zu zehn, und manch nachdenklicher Blick fliegt von den alten Tiefwasserseglern der Klubleute zu dem jungen Mann hinüber, der nun Segel setzt und im Dunst des Frühlingstages schnell nach Westen entschwindet.

Franz Romer heißt dieser Mann. Er ist 29 Jahre alt, stammt aus dem Bergdorf Dettingen dicht am Bodensee und kommt aus einfachen, bäuerlichen Verhältnissen. Aber er will nicht wie seine Vorfahren Bauer werden. Sechzehn Jahre alt, brennt er mitten im ersten Weltkrieg von zu Hause durch, ein Zufall bringt ihn nach Hamburg, und bald steht er auf den Planken eines Fischloggers. Es ist kein Herrenleben, das der Junge führt. Kinnhaken zu nehmen, Ohrfeigen einzustecken und das sausende Seilende, das für Schiffsjungen damals immer parat liegt, mit zusammengebissenen Zähnen über sich ergehen zu lassen, hat er bald gelernt. Allmählich wächst er in die Mannschaft des Heringsfängers hinein, die wetterharten Maate lassen ihn gelten, und als er 1917 zur deutschen Kriegsmarine eingezogen wird, kann man ihm seemännisch nicht mehr viel vormachen.

Das Kriegsende führt ihn für einige Monate in die Heimat zurück, aber bald steht er wieder an Deck eines Schiffes. Kreuz und quer geht es über Nord- und Ostsee, nach Norwegen, Dänemark und Schweden. Wieder wird dem jungen Seemann nichts geschenkt. Aber jetzt ist es die Natur selbst, das Meer, das ihn in die Schule nimmt. Im April 1921 schreibt er von einer Englandfahrt nach Haus:
„Bei steifer Brise aus Ost verließen wir den Kristiania-Fjord und kamen bis in die Mitte der Nordsee. Hier wuchs sich die Brise zum Sturm aus. Da wir aber die englische Küste bei Sturm aus Ost des hohen Seegangs wegen nicht anlaufen konnten, drehten wir bei Langsam, aber sicher trieben wir der englischen Felsenküste näher, an der unser Schiff nach dreitägig anhaltendem Oststurm unzweifelhaft auseinanderbersten und wir mit Mann und Maus absaufen mußten. Doch schon am zweiten Tage wurde es flauer, bei südlicher Brise segelten wir dann der englischen Küste entgegen.
Bei Sonnenuntergang hatten wir die englische Küste erreicht. Da wir die Feuer von West-Hartlepool schon sehen konnten, freuten wir uns ordentlich, obwohl das Wetter ein dümmliches Gesicht zu machen begann. Noch fünfzehn Seemeilen waren wir von unserem Ziel ab, mußten aber am nächsten Morgen früh vor dem Hafentor von Hartlepool erscheinen! Doch was geschah? Mit dem Aufgang des Mondes erschien am westlichen Horizont eine tiefschwarze Wolke, die ein Gesicht machte, als ob sie uns fressen wollte. Wir sollten ihr Dasein auch bald verspüren. Es begann alsbald steif zu blasen! Immer steifer wurde die Brise; die ganze Nacht waren beide Wachen mit Segelbergen beschäftigt. Morgens früh drei Uhr hatten wir Sturm aus West-Süd-West, aber immer noch segelten wir mit stark verkleinertem Segel unserem Ziel entgegen. Um fünf Uhr, bei Tagwerden, waren wir noch zwei Seemeilen vom Hafentor entfernt, in einer halben Stunde mußten wir drinnen sein.

Gerade als wir begannen, unsere Stahltrossen klarzumachen, um das Schiff im Hafen festmachen zu können, lief der Sturm herum und kam nun aus Norden. Da alsbald Riesenseen an der englischen Küste längs rollten, war es unmöglich, in den Hafen zu kommen, da wir sonst gegen die Hafenmole geschleudert worden wären. Sofort waren wir uns bewußt, was bevorstand: Entweder an der englischen Küste zu stranden oder weit hinaus auf See getrieben zu werden!
Wir begannen sofort, unsere besten Sturmsegel anzuschlagen und drehten der offenen See zu, um von der Küste abzukommen, was uns mit Mühe und Not gelang. Mittags hatten wir die Küste dann außer Sicht ...
Wir trieben vor einem schauderhaft tobenden, kalten Nordsturm nach Süden, einer dunklen Zukunft entgegen ... Drei volle Tage und Nächte lagen wir inmitten der rasenden Nordsee. Noch nie zuvor habe ich die See so kochen gesehen wie in diesen Tagen. Riesenwogen von Bergeshöhe schoben sich heran, begleitet von einem alles übertönenden Rauschen. Ehern und urgewaltig erhoben die Wellen ihre schaumgekrönten Häupter zu grauenhaften Höhen, und Wogentäler taten sich jäh auf, so tief, als wollten sie den Meeresboden bloßlegen. Wie Qualm der Hölle flogen zerfetzte Wolkenreste heran und zerflossen wieder in undurchdringlichem Grau, und inmitten dieses Hexenkessels tanzte unser Schiff. Im Hafen war es ein stolzer, mächtiger Dreimaster, hier war es nur ein Stück Holz in einem Wasserwirbel. Segel konnten wir nicht mehr führen, so furchtbar raste der Sturm. Wir mußten vor Topp und Takel lenzen. Wild wie russische Wölfe stürzten sich Brechseen auf unser wehrloses Schiff. Jeden Augenblick konnten einige Nieten springen oder die Luken einhauen. Dann mußten wir elend absaufen. Schauderhaft arbeitete unser Schiff in dieser Riesendünung. Unaufhörlich zog ein Hagelschauer nach dem anderen herauf und umschlang unser Schiff und die See wie mit einem Leichentuch, daß nichts mehr von uns zu sehen war. Alle Mann schliefen, nur abwechselnd hielt ein Mann je vier Stunden Wache an Deck. Da aber Brecher auf Brecher über Deck ging, war der einzige Zufluchtsort in der Takelage. Dort hielt man sich vier Stunden auf und spähte aus nach anderen Schiffen und zur verdammt rasch sich nähernden Küste ...
Endlich, nach vollen 75 Stunden, nahm dieses Höllenkonzert ein Ende. Wir bekamen südlichen Wind und segelten nordwärts unserem Ziel entgegen, wo wir Sonntag früh acht Uhr, am 17. April, ankamen. Unsere Haut im Gesicht und an den Händen war blau, unser Zeug weiß, von einer Salzkruste bedeckt ...

Diese Sturmfahrt ist für einige Zeit Franz Romers letzte Reise. Er geht auf die Seefahrtsschule in Hamburg und macht nach einundeinemhalben Jahr den Steuermann für große Fahrt. Sieben Weltreisen durch alle Ozeane der Welt folgen, dann unterzieht er sich dem Kapitänsexamen. Er besteht es glanzvoll und steuert nun jene schwimmenden Schiffspaläste über den Atlantik, die Europa mit Amerika verbinden. Aber nie wird er die Erinnerung an seine Anfänge los, an jene Jahre, während der er sich auf kleinen Schonern und Loggern mit Rasmus, dem wilden

Meer, herumschlägt. Es lockt ihn unendlich, wieder zu segeln. In Gedanken entwirft er einen neuartig getakelten Zweimastgaffelschoner, mit dem er eine Weltreise antreten will. Seine eigenen Mittel reichen natürlich nicht entfernt dazu aus, diesen Plan durchzuführen. Zäh und unermüdlich sucht er nach Geldgebern. Aber in Deutschland ist um diese Zeit die Inflation von 1923 gerade gestoppt und die Rentenmark eingeführt worden. Niemand ist imstande, Romer zu helfen, und während er zwischen New York und Hamburg hin- und herpendelt, kommt er auf einen neuen, noch verwegeneren Gedanken: Er will den Atlantik mit einem Faltboot, in einem Kleinstfahrzeug, überqueren!

Was ihn zu dieser Idee getrieben hat, wissen wir nicht. In den Briefen, die zwischen ihm und der Geschäftsleitung der Klepper-Werke zu Rosenheim, Oberbayern, gewechselt werden – denn er denkt an ein Klepperboot –, wird sicherlich manches darüber gestanden haben. Aber der zweite Krieg hat dieses unschätzbare Material fast völlig vernichtet. Wie in so vielen Fällen, läßt sich also auch hier nicht mehr rekonstruieren, was einen großen Entdecker eigentlich zu seiner Tat veranlaßt hat. Zweifellos, im streng geographischen Sinn kann Franz Romer nicht als Entdecker bezeichnet werden. Er kennt den Atlantik genau, das Kartenbild Amerikas steht lebendig vor seinem inneren Auge; Wind, Wetter und Strömungen des Ozeans sind ihm wohlvertraut. Aber abgesehen von den Schiffbrüchigen, die das Meer verschlungen oder die es an irgendeine Küste geworfen hat, ist seit einigen tausend Jahren kein Mensch mehr sozusagen als Fisch, nur geschützt von einer dünnen Gummihaut mit einigen schmalen Verstrebungen, auf See gegangen. Wie man sich zu verhalten hat, wenn man dem Meer auf Du und Du gegenübertreten muß, ob jede Hoffnung dahinfährt oder ob doch eine gewisse Chance besteht, diesen ungleichen Kampf zu überleben, das weiß niemand. Auch Franz Romer weiß das nicht; und wenn er noch unter den Lebenden weilte und man ihn fragen könnte, warum er seine tollkühne Fahrt eigentlich angetreten habe, so würde er sicherlich mit den Achseln zucken. Daß zehn Jahre später der zweite Weltkrieg ausbricht, daß auf allen Meeren Tausende und Abertausende von Schiffen aller Art in die Tiefe gehen, daß Flugzeuge über den Meeren kreisen und daß überall die Überlebenden schrecklicher Katastrophen demselben Schicksal ausgeliefert sind, das Franz Romer als erster, freiwillig und bewußt, herausfordert, das liegt noch im Schoß der Zeiten. Auch er, dieser tapfere Entdecker des Meeres, hat das natürlich nicht vorausgesehen. Er kann nicht ahnen, daß die Ergebnisse seiner Fahrt in den großen Reedereien, von den Marineministerien aller Länder, von Ärzten und Wissenschaftlern genau studiert werden. Aber um eine bloß sportliche Leistung scheint es sich für ihn auch nicht gehandelt zu haben. Er kennt die Beurteilung, die seine Vorgesetzten bei der Hapag, der Hamburg-Amerika-

Linie, über ihn abgegeben haben: Sie sind glänzend. Seine Zukunft als Offizier der größten deutschen Reederei liegt klar vor ihm: Sie ist ebenso glänzend. Derlei gibt niemand auf, nur um ein Bravourstück zu vollbringen, eine Sensation zu schaffen, in den Überschriften der Zeitungen genannt zu werden. Es müssen andere, tiefere Gründe gewesen sein, die Franz Romer veranlaßt haben, Beruf und Stellung aufzugeben, um Kopf und Kragen an ein überaus gefährliches Unternehmen zu setzen: dieselben rätselhaften Gründe, die vor 500 Jahren die großen Entdecker antrieben, ihre ganze Existenz aufs Spiel zu setzen, um fremde Küsten zu entdecken.

Romer hat sich ein Klepper-Faltboot für seine Fahrt ausgesucht. Offenbar ist es kein Serienboot, sondern eine Spezialkonstruktion gewesen. Natürlich hat es schon 1928 zahlreiche Faltbootfahrer gegeben, die die offene See nicht scheuten. Aber das sind doch meist ziemlich kurze Unternehmen, die bei gutem Wetter durchgeführt werden. Dabei sind die Beanspruchungen des Bootskörpers nicht höher als bei jenen Wildwasserfahrten, die seit einigen Jahren fast in Form von Faltbootrennen Mode geworden sind. Aber Atlantiküberquerungen stellen natürlich höhere Anforderungen, und wahrscheinlich hat man den eigentlichen Bootskörper, das Holzskelett, etwas verstärkt. Die Abmessungen des Bootes sind offenbar dieselben gewesen wie bei den in Serie hergestellten. Nur eines wird vorweggenommen: Schon Romer läßt an seinem Boot, ähnlich wie das heute bei dem Typ „Aerius" geschieht, Kenterschläuche anbringen, die dem kleinen Fahrzeug einen zusätzlichen Reserveauftrieb geben. Außerdem befinden sich in Bug und Heck karbidgefüllte Schotten, die das Boot beim Vollaufen unsinkbar machen. Die Spritzdecke, die das Mannloch abdichtet, dürfte, wie das damals vor Erfindung des Reißverschlusses üblich gewesen ist, mit Druckknöpfen gesichert gewesen sein. Da auch leichtere Brecher genügen, die Knöpfe aufzuschlagen, hat Romer eine auch mit den Füßen bedienbare Lenzpumpe einbauen lassen. Außerdem führt er ein Periskop mit, ein Sehrohr, das ihm gestattet, über die Wellen hinweg Ausschau zu halten. Besegelt ist sein Boot mit einer Fock und einem Treiber von zusammen fünf Quadratmetern; da er Kenterschläuche benutzt, scheint er auf Seitenschwerter verzichtet zu haben. Er will ja auch nicht kreuzen, sondern im Nordostpassat treiben.

So geht Franz Romer am 28. März 1928 von Lissabon aus in See, mit Wasser und Lebensmitteln ausgerüstet für eine Fahrt von etwa 100 Tagen. Er kennt das Meer zwar recht genau, aber er hat so gut wie keine Faltboot-Erfahrung. So gelingt es ihm nicht, von der Küste freizukommen, und nach anstrengenden Sturmtagen, immer in Gefahr, von ungünstigen Winden und Strömungen an die Felsen Portugals geworfen zu werden, läuft er Anfang April 1928 den Hafen von Sagres an. Es ist eine Notlandung, aber nicht das Boot hat den Kapitän dazu gezwungen, sondern seine Unerfahrenheit im Gebrauch von Kleinstfahrzeugen.

Minder entschlossene Naturen hätten nach diesen ersten 120 Seemeilen einer wilden Sturmfahrt wahrscheinlich aufgegeben. Franz Romer ist jedoch nicht kleinzukriegen. Am 17. April, morgens 9 Uhr, geht er abermals unter Segel. 3600 Seemeilen liegen vor ihm; mit Kurs auf Madeira ist er bald außer Landsicht. Eine schwere Dünung steht, das schmale Boot rollt fürchterlich, und nach kurzer Zeit ist der „Kapitän auf großer Fahrt" so seekrank wie die kümmerlichste Landratte. Die Nacht ist ruhig; halb sitzend, halb liegend kann Romer eine Mütze voll Schlaf nehmen. Das ist auch nötig. Am 19. und 20. April donnert ein wilder Nordweststurm über ihn hinweg, der einsame Mann im Meer kann nicht wagen, die Augen zuzumachen, und dankt Neptun, daß er ihn in der ruhigen Nacht zum 18. April eine kleine Schlafreserve finden ließ.

Auch in den nächsten Tagen ist der Teufel los. Der Wind dreht nach Nordost; der Seeanker, der das Boot mit dem Heck gegen die Wellen gehalten hatte, ist im letzten Sturm abgerissen und verlorengegangen. Das kleine Fahrzeug legt sich quer zur See – und nun kommt, was kommen muß: Brecher überrollen das Boot, nehmen es unter Wasser, und als es dank seines Reserveauftriebs wieder an die Oberfläche kommt, ist es vollgelaufen. Die Spritzdecke hat den Brechern nicht standgehalten. Da die Lenzpumpe nicht mehr funktioniert, muß Franz Romer mit einer leeren Konservendose schöpfen. Er tut es in wilder Hast, sein Leben hängt daran, und schließlich siegt sein Lebenswille.

So geht es sieben Tage. Dann beruhigt sich Rasmus. Romer kann seinen Primuskocher in Gang setzen, es gibt eine herrliche warme Suppe und dann einen tiefen Schlaf. Aber das Meer läßt nicht locker. Der Nordostpassat, der am 26. April früh aufkommt und der den Fisch gewordenen Menschen in etwa 24 Stunden zu den Kanarischen Inseln bringen wird, versteift sich auf Windstärke 6–7. Welle kommt auf Welle, Wellental folgt auf Wellental, gleichmäßig heult der Wind. Romer sagt Gedichte auf, um in diesem Einerlei wach zu bleiben, er singt Lieder, er erzählt sich Geschichten. Aber dann nickt er doch ein. Ganz automatisch fällt er, wenn sein Boot vom Wellenkamm in das tiefe Tal hinabgleitet, in Schlaf; er wacht auf, wenn sich sein kleines Fahrzeug auf dem nächsten Wellenberg mühsam durch die brechenden Wasser kämpft, um sofort wieder für sechs Sekunden in den Traum zu versinken. Wir werden später noch hören, daß seine Nachfolger Ähnliches erlebt haben. Auch sie befinden sich in einem Zustand zwischen Bewußtsein und Schlaf, und auch sie werden plötzlich von Halluzinationen, von einem Anruf aus offenbar übersinnlichen Bezirken geweckt. Franz Romer ist es jedenfalls so ergangen. In der Nacht zum 27. April, halb bewußtlos vor Schlafmangel und Überanstrengung, hört er plötzlich den auf englisch ausgesprochenen scharfen Befehl: „Süden-Kurs! Süden-Kurs! Süden-Kurs!" Ohne nachzudenken folgt er diesem geheimnisvollen Ruf, wirft das Steuer herum und entgeht dadurch um Haaresbreite der tödlichen Gefahr, an den Felsen der Kanareninsel Lanzarote zerschmettert zu werden. In den dem Verfasser freundlichst zur Verfügung gestellten Akten der Hamburg-Amerika-Linie hat sich folgender, von Romer selbst erstatteter Bericht gefunden:

„Das Steuern vor dieser gewaltigen See erforderte meine größte Aufmerksamkeit. Ich schlief, steuerte und guckte nach Land aus zur selben Zeit. Ich schlief von einem Wellenkamm zum anderen, auf dem Kamm selbst wurde ich jedesmal aufgeweckt. Ich legte das Steuer entsprechend und guckte im selben Moment aus.

Schlafzeit 4–5 Sekunden, Zeit zum Steuern und Ausguck 2 Sekunden. Es war mir in jener Nacht, als sei alles nur ein Traum. Es wehte sehr heftig, es stand alles auf Biegen und Brechen. Ich kannte jedoch keine Gefahr mehr, es war mir alles gleichgültig.

Plötzlich, etwa um Mitternacht, brachen fürchterliche Brechseen über mich herein. Mein Boot schoß jedesmal jäh talwärts und wurde von hinten von einer gewaltigen Brechsee überflutet. Ich war jedesmal gezwungen, das Fall des Segels zu lösen, während das Boot und ich vollständig von der Oberfläche verschwanden. Daß es sich hier um gewaltige Grundseen handelte, in der Nähe der Küste, war mir vollkommen klar, jedoch war ich nicht imstande, etwas vom Land zu sehen. Zeitweise kam es mir vor, als hörte ich Steine gegeneinander schlagen. Etwa zwei Stunden lang befand ich mich inmitten dieser Grundseen, da plötzlich schrie mir aus allernächster Nähe in englischer Sprache jemand zu, ich solle Süd steuern, was ich auch sofort tat. Etwa eine Stunde später kam jedoch eine so heftige Bö auf, der mein Segel nicht standgehalten hätte, ich machte dasselbe darum fest und ließ das Boot treiben, um die Tageszeit abzuwarten. Bei Sonnenaufgang sichtete ich in westlicher Richtung die höchste Erhebung der Insel Lanzarote. Durch Rückkopplung kam ich zu dem Resultat, daß mein erst gesteuerter Südwestkurs mich auf den Strand von Lanzerote bei Kap Pasito geführt hätte ...“

Wenig später bricht der Morgen an; zwischen scharfkantigen Felsblöcken findet sich ein Landeplatz, Franz Romer stolpert mit weichen Knien aus seinem Boot und notiert im Tagebuch:

„Insel Lanzarote, 27. April 1928.

Bin soeben nach furchtbarer Fahrt, nach elf schrecklichen Tagen, die kein Mensch je begreifen wird, ein wenig knochenzerbrochen hier gelandet. Ich werde trotzdem die eigentliche Überquerung des Atlantiks schnellstens durchführen ...“

Am Strande sammelt sich rasch eine Menschenmenge. Scheu blicken die Fischer auf den salzverkrusteten Mann und auf sein kleines Boot. Als sie hören, daß er damit von Portugal herübergekommen ist, schütteln sie den Kopf. Aber sie geben ihm bereitwillig Obdach, und nach einem Schlaf von 24 Stunden ist Romer frisch genug, zum nahen Hafen von Arecife hinüberzupaddeln. Dort ist seine Ankunft bereits gemeldet worden; der tapfere Seemann wird jubelnd empfangen, und die begeisterte Menge trägt ihn auf den Schultern zum Hotel Oriental.

Hier gönnt sich Romer einige Tage Ruhe. Sein Gesundheitszustand ist nicht gut. Durch das lange Stillsitzen in dem kleinen, mit Konserven und Gerät aller Art vollgepackten Boot haben sich an beiden Beinen Ödeme eingestellt, Schwellungen, die bis zum Knie hinaufgehen. Der ganze Körper ist vom salzigen Seewasser wie ausgelaugt; kleine Risse und Hautverletzungen heilen nicht, sondern schwären und eitern. Entzündungshemmende Heilmittel, wie sie später der deutsche Arzt Dr. Lindemann auf seiner Ozeanüberquerung in einer Piroge mit sich führt, sind noch nicht erfunden. So ist Romer übersät mit Pickeln, Beulen und schmerzhaften Furunkeln, gegen die es kein Mittel gibt.

Trotzdem hält er an seinem Entschluß weiterzufahren fest. Er kratzt den dicken Algenbelag vom Bootskörper, paddelt nach Las Palmas weiter, und am Sonnabend, dem 10. Juni 1928, gegen 15 Uhr, erklingt zum zweiten Mal das Kommando: „Leinen los!" Bald versinkt das Land am östlichen Horizont, gleichmäßig weht der Passat und bläst das Faltboot, das Franz Romer „Deutscher Sport" getauft hat, mit sieben Seemeilen je Stunde, also mit etwa 13 Kilometer Geschwindigkeit, über das Meer. Acht Tage lang gibt es eine gute, gleichmäßige Fahrt. Nachts kann Romer meist mehrere Stunden hintereinander schlafen, und so ist er frisch und ausgeruht, als am 18. Juni der Sturm kommt. Er dauert zehn Stunden, aber diese zehn Stunden haben das Boot um hundert Seemeilen nach Westen gebracht, etwa 185 Kilometer, was einer Stundengeschwindigkeit von rund 18 Kilometern entspricht. Es ist erstaunlich, wie schnell das Faltboot ist. Die größte Tagesleistung erreicht Romer am 1. Juli: Er legt im Etmal, d. h. von Mittag bis Mittag, 128 Seemeilen zurück, also 237 Kilometer! Aber so glänzend sich das Boot auch im schwersten Seegang bewährt: hochseefähig sind Faltboote nicht. Als Rettungsfahrzeuge an Bord von Passagierdampfern oder Flugzeugen sind sie ungeeignet.

Im Gegensatz zu den Erlebnissen, die später Dr. Lindemann haben wird, sind Romers Begegnungen mit großen Fischen nicht immer ganz angenehm. Delphine, Schwertfische und Haie erweisen sich als außerordentlich neugierig, mehrfach muß der Kapitän zur Pistole greifen, und Ende Juli kommt es sogar zu regelrechten Angriffen durch vier gemeinsam attackierende Haie. Romer berichtet darüber:

„Ich sah sie kommen und sah, wie flach schwimmend und in hoher Fahrt sie durch das Wasser preschten und scharfes Kielwasser setzten. Da wußte ich sofort, daß es um mein Leben ging. Meine Giftbrocken beachteten sie leider überhaupt nicht, sondern tauchten sofort und versuchten zu rammen. Meine Stacheln an den Steven machten nicht den geringsten Eindruck auf sie, mein Schießeisen fand ich nicht, und so mußte ich die Dinge gehenlassen, wie sie eben gingen. Die ersten Stöße setzten sie in ihrer Wut wohl zu tief an. Ich fühlte nur, wie das Boot sich hob und wie unter dem Durchgleiten der

Körper die Bootshaut sich einbeulte. So ging das mehrmals. Dann aber kam ein Vorbeischießen in unmittelbarer Nähe, so daß das Boot im Nu mit 45 Grad Neigung zum Wasser lag, und wenn ich mich nicht sofort mit aller Gewalt luvwärts dagegen geworfen hätte, dann wäre ich gekentert, und der Hai hätte mich zwischen die Zähne bekommen. Als er dann auftauchte und zu einem neuen Angriff ansetzte, nahm ich in meiner Bedrängnis den nächsten mir gerade erreichbaren Flaggenstock und schlug nach ihm. Dabei entfaltete sich die amerikanische Flagge, und vor den lebhaften Farben der Sterne und Streifen riß dann wohl die ganze Bande aus. Der größte hatte gut Bootslänge und war mit Muscheln und Algen bewachsen wie ein alter Brückenpfahl. Ich fluchte stark hinter ihm her."

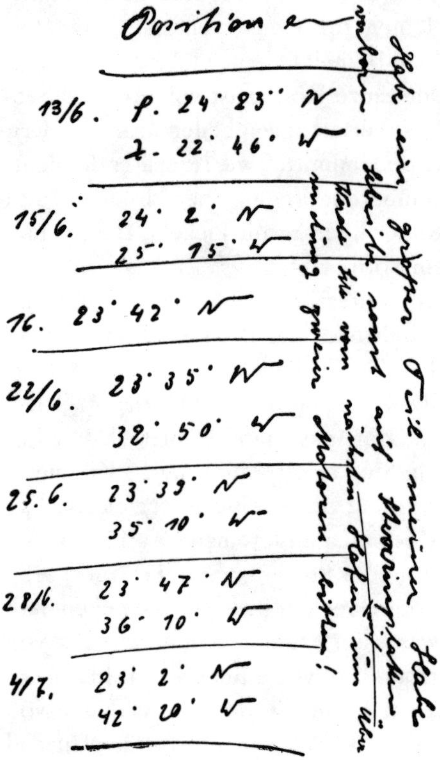

78 *Positionsangaben (Ausschnitt aus Romers Bordbuch)*

Gegen Mitte Juli, nach mehr als vierzig Tagen Fahrt, durchlebt Romer eine schwere Krise. Durch den Mangel an frischen Lebensmitteln – Vitamintabletten gibt es noch nicht – machen sich Anzeichen eines beginnenden Skorbuts geltend. Die Zähne wackeln, das Zahnfleisch schwillt an und blutet, ein unerträglicher Heißhunger nach Obst überfällt ihn. Dazu quälen ihn Furunkel, namentlich an der Sitzfläche, das Salz des verdunsteten Seewassers hat ihn völlig überzogen, Sonnenbrand hat ihn befallen, blutiger Schorf bedeckt sein bärtiges Gesicht. Als dann noch das Wasser in seinen Tanks zu faulen beginnt, so daß er nach jedem Trunk erbrechen muß, weiß Romer, daß seine Lage anfängt, bedenklich zu werden. Dazu kommt, daß er seit Tagen kein warmes Essen mehr gehabt hat. Ende Juni ist sein Spirituskocher explodiert. Eine meterlange Stichflamme schießt aus dem Primus – Dr. Lindemann wird 30 Jahre später dasselbe passieren; es ist noch ungeklärt, welche Ursachen das hat – es bleibt nichts übrig, als den Kocher in die See zu kippen. Die Folge ist natürlich, daß er seine Speisen nun roh hinunterwürgen muß. In der Arktis geschieht das nicht selten; Pemmikan läßt sich gekocht und roh essen. Aber unter äquatorialen Breiten halten sich Lebensmittel nicht; man ist, wenn der Frischproviant verbraucht ist, auf Konserven angewiesen, und die sind vielfach nur in gekochtem Zustand genießbar. Es sieht nicht sehr gut aus, stellt Kapitän Romer fest.

Da taucht plötzlich am Horizont eine Rauchfahne auf. Bald kommen die Mastspitzen hinterher, der Schornstein, der Bug: ein Dampfer, und zwar ein Dampfer, dessen Kurs sich mit dem des Faltbootes schneidet. Schon mehrfach sind größere und kleinere Schiffe an Romer vorbeigezogen, ohne daß er gesichtet worden wäre. Hier muß ein besonders tüchtiger Maat im Krähennest des Ausgucks sitzen! Vom Schornstein löst sich eine kleine weiße Rauchfahne; der Rudergänger hat die Dampfsirene betätigt, gleich danach dringt deren dumpfes Brummen an Romers Ohr, und im Glas sieht er, wie die Hecksee hinter dem Schiff – es ist der jugoslawische Frachter „Epidauro" – zusammenfällt: großer Gott, sie stoppen!

Wie ein Wahnsinniger beginnt Romer zu paddeln. Sein Boot zischt durch die See, die Paddel biegen sich bei jedem Schlag, als wollten sie brechen. Die „Epidauro" hat inzwischen eine Gig ausgesetzt, die dem Faltboot entgegenkommt, und um 11.30 am 18. Juli 1928 klimmt Kapitän Romer mit schmerzenden Knien den Aufgang zur Brücke empor, um seinem jugoslawischen Kollegen, Kapitän Bradicic, seine Papiere vorzulegen.

Die Erregung an Bord ist ungeheuer. Seitdem man das kleine Boot gesichtet hat, hängen alle Mann an der Steuerbordreling. Die wildesten Wetten werden abgeschlossen: Wer ist der Mann, den die „Epidauro" da mitten im Bach gefunden hat? Ein von Stürmen verschlagener Eskimo? Ein Schiffbrüchiger? Ein Verbrecher, der aus Cayenne oder von der Teufelsinsel geflohen ist? Da sehen sie, wie ihr Alter, Kapitän Bradicic, grüßend die Hand an die Mütze legt und dem verdreckten, wundgescheuerten und verkrusteten Kerl, dessen Hose von Blut und Eiter starrt, die Hand gibt. Lauter Jubel erhebt sich an Bord, als die wettergegerbten Teerjacken aus Dubrovnik und Kotor erfahren, wen sie da aufgefischt haben. Sie drängen sich um den deutschen Kameraden, sie beschwören ihn, seine Fahrt abzubrechen und an Bord zu bleiben. Aber Romer lehnt entschieden ab. Dankbar nimmt er die 20 Liter Frischwasser, das Bündel Bananen, den Tee, den Spirituskocher und die Fruchtkonserven an, die ihm Bradicic anbietet. Dann klettert er steifbeinig und mit schmerzverzerrtem Gesicht wieder in sein Boot, legt ab und ist – winzigkleiner Strich im riesigen Meer – den Blicken der Leute von der „Epidauro" bald entschwunden.

Neue Tage schwerer Prüfungen folgen. Der Wind geht schlafen, die Sonne brennt heiß vom Himmel, irrsinnige Kopfschmerzen quälen den einsamen Mann, Halluzinationen äffen ihn. Er erlebt nun selbst, was er in den Berichten geretteter Schiffbrüchiger so oft gelesen hat: daß sie wähnen, zu Hause zu sein, daß das wogende Meer zur festen Straße wird, die sie nur zu beschreiten brauchen, um gegenüber vom Kaufmann alles einzuhandeln, wonach ihr Herz begehrt: Mineral-

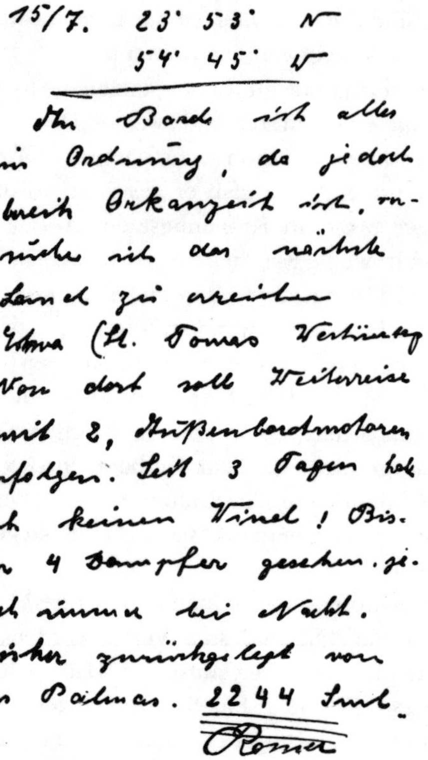
15/7. 23° 53' N
54° 45' W
An Borde ist alles in Ordnung, da jedoch bereits Orkanzeit ist, versuche ich das nächste Land zu erreichen etwa (St. Tomas [illegible]) Von dort soll Weiterreise mit 2 Außenbordmotoren erfolgen. Seit 3 Tagen habe ich keinen Wind! Bisher 4 Dampfer gesehen, jedoch immer bei Nacht. Bisher zurückgelegt von Las Palmas. 2244 Seml.
Romer

79 Eintragung vom 15. Juli (Aus Romers Bordbuch)

wasser, schottischen Whisky, Apfelsinen, ein saftiges Stück Fleisch. Die Grenze zum Wahnsinn ist unter solchen Umständen schnell überschritten, schaudernd erkennt Romer, wie nahe er ihr gekommen ist, und energisch ruft er sich zur Ordnung.

Glücklicherweise kommt schließlich Wind auf. In sausender Fahrt geht es nach Westen, beide Segel stehen rund und voll in der frischen Brise. Am 26. Juli gibt es Sturm. Mit Windstärke 10 bricht er über Romer und sein Boot herein. Mehr unter als über Wasser, vom Sog der riesigen Brecher in die Tiefe geholt, aber immer wieder auftauchend, kämpft er zwei Tage Stunde um Stunde, Minute um Minute um sein Leben. Endlich legt sich der Orkan, der vielen großen Schiffen zum Verhängnis geworden ist, der aber auch Romers Energie gebrochen hat. Er ist völlig fertig und hat weder die Kraft, den Spirituskocher in Gang zu setzen, noch das salzige Wasser auszuschöpfen, das sich unter seinem Sitz gesammelt hat und das der entzündeten Haut schmerzhafte Qualen bereitet. Er holt die letzten Bananen hervor, sie erquicken ihn wunderbar, und während er ißt, sieht er, daß eine leere Streichholzschachtel an ihm vorbeischwimmt. Wenig später kommt eine weggeworfene Blechbüchse mit Hautfett angetrieben, ein Faß folgt, Bündel von Seegras, Schilf und Binsen treiben im Wasser: Ganz in der Nähe muß Land sein! Mittags ist das Meer ruhig. Er holt den Sextanten aus dem wasserdichten Futteral, nimmt das Besteck und stellt voller Freude fest, daß er bei den Kleinen Antillen steht und daß ihn der Wind in Richtung der Insel St. Thomas treibt.

Am 30. Juli 1928 gegen Morgen taucht im Westen Land auf. Bis zum Mittagsbesteck hält Romer durch. Dann bricht er zusammen. Dicht unter der Küste fliegt der Anker über Bord, er faßt, das Boot schwojt aus, und im selben Moment ist der Deutsche auch schon eingeschlafen. 24 Stunden später weckt ihn eine Schiffssirene, er reißt sich zusammen und paddelt die letzten Kilometer bis hinüber zum Hafen. Hilfreiche Hände machen sein Boot fest. Mühsam klettert er an Land, zerlumpt, verwildert, von Furunkeln und Wunden übersät. Ein Hafenpolizist nähert sich. Romer richtet sich mit letzter Kraft auf, holt seine Papiere hervor, salutiert und meldet dem Sergeanten: „Ich bin der deutsche Kapitän Romer und habe mit diesem Boot in 58 Tagen den Atlantik gequert."

Wochen herzlicher Gastfreundschaft folgen. Amerika und Deutschland haben einander im ersten Weltkrieg als Gegner gegenübergestanden, noch sind nicht alle Wunden vernarbt: Da kommt dieser Deutsche als erster Mensch überhaupt auf einem gebrechlichen Fahrzeug angepaddelt! Er überwindet 3852 Seemeilen, um der Neuen Welt die Grüße der Alten Welt zu überbringen. Daß das eine großartige Leistung ist, steht fest, und als faire Sportsleute sind die Amerikaner von Herzen gern bereit, Franz Romers Tat anzuerkennen. Es gibt festliche Empfänge, eine Goldmedaille wird für ihn geschlagen, und lange Zeit hindurch verdunkelt der Ruhm des deutschen Kapitäns selbst den Ozeanflug des amerikanischen Nationalhelden Lindbergh.

Am 8. September 1928 gegen 15 Uhr bricht Romer zur letzten Etappe seiner Reise auf. Er hat sich aus Deutschland zwei Außenbordmotore kommen lassen, die er an Steuerbord und an Backbord montiert und die seinem ohnehin schnellen Klepperboot noch eine zusätzliche Geschwindigkeit verleihen. Der Kurzwellensender, den er ebenfalls aus Deutschland bestellt hat und dessen Empfängerschaltung ihn in den Stand setzen würde, die Wetternachrichten der meteorologischen Stationen des amerikanischen Festlandes abzuhören, trifft jedoch nicht rechtzeitig ein. Franz Romer weiß recht gut, daß Wettermeldungen für ihn lebenswichtig sind. Die Hurrikan-Zeit ist angebrochen; mit den zwei Außenbordmotoren hat sein Boot eine so große Geschwindigkeit, daß er Stürmen aus dem Wege gehen kann, wenn – ja, wenn er über ihren Weg zeitig genug unterrichtet wird. Aber das Kurzwellengerät kommt nicht und kommt nicht. So entschließt er sich, vielleicht getrieben von einer Wette, Anfang September von den Kleinen Antillen aufzubrechen. Er gelangt glücklich nach San Juan, der St. Thomas benachbarten Antillen-Insel, wo er am 11. September um 8.30 Uhr zur Weiterfahrt startet.

Sein Gastfreund, ein deutscher Kaufmann, warnt ihn eindringlich. Das Wetter gefällt ihm gar nicht, offenbar zieht im Westen ein Hurrikan auf und, was solch ein Wirbelsturm bedeutet, weiß jeder, der einige Jahre auf den Kleinen Antillen gelebt hat, nur zu genau.

Aber Romer läßt sich nicht halten. Bald nach seiner Abfahrt bricht der Sturm los. Sein Zentrum liegt über San Juan, das schrecklich verwüstet wird. Böen mit mehr als 300 Kilometer Geschwindigkeit rasen über die Insel, rasen über den einsamen Faltbootfahrer und drücken ihn unter Wasser. Niemals mehr hat man von Franz Romer gehört, kein Teil seines Bootes oder seiner Ausrüstung wird irgendwo angetrieben. Spurlos löscht ihn der Orkan aus, als hätte er nie existiert.

Thor Heyerdahl

Hellhäutige, blonde Menschen werden niemals braun, auch in den Tropen nicht. Sie werden rot wie Krebse, und rot wie ein Krebs liegt der blonde, hellhäutige Thor Heyerdahl, ein junger Ethnologe aus Oslo in Norwegen und echter Nachfahre der alten Wikinger, neben seinen braunen polynesischen Freunden im weißen Sand von Fatuhiva, einer der Marquesas-Inseln, weit draußen im Osten von Französisch-Ozeanien. Man schreibt das Jahr 1938, und in Europa ist der Teufel los. Unseren blonden norwegischen Völkerkundler kümmert das im Moment nicht. Wenig später wird es ihn sehr kümmern und bekümmern: Jetzt lauscht er den Erzählungen des uralten Häuptlings Tei Tetua, der dem europäischen Freund von Tiki erzählt. Tiki, Urahne und Gott zugleich, hat die Polynesier aus ihrer weit hinter dem Meer gelegenen Heimat einst in ihr Inselreich geführt. Das ist lange her, aber unvergessen. Vom Vater auf den Sohn erbt sich die Saga von Tiki fort, und Tei Tetuas Bericht entspricht wörtlich der Überlieferung, die von den Urvätern auf ihn überkommen ist. Wie verzaubert hört Heyerdahl dem Polynesier zu. Er weiß als Wissenschaftler recht gut, daß die Herkunft jener hochgewachsenen hellhäutigen Menschen, die die Inselwelt des polynesischen Dreiecks bewohnen, völlig ungeklärt ist. Wie ein Blitz überfällt ihn eines Abends, angesichts des seit Urzeiten von Osten herandonnernden Passats, die Überzeugung, diese Menschen könnten nur von Osten, von Amerika gekommen sein, und ihr göttlicher Urahne Tiki sei jener Gott Kon-Tiki, von dem die Inkas zu Peru in ihren allerfrühesten Legenden so beredt zu berichten wissen.

Das ist eine völlig neue Ansicht. Zwar weiß man, daß zwischen Peru und Polynesien über achttausend Kilometer schäumende See hinweg mancherlei merkwürdige Kulturberührungen bestehen. Lange vor dem Eintreffen der ersten Weißen in der Südsee wird dort die Kartoffel angebaut, deren eigentliche Heimat Amerika ist. Und während sie im Quechua, der Staatssprache der Inkas, kumar genannt wird, heißt sie in Polynesien kumara. Ähnlich verhält es sich mit dem Flaschenkürbis, einer allein und ausschließlich im südamerikanischen Dschungel beheimateten Urwaldpflanze. Die Indios nennen sie kimi. Mit demselben Wort bezeichnen aber auch die Polynesier dieses Gewächs, das ebenfalls lange vor den Europäern zu ihnen gedrungen ist und dessen Früchte in getrocknetem Zustand hervorragend brauchbare Wasserbehälter abgeben. Mit der Baumwolle und der sapindus saponaria, einer aus dem tropischen Amerika stammenden Heilpflanze, die zusammenziehende Wirkung hat und gleichzeitig auch als Seife dient, ist es genauso. Sie sind auch in Polynesien bekannt und werden dort mit genau demselben Namen benannt wie in Südamerika. Das ist um so eigenartiger, als weder die Kartoffel noch der Flaschenkürbis, die Baumwolle oder sapindus saponaria Salzwasser vertragen. Sie können also nicht angeschwemmt worden sein, sie sind vielmehr ganz unzweifelhaft durch Menschenhand, in Booten und auf langen Ozeanreisen von Südamerika nach Polynesien gelangt.

Aber wie ist das geschehen? Der zweite Weltkrieg hindert Thor Heyerdahl, Reserveoffizier der norwegischen Armee, daran, sich näher mit diesen Fragen zu befassen. Erst 1947 ist er soweit. Völlig sicher, daß seine Theorien zutreffen, läßt er sich mit einigen Kameraden auf einem altindianischen Vorbildern nachgebauten Floß von Peru nach Polynesien treiben. Gewiß, diese großartige Fahrt ist noch kein Beweis dafür, daß die Besiedlung eines erheblichen Teiles der Südsee-Inseln ausschließlich von Amerika aus erfolgt ist. Um diese Ausschließlichkeit geht es dem jungen Norweger auch gar nicht. Er will eine Möglichkeit aufzeigen, an die bisher niemand gedacht hat. Von vielen Wissenschaftlern wird der Norweger bekämpft – aber alle Versuche, seine Gedankengänge durch die Tat zu widerlegen, sind bisher gescheitert. Noch ist es keinem von Europäern gesteuerten, mit Kompaß und Sendegerät ausgestatten Floß oder Auslegerboot gelungen, den Stillen Ozean gegen Wind und Stömungen von West nach Ost zu bezwingen.

Der Streit der Wissenschaftler soll uns hier aber nicht kümmern. Es soll uns gleichgültig sein, ob die Polynesier mit dem Passat von Osten in ihr Meerreich eingewandert sind, oder ob das von Westen her, von Indonesien aus, geschehen ist. Genau wie Franz Romer ist nämlich auch Thor Heyerdahl im streng geographischen Sinn kein Entdecker. Wenn wir ihn hier nennen, so deshalb, weil er einer der großen neuzeitlichen Wieder-Entdecker des Meeres geworden ist: jenes Elementes, aus dem die frühen Vorfahren des Menschen einst an die Küsten gekrochen sind, dem wir als Landbewohner uns aber so entfremdet haben, daß wir es für unbezwingbar und feindlich halten. Das ist ein Irrtum. Wie die Wüste und der Dschungel, so läßt sich auch das Meer überwinden; man muß es nur kennen und muß den Mut haben, sich ihm anzuvertrauen. Denn trotz aller Tücken ist es im Grunde ein freundliches Element. In vielen Fällen hat nicht die See den Schiffbrüchigen getötet, sondern die Angst vor ihr. Um dieser Angst entgegenzuwirken und um das Lied eines Helden unserer Tage zu singen, soll hier die Geschichte von Thor Heyerdahls großartiger Floßfahrt über den Stillen Ozean erzählt werden.

Sie nimmt ihren Anfang nicht etwa, wie man natürlich glauben möchte, irgendwo an der Küste des Stillen Ozeans, sondern in einem Archiv. Lange Wochen hockt der norwegische Gelehrte hinter riesigen, dick verstaubten alten Akten, bis er endlich gefunden hat, was er sucht: eine genaue Beschreibung jener indianischen Hochseeflöße, die zu Zeiten der spanischen Entdecker vor den Küsten von Südamerika kreuzten und mit denen ganz unzweifelhaft sehr weite Fahrten zurückgelegt worden sind. Und auch die zweite Etappe der Floßreise beginnt nicht am Meer, sondern mitten in den Dschungeln von Ekuador, wo Thor Heyerdahl mit seiner Mannschaft riesige Balsabäume fällt, sie zum nächstgelegenen Fluß schleifen läßt und sie dann zur Küste des Pazifiks befördert.

Balsaholz, wohlbekannt als einer der wichtigsten Baustoffe für Modell- und Segelflugzeuge, ist eines der leichtesten Hölzer der Welt. Es hat eine sehr hohe Schwimmfähigkeit und Tragkraft, aber einen Nachteil: seine lockere Dichte. Dieser Beschaffenheit wegen saugt es sich rasch voll Wasser. Und so erklärt denn auch der größte peruanische Balsaexporteur, ein erstklassiger Fachmann, Heyerdahls Plan sei Wahnsinn. Schon nach einem Viertel der Zeit, die er benötige, um von Südamerika nach Polynesien zu segeln, wären die Balsastämme so voll Wasser, daß sie wie bleierne Enten absaufen müßten. Aber der Norweger läßt sich nicht beirren. Der längste, vierzehn Meter messende Stamm wird in die Mitte des Floßes bugsiert, rechts und links folgen acht weitere, bis auf zehn Meter Länge verkürzte Bäume. Mit scharfen Äxten erhalten die Balsastämme tiefe Kerben; solide Hanftaue von einundeinviertel Zoll laufen durch diese Kerben und verbinden die Bäume untereinander. Stahlseile werden nicht verwendet, weil Heyerdahl befürchtet, daß sie das lockere Balsaholz im Lauf der Zeit zerschneiden könnten. Quer über den eigentlichen Floßbäumen liegen, wie ein Gitter mit etwa einem Meter Abstand, dünnere Balsabalken – auch diese mit Hanftauen festgehalten –, und darüber wird ein Deck aus gespaltenem Bambusrohr gelegt. Dem Heck zu, fast in der Mitte des Floßes, erhebt sich eine Hütte aus Bambusrohr, mit Bananenblättern gedeckt. Vor ihr, in Richtung auf den Bug, wird der Mast verankert, der aus zwei sich kreuzenden, eisenharten Stämmen besteht. Sie tragen ein sehr großes Rahsegel, das dem ungefügen Floß bei günstigen achterlichen Winden eine erhebliche Geschwindigkeit verleihen muß.

Als der Bau des Floßes gerade beendet ist, läuft ein norwegischer Dampfer in Callao, dem Haupthafen von Peru, ein. Kapitän, Steuermann und Segelmacher, alles erfahrene Seebären, von hundert Stürmen gegerbt, besichtigen das primitive Fahrzeug ihres jungen Landsmannes. Entsetzt schütteln sie die Köpfe. Das kann ja gar nicht gut gehen! Selbst wenn die Balsastämme aushalten, die Zurrungen der Hanfseile zwischen den einzelnen Stämmen halten auf keinen Fall aus! Sie werden von den aneinanderstoßenden Bäumen zu kleinen Flocken zerrieben, und spätestens nach vierzehn Tagen Fahrt muß das Fahrzeug auseinanderfallen.

Thor Heyerdahl ist kein Seemann. Wie die meisten seiner Kameraden kennt er das Meer nur als Passagier großer Dampfer. Und seinem Bericht über die Treibfahrt quer durch den Pazifik merkt man noch heute, ein rundes Jahrzehnt später, an, daß ihn die Einwände seiner norwegischen Landsleute bedenklich gemacht haben. Sein eigenes Leben zu riskieren, macht ihm nichts aus. Aber darf er, da ihm alle Fachleute abraten, das Leben seiner fünf Kameraden in so ernsthafte Gefahr bringen? Sicherlich hat Heyerdahl in diesen Tagen vor der Abfahrt manche nachdenklichen Stunden gehabt, und in seinem Buch „Kon-Tiki, ein Floß treibt über den Pazifik" bekennt er ganz offen:

„Das waren harte Argumente, gegen die wir taub bleiben mußten. Es hätte genügt, daß eines zutraf, damit uns keine Chancen blieben. Ich fürchte, daß ich mich selbst oft gefragt habe, ob wir wußten, was wir taten. Ich konnte selbst nicht den einzelnen Warnungen begegnen, weil ich kein Seemann war, aber im Hintergrund hatte ich jenen einzigen Trumpf, auf dem die ganze Reise aufgebaut war. Mir stand die ganze Zeit vor Augen, daß eine prähistorische Kultur von Peru hinüber zu den Inseln in einer Zeit verbreitet wurde, als solche Flöße die einzigen Fahrzeuge an dieser Küste waren. Ich schloß daher ganz allgemein, wenn das Balsaholz im Jahre 500 n. Chr. für Kon-Tiki geschwommen war und die Zurrungen gehalten hatten, daß sie dasselbe auch für uns machen würden, wenn wir nur blindlings das Floß ähnlich genug herstellten ..."

Diese innere Sicherheit ist bewundernswert. Sie überzeugt nicht nur Heyerdahls Kameraden, sie wirkt selbst auf die Offiziere der amerikanischen Marine im Pentagon zu Washington. Der Norweger berichtet ihnen kurz über seine Absichten und erhält dann die Zusicherung, daß ihm alles an Verpflegung, Gerät und Kleidung, was er brauche, kostenlos zur Verfügung gestellt werde; er habe nur zu melden, wie sich diese Dinge bewährt hätten. Auch die peruanischen Amtsstellen ziehen mit. Heyerdahl und seine Männer erhalten im Kriegshafen von Callao einen Platz zugewiesen, wo sie ihr Floß in aller Ruhe zusammenbauen können. Ein Schwimmkran steht zu ihrer Verfügung, die Tischler- und Segelmacherwerkstätten helfen, wo sie nur können. So wird das indianische Balsafloß bald fertig, und am 28. April 1947 gegen Abend bringt der Marineschlepper „Guardin Rio" die „Kon-Tiki" von Callao auf die hohe See. In einer Entfernung von 50 Seemeilen wirft der Schlepper die Trossen los, auf dem Floß wird das Segel gesetzt, eines der größten seemännischen Abenteuer unserer Zeit beginnt.

Die Nacht vergeht ruhig. Aber schon am nächsten Tag nimmt der Passat das ungefüge Fahrzeug brausend in seine Arme. Achtern stehen wilde Seen, die sich mit Donnergepolter brechen. Aber sie brechen sich nie auf Deck. So gefährlich die Situation auch aussieht, jedesmal nimmt der drohende Wellenberg das Floß auf seine Schultern und läßt es dann sanft zu Tal gleiten. Heyerdahl fällt ein Stein vom Herzen. Aber er begreift sehr bald, daß alles darauf ankommt, die „Kon-Tiki" immer in Richtung des Windes und der Wellen zu halten. Gerät sie durch irgendeinen Umstand quer zu den Brechern, dann muß es Unheil geben. In der dritten Nacht passiert es. Eine riesige Welle dreht das Floß, aber sie dreht es ganz herum, so daß es jetzt mit dem Heck voraus durch die See läuft. Es bleibt nichts übrig, als das Segel herunterzunehmen und sich Wind und Strömung zu überlassen. Erst spät am nächsten Tag gelingt es den sechs Männern, den Bug wieder in die Fahrtrichtung zu bringen und das Segel erneut zu setzen. Geschehen ist ihnen glücklicherweise gar nichts. Die steife Brise bleibt noch ein paar Tage stehen, die Reisegeschwindigkeit beträgt 100 bis 130 Kilometer je Tag – aber als Kurs liegt Nordwest an. Wenn der Wind sich nicht ändert, kommen sie nie nach Polynesien, sondern zu den Galápagos-Inseln.

Eine andere Sorge gesellt sich dazu. Die trockenen Balsastämme sind durstige Wassersäufer. Schon nach ein paar Tagen kann man die Finger tief in das schwammige Holz drücken; einzelne mit dem Messer abgehobelte Späne sind so schwer, daß sie in der See versinken. Aber etwa einen Zoll unter der Oberfläche scheinen die Bäume trocken zu sein. Werden sie schwimmfähig bleiben, bis man die nächste, viele tausend Seemeilen entfernte polynesische Insel erreicht hat?

Noch weiß niemand, ob die Taue, mit denen die einzelnen Stämme aneinandergebunden sind, den im Seegang auf sie ausgeübten tonnenschweren Zug aushalten. Immer wieder hört man sie in allen Tonarten quietschen und kreischen. Jeden Morgen gehen deshalb zwei Mann kopfüber von Bord um zu prüfen, ob die Zurrungen unter dem Floß noch stehen. Aber sie sind in Ordnung. Die Vorhersage der norwegischen Landsleute in Callao, nach vierzehn Tagen würden die Hanftaue verfault sein und wie Zwirnsfäden reißen, erweist sich als falsch.

Nahrungssorgen haben die sechs Norweger nicht. Da sind einmal die guten vitaminhaltigen Ration-Pakete der US-Marine. Da sind zum anderen die Meerestiere, die sie angeln oder die als fliegende Fische freiwillig an Bord und sozusagen direkt in die brutzelnde Bratpfanne springen. Sie kommen mit solcher Wucht an, daß den Männern Hören und Sehen vergeht, wenn sie ihnen in das Gesicht klatschen. Aber nicht allein Fische unternehmen Ausflüge auf das winzige schwimmende Stückchen Festland: Selbst die Tiefsee entsendet ihre Boten. Schlangenmakrelen, der Wissenschaft bisher nur durch ein paar Skelette bekannt, steigen auf das Floß und gleiten über die Schläfer in der Bambushütte; nachts verfolgen leuchtende Ungeheuer von Elefantengröße das Fahrzeug, und eines Tages stattet auch ein Walhai, der größte heutzutage bekannte Fisch, eine Bestie von fünfzehn Meter Länge, der „Kon-Tiki" einen Besuch ab. Natürlich versuchen die Norweger, das riesige Tier zu harpunieren:

„Es dauerte ein oder zwei Sekunden, bevor der Riese richtig begriffen hatte, was vor sich ging. Aber dann war der langsame Idiot plötzlich in einen Berg von Stahlmuskeln verwandelt. Wir hörten ein Sausen, als die Fangleine über die Floßkante fuhr, und sahen eine Wasserkaskade, als der Riese sich auf den Kopf stellte und in die Tiefe hinunter raste. Die drei, die zunächst standen, wurden kopfüber umgerissen, und zwei davon

43 Thor Heyerdahl mit seinem Floß Kon-Tiki

44 Landschaft in Tahiti

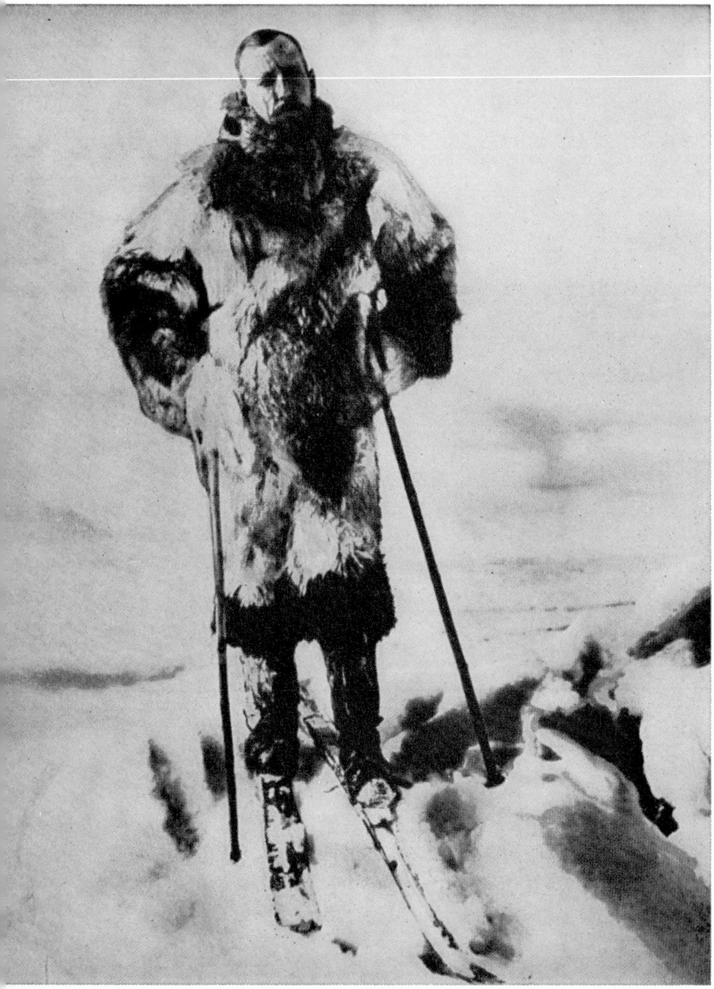

45 Roald Amundsen,
geboren in Borge
am 16. Juli 1872,
im Juni 1928
auf einem Flug
zur Rettung der Besatzung
des Luftschiffes „Italia"
zwischen Nord-Norwegen
und Spitzbergen
verschollen

46 Landschaft an der Eisbarriere des Roß-Meeres
mit See-Elefanten
und Pinguinen

wurden von der Leine, die durch die Luft zischte, aufgewetzt und verbrannt. Die dicke Fangleine, die stark genug war, ein Rettungsboot festzuhalten, verklemmte sich an der Floßseite, barst aber wie ein Bindfaden, und wenige Sekunden später schwamm ein abgebrochener Harpunenschaft zweihundert Meter weiter an der Oberfläche . . ."

Auch Wale zeigen sich; meistens sind es kleine Zahnwale, die prustend an die Oberfläche kommen, aber Pott- und Bartenwale sind fast genauso häufig. Eines Tages gegen Ende Juni 1947 kommt ein ganzer Zug dieser riesigen Tiere genau auf das Floß zugeschwommen, so daß ein Zusammenstoß unvermeidlich erscheint. Aber die Wale haben nichts Böses im Sinn. Elegant tauchen sie unter dem Floß hinweg, umkreisen es einigemale, offenbar höchst erstaunt und neugierig, und versinken dann in der blaugrünen Tiefe. *(Bild Nr. 43)*

Haie sind gewissermaßen ständige Gefolgsleute der „Kon-Tiki". Mit langsamen Schwanzschlägen fädeln sie sich in das Heckwasser des Floßes ein, lassen sich von den Wellen heben, so daß sie von hoher Warte aus über das ganze Deck blicken können, sinken im Wellental wieder hinab und steigen, kalte Gier in den Augen, im nächsten Wellenberg wieder empor. Wirft man ihnen einen Köder zu, schießen sie, blind vor Freßlust, darauf zu, und es ist leicht, sie zu fangen.

Gelegentlich geschieht das sogar von Hand. Man wirft dem nächsten Hai einen Köder zu, und wenn er sich dann abwendet, um wegzutauchen, packt man ihn am wedelnden Schwanz und wirft ihn, so schnell das möglich ist, auf die Balken des Floßes. Meist dauert es ein bis zwei Sekunden, bis das Tier merkt, daß irgend etwas mit ihm nicht mehr stimmt. Dann beginnt es zu toben und zu schlagen. Aber wenn ihm der lose Magensack auf den Schädel drückt, wird es apathisch und wirkt wie gelähmt. Das ist der Augenblick, ihn ganz auf Deck zu ziehen. Aber nun muß man dem Biest aus dem Wege gehen, denn der Schwanz schlägt wie ein Dampfhammer zu, und das Maul schnappt blindlings umher, bis ihn die Kräfte verlassen.

Viel schwerer als einen Hai zu fangen, ist es, ihn zu töten. Seine Haut ist so hart, daß es kaum möglich ist, ein Messer hineinzustoßen. Die fünf offenen Kiemenspalten an der Längsseite des Schädels sind die einzigen verwundbaren Stellen. Völlig verstört verfolgen die Lotsenfische, jene kleinen, zigarrengroßen, zebragestreiften Tiere, die ständig vor dem Maule eines Hais schwimmen, den für sie rätselhaften Vorgang. Plötzlich ist ihr Herr und Meister verschwunden! Aufgeregt sausen sie hin und her, um ihn zu suchen, und als er dann endgültig fortbleibt, entschließen sie sich, die „Kon-Tiki" als neuen Führer zu erkiesen.

Die teuflischsten Unholde dieses schrecklichen Meeres sind aber weder Haie noch Pottwale, sondern die Riesenkraken, die mit dem Humboldtstrom nach Norden treiben, nachts an die Oberfläche des Meeres steigen und deren Arme lang genug sind, jedes Lebewesen an Bord eines Floßes in das Wasser zu ziehen.

Thor Heyerdahl ist vor diesen Ungeheuern nachdrücklichst gewarnt worden. Er hat sich und seine Gefährten daher mit Macheten ausgerüstet, jenen schweren, blitzendscharfen Haumessern, mit denen man sich den Weg durch unbetretenen Urwald schlägt. Aber glücklicherweise ist solch ein Zusammentreffen nie erfolgt. Kleine Tintenfische, von der Gewalt des Rückstoßes, mit dem sie Seewasser durch eine seitlich an ihrem Körper entlangführende Röhre nach rückwärts pumpen, hoch in die Luft geschleudert, landen täglich auf dem Balsafloß. Sie können vierzig bis fünfzig Meter durch die Luft schießen, und nicht selten findet man sie auf dem Dach der Bambushütte, zwei Meter über der Wasseroberfläche. Man muß annehmen, daß ihre riesigen Verwandten aus der Tiefsee ähnliche fliegerische Kunststücke vollbringen können. Aber niemals legt sich ein glatter, kalter Tintenfischarm um den Hals eines der schlafenden Männer auf der „Kon-Tiki". Zwar sehen sie nachts in der tintenschwarzen See oft genug die großen phosphoreszierenden Augen dieser höllischen Ungeheuer, doch offenbar respektieren sie das Floß; nichts geschieht.

Gegen Mitte Juni 1947, nach 45 Tagen Reise, steht die „Kon-Tiki" etwa auf der Hälfte ihres Weges. 4000 Kilometer See liegen hinter ihr, 4000 Kilometer sind noch zu bezwingen. Es gibt bei Erreichung dieser unsichtbaren Markierung kein Fest an Bord, dazu sind die sechs Norweger viel zu kühl und zurückhaltend. Aber festliche Gedanken bewegen alle; sie sind sicher, daß sie es schaffen werden.

Ihr Gesundheitszustand ist ausgezeichnet, frische Nahrung gibt es mehr, als man verzehren kann, von Skorbut ist keine Rede. Freilich besteht die Nahrung vorwiegend aus Fisch, aber es sind Fische aller Arten mit wechselndem Geschmack, so daß Gaumen und Zunge zu ihrem Recht kommen. Auch Wasser ist genug an Bord. Freilich hält es sich nur acht Wochen und beginnt dann, schal und faulig zu schmecken. Aber da ist man längst über die regenarme östliche Zone des Pazifiks hinaus, fast jeden Tag ergänzen kräftige Regenschauer den Vorrat, und die jedem Mann zugeteilte Ration von einundeinviertel Liter Wasser wird nicht immer in Anspruch genommen. Reines Seewasser wird nicht genossen. Statt dessen wiederholen die sechs Mann den Brauch, den sie aus der Literatur über Schiffsunglücke und unfreiwillige Treibfahrten kennen: Stücke rohen Fischfleisches werden in einen Beutel getan und so stark gepreßt, daß Saft ausfließt. Er schmeckt zwar nicht besonders gut, wirkt aber durststillend. Dr. Hannes Lindemann wird später völlig entgegengesetzte Erfahrungen machen. Aber er sitzt eingesperrt in einer schmalen Piroge; er kann sich nicht bewegen, und nur selten ist das Meer so ruhig, daß er es wagen kann, kopfüber in die See zu springen und ein kühlendes Bad zu nehmen. An dieser Möglichkeit fehlt es Heyerdahls Mannschaft nie. Man braucht sich nur achtern auf die Balsastämme zu legen und bekommt dann soviel Wasser über den Körper geschüttet, wie man mag.

Durst haben sie kaum. Was ihnen Beschwerden macht, ist der Salzmangel. An warmen Tagen, wenn sich der Wind legt und die Sonne mit aller Macht vom Himmel brennt, so daß sich jede Pore der Haut in eine Art artesischen Brunnen verwandelt, können sie ihre tägliche Wasserration in einem Zuge schlucken, ohne daß sich das Durstgefühl verringert. Natürlich wissen sie, daß ihnen der Schweiß Salz entzogen hat; sie führen unter ihren Vorräten Salztabletten mit. Aber sie wollen ja wissen, wie es die Eingeborenen gemacht haben könnten, die viele Jahrhunderte zuvor über die Meere getrieben sind. So setzen sie ihrem Süßwasser 20 bis 40 Prozent Seewasser zu und finden, daß diese Mischung den Durst löscht und durchaus bekömmlich ist. Wiederum muß auf Dr. Lindemann verwiesen werden. Auch er trinkt bei seinen einsamen Fahrten über den Atlantik Seewasser. Aber die Folge sind Ödeme, Schwellungen an den Gliedmaßen, die bis zum Knie hinaufgehen. Er lehnt Meerwasser daher nachdrücklich ab und warnt eindringlich davor, es zu trinken. Freilich ist seine Bewegungsmöglichkeit sehr viel geringer als die der Heyerdahl-Leute. Und vielleicht ist das der entscheidende Punkt.

Als sehr tröstlich in der Einsamkeit des unendlichen Meeres erweist sich der kleine Kurzwellensender, der in der Bambushütte steht. Anfangs, im Bannkreis der Anden, bleibt der Äther stumm. Aber dann meldet sich eines Nachts der Kino-Operateur Harold Kempel aus Los Angeles. Er ist völlig verwirrt, als ihm klarwird, daß der Sender L I 2 B auf einem primitiven Floß mitten im Pazifik steht. Aber er faßt sich rasch und erweist sich als zuverlässiger Freund, der Nacht um Nacht am Apparat hockt und auf einen Anruf von der „Kon-Tiki" wartet. Diese Anrufe sind nicht unwichtig. Sie enthalten Wettermeldungen, die Ergebnisse hydrographischer und meteorologischer Untersuchungen und kommen aus einem Gebiet, das fast unbekannt ist, weil es außerhalb jedes Schiffsverkehrs liegt. Bald mischt sich denn auch Washington in die abendlichen Gespräche mit dem Funkamateur. Laut schnarrend meldet sich der Sender des amerikanischen Wetterdienstes und bedankt sich bei Heyerdahl für die guten Dienste, die er den amerikanischen Meteorologen leistet. Einmal gibt es über Kurzwelle eine richtige Sensation. Natürlich haben die sechs Männer auf der „Kon-Tiki" ihre Fotoapparate mitgenommen. Sie knipsen eifrig, und da niemand weiß, ob die Bilder etwas geworden sind, beschließen sie, die Filme schon an Bord zu entwickeln. Das geschieht auch, aber es kommen nur Striche, Punkte, Kreise und Wellenlinien zum Vorschein. Betrübt melden sie das Ergebnis ihren fernen Freunden. Die hängen sich an das Telefon, fragen Fachleute, und eine halbe Stunde später meldet sich ein Amateursender in Hollywood, der auf den Pazifik hinausfunkt, die Entwicklerflüssigkeit sei zu warm; sie dürfe nicht mehr als 16 Grad haben!

Am 10. Juni 1947 hat das Floß mit 6 Grad 19 Minuten südlicher Breite seinen nördlichsten Punkt erreicht; es sieht so aus, als ginge die Reise geradenwegs zum Äquator. Aber da dreht der Wind von Ost auf Nordost, und in flachem Bogen schwenkt die „Kon-Tiki" nach Südwesten ein mit Kurs etwa auf Tahiti. Natürlich hat Heyerdahl mehrere Sextanten an Bord. Aber bald erkennen er und seine Kameraden, daß sie im Grunde gar nicht nötig sind und daß man fast genauso gut mit der nächtlichen Beobachtung der Sternbilder auskommt. Theoretisch weiß das der norwegische Gelehrte, und längst ist bewiesen, daß Mayas, Azteken, Inkas und Polynesier hervorragende Astronomen gewesen sind, die eigene Namen für so komplizierte Dinge wie nördlicher oder südlicher Wendekreis, Ekliptik und Äquator gehabt haben. Hier, unter dem ungeheuren Sternenhimmel, lernt er nun aus dem eigenen Erleben, daß diese Kenntnis keineswegs so erstaunlich ist und daß ein guter polynesischer Seemann ganz genau gewußt haben wird, wo die einzelnen Sterne am Himmel heraufziehen und wo sich demnach das Schiff jeweils befindet.

Gegen Ende Juni gibt es einen Unglücksfall, der schließlich zwar gut ausgeht, der aber fast ein Leben gekostet hätte. In steifer Brise von vierzehn bis sechzehn Sekundenmetern geht ein Mann über Bord. Jedes besegelte Boot läßt sich durch Überstaggehen oder durch Wegnehmen des Segels stoppen, so daß es keine Mühe macht, den im Wasser liegenden Kameraden wieder aufzufischen. Ein Floß aber ist nicht anzuhalten, ja nicht einmal zu bremsen. Der Winddruck ist, selbst wenn das Segel weggefiert wird, immer noch so groß, daß das Fahrzeug viel schneller ist als der Schwimmer. Der Abstand zwischen dem mit aller Kraft kraulenden Mann und der „Kon-Tiki" vergrößert sich, bis die Besatzung überhaupt begriffen hat, was geschehen ist, so gefährlich, daß die Hoffnung, den Kameraden zu retten, nicht mehr groß ist. Da wirft sich einer der Männer mit wildem Satz in die von Haien wimmelnde See.

Er trägt eine Schwimmweste in der Hand, die er in fliegender Hast an einer langen Leine befestigt hat. Und das Wagnis glückt! Er faßt den über Bord gegangenen Kameraden, die Männer an Bord ziehen Hand über Hand aus Leibeskräften an der Leine, und ehe einer der Haie zufaßt, sind beide wieder an Bord!

Es ist, als habe der Wind eine Art Respektfrist eingelegt, um die beiden Schwimmer zu schonen. Kaum sind sie wieder an Deck, versteift sich die Brise, ringsum steigt schwarzes Gewölk auf, und bald pfeift es heulend heran. In unglaublich kurzer Zeit werden Seen von sechs Metern aufgeworfen, die donnernd über das Heck hereinbrechen und den Rudergänger fast völlig überfluten. Er ist natürlich festgezurrt, aber seinen Kameraden bleibt manchmal das Herz stehen, wenn sie die Wasserriesen von achtern anlaufen sehen. Doch dem Floß macht der Sturm nichts aus. Es geht wie ein Fahrstuhl auf und nieder, gleitet elegant über alle Berge hinweg, um dann kopfüber in das Tal zu sausen. Fünf Tage dauert der Sturm, es ist nichts passiert. Nur die Seilzurrungen haben sich gelockert, die Bäume liegen nicht mehr dicht an dicht nebeneinander, sondern haben Spielraum. Man muß mächtig aufpassen, um nicht etwa mit dem Fuß zwischen die Stämme zu geraten.

Am 3. Juli verrät die Natur, daß irgendwo im Westen Land liegen muß: Die ersten Fregattvögel tauchen auf. Dreizehn Tage später, am 16. Juli, folgen ihnen die ersten Tölpel, Vögel mit einer Flügelspannweite von 1,5 Metern, und einige Zeit darauf steht fern am Horizont wie festgebannt eine große Wolke. Während die federleichten Passatwolken eilends dahinziehen, hält sie sich wie eine Säule aus Wasserdampf unbeweglich an derselben Stelle. Thor Heyerdahl kennt solche Wolken aus seiner Zeit in Fatuhiva; sie entstehen dadurch, daß die Sonne über heißem Sand glüht. Ein Strom erhitzter, feuchter Luft fährt wie von einem Blasebalg getrieben gen Himmel und kondensiert in der kalten Höhe. Wolken dieser Art zeigen Land an, Land, das nicht mehr weit entfernt sein kann!

Die Nacht zum 30. Juli 1947 vergeht, die Sonne steigt bald nach sechs Uhr morgens aus ihrem nassen Bett empor, und wenig später sieht man weit voraus einen blauen Schatten: Nach 93 Tagen Seefahrt tauchen die ersten polynesischen Inseln auf! Thor Heyerdahls verwegenes Unternehmen ist geglückt, in kurzer Zeit wird man irgendwo landen. Das dauert zwar noch acht Tage, aus der Landung wird eine höchst dramatische, recht gefährliche Strandung am Raroia-Riff der Tuamotu-Inseln nordöstlich Tahitis, aber das ändert an der Sachlage nichts mehr. Der Norweger hat bewiesen, daß indianische Balsaflöße durchaus in der Lage sind, die 8000 Kilometer See zwischen Amerika und den Inselgruppen des polynesischen Dreiecks zu überwinden. Aber er hat noch mehr bewiesen. Er hat gezeigt, daß Schiffbrüchige, ganz gleich ob sie vom Flugzeug oder von einem havarierten Dampfer in den „Bach“ müssen, auf Flößen sicher aufgehoben sind und daß für sie kein Grund zur Verzweiflung besteht. *(Bild Nr. 44)*

Hannes Lindemann

Im Herbst 1952, fünf Jahre nach Thor Heyerdahls erfolgreicher Expedition über den Pazifik, startet Dr. Alain Bombard, ein französischer Arzt, in einem aufblasbaren Schlauchboot zu einer Treibfahrt über den Atlantischen Ozean. Sein Boot – oder genauer gesagt: sein Floß – ist 4,5 Meter lang, 2 Meter breit und etwa 0,5 Meter hoch; es gehört also zu der Gruppe der Kleinstfahrzeuge, und der Gedanke, mit einem so gebrechlichen Fahrzeug den Atlantik zu überqueren, gilt allgemein als außerordentlich kühn. Aber der Franzose führt seinen Plan durch. Nach 95 Tagen landet er am 23. Dezember 1952 wohlbehalten auf der Insel Barbados. In seinem wenig später erscheinenden Bericht über diese Fahrt führt er aus, er habe seinen Flüssigkeitsbedarf während der ganzen Zeit wesentlich mit Fischsaft, Meerwasser und gelegentlich von ihm aufgefangenem Regenwasser befriedigt, ohne dabei körperlich Schaden zu nehmen. Seine Leistung könne von jedem Schiffbrüchigen ohne weiteres wiederholt werden, niemand brauche sich mehr Sorgen zu machen, er müsse auf dem Meer verhungern oder verdursten. Das deckt sich in gewisser Weise mit den Erfahrungen, die Heyerdahl und seine Kameraden gemacht haben, und es darf als sicher unterstellt werden, daß abgesehen von einigen sehr ausgefischten Gebieten auf dem Meer kein Hunger zu herrschen braucht. Es ist leicht, hinreichend viel Fisch zu fangen. Auch Plankton mit Vitamin-C-Gehalt, jene mikroskopisch kleinen pflanzlichen oder tierischen Lebewesen, von denen sich beispielsweise der Wal ernährt, gibt es auf fast allen Ozeanen so reichlich, daß sich hier für Schiffbrüchige unter günstigen Umständen eine gewisse Hilfe bietet. Nur über die Möglichkeit, Meerwasser zur Stillung des Durstes zu trinken, gehen die Ansichten weit auseinander. Während Dr. Bombard mit Nachdruck versichert, seine Floßfahrt habe „erwiesen, daß Schiffbrüchige zwanzig Tage lang und vielleicht noch länger ohne Süßwasser leben können", und während er an einer anderen Stelle seines Berichts: „Im Schlauchboot über den Atlantik" schreibt: „Ich habe also während 23 Tagen bewiesen, daß Fischsaft genügt, um den Durst zu löschen", widerspricht der deutsche Arzt Dr. Hannes Lindemann diesen Auffassungen auf das entschiedenste. Aber solange er am Schreibtisch sitzt, ist das alles graue Theorie. Er beschließt also, diese Behauptungen dadurch zu prüfen, daß er auch seinerseits den Atlantischen Ozean überquert.

Er wählt sich, da er zu diesem Zeitpunkt als Arzt bei der „Firestone-Company" in Liberia arbeitet, eine Piroge als Fahrzeug aus, einen Einbaum, der von den Schwarzen mit Axt und Feuer ausgehöhlt wird und ihnen dann als Boot dient. Wer jemals Pirogen gefahren hat, wird nur mit Unbehagen an sie zurückdenken. Da sie Bäume sind, ohne Kiel und rundum glatt, liegen sie schlecht im Wasser. Ihr Gleichgewicht wird nur durch den Rhythmus hergestellt, mit welchem die Boys die Piroge paddeln, ganz ähnlich wie ein Skiff, ein moderner Renn-Einer, nur durch die gleichmäßigen Schläge des Ruderers im Gleichgewicht bleibt. Damit auf See zu gehen, erscheint jedem Europäer als heller Wahnsinn. Aber Dr. Lindemann sieht die schwarzen Fischer Tag um Tag auf das Meer hinausfahren; er erlebt, wie gewandt sie mit den riesigen Segeln umgehen, die sie auf ihre Pirogen gesetzt haben, und daß es ihnen nicht das geringste ausmacht, von diesen schwanken Fahrzeugen aus ihren erbitterten Feinden, den Haien, wilde Schlachten zu liefern.

Also kauft er sich einen Einbaum. Er ist schmaler als ein Tourenfaltboot, nämlich 73 Zentimeter, dafür aber mit 7,70 Meter fast drei Meter länger. Es ist klar, daß ein so rankes Boot ganz furchtbar rollen muß. Infolgedessen wird an der Unterseite ein 13 Zentimeter tiefer, 3,5 Meter langer und mit 250 Pfund Blei beschwerter Kiel montiert, der der Piroge eine gewisse Stabilität verleiht. An den Flanken läßt Lindemann, ähnlich wie die Kenterschläuche an Franz Romers Faltboot oder an dem heutigen Klepper „Aerius", zehn Zentimeter breite Wülste aus Korkholz anbringen, außerdem deckt er sein Boot mit Sperrholz ab, so daß nur am Mast und achtern Mannlöcher offen bleiben. Kleine Schotten an Bug und Heck, deren luftgefüllte Kanister im Fall des Vollschlagens genügend Auftrieb geben, um das Boot an der Wasseroberfläche zu halten, sind eine weitere Sicherungs- und Vorsichtsmaßnahme. Nun Segel darauf, und dann ab in den Bach! Nach verschiedenen Probefahrten auf die hohe See setzt Hannes Lindemann am 25. Oktober 1955 von Las Palmas aus zum Sprung über den Atlantischen Ozean an.

Er ist 33 Jahre alt, Norddeutscher von Geburt, seit 1952 in Afrika tätig und an tropisches Klima gewöhnt. Bereits als Junge hat er sich durch verschiedene ausgedehnte Faltbootfahrten mit dem Meer und seinen Gefahren vertraut gemacht. Mit seinem kantigen Gesicht und der hervorspringenden Nase sieht der hochgewachsene blonde Mann aus wie ein Nachfahre der alten Wikinger. Wahrscheinlich ist er das auch. Jedenfalls kann man ihn sich gut als Kapitän eines wikingischen Drachenbootes denken. Pirogen hat er früher noch nie gesegelt, und er ist sich natürlich darüber klar, daß es keine idealen Fahrzeuge sind. Aber er wird glänzend mit seinem Einbaum fertig, obwohl er ihn bis an den Rand mit Obstkisten, Wasserkanistern, Konserven, Gerät und nautischen Instrumenten vollgepackt hat, so daß es gar nicht leicht ist, auch noch einen Menschen darin unterzubringen. *(Bild Nr. 42)*

Die Wasserbehälter sind natürlich die wichtigste Ladung. Auf seinen mehrwöchigen Probefahrten hat Dr. Lindemann bereits festgestellt, daß die alte, von vielen Generationen erfahrener Seebären immer wieder bekräftigte Behauptung von der Gefährlichkeit des Meerwassers anscheinend zutrifft. Er probiert es mit vier Glas, etwa einem halben Liter täglich; das ist die Menge, die ein Mensch ohne Schaden zu sich nehmen kann, wenn er daneben das gleiche Quantum anderer Flüssigkeit trinkt: Milch, Fruchtsäfte, Wein oder Süßwasser. Aber schon nach 48 Stunden stellen sich Ödeme ein, wäßrige Schwellungen des Gewebes, die an den Beinen bis zu den Knien ansteigen und von leichten Blutaustritten begleitet werden. Er hütet sich also vor Meerwasser. Sicherlich hat er recht mit dieser Vorsicht. Immerhin scheint es zur Zeit noch nicht hinreichend geklärt zu sein, ob jeder Mensch auf den Genuß von Seewasser in gleicher Weise reagiert. Dr. Bombard hat jedenfalls seinem Bericht zufolge Meerwasser ohne jede Störung vertragen. Auch Heyerdahl und seine Kameraden trinken gelegentlich gleichfalls Meerwasser, auch sie ohne Schädigung. Freilich wird man hinzufügen und berücksichtigen müssen, daß sie auf ihrem Floß sehr viel mehr Gelegenheit hatten, sich zu bewegen.

Wir sind hier mit voller Absicht ausführlicher geworden, als das in einem für die Jugend bestimmten Buch üblich ist. Aber die jungen Menschen, die diese Zeilen lesen – heute noch Schüler oder Lehrlinge –, werden in einigen Jahren in den Kanzeln unserer modernen Düsenflugzeuge sitzen oder auf der Brücke riesiger Ozeandampfer stehen. Auf ihnen wird dann die Verantwortung liegen, im Falle einer Havarie die ihnen anvertrauten Flug- und Fahrgäste dank ihrer Ausbildung und ihres besseren Wissens am Leben zu erhalten, bis Hilfe kommt. Dies ist der einzige Grund, weshalb hier von Romer, Heyerdahl und Lindemann erzählt wird. Sie haben, jeder an seiner Stelle, dazu beigetragen, das Meer neu zu entdecken als ein zwar gefährliches, aber nicht durchaus menschlichem Leben feindliches Element.

Lindemanns Reise beginnt unter schlechten Vorzeichen. Erst fällt ihm das Portemonnaie mit allen Näh- und Segelnadeln ins Wasser, dann fliegt ihm am nächsten Tag, genau wie seinerzeit Franz Romer, der Primuskocher um die Ohren. Es passiert dabei glücklicherweise aber nichts, und daß er nun die zwei oder drei Monate Fahrt bis zur Landung auf amerikanischem Boden nur kalte Nahrung zu sich nehmen kann, stört ihn auch nicht. Daß seine Nadeln über Bord gegangen sind, ist schon schlimmer. Er ist als Arzt zwar daran gewöhnt, Risse, die sich irgendwo zeigen, mit Heftpflaster zu schließen, aber an nasser Leinwand hält Heftpflaster schlecht. Sorgenvoll sieht er auf seine Segel – hoffentlich bleiben sie in gutem Stand! Anfangs herrscht Westwind, der Passat will und will nicht kommen, aber nach einiger Zeit setzt er mit voller Kraft ein und jagt die Piroge über den Ozean.

Natürlich gibt es mancherlei Begegnungen mit Großfischen. Schon gleich im Anfang der Reise passiert etwas Aufregendes. Seitlich, wenige hundert Meter entfernt, taucht am Morgen des 3. November ein großer brauner Fleck an der Meeresoberfläche auf, der wie ein wirrer Haufen Tang aussieht. Aber dieser Tanghaufen bewegt sich, geht unter, kommt schäumend wieder hoch, zwei große dunkle Augen sind erkennbar, doch ehe Lindemann die Kamera schußfertig hat, ist der ganze Spuk verschwunden. Um was für ein Tier es sich gehandelt haben mag, wird dem einsamen Mann in seinem von Gischt übersprühten Boot nicht klar. Er hält es für einen Riesenkraken, eines jener 25 bis 30 Meter messenden Ungetüme, wie sie gelegentlich gesehen worden sind: die Hauptfeinde der Pottwale, auf deren Körpern sich nicht selten die Narben ihrer Saugscheiben finden.

Wale sind ziemlich häufige Besucher, selbst so seltene Arten wie der Schnabelwal. Überaus neugierig schwimmen sie nahe an die Piroge heran, besehen sie sich genau, verschwinden aber dann, ohne Angriffsabsichten zu zeigen. Auch Haie haben keine Attacke auf Dr. Lindemanns Boot gewagt, obwohl er gelegentlich Biester fast von der Länge seines Fahrzeugs beobachtet. Nur ein einziges Mal gibt es eine Havarie. Hannes Lindemann hat sich langgemacht, um vor einem aufziehenden Sturm noch eine Mütze Schlaf zu nehmen. Aber es wird nicht viel daraus. Ein heftiger Schlag gegen das Boot läßt ihn hochfahren, und er sieht einen Hai, der langsam seines Weges zieht. Offenbar ist er es gewesen, der mit seinem Schwanz ein wenig an dem komischen Ding über ihm angeklopft hat. Am Bug gibt es abermals einen Schlag mit dem Schwanz, diesmal aber nur in das Meer, das schäumend aufwallt und sich zischend über die Piroge ergießt. Unter dem Druck des Wassers fährt der Bug herum, Lindemann will die Bewegung mit dem Steuer ausgleichen, muß aber feststellen, daß der Hai an Backbord die zum Steuer führenden Kabel zerrissen hat.

Viel Spaß machen dem einsamen Segler die Hornfische, etwa handlange Tiere mit runzliger, horniger Haut. Sie sind schlechte Schwimmer, schaffen etwa drei Seemeilen in der Stunde und sehen Lindemanns Boot betrübt nach, wenn es in einer Brise auf vier oder gar fünf Seemeilen kommt, seine Höchstgeschwindigkeit. Seine Flanken sind nämlich dicht mit Muscheln und kleinen Krebstieren bewachsen, der Lieblingsnahrung der Hornfische. Holt man sie mit Netz oder Harpune aus dem Wasser, grunzen sie empört. Bei Haien und Goldmakrelen genießen sie eine Art von Narrenfreiheit, und auch das gefährlichste Raubwesen der Welt, der Mensch, behandelt sie mit Vorsicht. Ihr Fleisch soll gelegentlich giftig sein, und auf den Antillen hüten sich die Fischer, in Lee der Insel gefangene Hornfische zu essen, da sie hier Tiere oder Pflanzen, vermutlich Korallentierchen, verzehrt haben, die für einen Menschen unter Umständen tödliches Gift enthalten. In Luv und auf hoher See scheint diese Gefahr nicht zu bestehen. Trotzdem schneidet sich Dr. Lindemann zunächst nur einen Kosthappen aus dem von ihm erlegten Hornfisch heraus, findet ihn aber wohlschmeckender als die Goldmakrele und verzehrt ihn dann ganz. Da sein Kocher ja längst das Zeitliche gesegnet hat, ißt er Fische natürlich roh. Ein ausgesprochener Hochgenuß dürfte das nicht gewesen sein, obwohl er jeden Bissen, um ihn ein wenig zu würzen, erst einmal in Meerwasser taucht. Ganz so schlecht, wie man meinen könnte, mundet roher Fisch aber nicht. Frisch gefangener Aal, mit Salz und Pfeffer bestreut und mit einem Schnaps hinuntergespült, ist eine Leckerei. Und das finden nicht nur die Samlandfischer, bei denen dieses Gericht als Leibspeise gilt.

Nicht lange, so überzieht sich, genau wie das einst Franz Romer geschehen ist, Lindemanns Haut mit Pusteln, Furunkeln und Ekzemen. Sie jucken sehr und brennen wie Feuer. Aber die modernen Heilmittel helfen schnell, bald ist er wieder guten Mutes und ohne Beschwerden. Ein anderes Ungemach stößt ihm durch Plankton zu. Er weiß, daß es vitaminhaltig ist; Vitamine braucht sein Körper dringend, also fischt er sich Plankton aus dem Wasser. Es sieht ziemlich scheußlich aus, und als er es kostet, fährt er entsetzt zurück: Das Zeug brennt wie die Hölle! Offenbar sind Nesselfäden der roten Brennqualle in das Plankton geraten; sie verätzen schon die dicke Haut des Körpers so schmerzhaft, als habe man sich verbrannt. Auf den zarten Schleimhäuten des Mundes muß die ätzende Wirkung dieser Nesselfäden aber geradezu schrecklich sein.

Das Wetter gibt jedoch Hannes Lindemann nicht viel Gelegenheit, über seine erste Begegnung mit Plankton nachzudenken. Es bläst kräftig aus Osten, und da das lange, ranke Boot jedem Winddruck auf seine Flanken nachgibt, muß seiner Neigung, auszubrechen und vom Kurs abzuweichen, dauernd mit dem Steuer begegnet werden. Obwohl es lange Zeit hindurch keinen eigentlichen Sturm gibt, treten manchmal recht böse Situationen auf. Eines Tages stellt ein Riesenbrecher die unter voller Beseglung und ohne Treibanker laufende Piroge wortwörtlich auf die Nase. Zischend gleitet sie in das Wellental hinab, und nur ein Zufall verhindert es, daß aus dem Kopfstand ein Überschlag wird, der wahrscheinlich tödlich ausgegangen wäre. Für Kleinstfahrzeuge ist das eine immer vorhandene Gefahr. Aber auch größeren Booten kann derlei passieren. In seinem Buch „Kreuzfahrt des Grauens“ erzählt der norwegische Meistersegler Erling Tambs, daß seine hochseefähige Jacht einmal einen totalen Überschlag vollführt habe, trotz Mast und großflächiger Beseglung. Aber da Tambs sich angebunden und die Türen zur Kajüte fest geschlossen hat, übersteht er den Salto mortale. Auch die andere Gefahr, vom Sog eines niederrauschenden Brechers in die Tiefe geholt zu werden, die Romer seinerzeit erlebt, überlebt und geschildert hat, geht gnädig an dem Deutschen vorbei. Triefnaß hebt sich der Einbaum immer wieder aus den Fluten.

Ähnlich wie alle Einmann-Fahrer überkommen auch Dr. Lindemann als Folge der Schlaflosigkeit Halluzinationen. In seinem Buch „Allein über den Ozean“ berichtet er davon:
„Ich träumte, sah meine Eltern zu Haus im Wohnzimmer. Meine Mutter hatte ein Taschentuch in der Hand, mein Vater saß vor dem Schreibtisch, den Kopf in die Hände gestützt. Warum arbeiteten sie denn nicht? Warum waren sie so betrübt? Warum? Warum? Endlich fand ich zu mir, völlig durchnäßt. Schweiß? Seewasser? Ich krabbelte rückwärts hinaus. Das Meer rohrte. Mit der Taschenlampe wollte ich die Seeanker kontrollieren. Das Heck sauste auf und ab, halb im Wasser, dann wieder ganz in der Luft. Ich konnte die Taue nicht erkennen. Mit dem Enterhaken suchte ich nach dem achteren Seeanker. Verflucht! Kein Widerstand! Der war nicht mehr dran! Gut, daß ich zwei

hatte. Was machte der andere? Der auch! Wütend stampfte ich mit dem Fuß auf den Sitz: Ich sollte vernichtet werden, beide Seeanker gerissen – Ruder verloren – Warum denn nicht gleich tot? Keine Zeit zum Denken. Handeln! Handeln! Etwas mußte achtern raus. Mit dem Knie stieß ich gegen das Ballonsegel. Ja, das war gut. Ein Tau! Da war es schon! Doppelt geknotet und ins Wasser. Dabei fiel mir ein: Wie war das nur? Wie konnten meine Eltern von meinem Fortbewegungsmittel wissen? Sie wußten nicht einmal, daß ich auf See war. Ich dachte an Franz Romer, dem eine innere Stimme während der Fahrt befahl, seinen Kurs zu wechseln ...“

Dieses Erlebnis hat Lindemann so mürbe gemacht, daß er drauf und dran ist, seine Fahrt abzubrechen. Als dann noch im Morgengrauen ein Dampfer aufkommt, tut er alles, um sich bemerkbar zu machen. Aber niemand sieht ihn. In der Entfernung von nur einer Seemeile zieht der Tanker gleichmütig an dem einsamen, verzweifelten Mann vorüber. Neptun selbst zwingt ihn, sein großes Unternehmen fortzusetzen und nicht aufzugeben. Der Chinese Poon Lin fällt ihm ein, ein Schiffbrüchiger, von dessen Schicksal er gelesen hat. 1942 wird sein Schiff, die „Ben Lomond“, mitten auf dem Atlantik zwischen Afrika und Brasilien torpediert. Poon Lin kann schwimmen, das Wetter ist auch leidlich, und nachdem er einige Zeit im Wasser umhergepaddelt ist, trifft er auf eines der Rettungsflöße, die auf dem Deck seines Schiffes gestapelt waren. Wasser und Lebensmittel für 50 Tage haben sich in den Zurrungen gehalten. Zunächst ist der Chinamann gerettet. Aber er treibt 133 Tage über die See, es ist die längste Treibfahrt, die man kennt.

Als Poon Lin von brasilianischen Fischern aufgefunden wird, hätte er längst verhungert oder verdurstet sein müssen. Natürlich ist er erheblich abgemagert, aber noch durchaus bei Kräften. Er hat von Regenwasser, Vögeln und Fischen gelebt und die vier Monate andauernde Drift gut überstanden. Was der kann, folgert Dr. Lindemann, was Franz Romer durchgeführt hat, kann ich auch! Sein Trotz erwacht, alle Kräfte seiner Seele und seines vitalen Körpers werden mobilisiert, und seitdem läßt er den Gedanken, aufzugeben, nie wieder in sich hochkommen.

Im gläubigen Vertrauen auf die Segelhandbücher für den Atlantischen Ozean hat sich Dr. Lindemann errechnet, wieviel Tage er bei den etwa fünf Seemeilen, die sein Einbaum bei günstigem Wind je Stunde macht, brauchen wird, um die Antillen zu erreichen. Aber Herbst und Winter 1955 strafen die Segelhandbücher Lügen. Der Nordostpassat erweist sich als ein launischer Geselle, der sich an die Lehrmeinungen der Meteorologen nicht kehrt und nur dann bläst, wenn es ihm gefällt. So dauert es 65 Tage, bis der Deutsche am 29. Dezember 1955 im Hafen von St. Croix auf der Antilleninsel St. Thomas landet.

Ein Jahr darauf, am 20. Oktober 1956, hat Dr. Lindemann den Alleingang über den Atlantik in einem serienmäßigen Klepper-Aerius-Faltboot wiederholt. Niemals vor ihm ist jemand so kühn gewesen, ein solches Wagnis freiwillig noch einmal auf sich zu nehmen. Hannes Lindemann tut es, und zum zweiten Mal erreicht er lebend und gesund nach 72 Tagen sein Ziel. Wenn jemand für sich in Anspruch nehmen darf, als „freiwillig Schiffbrüchiger" den Ozean erfolgreich überwunden zu haben, dann ist er es. Deshalb darf seinen Angaben über das Verhalten auf See völliges Vertrauen entgegengebracht werden, und deshalb soll diese kurze Darstellung seiner großartigen Leistungen beschlossen werden mit einer Wiedergabe der Erfahrungen, die er bei zwei Ozeanüberquerungen gesammelt hat. Die allerwichtigste: Kein Schiffbrüchiger darf jemals sich selbst aufgeben! Nur wer sich selbst immer wieder den Befehl erteilt: Du mußt es schaffen! Du schaffst es unter allen Umständen! hat Aussicht durchzukommen. Denn die Angst vor dem Ozean ist ein viel schlimmerer Feind des Menschen als das Meer selbst. Vor dem Genuß von Meerwasser warnt Dr. Lindemann eindringlich. Gemischt mit anderen Flüssigkeiten wie Süßwasser, Obstsäften, Milch, Wein oder Bier schadet es nicht, wenn es nicht mehr ist als 40 Prozent. Rohen Fisch sollen Schiffbrüchige nur in geringen Mengen essen. Er entzieht dem menschlichen Körper nämlich Wasser; nicht zu Unrecht sagt der Volksmund: Fisch will schwimmen, d. h. der Durst wird nach einer solchen Mahlzeit nur größer. Wenn man keinen anderen Proviant mehr hat, ist es schon besser zu hungern. Hunger und Durst hält der gesunde Mensch übrigens in gemäßigten Breiten zehn Tage, in den Tropen allerdings nur zwei Tage aus, ohne Schaden zu nehmen.

Weiterhin stellt Dr. Lindemann fest, daß nach seinen und Romers Erfahrungen offene Kanus und Faltboote nicht auf das hohe Meer gehören und als Rettungsfahrzeuge völlig ungeeignet sind. Schlauchboote dagegen, wie sie alle Ozeanfahrzeuge mit sich führen, bewähren sich ausgezeichnet. Zwar ist ihre Haut verletzlich, aber vor großen Meerestieren braucht man keine Angst zu haben; die sind im allgemeinen keineswegs angriffslustig.

Statt sich mit aufpulvernden Mitteln wachzuhalten, rät Dr. Lindemann dem Schiffbrüchigen, lieber Beruhigungstabletten einzunehmen, weil jede Minute Schlaf und Entspannung dazu beitragen kann, sein und seiner Kameraden Leben zu retten. Mangel an Schlaf ruft ja die trügerischen Halluzinationen hervor, von denen Lindemann sowohl wie Romer so anschaulich berichten; auch ein Teil der „Pamir"-Besatzung hat um solcher Wahnvorstellungen willen das Leben verloren.

Gewiß ist Rasmus, der schäumende Ozean, durchaus nicht immer der Feind des Menschen. Aber es kommt doch oft genug vor, daß er dem zweibeinigen Lebewesen auf seinem Rücken die ungeheure Kraft zeigt, über die er gebietet. Dann darf man nicht den Mut verlieren. „Habt keine Angst!" ruft uns Hannes Lindemann zu, „gebt niemals die Hoffnung auf, sondern denkt nur daran, wie ihr euer Schicksal meistern könnt!"

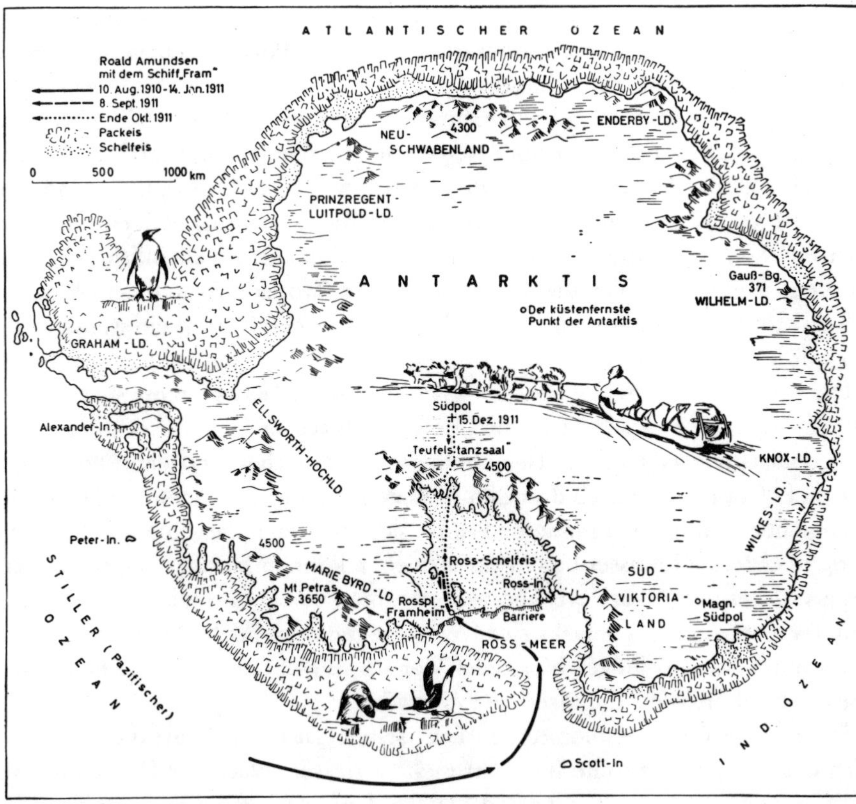

STURM AUF DEN SÜDPOL

In zahlreichen Expeditionen hatten Engländer, Amerikaner, Norweger und Deutsche die Arktis nach allen Richtungen hin erkundet und kartiert; als Peary im Jahr 1909 den Nordpol entdeckte, konnte diese Forschungsaufgabe zunächst für gelöst und abgeschlossen gelten. Sofort wandte sich das Interesse der Wissenschaft nun dem entgegengesetzten Teil der Erde zu: der Antarktis, dem Südpol.

James Cook, der gegen Ende des 18. Jahrhunderts bis an die südliche Packeisgrenze vorgedrungen war, hatte berichtet, daß es dort von Robben und Walen wimmle; daraufhin brachen viele Fangexpeditionen nach Süden auf, die immer neue, bis dahin unbekannte Gegenden erkundeten. Etwa um 1840 schaltete sich dann die Wissenschaft ein. In zahlreichen Unternehmungen, an denen viele Nationen beteiligt waren, ging man an die systematische Erforschung der Antarktis.

Von 1838 bis 1843 waren nicht weniger als neun Schiffe mit wohlausgerüsteten Expeditionen in der Antarktis. Aber diese südlichen Polargebiete verhielten sich womöglich noch abweisender als die nördlichen. Obwohl der berühmte Golf des Ross-Meeres fast bis 80 Grad Süd hinabreicht, erlaubte er dennoch kein weiteres Vordringen. 40 bis 60 Meter hohe, senkrecht abfallende Eismauern, die berüchtigte „Barriere" der Arktis, machten jeden weiteren Vormarsch unmöglich. Hunderte von Kilometern weit erstreckte sich diese furchtbare Gletschermauer; über ihr, weit im Innern des Landes, qualmten Vulkane. Zu allen Schrecken des Nordens fügten sich hier die vulkanischen der Tropen: Es war kein Wunder, daß fast fünfzig Jahre vergingen, ehe die Kenntnis der Küsten ein wenig erweitert wurde.

Die Belgier waren es, die als erste dazu beitrugen; 1897 rüsteten sie ein Schiff aus und schickten es südwärts, die „Belgica". Nach mehreren Erkundungsvorstößen machte das Eis den Bemühungen der Forscher ein jähes Ende: Die „Belgica" fror ein und trieb dreizehn Monate längs der Küste von Graham-Land hin und her. Während alle anderen Schiffe sich vor dem Polarwinter immer rechtzeitig in eisfreie Gewässer hatten zurückziehen können, war das belgische Schiff das erste, das in der Antarktis überwinterte. Man nutzte die Gelegenheit, Wetter und Temperaturen des antarktischen Winters genau zu beobachten. Steuermann des Schiffes war ein junger Norweger, der schweigsam und gewissenhaft seinen Dienst versah: Roald Amundsen. *(Bild Nr. 45)*

Diese erste Fahrt bestimmte den Lauf seines ganzen Lebens; die Sehnsucht nach dem ewigen Eis sollte ihn nicht mehr verlassen. Nach der Heimkehr fuhr er eine Zeitlang als Walfänger und machte dann seine Kapitänsprüfung. Eines Tages fiel ihm eine kleine Erbschaft zu. Er hatte nichts Eiligeres zu tun, als sie in einer dreißig Jahre alten Heringsjacht anzulegen, die nötige Mannschaft anzuwerben und der staunenden Mitwelt zu verkünden, er werde jetzt ausfahren, um die Nordwestpassage zu bezwingen! Mit diesem 48-Tonnen-Schiffchen, „Gjöa" geheißen, wollte der junge Mann das versuchen, was so vielen gut ausgerüsteten Expeditionen nicht gelungen war? Ausgeschlossen, heller Wahnsinn war das! Amundsen wurde ausgelacht. Dazu kam, daß er gewaltige Schulden gemacht hatte, da seine Erbschaft bei weitem nicht ausreichte, um die Kosten der Reise zu decken. Seine Gläubiger waren ihm deshalb so hart auf den Fersen, daß er sozusagen bei Nacht und Nebel den Heimathafen verließ, um ihnen zu entgehen. Er entwich ins nördliche Eis und bog dann durch den Lancastersund nach Westen ab. Nur einer hatte den von seinem Plan besessenen jungen Mann unterstützt: Fridtjof Nansen. Drei Jahre später sah dieser, daß das richtig gewesen war. Im Jahr 1906 lief die „Gjöa" nach dem Durchfahren der Nordwestpassage wohlbehalten in San Francisco ein.

Mit einem Schlag war Amundsen ein berühmter Mann geworden. Aber seine Schulden hatten sich dadurch nicht verringert, und so reiste er ein ganzes langes Jahr kreuz und quer durch die Welt, um Vorträge zu halten und mit deren Erlös die Verpflichtungen in der Heimat abzudecken. Endlich war das gelungen, und stolz konnte Amundsen im Rückblick auf das Jahr 1907 schreiben:

„Endlich waren die Schulden bezahlt und ich ein freier Mann. Die nächste Aufgabe, die ich mir stellte, war, den Nordpol zu erobern. Ich wollte ausführen, was Fridtjof Nansen versucht hatte, nämlich im Polarstrom mit dem Eis über den Nordpol zu treiben."

Sogleich macht er sich an die Vorbereitungen für dieses neue Unternehmen. Da erhält er die Nachricht, daß Peary den Nordpol erreicht habe:

„Die Nachricht von der Eroberung des Nordpols war für mich wirklich ein vernichtender Schlag. Um nun meinen Namen als Forscher aufrechtzuerhalten, mußte ich schnellstens einen sensationellen Erfolg gewinnen – sei es auf diese oder jene Weise –, also beschloß ich, meinerseits einen Schlag zu führen."

Am Nordpol war ein Amerikaner dem Norweger zuvorgekommen, und wie Amundsen wußte, schickten die Engländer sich an, den Südpol zu erreichen. Vor ihnen dort zu sein – das wäre der sensationelle Erfolg, den er brauchte. Aber wenn dieser Schlag gelingen sollte, mußten die Vorbereitungen dafür in aller Heimlichkeit getroffen werden. So rüstete Amundsen denn angeblich weiter für seine Fahrt zum Nordpol. Da er niemanden in seine Pläne einweihen durfte, war das eine einigermaßen schwierige Sache. Zunächst mußte das Problem der Schlittenhunde gelöst werden. Für die Nordpolfahrt hatte er die Tiere erst in Alaska an Bord nehmen wollen. Da er aber gar nicht dorthin kommen würde, blieb ihm nichts übrig, als sie unter irgendwelchen leidlich einleuchtenden Vorwänden nach Norwegen schicken zu lassen. Ferner brauchte er in der Antarktis ein zusammenlegbares, winterfestes Haus als Standquartier. Bei einer Treibfahrt wäre das aber gar nicht nötig gewesen. Also baute er es hinter den Hecken seines Gartens mit ein paar Tischlern, auf deren Verschwiegenheit er sich verlassen konnte, selbst zusammen. Als es dann ans Verladen ging – Amundsen unternahm die neue Fahrt auf Nansens stolzer und erprobter „Fram" –, mußte er freilich Kapitän und Steuerleute einweihen; aber auch die drei hielten dicht, und so setzte die „Fram" denn in der Nacht vom 9. zum 10. August 1910 die Segel. Vier Wochen später ankerte sie in Madeira, wo die Vorräte an Lebensmitteln und Trinkwasser noch einmal aufgefüllt wurden. Hier teilte Amundsen nun auch seiner Mannschaft das wahre Ziel der Reise mit und stellte es jedem frei, von Bord zu gehen. Aber keiner tat das – viel zu begierig waren alle, das unbekannte südliche Land kennenzulernen. Sicher würde die Fahrt dorthin auch viel kurzweiliger sein als eine jahrelange Drift im Eis des Nordens.

Viele Monate ist die „Fram" nun unterwegs, ohne in Landnähe zu kommen. Amundsens größte Sorge gilt den hundert Schlittenhunden, die alle auf Deck angekettet und anfangs so bissig sind, daß niemand in ihre Nähe kommen darf. Da sie aber regelmäßig ihr Futter erhalten, gewöhnen sie sich allmählich an ihre neuen Herren. Sie dürfen schließlich sogar frei an Deck herumlaufen, allerdings mit Maulkörben versehen, da sie außerordentlich rauflustig sind und bei jeder Gelegenheit übereinander herfallen. Einige Hündinnen werfen während der Schiffsreise, so daß Amundsen schließlich mit 116 gut ernährten und leidlich friedlichen Tieren in der Antarktis ankommt.

Während der Fahrt noch überprüfte er wieder und wieder gewissenhaft die gesamte Ausrüstung. Wenn die Expedition zum Sturm auf den Südpol ansetzte, dann mußte alles, aber auch alles ganz tadellos in Ordnung sein. Denn daß er mit dem Marsch über den unbekannten Südkontinent ein ungeheures Wagnis auf sich nahm, das war dem Forscher natürlich klar. Kaum jemand kannte die polaren Breiten mit all ihren Tücken so genau wie er, und diesmal konnte es ums Leben gehen. Deshalb wandte auch Amundsen, genau wie Nansen, jeder geringsten Kleinigkeit sein persönliches Augenmerk zu. Diesem Umstand ist die überaus schnelle und glückliche Durchführung seines Unternehmens in hohem Grade zuzuschreiben. Dazu kam noch etwas anderes. Zwar kannte Amundsen die Antarktis schon aus eigener Erfahrung, aus seiner Steuermannszeit auf der „Belgica". Das aber genügte ihm nicht; jetzt, da er sich anschickte, selbst eine Expedition in südpolare Breiten zu führen, mußte er genauer darüber Bescheid wissen. Er beschäftigte sich mit den Berichten seiner Vorgänger auf dem Südkontinent und studierte mit besonderer Aufmerksamkeit die Aufzeichnungen von Sir James Clark Ross, der um 1840 eine Forschungsfahrt in die Antarktis unternommen hatte.

Der englische Südpolforscher war im Sommer 1839 nach Süden mit den Schiffen „Erebus" und „Terror" aufgebrochen, die sechs Jahre später unter Franklin in die Arktis gingen. Sie waren beide für schwere Beanspruchungen gebaut und danach noch besonders für die Fahrt in hohen Breiten ausgerüstet. Bald hatte er das Packeis erreicht; entgegen allen Segelanweisungen wich er ihm nicht aus, sondern begann im Vertrauen auf die Eistüchtigkeit seiner Schiffe in die Pressungen der Schollen vorzudringen. Das ging über Erwarten gut. Nach Tagen schwerer Sorge erreichte er schließlich wieder offenes Meer – das berühmte nach ihm benannte Ross-Meer –, und nun ging es unbehindert vom Eis weit nach Süden. Ross war der erste, der die im hellen Sonnenschein himmelwärts emporsteigenden Gebirgsketten des sechsten Erdteils mit eigenen Augen sah. Über 4000 Meter hoch, zum Teil vulkanischer Natur und aus ihrem dicken Eispanzer loderndes Feuer und dicken schwarzen Qualm ausstoßend, boten sie

47 Kapitän Scott mit seinen Kameraden am Südpol vor Amundsens Zelt

48 Scotts Expeditionsschiff „Terra nova“ im Packeis

49 Klein Amerika (Little America), das Hauptlager Admiral Byrds

50 Die Antarktis-Expedition von Dr. Vivian Fuchs mit Hundeschlitten und Raupenschleppern nach ihrer Ankunft am Südpol

einen gewaltigen, unvergeßlichen Anblick, den Ross in beredten Worten und mit glühenden Farben ausmalte. Nur – zu erreichen war dieser neue Erdteil, der sich da in der Ferne vor den Engländern zeigte, mit keinem Mittel der Welt. So weit das Auge blicken konnte, starrten sechzig Meter hohe, senkrechte Eiswände auf die Schiffe herab. Nach tagelanger Fahrt, immer am Rande der Eisbarriere entlang, sah er schließlich auf etwa 78 Grad Süd eine Stelle, wo sich diese unerbittliche Mauer bis auf 24 Meter senkte. Von den Mastspitzen aus gewann Ross einen kurzen Einblick in das geheimnisvolle Land: Weit, eben, langsam dem Hintergrund zu ansteigend, streckte es sich tot und wüst, eine arktische Sahara, dem Horizont entgegen. *(Bild Nr. 46)*

Hier und nirgendwo sonst war der Einstieg in die Gletschermauer. Zwar haben spätere Expeditionen wenig ermutigende Beschreibungen von diesem Punkte geliefert; wie überall sonst, schwimme auch hier die Eismauer auf dem Wasser. Jeden Augenblick könne der Gletscher kalben, dann seien Schiff und Mannschaft unrettbar verloren. Allein, Amundsen war anderer Ansicht; es konnte kein Zweifel sein, daß sich die von Ross aufgefundene niedrige Platte 70 Jahre hindurch unverändert an derselben Stelle gehalten hatte. War es kein Festland, so mußten es wenigstens Inseln sein, auf denen sie festsaß. Und so blieb er dabei: Hier und nirgendwo sonst war der Zugang zum sechsten Kontinent, nur von hier aus ließ er sich erobern.

Amundsen beschloß also, möglichst weit südwärts zu fahren und dann etwa auf der Höhe des 80. Breitengrades den Versuch zu machen, einen Weg zum Südpol zu finden. Noch vor Winterbeginn wollte er an Land Lebensmitteldepots anlegen, um sofort mit Eintritt des Polarfrühlings den Marsch zum Pol zu unternehmen. Die Zeit drängte; er wußte ja, daß die Engländer zu demselben Ziel auf dem Weg waren; es würde also auf ein regelrechtes Wettrennen hinauslaufen. Und das mußte er gewinnen. Wenn ihm schon am Nordpol jemand zuvorgekommen war, dann wollte er am Südpol nun wirklich der erste sein.

Am 14. Januar 1911, mitten im arktischen Hochsommer, machte die „Fram" an der Ross-Platte fest. Sogleich stand Amundsen auf seinen Skiern, um einen Weg in das Innere zu erkunden. Und siehe da: Der Eisbruch erwies sich als ganz unbedeutend. Nach Überwindung einer Wand von nur sechzehn Metern Höhe dehnte sich eine unendliche Eisebene vor den Norwegern. Sehr erleichtert und zuversichtlich kehrte Amundsen zu seiner „Fram" zurück. Schon Ende Januar war man mit dem Ausladen des Gepäcks fertig, und bald stand „Framheim", das hölzerne Winterhaus, zum Einzug bereit. Wände, Decken und Fußböden waren mit Linoleum verkleidet, alles wirkte wohnlich und behaglich; hier würde sich der Winter gut überstehen lassen! Als sich noch dazu herausstellte, daß man mitten in einem Tierparadies von Robben und Seehunden gelandet war, sahen alle dem ersten Winter im eisigen Süden mit Ruhe entgegen.

Nun ging es sogleich an die Anlage der Depots für die spätere Wanderung übers Eis.

Auch diese Arbeit ging glatt vonstatten, ja, es gelang sogar, bis zum 82. Grad Stützpunkte vorzuschieben, was sich nachher als erhebliche Erleichterung erweisen sollte.

80 *Ein Depot auf dem 80. Grad südlicher Breite*

Erfreut notierte Amundsen in seinem Tagebuch:

„Nach diesen Erfahrungen lag die Zukunft in rosenrotem Glanze vor uns. Wir hatten die drei wichtigen Bedingungen der geplanten Polarfahrt: das Gelände, die Bahn und die Zugkraft der Hunde erprobt und sie so gut gefunden, daß sie gar nicht besser sein konnten!"

Schon bei diesen verhältnismäßig gefahrlosen Unternehmungen hatte sich freilich gezeigt, daß die Antarktis doch allerlei Überraschungen in sich barg. Bei schönstem Sommerwetter war man losgezogen, eine strahlende Sonne brannte vom Himmel herab, und die Pelzkleider erwiesen sich als viel zu warm. Man ächzte und stöhnte – hätte man doch die dicken Sachen zu Haus gelassen! Gegen Mittag zog eine weiße Wand am Horizont auf; in wenigen Augenblicken erhob sich ein Schneesturm, der ebenso schnell wieder weiterzog, wie er kam; aber die Temperatur war nun um 25 Grad tiefer als vorher, minus 43 Grad, und das war selbst für die polerfahrenen Norweger ein bißchen viel. Dankbar wickelten sie sich bis zur Nasenspitze in die vorher so geschmähten Pelze und grollten der Antarktis, die sich nicht an die Spielregeln hielt: Hier sollte jetzt doch eigentlich Sommer sein. Aber nun wußte jedermann, daß die Polarfahrt kein Kinderspiel war, und alle machten sich darauf gefaßt, daß viele ernsthafte Schwierigkeiten überwunden werden mußten.

Am 19. April 1911 sehen die Polarforscher die Sonne zum letzten Mal: Die Winternacht ist eingezogen. Wie überall in polaren Breiten beginnt damit eine Zeit höchster Geschäftigkeit. Die gesamte Ausrüstung für die Arbeit des kommenden Sommers wird überprüft, genau durchgesehen und, wo nötig, repariert. Auch Amundsen weiß: Es kommt alles darauf an, seinen Leuten eine Tätigkeit zu geben. Glücklicherweise sind ihrer nicht viele, während an Arbeit kein Mangel ist. So vergeht der Winter eher, als man sich das träumen läßt. Erstaunlicherweise herrscht fast immer zwar äußerst kaltes, aber im ganzen sehr schönes Wetter. Die furchtbaren Stürme, von denen alle früheren Antarktisfahrer berichtet haben, treten nicht auf. In kaum je gestörter Ruhe strahlen die Sterne vom Firmament, glitzernd und funkelnd vor Kälte. Das Wichtigste, was in der Winternacht geschaffen wird, sind neue Schlitten; während der Reisen zu den

Lebensmitteldepots hat Amundsen gemerkt, daß die aus Norwegen mitgebrachten viel zu stark und schwer sind. So werden neue gebaut, die ein Eigengewicht von nur 24 Kilo haben; sie wiegen nur halb so viel wie die alten. Und diese Gewichtsersparnis bedeutet, daß entsprechend mehr Proviant mitgenommen werden kann. „Nicht die Kälte ist so sehr der Feind des Menschen", hat Peary einmal gesagt, „der Hunger ist es!" Amundsen muß Peary nach seinen Erfahrungen recht geben; es kommt alles darauf an, daß man etwas zu essen hat, und wenn es rohes Hundefleisch ist. Aber soweit soll es nicht erst kommen, und da es gelingt, die wichtige Schlittenfrage zu lösen, haben sich während der Polfahrt keinerlei Schwierigkeiten eingestellt.

Am 24. August 1911 zeigt sich die Sonne zum ersten Mal wieder, aber das Thermometer weist beständig 50 bis 60 Grad minus auf. Also wartet Amundsen noch zwei Monate, freilich höchst ungern, denn natürlich foltert ihn der Gedanke, was die Engländer inzwischen getan haben mögen. Haben sie besseres Wetter gehabt? Sind sie etwa schon zum Pol aufgebrochen? Am 8. September hält es der Norweger nicht länger aus: Er befiehlt den Aufbruch. Die Temperatur ist auf minus 29 Grad gestiegen. Das ist nun endlich der Frühling, sagt sich die Polmannschaft. Allein am nächsten Tag findet man die Spiritusthermometer eingefroren; die Hunde sind kaum zu bewegen aufzustehen und so erstarrt, daß sie in ihr Geschirr hineingestellt werden müssen. Als die Thermometer wieder auftauen, muß auch Amundsen zugeben, daß es „kühl" ist, wie er sich ausdrückt: minus 56 Grad Celsius! Noch ist von Frühling keine Rede, und nach kurzer Beratung wird beschlossen, die Polfahrt bei dem Depot vom 80. Grad Süd zu unterbrechen, Schnee-Iglus zu bauen und das Frühjahr abzuwarten. Da zeigt sich, daß einem der Polarfahrer beide Füße erfroren sind, und diesem warnenden Zeichen beugt sich selbst der ungeduldige Amundsen. Bei weiterhin sehr niedrigen Temperaturen wird zum Rückmarsch nach „Framheim" aufgebrochen und diesmal in aller Ruhe abgewartet, bis die Reise wirklich möglich ist. Ende Oktober 1911 scheint es tatsächlich soweit zu sein. Die Seehunde tummeln sich schon wieder am Ufer, hin und wieder sieht man eine Sturmschwalbe; kurz, alle die bescheidenen Zeichen beginnenden Frühlings, die die Antarktis kennt, sind da. Mit vier Begleitern, vier Schlitten und 52 Hunden geht es nun wirklich zum Pol.

Alles läuft glatt. Die im April errichteten Wegmarkierungen sind unversehrt, ebenso die Depots. Die Schlitten, jeder mit fast 400 Kilo Lebensmitteln beladen, von je 13 Hunden gezogen, fliegen mit großer Geschwindigkeit dahin, auf Schneeschuhen stehen die Männer dahinter – ein herrliches Skikjöring! Alle sind in bester Stimmung. Zwar greift der Tod ein paarmal, aber noch in ganz scherzhafter Laune, nach ihnen, als sie in ein von bodenlosen Spalten zerrissenes, schneeüberkrustetes Gebiet kommen. Einmal wäre die ganze Expedition um ein Haar in

81 Amundsens Zelt am Südpol, in dem auch die Botschaft an Scott mit den Unterschriften der fünf Norweger hinterlegt ist

einen dieser höllischen Abgründe hineingesaust, aber das tut der guten Laune keinen Abbruch. Schnell, nur schnell muß es gehen: Sie wissen ja alle, daß die Engländer darauf brennen, den Pol zu erreichen.

Trotz aller Eile ließ Amundsen sich Zeit, für einen möglichst gefahrlosen Rückweg zu sorgen. Nachdem am 6. November das letzte Depot bei 82 Grad erreicht war, beschloß er, den weiteren Weg alle neun Kilometer zu markieren und auf jedem Breitengrad einen kleinen Vorrat an Lebensmitteln anzulegen. Niemand konnte vorhersehen, welches Wetter beim Rückmarsch herrschen und ob diese Vorsichtsmaßnahme ihm und seinen Leuten nicht vielleicht das Leben retten würde. Mitte November erblicken die Polarfahrer vor sich hohe Bergketten, so steil, daß kein Schnee an ihren Flanken haftet, dazwischen riesige Gletscher. Irgendwie wird man hinüber müssen – denn dahinter, 1100 km entfernt, liegt der Pol! Noch einmal wird ein Lebensmitteldepot errichtet, es enthält Verpflegung für einen Monat. Mit Proviant für 60 Tage fährt Amundsen weiter. Wenn nicht alles schiefgeht, muß das ausreichen. Am 18. November beginnt der Aufstieg in das Hochland, das vermutlich den Pol trägt. Mächtig steil geht es bergan, über die Vorberge mit blaugrünem Eis und abgrundtiefen Spalten, durch losen Schnee, in dem die braven Hunde bis an den Bauch einsinken, dazwischen Strecken, über die Schlitten wie Skier in sausender Fahrt dahinfliegen. Zu Amundsens großer Erleichterung bleiben die gefürchteten Schneestürme aus; die Sonne brennt so heiß, daß alle Männer anfangen, sich ihrer Pelzkleidung zu entledigen. Nach tagelangem, ermüdendem Marsch ist man endlich oben; 3200 Meter über Meereshöhe, meldet das Aneroidbarometer. Vorwärts, nur schnell vorwärts! – Wie weit sind die Engländer? Das ist Amundsens ständiger Gedanke. Der Proviant ist knapp, da man den größten Teil im letzten Lager am Fuß der Berge zurückgelassen hat; nun müssen die Hunde dran glauben. Man braucht sie nicht mehr alle; sie sind lebendiger Proviant, hier oben werden sie sterben. Schon unten ist der Entschluß dazu gefaßt worden; niemandem fällt er leicht. Seit mehr als einem Jahr ist man jeden Tag mit den treuen vierbeinigen Kameraden zusammengewesen. Und jetzt soll man sie mit eigener Hand umbringen? Allein es ist Fleisch; Fleisch, das man bei dem gewaltigen Kräfteverbrauch in dieser Höhe und bei dieser Kälte so dringend braucht. Aber den ersten Abend, als draußen nach dem Abschirren die Schüsse knallen, da findet trotz des nagenden Hungers niemand die Kraft, von dem Festbraten zu sprechen. Wie immer gibt es Pemmikan und Zwieback. Einen Tag später ist das schon anders. Man marschiert durch die Antarktis, da sind Menschen wichtiger als Tiere.

82 Unterschrift Roald Amundsens

Weiter geht es, aber jetzt zeigt der sechste Erdteil, womit er aufwarten kann: Tagelang hocken die fünf Männer im Zelt, das von tollen Schneestürmen fast umgerissen wird. Nur die Angst vor den Engländern treibt Amundsen und seine Leute schließlich wieder hinaus. Fast im gleichen Augenblick hört der Sturm auf, aber nun marschieren sie durch dicken undurchsichtigen Nebel und feinen Eisregen, noch dazu über einen Gletscherbruch, so scheußlich, wie Amundsen bisher keinen erlebt hat: *„Um einen Meter weiterzukommen, mußten wir mindestens zehn Meter Umweg machen. Wer wird sich da noch wundern, wenn wir diesen Gletscher den ‚Teufelsgletscher' nannten?"*

Und dann kommt der „Teufels-Tanzsaal", blankes Eis, anscheinend ohne jede Spalte, Amundsen prüft den Boden und gibt den Schlitten den Weg frei – da saust auch schon der erste mit Donnergepolter in die Tiefe! Mann, Hunde und Schlitten werden mit einem Seil wieder emporgezogen – sie haben noch einmal Glück gehabt! Das ist die Antarktis, wie sie im Buch steht: völlig unberechenbar, ein höllisches Land, wie alle Reisenden immer wieder bestätigt haben!

Amundsen fallen immer wieder die Engländer ein – wo mögen die stehen? Er hetzt vorwärts, und seine vier Leute, ebenso „polbesessen" wie er selbst, folgen ihm getreulich. Alle sind voller Frostbeulen, die bei der langsam höher kommenden Sonne und den steigenden Temperaturen aufspringen. „Wir sehen aus wie Wegelagerer und Raufbolde", schildert Amundsen ihr Aussehen, „auch unsere nächsten Angehörigen hätten uns wahrscheinlich nicht wiedererkannt." Und er setzt hinzu, unerträglich quälend und schmerzhaft sei der Wind gewesen, man habe das Gefühl gehabt, es kratze jemand einem mit einem gräßlich stumpfen Messer den Vollbart ab. Aber das alles macht den fünf Männern nichts aus: Voller Zuversicht marschieren sie weiter, und am 15. Dezember 1911, nachmittags gegen drei Uhr, stehen sie auf 2900 Meter Höhe am südlichsten Punkt der Erde und hissen die Fahne Norwegens.

Wenige Tage später treten sie den Rückmarsch an, der dank Amundsens Vorsorge ebenso verhältnismäßig glatt verläuft wie der Hinweg. Wohlbehalten treffen sie einige Wochen später wieder in „Framheim" ein. Glücklich, die ersten gewesen zu sein, die den Südpol erreicht haben.

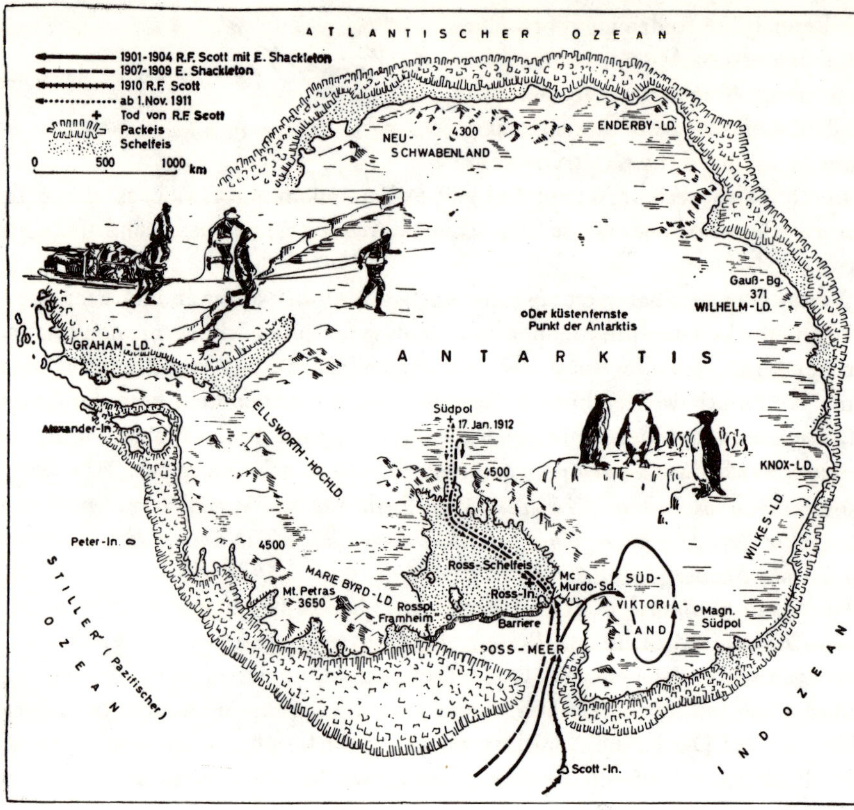

WETTLAUF MIT DEM TOD

Von eh und je waren die Engländer an der Erforschung der Antarktis besonders lebhaft interessiert. James Cook überschritt als erster auf seinen Reisen im Pazifik mehrmals den südlichen Polarkreis, fünfzig Jahre später entdeckte James Clarke Ross das nach ihm benannte Rossmeer und damit die Stelle, von der aus ein Vordringen in das Innere des sechsten Kontinents am leichtesten durchzuführen war. Englische Walfänger, angelockt durch Cooks Berichte über den besonderen Reichtum des südlichen Eismeeres an Walen und Robben, fanden auf ihren Fangfahrten eine Bucht, eine Insel nach der anderen. Die englische Expedition der „Southern Cross“ unter Führung des Norwegers Borchgrevink war dann die erste, die auf dem Inlandeis der Antarktis überwinterte. Drei Jahre später, 1901–1904, erkundete Kapitän Scott, Führer der „Discovery“, zusammen mit

Shackleton Viktoria-Land, südlich des Rossmeeres, und drang auf seiner Schlittenexpedition bis auf 82 Grad Süd vor.

Dieses besonders sorgfältig ausgerüstete Unternehmen, an dem eine große Zahl von Wissenschaftlern teilnahm, erbrachte ausgezeichnete Ergebnisse besonders in geographischer Hinsicht: Zweimal wurde überwintert und während der fast drei Jahre unternahm man 17 Schlittenreisen, die jeweils etwa 25 Tage dauerten. Scott konnte mit dem Erfolg seiner Fahrt zufrieden sein: Weite Gebiete des sechsten Kontinents wurden erforscht und kartiert. Die Botaniker fanden tertiäre Pflanzenversteinerungen, die darauf hindeuteten, daß auch in diesem jetzt so unwirtlichen und lebensfeindlichen Gebiet einst rauschende Wälder gestanden und Blumen geblüht haben mochten – ein fast unvorstellbarer Gedanke für die Männer der „Discovery", denen sich die Antarktis häufig genug von ihrer schlimmsten Seite gezeigt hatte, mit Kältegraden bis zu minus 68 Grad, rasenden Schneestürmen und eiskaltem Nebel.

Zu Anfang des zwanzigsten Jahrhunderts begann der sechste Kontinent immer mehr Forscher in seinen Bann zu ziehen, ähnlich, wie es kurz zuvor das Nordpolargebiet getan hatte. Die verschiedensten Nationen entsandten Expeditionen mit Geographen, Botanikern und Meteorologen; immer mehr Gebiete der Antarktis wurden bekannt – nur den Südpol hatte noch niemand erreicht. Als Peary den Nordpol auffand, ließ diese Tat, genau wie dem Norweger Amundsen, auch einem Engländer keine Ruhe: Robert Falcon Scott, der verdienstvolle Führer der „Discovery", brannte darauf, der erste zu sein, der seinen Fuß auf den Südpol setzte. 1907–1909 hatte sein einstiger Kamerad Shackleton den Versuch unternommen, zum Pol zu gelangen. Bis auf 88 Grad 23 Minuten war er vorgedrungen – eine gewaltige sportliche Leistung zwar, aber das ersehnte Ziel hatte er doch nicht erreicht. Immerhin, so weit südlich wie er war bisher keiner gekommen. Diese letzten $1^1/_2$ Grad mußten doch auch noch zu schaffen sein, meinte Scott; Antarktiserfahrung hatte er ja auf der „Discovery" genug gesammelt – er mußte und würde die Fahne seines Vaterlandes am Südpol aufpflanzen.

Voller Zuversicht geht Kapitän Scott an Bord der „Terra nova" Anfang Juni 1910 ankerauf, mit einem ganzen Stab von Wissenschaftlern an Bord und für sein Vorhaben bestens ausgerüstet. Er folgt etwa dem alten Kurs seines Landsmannes James Cook und landet am 4. Januar 1911 am McMurdo-Sund im östlichen Teil des Rossmeeres. Niemand an Bord ahnt, daß nur 650 Kilometer entfernt, aber eine ganze Strecke weiter südlich, die Norweger an Land gegangen sind; vor allem weiß keiner, wie genau jene über das Vorhaben Scotts unterrichtet sind, und daß sie alles daransetzen, den Briten zuvorzukommen. Man läßt sich also Zeit mit den Vorbereitungen, zumal ja erst bei Beginn des nächsten Polarsommers daran zu denken ist, sich polwärts in Marsch zu setzen. Genau wie

83 Die „Terra nova", im McMurdo-Sund vom Eis eingeschlossen

es Amundsen zur gleichen Zeit auch tut, wird mit der Anlage von Lebensmitteldepots begonnen, nur mit einem schwerwiegenden Unterschied: Während der Norweger damit bereits bis auf 82 Grad Süd vorgedrungen ist, begnügt sich Scott mit dem 79. Breitengrad – ohne zu ahnen, daß dieser Unterschied von drei Grad sein und seiner Kameraden Verhängnis werden wird. Freilich, schon den 79. Grad zu erreichen, ist nur mit aller Energie möglich gewesen; denn während die Norweger ein in der Arktis ganz ungewöhnliches Wetterglück haben, erleben die Briten Eis und Stürme genauso schrecklich, wie Scott sie von seiner ersten Fahrt in den Süden noch in böser Erinnerung hat. Da entdeckt die „Terra nova" bei einer Erkundungsfahrt im Rossmeer zufällig im April 1911 die „Fram"; entsetzt fährt Scott bei dieser Nachricht in die Höhe. Sofort ist ihm klar, daß ihm nun nicht nur der Kampf gegen die Naturgewalten des sechsten Kontinents bevorsteht, sondern der vielleicht noch viel härtere gegen die norwegischen Konkurrenten. Sie haben ja schon einen Vorsprung nach Süden, Hunde haben sie auch; und gerade hat sich herausgestellt, daß seine Motorschlitten, auf die er so große Hoffnungen gesetzt hat, sich nicht bewähren. In der Schweiz sind sie ausprobiert und in Norwegen; jetzt ergibt sich, daß sie den Eis- und Wetterverhältnissen hier einfach nicht gewachsen sind. Trübe Ahnungen bewegen Scotts Seele. Wenn das so weitergeht ...! *(Bild Nr. 48)*

Der Polarwinter bricht an. Nach getaner Arbeit gibt es jeden Abend in Scotts Lager die fesselndsten Unterhaltungen. Die zahlreichen Wissenschaftler aller möglichen Richtungen, die den Kapitän begleiten, halten Vorträge; beinahe eine Art Universität entsteht hier, wenige Breitengrade vom Südpol entfernt, während in Amundsens Lager alle Arbeit nur der Wanderung zum Pol gilt, alle Gespräche sich nur um das eine Thema drehen: wir oder die Engländer? Trotz Scotts Ehrgeiz, der erste am Südpol zu sein, hat er noch eine Unzahl wissenschaftlicher Aufgaben übernommen. Da werden mittels Ballons Temperatur und Feuchtigkeit verschiedener Luftschichten gemessen, die physikalischen Erscheinungen des Gefriervorganges im Salzwasser erforscht, elektromagnetische Untersuchungen veranstaltet, kurz, es hat sich ein richtiges antarktisches Forschungslaboratorium auf dem Eis des Rossmeeres niedergelassen. Zur Abwechslung wird, so oft das Wetter es erlaubt, d. h. wenn der Mond scheint, auf einem ebenen Eisstück mit Begeisterung Fußball gespielt. Wie in ihren besten Tagen im „guten alten England" sausen die Männer der Wissenschaft hinter dem runden Leder her. Alle wissen sie genau, wie nahe der Tod jedem ist, der sich in diese Eiswüste vorwagt; aber niemand verliert ein Wort darüber. So ernst die Forschungsarbeit genommen wird, so vergnügt sind alle bei dem heimatlichen Spiel. Freilich, nur selten ist Gelegenheit dazu; bei sehr niedrigen Temperaturen herrscht nach wie vor ein geradezu abscheuliches Wetter mit Stürmen, gegen die die Blizzards Nordamerikas harmlose Brisen sind. Wenn der Sommer keine Besserung bringt, dann wird der Weg zum Pol eine ganz böse Sache.

84 Hunde, die treuen Gefährten aller Polarforscher

Ungeachtet der noch herrschenden Polarnacht macht sich eines Tages eine kleine Gruppe auf, um den Brutplatz der Kaiserpinguine, den Scott auf seiner ersten Reise aufgefunden hat, zu untersuchen. Die Zoologen sind an diesen Tieren, die die letzten Verwandten urzeitlicher Vogelarten darstellen, höchst interessiert; außerdem soll auf diesem Marsch ausprobiert werden, welche Ernährung am besten geeignet ist, die Polwanderer bei Kräften zu erhalten.

453 Gramm Zwieback, 340 Gramm Pemmikan, 113 Gramm Butter und eine Zugabe von warmem Kakao erweisen sich als die richtige Tagesration; damit kommt die zum Pinguinplatz marschierende Mannschaft aus, bei Temperaturen von minus 50 Grad und Stürmen von 150 Kilometer Stundengeschwindigkeit. Nach menschlichem Ermessen muß es also auch den Polwanderern, die ja erst im hoffentlich wärmeren und ruhigeren Sommer marschieren werden, möglich sein, damit durchzuhalten. Bei der glücklichen Rückkehr der Expedition, die sich als erste volle fünf Wochen in die Polarnacht hinausgewagt hat, notiert Scott in seinem Tagebuch:

„Daß Menschen es fertigbringen, mitten in der langen Polarnacht hinauszuziehen und in steter Dunkelheit den wütendsten Stürmen und der entsetzlichsten Kälte Trotz zu bieten, ist eine heroische Tat ohne Beispiel und wert, sie unserer Generation zu rühmen!"

Ende August 1911 kommt die Sonne wieder, es beginnt, etwas wärmer zu werden. Unaufhaltsam geht es nun an die Vorbereitung des Marsches zum Pol. Hin-

85 Mandschurisches Pony vor einem Schlitten der Scott-Expedition

ter allem steht die Sorge, ob es gelingen wird, den Norwegern zuvorzukommen; aber noch immer hofft Scott auf sein Glück. Am 1. November bricht er auf, mit Leutnant Bowers und dem Arzt Dr. Wilson, die sich bei dem Marsch zu den Pinguinen als besonders befähigte Polarfahrer erwiesen hatten, sowie mit Rittmeister Lawrence Oates und Deckoffizier Evans. Leider geht es von Anfang an nicht so flott voran, wie man nach den sorgfältig getroffenen Vorbereitungen gemeint hat. Mit den Hunden, die wild sind wie Teufel, kommt Scott nicht aus, er weiß einfach nicht, mit ihnen umzugehen, und schickt sie deshalb zurück. Bleiben die mandschurischen Ponys; aber die sind weder so leistungsfähig noch so genügsam wie die Hunde. Riesige Ladungen Heu werden für sie mitgeschleppt, doch eines der Tiere nach dem anderen muß erschossen werden.

Schon am 9. Dezember ist es soweit, daß die Männer die Schlitten allein ziehen müssen, und das bei all den Unbilden, die die Antarktis ihren Bezwingern bereitet: schlechtes Eis, Gletscher, Spalten, tiefen, losen Schnee und dazu entsetzliche Stürme. „Mich durchschauert eine Hoffnungslosigkeit, gegen die ich kaum mehr ankämpfen kann", notiert Scott bereits fünf Wochen nach dem Abmarsch vom Lager. Die Expedition kommt nur langsam vorwärts; am 15. Dezember, etwa zur selben Stunde, in der die Norweger den Pol erreichen, steht Scott erst am 84. Breitengrad. Unentwegt tobt das Wetter mit Stürmen und eisiger Kälte, und die Rationen, die ja auch noch für den Rückweg reichen müssen, sind schon längst herabgesetzt worden. Aber keiner der Männer läßt ein Wort der Klage oder der Erbitterung fallen, obwohl jeder von ihnen durch die übergroßen Anstrengungen und die unzureichende Ernährung schwer mitgenommen ist. Alle hoffen sie auf den Pol, auf das große Ziel, um dessentwillen sie sich in Schnee, Sturm und Eis abplagen. Der Gedanke daran ist es allein, der ihnen immer wieder neue Kräfte verleiht. Als Scott am 15. Januar 1912 erfreut feststellt, daß sie nur noch 50 Kilometer vom ersehnten Ziel entfernt sind, fassen alle neuen Mut. *„Wir müssen hinkommen, koste es, was es wolle. Jetzt schreckt mich nur noch die eine furchtbare Möglichkeit, daß die norwegische Flagge vor der unseren dort wehen könnte",*

notiert Scott an diesem Tage. Die gleichen Gedanken quälen auch seine Kameraden. Keiner spricht davon, aber in dieser Nacht findet niemand Schlaf. Am nächsten Morgen wird in aller Frühe aufgebrochen, das Wetter ist etwas besser, alle hasten mit ihren letzten Kräften voran. Der Pol, der Pol, wenn nur die Norweger nicht...!

Gegen Mittag bricht die Sonne durch die Wolken. Mit einem Schlag ist die Gegend weithin zu übersehen. Leutnant Bowers marschiert in diesem Augenblick an der Spitze; unruhig gehen seine Augen hin und her. Er weiß, er sieht besser als seine Kameraden. Wie soll er es ihnen sagen, wenn er Spuren der Norweger entdeckt? Die Angst würgt ihn; er kämpft mit sich, ob er Scott nicht um Ablösung bitten soll? Indessen bleibt er doch vorn; es sind ja alles Männer, mit denen er marschiert, keine Waschweiber. Aber dann packt ihn das Grauen: Da vorne, das Schwarze da, das hat er schon die ganze Zeit gesehen – das ist kein Schatten – das ist eine Fahne! Großer Gott, eine Fahne!... Also doch die Norweger...

Nun sehen es auch die anderen. Kein Wort fällt, keiner verliert die Fassung. Aber alle denken nur das eine: umsonst, alles, alles umsonst! Scott faßt die Gefühle aller mit einem kurzen Satz in seinem Tagebuch zusammen: „Mir graut vor dem Rückweg!" *(Bild Nr. 47)*

Schweigend marschieren sie an den Wegmarkierungen der Norweger entlang in deren teilweise noch ganz frischen Schlittenspuren. Schweigend legen sie sich am Abend in ihre Schlafsäcke, und ebenso schweigend erreichen sie am nächsten Morgen den Pol. Einen bösen Augenblick gibt es hier, einen Augenblick, der ihnen allen ans Herz greift: Unweit der norwegischen Flagge hissen sie den „Union Jack" – ihren armen, zu spät gekommenen Union Jack.

Und dann beginnt am 19. Januar 1912 der Rückweg. 1500 Kilometer sind es bis zur Küste, nur wenige Tagesmärsche bis zum nächsten Lebensmitteldepot. Fünf schweigende Männer stampfen müde durch den Schnee. Plötzlich empfinden sie die Kälte und fangen an zu frieren; dabei zeigt das Thermometer nur 28 Grad unter Null. Die Entfernung bis zum ersten Depot wird glücklich zurückgelegt, mit Proviant für sieben Tage schaffen sie auch die 102 Kilometer bis zum nächsten. Aber Evans, der sonst so zähe Evans, ist nach einem Sturz in eine Gletscherspalte plötzlich nicht mehr so recht auf der Höhe, und Wilson hat eine Sehnenentzündung; das will Scott gar nicht gefallen. Er kennt seine Kameraden; wenn die zugeben, daß sie „ein wenig müde" sind, „ein wenig Schmerzen" haben, dann sieht es böse mit ihnen aus. Noch geht es leidlich vorwärts; am 30. Januar ist das dritte Depot erreicht. Aber nun kommt man nicht mehr so rasch weiter, denn Evans hat sich die Hände erfroren, und Dr. Wilsons Bein ist so geschwollen, daß er das bisherige Tempo nicht mehr durchhalten kann. Die Depots sind so angelegt, daß täglich 25 Kilometer geschafft werden müssen: Was soll werden, wenn die Marschleistung geringer wird? In verzweifelter Sorge denkt Scott an die nächsten Tage. Er weiß, was seinen Kameraden fehlt: Die böse Überraschung am Südpol hat ihnen das Herz gebrochen. Es lohnt sich für sie einfach nicht mehr, und gegen diese Gleichgültigkeit muß er, als Führer des Unternehmens, mit aller Kraft ankämpfen, wenn er seine Männer lebend zum Winterlager zurückbringen will.

Scott beschließt, den Marsch nach Möglichkeit abzukürzen und sich nicht mit der Suche nach den Spuren der Hinreise aufzuhalten. Direkt nach Norden führt er seine Gruppe, damit sie möglichst schnell von dem Hochplateau, auf dem der Südpol liegt, herunterkommen. Denn die dünne Luft zehrt an allen Kräften. Zu spät merkt er, daß sein Entschluß ein Fehler war: als die fünf Männer nämlich plötzlich an einem unüberwindlichen Gletscherbruch stehen, der umgangen werden muß. Wertvolle Stunden gehen verloren. Und auch mit dem Proviant sieht es so böse aus, daß keiner mehr viel Hoffnung hat durchzukommen.

Darüber fällt kein Wort. Trotz der tiefen Niedergeschlagenheit marschieren alle unentwegt weiter. Scott bringt sogar noch die Kraft auf, in einer Moräne geologische Untersuchungen anzustellen. Beladen mit einigen Kilo Steinen bricht er auf, um die vorausgegangenen Kameraden einzuholen. Die sind inzwischen an einen neuen Gletscherbruch geraten, der wiederum viele Stunden Zeit und den letzten Rest Kraft der kleinen Mannschaft kostet. Die Lebensmittel sind fast zu Ende; wo sie sich eigentlich befinden, ahnen sie nicht. Da retten sie Leutnant Bowers scharfe Augen: Er hat die kleine rote Fahne eines Depots entdeckt!

Noch einmal sind die Polfahrer davongekommen, zum letzten Mal. Zwei Tage später, am 17. Februar, ist Evans am Ende seiner Kraft. Er bleibt hinter dem kleinen Zug zurück, versichert aber immer wieder, daß es ihm sehr gut gehe und daß er die Kameraden in kurzem eingeholt haben werde. Aber er kommt nicht. Scott läßt sein kärgliches Mittagessen im Stich und stürzt zurück. Sehr weit entfernt findet er seinen Kameraden in schrecklichem Zustand: den Pelzanzug aufgerissen, die Hände nackt und völlig erfroren, mit einem irren Ausdruck in den Augen. Scott weiß, woran er ist. Er hat schon so manchen Mann in der Antarktis sterben sehen; hier gibt es keine Rettung.

Um Mitternacht stirbt Evans. Bereits wenige Minuten nach seinem Tode läßt Scott aufbrechen; er darf keine Zeit verlieren, wenn er auch nur einen seiner Kameraden noch vor Evans' Schicksal bewahren will. Daß diese Eile nichts nützen wird, weiß Rittmeister Oates am besten: Seine Füße sind erfroren, unter gräßlichen Schmerzen humpelt er hinter den anderen her; lange kann er das nicht mehr durchhalten. Ende Februar sagt er es den Freunden und zeigt ihnen seine Füße. Bis dahin ist es Scott immer wieder gelungen, wenigstens sich selbst Mut zuzusprechen. Beim Anblick dieser jammervoll erfrorenen Glieder bricht auch seine Zuversicht zusammen: Er weiß, er hat verspielt. Auf der Wanderung zum Südpol haben die Norweger das Rennen gewonnen, jetzt gewinnt es der Tod. Am Abend dieses 3. März 1912 notiert Scott im Tagebuch:

„Gott helfe uns, Amen! Wir sind dem allem nicht mehr gewachsen, keiner unter uns kann das noch glauben. Niemand verliert natürlich ein Wort darüber, und wir sind zueinander von einer unendlichen Heiterkeit, aber was jeder innerlich empfindet, ist nicht schwer zu erraten.“

Und eine Woche später heißt es: *„Sonntag, 10. März. Oates fragte heute morgen Wilson, ob für ihn denn noch eine Möglichkeit der Genesung bestehe. Natürlich mußte Wilson sagen, er sei fest davon überzeugt!“*

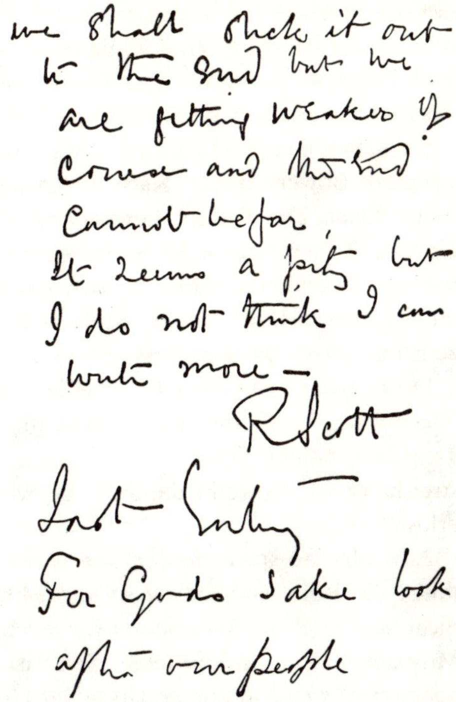
we shall stick it out
to the end but we
are getting weaker of
course and the end
cannot be far.
It seems a pity but
I do not think I can
write more –
R Scott
Last entry
For God's sake look
after our people

86 *Ausschnitt aus der letzten Seite des Tagebuches Robert Scotts*

100 Kilometer sind es noch bis zum nächsten Depot, in dem sicherlich auch Petroleum liegt. Vor allem daran beginnt es ihnen zu fehlen; es ist nicht möglich, das Zelt zu heizen. Bald müssen sie die Lebensmittel roh hinunterschlingen und, da sie keinen Schnee mehr auftauen können, darauf verzichten, etwas zu trinken. 100 Kilometer – ob sie diese Entfernung je bewältigen werden? Scott gibt Dr. Wilson den dienstlichen Befehl, jedem die Menge Opium und Morphium auszuhändigen, die ein rasches Ende herbeiführt. Eine Woche lang hält Oates seine Qualen noch aus. Dann kann er nicht mehr. Am 15. März bittet er die Kameraden, ihn zurückzulassen, damit er in Ruhe sterben könne. Natürlich gibt das keiner zu, und Oates muß einen weiteren Tag überstehen. Er tröstet sich damit, daß er am anderen Morgen vielleicht nicht mehr aufwachen werde. Als er gegen Morgen trotz allem erwacht, wütet und donnert draußen der Orkan. Mühsam erhebt sich Oates und schwankt aus dem Zelt. Die Kameraden versuchen, ihn zurückzuhalten; aber sie wissen genau, daß sie Rittmeister Oates nicht wiedersehen werden. Ihr Ende ist auch nicht mehr weit – also lassen sie ihn gehen und brechen einige Stunden später ohne ihn zur Weiterreise auf.

Inzwischen hat auch Scott sich die Füße erfroren und taumelt unter wilden Schmerzen hinter den anderen her. Am 20. März gibt es abends die letzte Tasse warmen Tee. Lebensmittel sind noch für zwei Tage vorhanden, und wenn man etwas besser auf den Füßen wäre und draußen nicht ein so fürchterlicher Sturm tobte, dann würde es eine Kleinigkeit sein, das nächste Depot, das jetzt kaum noch 20 Kilometer entfernt ist, zu erreichen. Aber es ist gar nicht daran zu denken, das Zelt zu verlassen, sie müssen das Ende des Sturmes abwarten.

Sie haben nicht mehr lange zu warten. Einen nach dem anderen ruft der Tod, Leutnant Bowers zuerst. Nach einem letzten heiteren Wort rührt er sich nicht mehr. Dann Dr. Wilson: bewegungslos liegt er neben Scott, ein Lächeln im Gesicht. Robert Falcon Scott aber, der verantwortliche Expeditionsführer, lebt, solange in seinen Gefährten noch ein Funke Leben ist. Er scheint sich noch einmal aufgerichtet und die Schlafsackklappen seiner Kameraden geschlossen zu haben; es ist das letzte, was er für sie tun kann.

Dann greift seine von Frostbeulen starrende Hand zum Bleistift und zum Tagebuch: „Um Gottes willen, sorgt für unsere Hinterbliebenen. Schickt dieses Tagebuch meiner Frau!“ hat er seinen Bericht geschlossen. Das Wort „Frau“ streicht er aus, schreibt darüber: Witwe. Dann wird auch er von seiner Qual erlöst.

Acht Monate später findet eine Hilfsexpedition die drei Toten auf. Man läßt ihnen die Ruhe, um die sie so schwer haben kämpfen müssen, und bringt sie nicht nach England. Aber Scotts Tagebuch steht in einer Glasvitrine im Britischen Museum in London, die letzte Seite ist aufgeschlagen. Und wer vorübergeht, gedenkt schweigend und ergriffen der Helden, die ein tragisches Schicksal in der Antarktis besiegt hat.

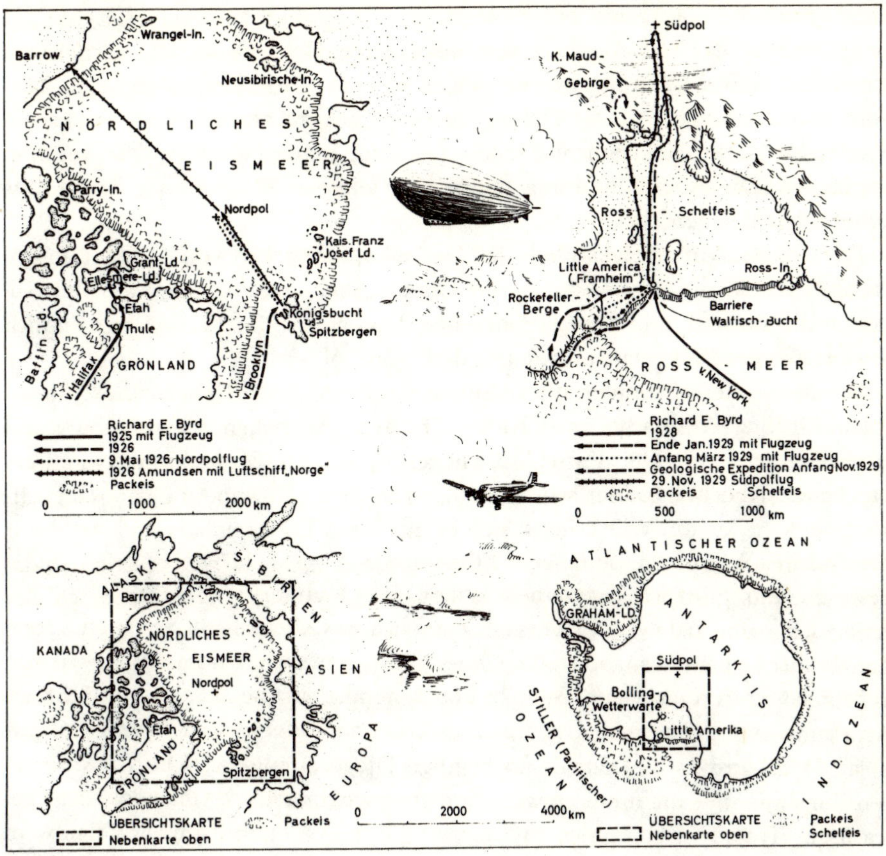

DER ADMIRAL DES SÜDPOLS

Obwohl im Laufe des 19. Jahrhunderts zahlreiche Expeditionen zur Erkundung der Arktis ausgezogen waren, obwohl Peary den Nordpol erreicht und Nansens „Fram"-Drift neue Erkenntnisse über die im hohen Norden herrschenden Meeresströmungen erbracht hatte, zufrieden war die Wissenschaft mit den bisherigen Ergebnissen nicht. Und angesichts der vielen Opfer an Geld und Menschenleben, die diese Unternehmungen gefordert hatten, erwiesen sich die dabei erworbenen Kenntnisse in der Tat als recht mager. Zu Ende der neunziger Jahre bemühte man sich deshalb, neue Wege der Polarforschung zu finden. Der Schwede Andrée war als einer der ersten auf den Gedanken gekommen, die Arktis aus der Luft zu erobern; unterstützt von Nordenskiöld und anderen Forschern startete er in einem Freiballon, ausgestattet vor allem mit fotografischen Apparaten, um das geographische Bild der Arktis zu vervollständigen. Das tollkühne Unternehmen scheiterte, mußte scheitern, weil die technischen Möglichkeiten seiner Zeit dazu noch nicht ausreichten. Der Ballon, der sich ja nicht steuern ließ, wurde ein Spielball der arktischen Stürme; schon nach drei Tagen mußte Andrée auf dem Eis landen. Die Rückwanderung führte nach einigen Wochen, wie wir bereits gehört haben, in den Tod.

Trotz dieses Mißerfolges blieb der Gedanke, die Arktis von der Luft aus zu erkunden, lebendig. Aufmerksam verfolgten deshalb die Polarforscher aller Nationen die Entwicklung der Luftfahrzeuge. Und am 9. Mai 1926 war es endlich soweit: Das erste Flugzeug umrundete den Nordpol.

Der Mann, der zusammen mit seinem Kameraden Floyd Bennett diese fliegerische Großtat vollbrachte, war Richard E. Byrd, Amerikaner von Geburt und eigentlich Seemann. Den Entschluß, Flieger zu werden, verdankte er einem gebrochenen Knöchel. Damit wurde er nämlich in der Marine dienstuntauglich; kurz vor dem ersten Weltkrieg schied er aus ihren Diensten aus und stand vor dem Nichts. Was er nun anfangen sollte, wußte er nicht; er war zu lange Soldat gewesen, um plötzlich irgeneinen zivilen Beruf zu ergreifen. Da brach der Krieg aus – und bald darauf entsann man sich des ehemaligen Soldaten. Denn nun brauchte man dringend alle Leute, die je etwas mit dem Militär zu tun gehabt hatten. Freilich kam Byrd in den Innendienst und nur an den Schreibtisch, und das behagte dem ehrgeizigen, tatendurstigen Mann ganz und gar nicht. Ihm hatte es die damals noch junge Fliegerei angetan. Die Ärzte warnten ihn zwar und meinten, er wäre den Anstrengungen des Fliegens nicht gewachsen. Trotzdem fand sich Byrd während eines einmonatigen Urlaubs in einem Fliegerhorst wieder. Es dauerte nicht lange, bis er zum ersten Alleinflug startete, und von diesem Augenblick an war er der Luftfahrt mit Haut und Haaren verfallen.

Mitte August 1918 wird er zum Kommandanten des Flughafens Halifax ernannt; er hat nun Gelegenheit, den Norden kennenzulernen, und der läßt ihn nicht mehr los. Aber bei Kriegsende beginnt zunächst ein neuer Lebensabschnitt. Als Byrd sein Abschiedsgesuch einreicht, stellt sich heraus, daß man keineswegs gewillt ist, ihn gehen zu lassen. Das Flugamt setzt ihm die Aufgabe, Flugplätze zu bauen, damit der Nachwuchs geschult werden kann. Freilich: Geld stellt es ihm dafür nicht zur Verfügung; das muß Byrd sich irgendwie selbst besorgen. Aber der ist so glücklich über den Auftrag, daß er ihn unbesehen annimmt, und dabei bewährt er sich aufs beste: Er borgt sich alles zusammen, was er braucht, und fängt an zu schulen. Wie er die Verpflichtungen, die er seinen Geldgebern gegenüber eingegangen ist, je erfüllen soll, weiß er nicht; das kümmert ihn aber zunächst nicht weiter. Hauptsache, er kann fliegen und Flieger heranbilden. Und schließlich bewilligt der Kongreß sogar alle notwendigen Mittel.

Aber Byrds Tatendrang läßt ihn nicht ruhen. Die Arbeit auf dem Flugplatz füllt ihn keineswegs aus. Immer wieder fallen ihm die Flüge ein, die er von Halifax aus unternommen hat. Und es ergeht ihm genauso wie allen, die einmal in arktischen Breiten gewesen sind: Die unermeßliche Weite, die Einsamkeit, die im Hintergrund lauernde Gefahr, das alles lockt unwiderstehlich. Lockt ihn so sehr, daß er schließlich zum Forschungsreisenden wird: Er muß in die Arktis, aber nicht auf Schneeschuhen und mit dem Hundeschlitten, sondern im Flugzeug. Leider hat Byrd keinerlei Vermögen. Aber das stört ihn gar nicht. Gute Freunde geben ihm Empfehlungen an einige reiche Männer, und schließlich zeichnen selbst so hartgesottene Geschäftsleute wie Ford und Rockefeller ansehnliche Beträge für den „verrückten" Plan, den Byrd nun laut verkündet: Er habe die Absicht, den Pol zu überfliegen. Ist es ein Amerikaner gewesen, der diesen nördlichsten Punkt der Erde als erster zu Fuß erreicht hat, so soll ihn auch ein Amerikaner als erster in der Luft bezwingen.

1925 startet Kommodore Byrd zu einem vorbereitenden Flug nach Nordgrönland, sozusagen in amtlichem Auftrag: Er soll feststellen, ob nordwestlich von Etah Land liegt und wie Motoren und Maschinen sich im hohen Norden bewähren. Diesmal wird es also richtig in die Arktis gehen – der Traum seines Lebens beginnt sich zu erfüllen. Er unternimmt einige Erkundungsvorstöße zum Ellesmere-Land, er kreuzt über dem grönländischen Inlandeis und nutzt jede Minute seines Aufenthaltes in Etah, um sich die Kenntnisse anzueignen, die er für den geplanten Polflug brauchen wird. Als er im Herbst 1925 in die Staaten zurückkehrt, hat er einen reichen Schatz wertvollster Erfahrungen gesammelt; fliegerisch macht ihm über dem ewigen Eis keiner mehr etwas vor. Daß er damit noch kein Arktisspezialist ist, weiß er ganz genau, und seine Aussichten, bei einer Notlandung lebend zurückzukommen, sind sehr gering. Aber das macht Byrd keine Sorgen; er weiß, daß die Maschine und der Motor in Ordnung sind, eine Notlandung wäre also lediglich ein Unglücksfall, und davor ist schließlich niemand sicher. Und warum sollte ausgerechnet ihm so etwas widerfahren?

Kaum ist er wieder daheim, beginnt er sogleich mit den Vorbereitungen für den Polflug. Über diese Tage und Wochen des Planens berichtet er in seinem Buch „Skyward":

„Ich konnte zwei sehr wesentliche Gründe anführen. Erstens waren vom Flugzeug aus allerhand Entdeckungen zu erwarten, und zweitens würde ein geglückter Polflug in weiten Kreisen neue Begeisterung für die Fliegerei erwecken."

Er hat in dieser Zeit alle Hände voll zu tun. Tausend Dinge müssen bedacht werden, vor allem muß er sich schon jetzt entscheiden, von wo aus er zu seinem großen Flug starten will. Denn er ist es seinen Geldgebern ja schuldig, ihnen einen bis in jede Einzelheit genauen, allen Einwänden gegenüber hieb- und stichfesten Plan vorzulegen.

Er entscheidet sich für Spitzbergen, von dem aus schon so viele glückliche und unglückliche Polarfahrten ihren Ausgang genommen haben. Noch unter dem Einfluß des Golfstromes stehend, hat diese Insel schon im April offenes Wasser. Das ist für den Start eines schweren, mit Vorräten und Brennstoff bis an die Grenze der Flugfähigkeit belasteten Apparates von höchster Wichtigkeit. Denn nur die See bietet eine Startbahn, die lang genug ist, der Maschine den Aufstieg in die Luft zu ermöglichen. Das Flottenamt in Washington stimmt Byrds Entschluß zu und stellt ihm ein Schiff zur Verfügung, das die Expedition nach Spitzbergen bringt. Für den Flug selbst hat Byrd eine dreimotorige Fokkermaschine gekauft, die er auf den Namen „Josephine Ford" tauft, nach Fords kleiner Tochter Edsel. Das Flugzeug ist fast ebenso alt wie seine kleine Schutzherrin, nämlich drei Jahre, und hat schon 32000 Flugkilometer hinter sich. Aber das macht nichts. Byrd ist Fachmann genug, um festzustellen, daß es allen Anforderungen gewachsen sein wird. Außerdem nimmt er ja den besten Motorspezialisten der amerikanischen Luftwaffe mit, Floyd Bennett. Der wird auf jeden Fall mit ihm fertig werden, wenn es einmal streiken sollte.

Voller Zuversicht geht Byrd am 5. April 1926 in Brooklyn an Bord seines Expeditionsschiffes. Fünfzig Mann fahren mit, alles Freiwillige, die er sich aus Tausenden von Bewerbern herausgesucht hat. Viele von ihnen sind ehemalige Kameraden Byrds, Marineoffiziere, die sich ihm für diese Fahrt als Heizer und Matrosen zur Verfügung stellen, oder alte, kampferprobte Flieger, die nun „Schmiermax" und Motorenwart spielen. Die Begeisterung für das ganze Unternehmen ist so groß, daß trotz strengster Absperrmaßnahmen auch an blinden Passagieren kein Mangel herrscht. Einen von ihnen erwischt Byrd zwei Tage nach der Abfahrt in den Bunkern des Schiffes. Beim Schein der Taschenlampe stellt sich heraus, daß es ein hoher Beamter der Staatlichen Versuchsanlage für Funkwesen in Washington ist, der sich bereit erklärt hat, die Funkanlage der „Josephine Ford" zu bauen. In den wenigen Tagen vor der Abfahrt hat er seine Arbeit aber nicht ganz schaffen können. Ein wenig verlegen erklärt er nun: „Ich habe mich als blinder Passagier an Bord versteckt, um die Anlage in Ruhe fertigzustellen, wenn wir unterwegs sind. Zu einem Urlaubsgesuch an meine Behörde ist keine Zeit mehr gewesen; und um Sie nicht mehr mit der Verantwortung zu belasten, Commander, habe ich mich in den Bunkern klein gemacht." Zum Glück hat die Behörde späterhin volles Verständnis für die Eigenmächtigkeit ihres Beamten und bewilligt nachträglich den auf eigene Faust angetretenen sonderbaren Urlaub.

Nach drei Wochen Fahrt landete das Expeditionsschiff in der Königsbucht auf Spitzbergen, die besonders eisgünstig sein sollte. Leider war sie aber dieses Jahr von schwerem, übereinandergetürmtem Packeis völlig versperrt. Da war nun guter Rat teuer. Bis diese Barriere abtaute, würde der ganze Sommer vergehen, und dann war es für den Polflug zu spät. Aber woher sollte man die Anlaufstrecke nehmen, die die mit 4500 Kilo belastete „Josephine Ford" brauchen würde, um sich ungefährdet in die Luft zu erheben?

Die ganze Mannschaft zerbrach sich den Kopf über dieses Problem. Von seiner Lösung hing ja alles ab. Schließlich kam ein findiger Kopf auf den Gedanken, die Uferböschung hinab eine Rutschbahn zu bauen. Freilich mußte man die Maschine auf Kufen setzen, und das hatte damals noch keiner ausprobiert. Aber Byrd leuchtete der Vorschlag ein, wenn ihm auch nicht ganz wohl war bei dem Gedanken, mit 120 Stundenkilometern und der gewaltig belasteten Maschine eine Schlittenbahn hinunterzusausen. Er gab seine Zustimmung und berichtete später darüber: *„Unentwegt erhob sich dabei vor meinen Augen das Gespenst eines Mannes, der unverrichteter Sache, verhöhnt und ohne Geld, den Boden der Heimat betritt. Alles hing nur an einem sehr dünnen Faden!"*

Damit hatte er allerdings in doppelter Hinsicht recht: Der Start mußte schon deshalb bald erfolgen, weil Amundsen im Anmarsch auf Spitzbergen war. Der berühmte Norweger hatte die Absicht, mit seinem eigens für dieses Unternehmen gebauten Luftschiff „Norge" zum Pol zu fliegen. Byrd mußte also schon in der Luft sein, wenn Amundsen auf Spitzbergen eintraf.

Nach unendlichen Mühen ist die „Josephine Ford" montiert. Die Maschine mit ihren 19 Metern Spannweite und 13 Metern Länge wird auf Kufen gesetzt, man hat eine 1500 Meter lange, zum Ufer steil abfallende Rutschbahn gebaut, der Probeflug kann beginnen! Donnernd laufen die Motoren an, die Bremsklötze werden weggerissen, und sausend schießt der Apparat den Abhang hinab. Kurz vor dem Abheben zersplittert eine der beiden Kufen; mit 80 Stundenkilometern stellt sich das Flugzeug vornüber auf die Nase. Ein schmetternder Krach – der Startmannschaft oben am Hang will das Herz stehenbleiben! Da kann doch nichts heil geblieben sein! Aber nach einem kurzen Augenblick klettern Byrd und Bennett unversehrt aus der Kabine, als wäre nichts geschehen. Und glücklicherweise war auch nichts Ernsthaftes geschehen. Zwar sind die Propeller hin, ein paar Verstrebungen haben sich verbogen, und eine neue Gleitkufe muß gebaut werden. Aber diese Schäden werden so schnell wieder in Ordnung gebracht, daß der Start nach zwei Tagen erneut versucht werden kann. Diesmal ist die Maschine mit den vollen 4500 Kilo belastet; nun kommt alles darauf an, ob es gelingt, sie in die Luft zu bringen.

Es gelingt nicht. Das Flugzeug tut ein paar wilde Sprünge und saust dann mit gewaltigem Getöse in das Packeis der Hafenfläche. Zum Glück hat eine Schneewehe den Stoß gemildert. Die Kufen sind heil geblieben, und das ist im Augenblick das Wichtigste. Motorenschäden kann Bennett reparieren, Ersatzteile sind genug vorhanden. Was nicht vorhanden und in Spitzbergen auch nicht mehr aufzutreiben ist, ist Holz für die Kufen. Das zweite Paar hat Byrd sich schon mit Hilfe sämtlicher auf der Insel vorhandenen Bretter und Besenstiele zusammengebastelt – mehr Besenstiele gibt es hier nicht. Wenn auch sie zum Teufel gehen, dann ade, Nordpol! Dann wird Amundsen dorthin unterwegs sein, und dann ist er, Byrd, ein erledigter Mann. Es hängt jetzt alles davon ab, ob er die Maschine in die Luft bekommt.

Einer seiner Leute gab Byrd den Tip, der schließlich den Start ermöglichte. Dieser Mann war seinerzeit einer der ersten, der den Kaliforniern das Skilaufen beibrachte, und er entsann sich im richtigen Augenblick der Tatsache, daß man „Brettl" bloß zu wachsen brauche, um auch im Pappschnee flott voranzukommen. Das mußte der „Josefine Ford" doch auch helfen. Gesagt, getan: Die Kufen wurden mit großen Mengen Gleitmitteln beschmiert, die Startbahn wie vor einem Slalomrennen glattgestampft und schließlich mit Wasser begossen, so daß sie in der nächtlichen Kälte völlig vereiste. Tief in der Nacht besichtigte der Commander die Maschine noch einmal; belustigt entdeckte er, daß seine Leute allerhand Kleinigkeiten darin versteckt hatten: Uhren, Zigarettenetuis, Zahnstocher und ähnliches, nur um später daheim ihren Freunden erzählen zu können, daß all diese Dinge mit am Nordpol gewesen seien. Mitleidlos entfernte er sie allesamt, die Maschine wurde dadurch immerhin um einige Dutzend Kilo leichter, und in den ersten Stunden des 9. Mai 1926 war alles fertig zum Abflug.

Die „Wetterfrösche" der meteorologischen Station Spitzbergen haben wunderbares Flugwetter in Aussicht gestellt, die Motoren laufen auf geringer Tourenzahl und sind so warm, daß jederzeit Vollgas gegeben werden kann. Wenn es jetzt nicht klappt, dann klappt es nie. Byrd notierte über diesen großen Augenblick:

„Es war in der ersten Morgenstunde des 9. Mai 1926, einem Sonntag. Ich gab Gas, und mit einer Last von nahezu 4500 Kilogramm rasten wir unsere Rutschbahn hinab. Die toll zerfurchte und gebuckelte Schneewüste des Packeises im Hafen eilte bedenklich näher. Dennoch erreichten wir sie nie. Wir schwebten dem großen Erlebnis entgegen. Unter uns sahen wir die Kameraden, die uns jauchzend die Hüte entgegenschwenkten. Jeder von ihnen wäre brennend gern mit uns geflogen. Und doch freuten sie sich nun ganz selbstlos über den endlich gelungenen Start. Niemals in meinem Leben werde ich diesen Augenblick vergessen. Einzig der treuen Mitarbeit aller dieser braven Kerle verdanke ich das Abheben vom Lande, diesen Sprung in den Erfolg!"

Natürlich ist die „Josefine Ford" mit allen Mitteln der damaligen Technik ausgestattet. Selbst ein Sender – heute eine Selbstverständlichkeit in fast allen Flugzeugen – befindet sich in der Kabine. Amundsen hat einen seiner leichten, am Südpol bewährten, überaus haltbaren Schlitten beigesteuert; außerdem kommen Lebensmittel für zehn Wochen an Bord. Wie auf allen Polarexpeditionen besteht deren Hauptteil in Pemmikan. Es ist höchst bezeichnend für Byrds Unerfahrenheit in solchen Dingen, daß er in seinem Bericht über den Polflug die Bestandteile dieses ihm selbst offenbar neuen, scheußlich schmeckenden und sehr schwer verdaulichen Produktes – Fleisch, Fett, Zucker und Rosinen – einzeln aufführt. Der Rest der Proviantierung setzt sich aus den weiterhin üblichen Nahrungsmitteln zusammen: Schokolade, Zwieback, Dosenmilch, Tee, Butter und Käse. An sonst notwendigen Gegenständen werden natürlich ein Faltboot, Pelzkleider, Jagdwaffen, Arzneien und der unentbehrliche Primuskocher mitgenommen; zu der rein fliegerischen kommt noch die normale Ausstattung des Polarfahrers, und diese technische Zwiegestalt des Unternehmens bestimmt auch ihr äußeres Gesicht. Neben den normalen Orientierungsinstrumenten des Polarwanderers, vor allem dem Spiegelsextanten, befinden sich in der Maschine eine ganze Reihe von fliegerischen Zusatzinstrumenten wie Kreiselkompaß, künstlicher Horizont usw., die unter Berücksichtigung der Geschwindigkeit, mit der sich ein Flugzeug bewegt, erforderlich sind. Am schwierigsten ist der Abtrieb zu bestimmen, das weiß Byrd aus seinen vielen Polarflügen nun schon. Haben Schiffsreisen oder Schlittenexpeditionen ihre bösen Erfahrungen mit der Eisdrift zu machen, dem Abtrieb der Schollen, der unberechenbar bald hierhin, bald dorthin geht, so ergibt sich für den Flieger ein ganz ähnliches Problem aus der Winddrift. In bewohnten Gegenden läßt sie sich an allerlei Landmarken ohne weiteres abschätzen; im ewigen Eis des Nordens ist das aber in der Regel nicht möglich. Man muß zu Rechenschieber und Logarithmentafeln greifen, um den Kurs einwandfrei absetzen zu können. Und darauf kommt alles an. Jede Minute Flugzeit in falscher Richtung hat viele Kilometer lebensgefährlicher Wanderung über tückisches Eis zur Folge, wenn irgendeine kleine Störung zur Notlandung zwingt. Byrd muß daher versuchen, den Pol auf möglichst geradem Weg anzusteuern.

Stunde um Stunde trägt die „Josefine Ford" Byrd und Bennett nach Norden. In 600 Meter Höhe braust sie über die zerklüfteten Eisfelder. Ein Schauder kommt die beiden einsamen Männer in ihrer Maschine an, wenn sie hinunterblicken und daran denken, daß sie etwa hier notlanden und dann den Weg übers Eis nach Spitzbergen zu Fuß zurücklegen müßten.

Lange Zeit geht alles glatt. Plötzlich merkt Bennett zu seinem Entsetzen, daß der Ölbunker des Steuerbordmotors leckt. Wie lange wird es dauern, bis der Motor sich festgefressen hat? Dann muß man herunter; je eher man das tut, desto weniger Kilometer sind auf dem Rückmarsch zu überwinden. Also herunter, herunter so schnell wie möglich! Erregt kritzelt Bennett auf den Notizblock: „Der Ölbunker leckt, Steuerbord wird versagen, wir müssen landen!" Byrd liest die

Hiobsbotschaft und winkt energisch ab. In einer Stunde werden sie am Pol sein; wenn sie schon herunter müssen, dann will er wenigstens noch bis zum Ziel kommen. Es ist ja auch einerlei: Selbst vom jetzigen Standort aus werden sie Spitzbergen unter keinen Umständen lebend erreichen. Also wird weitergeflogen!

9 Uhr 2 Minuten nach Greenwicher Zeit stellt Bennett fest, daß die „Josefine Ford" über dem Nordpol steht. Byrd kurvt eine Viertelstunde in weiten Kreisen über dem nördlichsten Punkt der alten Mutter Erde, um ihn auch wirklich einzufangen. Dann aber dreht er eilends nach Süden ab, Richtung Spitzbergen. Denn natürlich macht auch er sich ernsthafte Sorgen, ob der Steuerbordmotor durchhalten wird. Und es wäre doch wirklich ein Jammer, wenn sie es nicht schafften. Dann würde die Siegespalme nämlich dem Norweger Amundsen zufallen; sie waren es ihrem Vaterland schuldig, nicht zu versagen!

Die Nerven der beiden Männer sind zum Zerreißen gespannt gewesen; jetzt überfällt sie eine entsetzliche Schläfrigkeit. Byrd muß sich mit aller Macht dagegen wehren, daß ihm die Augen zufallen – da entdeckt Bennett, daß der Bunker nicht mehr leckt. Es stellt sich heraus, daß eine losgesprungene Niete die Ursache des Ölverlustes gewesen ist; als der Ölspiegel die Höhe des Nietloches erreicht hat, hört das nervenzerreißende Tropfen auf. Ein Wunder ist geschehen! Und jetzt haben die beiden wieder Augen für die großartige Schönheit der arktischen Landschaft unter ihnen, glücklich und dankerfüllt genießen sie den Blick auf die in strahlender Sonne glänzenden Eisfelder. Nirgendwo zeigt sich Land, Peary hat also recht gehabt. Der Nordpol liegt nicht auf einem unbekannten Kontinent, sondern mitten im vereisten Meer.

Rückenwind trägt sie zurück. Mit der damals ganz außergewöhnlichen Geschwindigkeit von 160 Stundenkilometern nähern sie sich Spitzbergen. Und dann landen sie, mit begeistertem Jubel begrüßt. Aus der Menge lösen sich zwei Männer, kommen ihnen entgegen und beglückwünschen als erste die beiden Helden: Amundsen und der amerikanische Millionär Ellsworth, der die Luftschiffexpedition des Norwegers finanzierte.

Byrds und Bennetts Polflug war eine rein fliegerische, sportliche Leistung; wissenschaftliche Erkenntnisse hat er nicht erbracht. Aber natürlich gibt diese Großtat der weiteren Polarforschung einen starken Auftrieb; denn nun setzt sich die Überzeugung durch, daß nur Flugzeug oder Luftschiff in der Lage sein werden, die Arktis wirklich gründlich zu erkunden. Die beiden tapferen Amerikaner haben mit ihrem Flug bewiesen, daß das Flugzeug technisch weit genug entwickelt ist, derartige Aufgaben zu lösen. Und darin liegt der Hauptwert ihres Fluges zum Pol.

„Die Pole den Amerikanern!" war Byrds Losung. Den Nordpol hatte er glücklich überflogen, nun sollte der Südpol drankommen. Plan und Vorsatz zu dieser neuen Kundfahrt lagen, als sie schließlich durchgeführt wurde, schon Jahre zurück. Sie keimten auf aus dem scherzhaften Wort guter Laune: „Byrd, was nun?", das Floyd Bennett am Abend des geglückten Nordpolfluges in der Messe des vor Spitzbergen ankernden Expeditionsschiffes „City of New York" in die fröhliche Runde warf, und aus Byrds in diesem Augenblick geborener Antwort: „Ab zum Südpol, old boy!" Rings im Kreise trat atemlose Stille ein, als Amundsen darauf sagte: „Ein gewaltiger Gedanke; aber durchführbar! Sie sind auf dem richtigen Weg, meine Herren. Die Zukunft gehört dem Luftfahrzeug. Nur mit ihm läßt sich die Antarktis erobern. Also hören sie zu!" Und nun entwickelte der alte Kämpe in großartigem Umriß den Plan, den Byrd erst ungläubig, dann immer stärker angezogen und gefesselt mit anhörte und der in arbeitsreichen Jahren des Vorbereitens und Grübelns sein eigener wurde.

Nach seinem erfolgreichen Unternehmen in der Arktis war es ihm nicht schwer, Geldgeber für das neue Projekt zu finden. Diesmal würde es eine richtige Expedition werden, freilich mit der Überfliegung des Südpols als wichtigstem Ziel. Genauestens hatte er alles überdacht: im September mußte aufgebrochen, Anfang Januar des folgenden Jahres im Rossmeer gelandet werden. Von dort aus wollte Byrd den Südpol überfliegen; hatte er Wetterglück, konnte er schon im Juni wieder in New York sein. Natürlich mußte er aber auch damit rechnen, daß der Südpolflug erst ein Jahr nach der Landung stattfinden konnte. Es war deshalb notwendig, die gesamte Expedition für eine Überwinterung auszurüsten. Das Unternehmen würde also außerordentlich teuer werden; der Nordpolflug hatte schon etwa 550000 Mark gekostet, der Südpolflug würde ein Vielfaches dieser Summe verschlingen! Trotzdem war ein großer Teil der erforderlichen Mittel bald aufgebracht. Für den Rest allerdings, d. h. für etwa 1,5 Millionen, mußte Byrd selber sorgen. Er tat es und halste sich damit eine Schuldenlast auf, von der er nicht ahnte, wie er sie jemals würde abtragen können. Aber das waren spätere Überlegungen – wenn er nur endlich abfahren konnte! Im übrigen: Die meisten Polarfahrer hatten ja dieselben Geldsorgen gehabt und es dann auch irgendwie geschafft. Immerhin notierte Byrd in diesen Tagen:

„Meine Stimmung grenzte an Verzweiflung, jeden Augenblick konnten uns die Gläubiger die Kehle zudrücken. Aber tausendmal besser, in New York abgewürgt zu werden, als da unten im Südeis Menschenleben zu gefährden, weil die Ausrüstung mangelhaft war."

Vier Schiffe verließen am 25. August 1928 den Hafen von New York, um die Expedition in die Antarktis zu bringen. 83 Mann nahmen an ihr teil, dazu wurden drei Flugzeuge und eine Unzahl von Geräten und Instrumenten mitgenommen. Diesmal war Byrd nicht nur von dem sportlichen Ehrgeiz beseelt, als erster den Pol zu überfliegen, sondern er wollte möglichst große Gebiete der Antarktis fotografieren und kartographisch aufnehmen. Noch immer kannte man vom sechsten

Kontinent nur die Küsten und die unmittelbare Umgebung der Routen früherer Unternehmen; rund 12 Millionen Quadratkilometer waren völlig unerforscht. Natürlich würde es auch jetzt nicht möglich sein, jeden Winkel dieses riesigen Gebietes zu überfliegen. Aber einige hunderttausend Quadratkilometer konnten schon fotografisch vermessen werden. Höchst eingehend war das alles zwischen Byrd und Bennett durchgesprochen worden, und die beiden alten Freunde brannten darauf, ihre großen Pläne gemeinsam in die Tat umzusetzen. Da schlug das Schicksal zu. Bei einem Neufundland-Flug holte sich Bennett eine Lungenentzündung, der er bald darauf erlag. Sein Tod bedeutete für Byrd einen unersetzlichen Verlust; es gab keinen besseren Kameraden auf der Welt als diesen tapferen Mann. Ihm zu Ehren nannte er die Maschine, mit der er zum Südpol starten wollte, „Floyd Bennett".

Die Fahrt führte zunächst nach Neuseeland; hier wurde die gesamte Ausrüstung auf die beiden größten Schiffe, die „City of New York" und die „Eleonore Bolling", umgeladen, und in ziemlich drangvoller Enge ging es nun 3400 Kilometer nach Süden. Ende Dezember 1928 war die Walfischbucht erreicht, Amundsens altes „Framheim", und sogleich begann das Ausladen des gewaltig umfangreichen Gepäcks. Eine Reihe zerlegbarer Holzhäuser wurden aufgestellt, die bis dahin größte Siedlung der Antarktis entstand: Little America. *(Bild Nr. 49)*

Ganz leicht und einfach war das freilich nicht gewesen. Die beiden Schiffe hatten an der Eisbarre festgemacht, die hier etwa sieben Meter Höhe erreichte. Natürlich mußte man mit der Möglichkeit rechnen, daß aus der Eiswand auch einmal ein größeres Stück herausbrach, doch glaubte Byrd nicht, daß ein solches Ereignis gefährlich werden könnte. Aber er hatte sich getäuscht: als er sich während des Ausladens eines Abends in seiner Kabine an Bord der „City" befand, gab es plötzlich einen donnernden Krach und schreckliche Schläge gegen die Schiffswand: *„Da hatten wir es, die Barre war geborsten! Wir hatten gewagt und verloren. War die ‚Bolling' schon gesunken? Das Herz stand mir still. Selbstvorwürfe wirbelten durch mein Hirn. Die ‚City' legte sich so weit nach Steuerbord über, daß ich sie schon am Kentern glaubte. Ich sprang zur Tür hinaus und entdeckte, daß die ‚Bolling' fast ganz auf der Steuerbordseite lag, so daß ich den Kiel sehen konnte. Es war ein gräßlicher Augenblick! In dem aufgeregten und brodelnden Wasser schwammen riesige Eistrümmer ... Nur ein Teil des Eisberges hatte sich indes auf die ‚Bolling' entladen, während der Hauptschwall der Lawine einen Meter daneben ins Wasser schoß. Andernfalls wäre das Schiff unter Tausenden von Raummetern Eis erdrückt und ersäuft worden. Das Gletscherkälbchen kam also beinahe an Bord zur Welt!"*

Das war noch einmal gut abgegangen und niemand dabei zu Schaden gekommen! Aber Byrd hatte nun selbst erlebt, daß die Antarktis nicht mit sich spaßen ließ, daß man hier nichts dem Zufall überlassen, nichts auf gut Glück unternehmen durfte, sondern daß alles gründlich überlegt und vorbereitet werden mußte. Und das um so mehr, als es bei dieser Expedition ja nicht nur, wie bei allen früheren, um den richtigen und zweckentsprechenden Einsatz von Menschen ging, sondern erstmals auch darum, den Nutzen einer im wesentlichen technisch bestimmten Ausrüstung in arktischen Breiten zu erproben. Diese Frage wurde so mustergültig beantwortet, daß bereits Byrds erste Antarktisreise ein Vorbild für jeden späteren Polarfahrer blieb.

Drei Flugzeuge hatte Byrd mitgenommen: eine dreimotorige Ford mit 1000 PS und zwei kleinere einmotorige Maschinen von jeweils 420 PS, eine Fokker und eine Fairchild. Schon Ende Januar 1929 unternahm er den ersten Erkundungsflug in die Ost-Antarktis. Nur fünf Stunden war er dabei in der Luft, aber diese kurze Zeit genügte, um 10000 Quadratkilometer bisher unbekannten Landes fotografisch zu kartieren. Bereits dieser erste Flug bewies, welch ein großartiges Hilfsmittel das Flugzeug für die Forschung darstellte. Byrd hatte dabei einen bisher unbekannten Gebirgszug entdeckt, den er Rockefeller-Berge taufte und der Anfang März von einer Gruppe Geologen näher untersucht werden sollte. Programmäßig startete die einmotorige Fokker am frühen Morgen zu dem etwa 300 Kilometer entfernten Gebirge, und programmäßig erfolgte dort zwei Stunden und zehn Minuten später die Landung. Nun aber geschah etwas, was durchaus nicht im Programm stand: Ein Schneesturm erhob sich, der den Rückflug unmöglich machte. Noch dazu war er von solch einer Heftigkeit, daß er die Maschine, die doch immerhin etliche Tonnen Gewicht hatte, mir nichts, dir nichts vom Boden abhob und 800 Meter entfernt höchst unsanft niederschmetterte, womit sie natürlich völlig erledigt war.

Byrd kam damit eher, als er glaubte, in die Lage, zu prüfen, ob eine Rettungsexpedition für notgelandete Flieger so funktionieren würde, wie er sich das vorstellte. Er hatte für den Fall, daß ihm auf seinem Polflug ein solches Mißgeschick widerfuhr, ausführliche, wohldurchdachte Anordnungen getroffen; nun konnte er bei diesem unerwarteten Zwischenfall gleich die Probe aufs Exempel machen. Zunächst herrschte so schlechtes Wetter, daß an ein Aufsteigen der Hilfsmaschine gar nicht zu denken war. Es vergingen fast zwei Wochen, ehe Byrd starten konnte. Erschwert wurde die Suche dadurch, daß die vermißte Maschine seit ihrer Landung keinen Funkanruf mehr beantwortet hatte; vermutlich war die Sendeanlage gestört. Byrd zog daraus die Lehre, auf seinem Polflug mehrere Ersatzfunkanlagen mitzunehmen, deren Dynamos auch mit Handantrieb arbeiteten; nach menschlichem Ermessen würde damit immer eine Funkverständigung möglich sein. Außerdem wurde bei diesem Flug festgestellt, daß auf dem Eis gelbe Farben am ehesten erkennbar waren; infolgedessen ließ Byrd die von ihm schon in seiner ersten Planung vorgesehenen Wegmarkierungen in Flugrichtung Südpol mit gelben

Fahnen bestecken. Von Little America aus wurden 700 Kilometer auf diese Weise bezeichnet, das war die knappe Hälfte der Entfernung zum Pol. Und schließlich kam noch die Erfahrung hinzu: Nie wieder würde er, wenn es nicht, wie in diesem Falle an den Rockefeller-Bergen um Leben und Tod ging, so bald nach einem antarktischen Sturm aufsteigen. Die Luft war nämlich noch immer so unruhig, daß es Byrd nur mit größter Konzentration gelang, seine Maschine einigermaßen auf Kurs zu halten; das Steuern bedeutete eine solche körperliche Anstrengung, daß der Pilot schon nach wenigen Flugminuten von Schweiß triefte – und das, obwohl bei den minus 30 Grad draußen auch in der Kabine verschiedene Kältegrade herrschten!

Die Männer im Rockefeller-Gebirge führten Rauchpatronen und Signalpistolen mit sich; gleichwohl dauerte es ziemlich lange, bis Byrd sie fand. Das zerklüftete Eis war so voller Schatten, daß er mehrmals über die Gruppe hinwegflog, ohne sie zu erkennen. Schließlich aber konnte er sie an Bord nehmen und unversehrt nach Little America zurückbringen.

Der Flug zum Südpol ließ sich vorerst nicht mehr durchführen, denn inzwischen war die Polarnacht hereingebrochen. Nach bewährtem Muster wurde sie in emsiger Arbeit glücklich überstanden. Freilich hatten es die Bewohner von Little America bei weitem besser als die Polarforscher früherer Jahrzehnte. Die waren, wenn sie überwinterten, vollkommen von der ganzen übrigen Welt abgeschnitten, keine Nachricht konnte sie erreichen, mutterseelenallein saßen sie in der Eiswüste. Dieses Gefühl der Verlassenheit war in Little America gebannt; drei hohe Funkmasten gewährleisteten eine dauernde Verbindung mit der Heimat. Über Tausende von Kilometern konnte man an allem teilnehmen, was zu Hause geschah; dank dem Fortschritt der Technik hatte eine Überwinterung ihre bösesten Schrecken verloren.

Am 22. August 1929 kam die Sonne zum ersten Mal wieder über den Horizont geklettert. Zu ihrer Begrüßung wurden feierlich die Flaggen gehißt. Und nun ging es endlich wieder richtig an die Arbeit: Nacheinander stiegen die beiden verbliebenen Flugzeuge auf, schwer beladen mit Lebensmitteln und Treibstoff, um auf dem Weg zum Pol Depots anzulegen. Alles verlief programmgemäß – bis darauf, daß die „Floyd Bennett“ eines Tages wegen Benzinmangels notlanden mußte. Aber auch das paßte eigentlich ganz gut ins Programm; denn kaum rauschten die Morsezeichen der gelandeten Maschine in den Äther hinaus, startete auch schon die „Fairchild“, um den Kameraden als fliegender Tankwart Hilfe zu bringen. Auch das klappt also, sagte sich Byrd befriedigt; und es würde ebenso klappen, wenn er selbst auf dem Polflug eine derartige Hilfe nötig haben sollte.

Anfang November war eine Expedition zum Königin-Maud-Gebirge aufgebrochen, um es geologisch zu untersuchen und eine Hilfsstation auf halbem Wege zwischen Hauptlager und Pol aufzubauen. Der mitfliegende Meteorologe arbeitete genaue Wetterkarten aus und funkte sie mehrmals täglich nach Little America. Am 28. November fügte er seiner Mitteilung über ein herannahendes Hochdruckgebiet den Satz hinzu: „Wenn Sie heute nicht starten, so werden Sie vielleicht nicht zum zweiten Male so günstige Bedingungen auf der Strecke antreffen!"

Byrd traut dem Frieden nicht so ganz. Über Little America braut eine Waschküche von Nebel; bei solchem Wetter soll er hochgehen? Immerhin, der „Wetterfrosch" ist so zuversichtlich und seiner Sache offenbar ganz sicher gewesen: Kurz entschlossen gibt Byrd den Befehl zum Start. Sehr wohl ist ihm nicht, als er mit der schwerbeladenen „Floyd Bennett", auf den Landekufen holpernd und springend, durch die Milchsuppe braust – wenn er doch endlich vom Boden loskäme! Dicht hinter dem als Flugplatz hergerichteten Schneefeld liegen die Eisbrocken eines Pressungsbruches wild übereinandergetürmt; wenn er mit dieser Geschwindigkeit da hineingerät, dann gibt es Kleinholz! Es dauert eine Ewigkeit, bis sich die Maschine abhebt; das ist noch einmal gut gegangen! Zwar fliegen sie anfangs in dickem Nebel, aber bald haben sie ihn durchstoßen, und es geht der Sonne entgegen. Die Wettermeldung hat also gestimmt, wie gut, daß sie sich zum Flug entschlossen haben! 15.29 Uhr sind sie aufgestiegen, Byrd, Bernt Balchen als Co-Pilot, der Funker Harold June und Kapitän McKinley als Foto- und Kinomann. 20.15 Uhr stehen sie über der Hilfsstation und werfen neu angekommene Funkbriefe aus der Heimat, Erfrischungen und Zigaretten ab. Die Kameraden unten laufen aufgeregt durcheinander und winken den Fliegern zu, dreimal heben sie den rechten Arm hoch. Aha, denkt Byrd, drei Hochs auf unseren Flug!

Die Eis- und Felstürme des Hochplateaus, die vor einer Stunde noch wie feines Gewölk am Horizont gestanden haben, zeigen sich jetzt in ihrer ganzen Schönheit: sie blitzen und gleißen in der Sonne, daß Byrd manchmal geblendet die Augen schließen muß. Harold June funkt begeisterte Berichte in die Welt hinaus, und ebenso begeistert, aber sehr viel stiller ist McKinley; seine Rechte dreht an der Kurbel des Filmapparats wie ein Windmühlenflügel. Byrd, der das mit einem flüchtigen Blick erhascht, schmunzelt belustigt in sich hinein: Wenn der so weitermacht, dann werden seine 2000 Meter Film bald abgedreht sein. Hoffentlich denkt er daran, sich ein paar Meter für den Pol aufzuheben; zu sehen ist dort zwar gewiß nichts Besonderes, aber zu Hause wollen sie aus den Wochenschauen doch genau erfahren, wie es am Südpol ist!

Jetzt muß Byrd sich entscheiden, an welcher Stelle er die Gebirgsmauer da vorne überfliegen will. Jede Minute bringt ihn um zwei Kilometer näher heran. Soll er über den Axel-Heiberg-Gletscher, über den Amundsen damals gewandert ist, oder soll er es lieber mit jenem Paß versuchen, der da eben unter der Tragfläche auftaucht? Er ist erheblich niedriger, aber wer weiß, was hinter ihm kommt! Steilabstürze mit greulichen Luftlöchern, oder noch höhere Gipfel? Bisher sind die Motoren mit Reisegeschwindigkeit gelaufen; jetzt gibt Byrd Vollgas. Die Nadeln der beiden Höhenmesser springen nach oben. 900, 1200, 1400 Meter, 1600, 2000 Meter! Noch immer nicht hoch genug, linksum kehrt und gegen den Wind auf 3000 Meter! 2500 Liter Treibstoff und 114 Kilo Lebensmittel hat Byrd abwerfen müssen, um die Maschine so hoch zu bekommen. Mehr will er nicht opfern, denn der Weg zum Pol ist noch weit. Also entschließt er sich für den niedrigeren Paß. Sehr knapp rutscht er über den Liv-Gletscher hinweg, unten ist höllischer Eisbruch. Pfui Teufel, wenn man hier landen müßte! Und durch solch schauerliches Gelände sind Amundsen und der unglückliche Scott einst marschiert, zu Fuß, sich mühselig Schritt um Schritt erkämpfend: Hochachtung erfüllt den Flieger vor ihrer großartigen Leistung. Gleichmäßig zieht die „Floyd Bennett" nach Süden. Es kann nun nicht mehr weit sein bis zum Pol. Da reicht Balchen auch schon einen Zettel herüber: In zehn Minuten müssen sie am Ziel stehen. Byrd sieht auf seine Armbanduhr: 1 Uhr 4 Minuten. Und richtig, Punkt 1 Uhr 14 sind sie da! McKinley dreht wie besessen, June funkt, deutlich merkt man ihm die Erregung an, und Byrd, Byrd gedenkt voll Trauer seines toten Kameraden: Wie glücklich wäre er, hätte er ihn auch jetzt wieder neben sich wie einst am Nordpol!

Die amerikanische Flagge, mit einem Stein von Bennetts Grab beschwert, geht nach unten, dann folgen zu Ehren Amundsens und Scotts die norwegische und die englische Fahne. Nach einigen Schleifen wird abgedreht, Richtung Heimat. Und am 29. November 1929 um 18 Uhr und 8 Minuten ist Little America wieder erreicht. Jubelnd werden die Polflieger empfangen, das große Wagnis ist geglückt, auch der Südpol ist aus der Luft bezwungen.

Zwar kennt man auch jetzt die Antarktis noch immer nur zu einem kleinen Teil, aber immerhin hat Byrd bei dieser ersten Unternehmung im eisigen Süden fast 300000 Quadratkilometer erkundet. Das ist schließlich ein rundes Viertel des ganzen bisher unbekannten Gebietes, und in aller Ruhe sagt sich Byrd – Admiral Byrd, wie er durch inzwischen eingetroffene Funksprüche aus der Heimat weiß –, daß man den noch übrigen Rest ja bei einer anderen Gelegenheit einmal mitnehmen kann. Für diesmal soll es genug sein.

Es hielt Byrd nur kurze Zeit in der Heimat. 1933 bis 1935 war er von neuem in der Antarktis. Wieder erwies er sich dabei als Idealtyp des modernen Forschers. Wieder wurden alle Hilfsmittel der Technik in einem fast unvorstellbaren Maß herangezogen. Aber diesmal stellte er sich, wie einst Amundsen und Scott, allein der Antarktis entgegen. Lange Monate hielt er auf der Bolling-Wetterwarte, 200 Kilometer südlich von Little America, Winternacht, der einsamste Mensch der

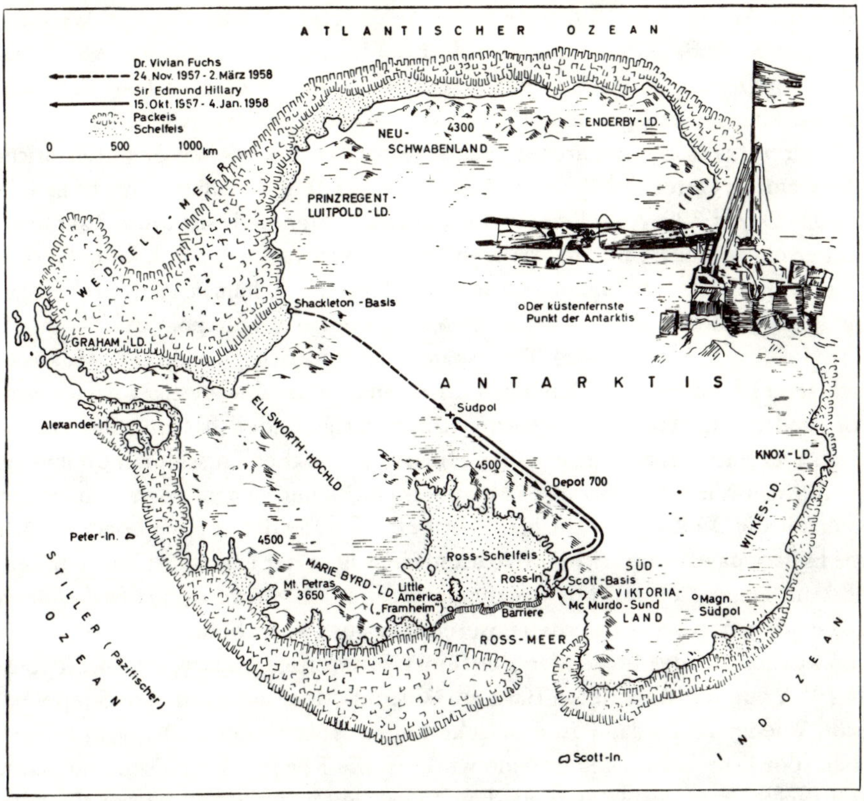

Welt. 1939 ist er wieder draußen, aber der zweite Weltkrieg bricht aus, und 1941 wird Byrds dritte Expedition abgebrochen. Doch der sechste Kontinent hat den „Admiral des Südpols" ganz in seinen Bann geschlagen. 1946 fährt er abermals in den weißen Süden, und 1950 bricht er mit der bis dahin größten Expedition aller Zeiten erneut zum Südpol auf; sie zählt 3500 Köpfe. Die Krönung seines Lebenswerkes soll das Geophysikalische Jahr 1958 werden, dessen einzelne Expeditionen er plant und vorbereitet. Mitten in der Arbeit setzt dann im März 1957 der Tod seinem Leben ein Ende. –

Während diese Zeilen geschrieben werden, hat sich innerhalb der Unternehmen zum Geophysikalischen Jahr 1958 ein dramatischer Wettlauf zum Südpol abgespielt, ein Wettlauf, geführt auf der einen Seite von dem Cambridge-Professor Dr. Vivian Fuchs und auf der anderen von dem Neuseeländer Sir Edmund Hillary, dem Bezwinger des Mount Everest. Keinem der beiden Forscher ist dieses Wettrennen anbefohlen worden, beiden sind vielmehr ganz bestimmte Spezialaufgaben zugewiesen. Während der Engländer – als erster Mensch auf der

Welt – die Antarktis entlang einer vorher festgelgten Meßstrecke vom Weddell-Meer zur Scott-Basis durchqueren soll, hat Hillary die Anweisung, vom Ross-Meer zum Depot 700 südöstlich des Südpols zu marschieren und auf dem Weg dorthin Lebensmittellager und Stützpunkte für Fuchs anzulegen.

Mit drei Traktoren, mehreren Hundegespannen und sieben Schlitten bricht Hillary am 15. Oktober 1957 vom Ross-Meer auf. Wohlbehalten erreicht er sein Ziel, das Depot 700. Aber hier sprengt das Abenteuer die Instruktion. Lakonisch funkt er eines Tages: „Wir marschieren jetzt schnurstracks zum Pol, wenn Gott es will und die Gletscherspalten es zulassen." Und am 4. Januar 1958 nach insgesamt 82 Tagen Reise über 2000 Kilometer Eis steht er am Südpol. *(Bild Nr. 50)*

Als Professor Fuchs einige Tage später die Nachricht von diesem Husarenstück seines Neuseeländer Kollegen erhält, mag er an den Wettlauf Amundsen-Scott gedacht haben, der 46 Jahre vorher stattgefunden hat und der sich in diesen Dezembertagen wieder jährt. Hillarys plötzlicher Entschluß muß ihm als eine Art von Wiederholung jenes Manövers erschienen sein, mit dem Amundsen seinerzeit die Welt überrascht hat. Sehr betroffen meldet er nach London: „Ich habe Hillary davon unterrichtet, daß ich mich nicht in der Lage sehe, ihn zu bitten, selbst am Depot 700 mit uns zusammenzutreffen, damit wir seine Ortskenntnis nützen können. Aber wir werden unseren Weg auch allein finden."

Inzwischen hat der Engländer, der fünf Wochen nach Hillary, am 24. November 1957, von der Shackleton-Basis am Weddell-Meer aufbricht, den Südpol erreicht. Wieder ist England zu spät gekommen. Aber weder Fuchs noch Hillary haben sportliche Leistungen im Sinn wie einst die Rivalen Amundsen und Scott, die Erregung ist abgeebbt, und mit dem Neuseeländer als Schrittmacher zieht die englische Expedition entlang ihrer Meßstrecke vom Südpol aus dem 2000 Kilometer entfernten Ross-Meer entgegen: als eine der zehn Unternehmungen, die gegenwärtig in der Antarktis unterwegs sind.

Von allen Seiten wird Fuchs gewarnt, als er vom Südpol aufbricht, und mit Sorge gedenkt man der letzten Worte, mit denen sich Professor Fuchs am 23. Januar 1958 von seinen amerikanischen Kameraden verabschiedet: „Wenn ich's nicht schaffe, habe ich eben Pech gehabt!" Dem Zeitgenossen stehen die von Sir Edmund Hillary heraufbeschworenen Parallelen zu den tragischen Vorgängen vom Januar 1912 drohend vor Augen. Die Engländer, die auf dem ersten Teil ihrer Route offenbar viel langsamer als beabsichtigt vorangekommen sind, haben eine teuflische Strecke zu überwinden. Sie marschieren etwa auf der Route von Scott, über hohe Gebirge mit sehr schwierigen Gletscherbrüchen. Anfang März 1958 bricht die Winternacht über sie herein, mit Hilfeleistung durch Flugzeuge ist dann nicht mehr zu rechnen, und wenn die Wetterverhältnisse sich ähnlich gestalten wie bei Scotts Rückkehr, dann stehen ihnen sehr schwere Tage bevor.

Aber am Sonntag, dem 2. März, um 2.47 Uhr MEZ hat die britische Südpolexpedition nach einem Marsch von 3360 Kilometern durch eine ungeheure Eiswüste den Stützpunkt „Scott-Base" am McMurdo-Sund erreicht. Fuchs ist es zum ersten Male gelungen, die Antarktis vom Weddell-Meer bis zum Ross-Meer zu durchqueren.

Wir werden Äußerungen dieser Art, Äußerungen von Männern, die um der Erfüllung wissenschaftlicher Aufgaben willen ohne Zögern entschlossen sind, ihr Leben aufs Spiel zu setzen, in der nächsten Zeit noch öfter hören. Und genauso begierig, wie vor fünfhundert Jahren die wenigen Menschen in Europa, die lesen und schreiben konnten, nach den ersten gedruckten Nachrichten über die großen Fahrten der Spanier und Portugiesen griffen, sitzen wir Lebenden vor Radio und Fernsehapparat und sehen die ersten bemannten Raketen in den Weltraum fliegen. Im Grunde ist es natürlich ziemlich belanglos, zu wissen, wie die Rückseite des Mondes beschaffen ist und ob es auf dem Mars irgendeine Form organischen Lebens gibt. Dieses Wissen wird kaum jemanden glücklich machen. Aber danach fragt die Wissenschaft nicht. Der Herr der Geschichte hat den Menschen nach seinem Bilde und so geschaffen, daß er über seine Grenzen in Raum und Zeit hinausstreben muß. Und wie in unseren Vorfahren gegen Ende des 15. Jahrhunderts unter Zittern und Zagen das dunkle Vorgefühl aufgedämmert ist, am Ende ihrer Epoche und vor dem Anbruch einer neuen Zeit zu stehen, so zittern und zagen wir Heutigen, weil wir wissen, daß ein neues, unbekanntes Kapitel in der Geschichte der Menschheit aufgeschlagen wurde.

NAMEN- UND ORTSVERZEICHNIS

Der bei der Seitenzahl jeweils angegebene Zusatz bedeutet: K=Karte, Z=Zeichnung

INHALT

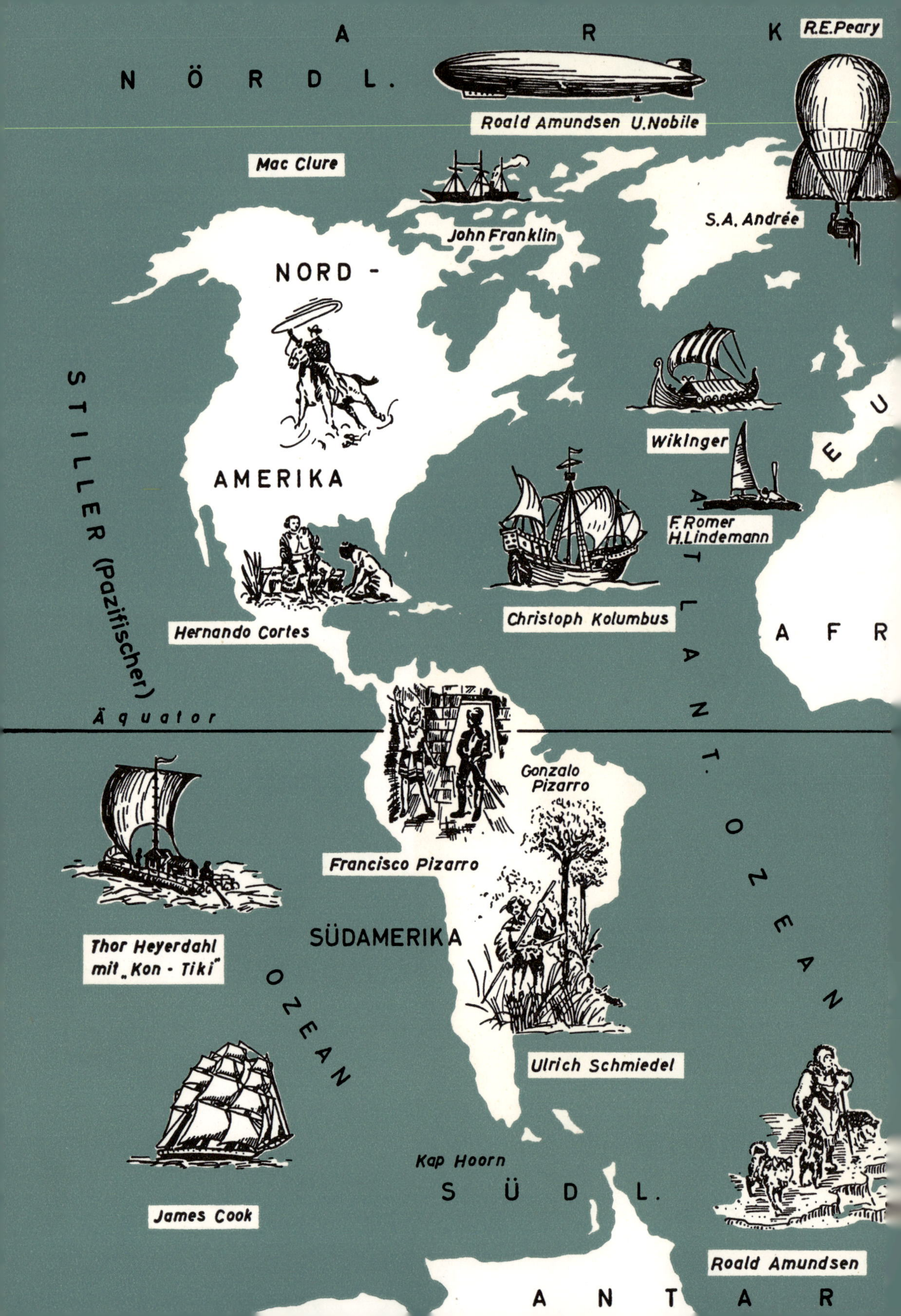

A R K
R.E.Peary
N Ö R D L.
Roald Amundsen U.Nobile
Mac Clure
John Franklin
S.A. Andrée
NORD -
AMERIKA
Wikinger
F.Romer
H.Lindemann
Christoph Kolumbus
Hernando Cortes
STILLER (Pazifischer)
A T L A N T. O Z E A N
E U
A F R
Äquator
Gonzalo
Pizarro
Francisco Pizarro
Thor Heyerdahl
mit „Kon - Tiki"
SÜDAMERIKA
OZEAN
Ulrich Schmiedel
Kap Hoorn
S Ü D L.
James Cook
Roald Amundsen
A N T A R